高职高专金融类专业规划教材

国际金融理论与实务

（第2版）

王　丹　主　编
吴斌云　张　超　副主编

電子工業出版社
Publishing House of Electronics Industry
北京·BEIJING

内 容 简 介

"国际金融"涵盖的内容很多，本书从授课对象和金融专业的特性考虑：一是高职高专教育是以人才市场需求为导向，培养实用型人才，让学生在接受较完整的高等教育的同时，具备较好的职业技能的一种高等教育形式；二是金融是实践性很强的学科和专业，必须注重应用能力、运作能力和职业素质的培养。所以，该书选取了外汇与汇率、汇率制度与外汇管理、外汇市场与外汇交易一般原理、传统外汇交易业务、衍生外汇交易业务、外汇风险及管理、国际金融市场、国际融资方式、国际金融电子化、国际收支、国际储备共11章的内容。

经济全球化势必要求金融一体化，随着对外贸易往来越来越频繁，需要掌握外汇知识的领域越来越多。由于国际金融专业性很强，不经过训练有素的老师指导，一般读者看国际金融会有看天书的感觉。本书力求用最清晰的条理，最通俗的语言，最简明的计算，使读者在没有有经验老师的辅导下能基本掌握外汇知识。

图书在版编目(CIP)数据

国际金融理论与实务/王丹主编. ---2版. --北京：电子工业出版社，2014.5
高职高专金融类专业规划教材
ISBN 978-7-121-22977-0

Ⅰ. ①国…　Ⅱ. ①王…　Ⅲ. ①国际金融－高等职业教育－教材　Ⅳ. ①F831

中国版本图书馆 CIP 数据核字(2014)第 076643 号

策划编辑：贺志洪
责任编辑：贺志洪
印　　刷：北京七彩京通数码快印有限公司
装　　订：北京七彩京通数码快印有限公司
出版发行：电子工业出版社
　　　　　北京市海淀区万寿路 173 信箱　邮编　100036
开　　本：787×1092　1/16　　印张：17.75　　字数：454 千字
版　　次：2008 年 11 月第 1 版
　　　　　2014 年 5 月第 2 版
印　　次：2020 年 9 月第 4 次印刷
定　　价：37.00 元

凡所购买电子工业出版社图书有缺损问题，请向购买书店调换，若书店售缺，请与本社发行部联系，联系及邮购电话：(010)88254888。

质量投诉请发邮件至 zlts@phei.com.cn，盗版侵权举报请发邮件至 dbqq@phei.com.cn。

服务热线：(010)88258888。

前言

FOREWORD

职业教育应以就业为导向，加强学生实践能力和职业技能的培养。《国际金融理论与实务》教材作为高职系列教材之一，完全遵照国家教育部的规定，并针对金融业资金密集型、知识密集型、技术密集型的行业特征，定位于高职高专院校、成人院校、本科院校创办的二级、三级职业技术学院的国际金融、国际贸易、涉外财会等经济类相关专业，特别是还可供炒汇人员的自学和培训使用，而且对金融、证券相关人员取证有很好的参考价值。

本书第 2 版在章节的安排上做了一定的调整，目的是希望逻辑关系更明确，知识脉络更清晰。因此选取了外汇与汇率、汇率制度与外汇管理、外汇市场与外汇交易一般原理、传统外汇交易业务、衍生外汇交易业务、外汇风险及管理、国际金融市场、国际融资方式、国际金融电子化、国际收支、国际储备共 11 章的知识内容。

本书每章开篇都由与每章相关联的热点、难点知识为引导的案例切入，每章节中间还配有针对知识点的前瞻消息、小故事、实例、背景知识、比较知识、补充资料等的小贴士，每章节后都设计了填空题、选择题、判断题、名词解释、计算题、简答题、论述题和课堂案例讨论及针对知识点的实操练习。

本书从培养学生的兴趣和理想入手，以掌握方法论和创造性思维为主线，以知识、概念和理论为基石，采用启发式、发现式、案例分析式、情景式教学以及计算机辅助教学等多种教学方法，设计一些模拟各种真实的金融交易环境，提高学生对金融市场的感性认识和领悟能力。

本人从事高职高专的国际金融课程的讲授十几年，对高职高专学生特性有了非常深入的了解和把握，同时，多年授课及不间断的社会实践积累了较丰富的专业知识，经过潜心研究最终完成了该书的编撰工作。

本书编写组由多年从事高职管理教学的一线老师和具有国际金融实际经验的人员组成。王丹任主编，负责第 1、第 2、第 3、第 4、第 5、第 10、第 11 章内容的编写、编排体例的设计、引导案例和课堂讨论案例的筛选、小贴士的搜集与改编、前言的撰写以及本书的统稿工作。吴斌云、张超任副主编，负责第 6～9 章的编排体例的设计、引导案例和课堂讨论案例的筛选、小贴士的搜集与改编。编写分工为：王丹(第 1、第 2、第 3、第 4、第 5、第 10、第 11 章)，吴斌云(第 6 章)，王佳(第 7 章)，山丹花(第 8 章)，张超(第 9 章)。

本书在编写过程中，参考了国内外相关书籍，并从中借鉴和吸收了许多有价值的东西。在此，我要感谢在编写外汇风险的会计风险章节时刘雅娟老师给予的真诚帮助。同时，还要特别感谢出版社的领导和编辑人员，由于他们的关心和大力支持，才使本书能够得以出版面世。由于编者水平有限，书中难免有疏漏和不足之处，敬请广大读者指正。

王　丹

2013年12月20日于北京

目录

CONTENTS

第1章

外汇与汇率

【学习目的及要求】

通过本章的学习，希望同学们了解外汇含义、特征；充分认识汇率的标价方法、汇率种类及其在现实交易中的作用；理解汇率波动对经济的影响的重要性及影响汇率波动的因素。

【引导案例】

美国真的希望人民币升值吗

贸易和金融把中美两国紧紧连在了一起，于是乎诞生了“中美国”一词。面对“中美国”的童话，我不知道有多少人在和我一样思考同样的一些问题，不知有多少人会产生同样的困惑。

这其中最大的一个困惑或许就是，我们究竟从中得到了什么，难道仅仅是美元废纸而已？

我们来考察一下中美贸易的全过程。美国人用100美元从中国购买货物，美国人得到货物，我们得到100美元。然后按照法律规定，中国厂商得到的这100美元货款必须去商业银行按照汇率兑换成人民币，然后商业银行则必须再把这100美元交给中央银行，换回同样的人民币。那么央行用哪里的钱支付给商业银行呢？是印钱。央行每收到一笔外汇，就会按照汇率印刷等额的人民币支付给对方。这样央行就形成了外汇储备，下一步，央行会把很大一部分外汇储备用来购买流动性高、安全性好的金融产品，主要就是美国国债。

结果是我们得到的美元又回到了美国，美国卖给中国国债，他们得到美元继续借贷给美国的老百姓，老百姓再玩命地刷信用卡买中国货。如此循环往复，我们的外汇储备越来越多，我们的产品源源不断地流向美国。

如果我们得到的外汇仅仅是去维持这个循环的话，你会发现我们什么也没得到，我们得到的就是废纸而已。更为吊诡的是,你会发现在这个过程中,中国范围内的产品每流出去一部分,中国境内的人民币就会凭空增加相应的部分(因为央行印钱买外汇),也就是说货物减少了而货币却增加了。到头来我们得到的是什么呢?无疑是通胀。农民工兄弟们拿着低收入,享受高物价。大洋彼岸的另一头,美国的美元跑到了中国,而增加了从中国来的货物。所以美国再怎么滥发货币,也看不到通货膨胀——人家货物进来了,货币跑了嘛,美国老百姓享受着高收入低物价,一切都是拜中国所赐。

类似这样的困惑,该如何解开?

人民币升值问题已经被说了很多年,那么多人的分析,少有说到要害的。在这里,我先简单地“公布”一下答案。

2010 年 3 月 25 日,美国财政部长盖特纳再度向中国发出要求人民币升值的呼声。到底应该怎么看待美国逼迫人民币升值这件事情?你要看懂美国的战略,就得了解美国货币体系。

这要从布雷顿森林体系说起。在“二战”之后确立的这个国际货币体系中,美元与黄金挂钩,成为国际货币,美国政府承诺任何国家随时都可以以 35 美元一盎司的比例,用美元去换他们的黄金。然而 20 世纪 70 年代,“越战”导致美国政府巨额赤字,世界各国对美元的信心随之发生严重动摇,于是纷纷拿着本国储备的美元去美国换黄金。美国根本无法应付这种挤兑,最后干脆宣布不再履行兑换承诺,布雷顿森林体系随之瓦解。

美元由此爆发了真正的大危机。然而不久后美国通过外交努力,成功地把美元规定为国际石油市场的唯一结算货币,从而挽救了美元。

各位注意,从此世界经济进入了一个极度恐怖的时代,那就是美国开始了长达数十年的债务经济模式、在全球范围内借钱和印钱购物的时代。

这是什么意思呢?第一,由于美元失去了黄金的约束变成了脱缰之马,美国开始开动印钞机,直接印钱在全球购物,再也不必担心世界各国出于对美元的担忧而来美国挤兑黄金;第二,美元与石油交易挂钩也确保了美元的地位,使得任何一个国家都不得不储备巨额的美元。这两点使得美国得以开始了疯狂的借钱和印钱购物时代,美国人从此不必再进行产品的生产,而只需借钱和印钱买世界各国的产品。

首要的是印钱。印了钱怎么发到美国人手中呢?靠服务业。美国服务业占了 GDP 的 80%,其实这是忽悠人的把戏而已。今天你为我开开卫生间的门,我给你 100 美元,明天我为你开开车门,你给我 100 美元;今天我给你女儿教教钢琴,你给我 1 000 美元,明天你帮我提供法律知识服务,我给你 1 000 美元。美国的 GDP 就是这么回事,是一套蒙人的把戏,表面上是 GDP,实质上是发钱,通过服务业变态的高工资把印刷的美元发到国民手中,然后国民拿这些钱去买外国货,实现富足生活。别被美国高得要命的 GDP 总值吓到了,他们其实没生产多少财富。

其次是借钱。美国印钱和发钱的速度已经很快了,但是美国人仍然花得不过瘾,还要拼命借钱花,每个人办十几张信用卡。这些钱从哪里借,很大一部分是从中国这样的美元储备大国借来的。

2007 年开始的次贷危机和世界金融危机的本质是美国印钱和借钱购物经济模式的危机。因为从布雷顿森林体系瓦解以来的疯狂借钱和印钱购物,快要让美国虚脱了(绝大部分的一般性产品生产都被赶到美国境外去了),再这样下去,美国真要变成一个彻底的空壳子。

于是美国的泡沫被捅破。你可以说这是美国政府故意捅破的，因为本来他们可以继续印钱填补所有的窟窿，根本不需要去捅破它。

那么，美国是真的要终结自己的这种印钱、借钱购物模式吗？非也。他们只是想中场休息一下，缓缓精神，别虚脱了。

从危机开始到现在，美国一直逼迫人民币升值（其实危机之前的一两年已经开始，危机之后更加急切），这是为什么？一样的目的嘛！他们就是为了把握印钱、借钱购物的度，别让美国人一直通过印钱、借贷购买中国货，到最后美国人什么都不会生产了，就虚脱了（可以白从中国买所有产品，何必自己生产）。所以，美国的战略就是要避免这种虚脱的后果，你人民币必须暂时升值一下，让美国人买中国货的难度增大一点，让美国的经济不要再虚脱下去，让美国恢复一点制造业。

你也可以相信美国政府说的，这是为了解决美国目前2 000万工人的失业问题，但你别忘了，在次贷危机之前，这些人的就业完全不是问题。试问，现在与次贷危机之前有什么不同？就是印钞的速度和消费信贷发放的力度变小了而已。要解决就业，美国只要恢复到和以前一样就行了，让这2 000万人像2007年以前那样，你为我服务，我为你服务，拿高工资（印钱支付），然后买全世界的物品而过富足生活。世界各国都是产能过剩的，印多少美元就能在世界上买到多少货物。

从长期看，美国当然会继续他们的印钱、借钱购物模式。到那时候，美国就不是逼迫人民币升值，而是相反。因为一旦恢复印钱、借钱购物模式，没有哪个国家是比中国更合适的“合作”（从中国买东西）对象。

所以，今天美国逼迫人民币升值，只是缓兵之计而已。不必把这个问题看得多严重，眉来眼去几下也就过去了。倘若中国真的宣布把人民币兑美元的汇率提高到2∶1长期不变，美国不被吓傻了才怪。

资料来源：叶楚华. 中国超过美国还要多少年. 山西经济出版社

思考题：结合此案例分析人民币兑美元升值对两国经济的影响。

从有历史记载开始，人与人之间，国与国之间就开始进行商品交易。国际金融的起源是为国际贸易服务的。在世界经贸飞速发展的今天，同其他国家进行政治、经济、文化、科技等方面的交往也越来越频繁，国际金融的服务范围也越来越广泛。因此，一国货币不可避免地要越出国境同其他货币发生联系，外汇和汇率等相关知识的获得显得尤为重要。

随着国际经济交往的增多和人们接触外币机会的频繁，学习了外汇等相关知识，那种因误把阿根廷比索等不能自由兑换的货币当成美元而上当受骗的闹剧将会永远成为我们记忆中的笑料。

1.1 外汇概述

外国货币不能视同为外汇，即使是可自由兑换的外国货币。日常生活中，人们一般认为，“外汇就是花花绿绿的外国钞票”，如美国美元，荷兰盾，英国英镑等。因为，尽管外汇从形态上要用外币来表示，但外汇的内涵要丰富得多。其实外汇是国外汇兑的简称。

小贴士

欧　元

欧元是欧洲货币联盟(EMU)国家单一货币的名称,是EMU国家的统一法定货币。1999年1月1日起在奥地利、比利时、法国、德国、芬兰、荷兰、卢森堡、爱尔兰、意大利、葡萄牙和西班牙11个国家(以下称为"欧元区内国家")开始正式使用,并于2002年1月1日取代上述12国的货币。

希腊于2000年加入欧元区,成为欧元区第12个成员国。斯洛文尼亚于2007年1月1日加入欧元区,成为第13个成员国。塞浦路斯于2008年1月1日零时与马耳他一起加入了欧元区,从而使欧元区成员国从之前的13个增至目前的15个。

1欧元=100欧分(cent)。2002年1月1日正式在欧洲使用。国际标准化组织的ISO 4217标准代码是EUR。惯用符号是€。

所有的欧元硬币的正面都是相同的,标有硬币的面值,而背面的图案则是由发行国自行设计的。君主立宪制国家常常使用他们君主的头像,其他的国家通常用他们国家的象征。所有不同的硬币都可以在所有地区使用,比如铸有西班牙国王头像的硬币在除了西班牙以外的其他使用欧元的国家也是法定货币。

每种面额的欧元纸币的设计在各国都是一样的。欧元纸币一共有7种。尽管大面额的纸币在某些国家并不发行,但仍然是法定货币。欧元纸币共分为5、10、20、50、100、200、500欧元7种面值,尺寸和颜色各不相同。每种面值的纸币都显示一个欧洲建筑时期、一张欧洲地图和欧洲旗帜。

1.1.1 外汇的含义

外汇的含义有动态和静态之分。从动态讲,外汇是指把一国货币兑换为另一国货币,以清偿国际间债务的金融活动的过程,即不同国家间的资金转换和支付。从静态讲,外汇是指以外币表示的、国际间公认的可用于国际间清偿债权债务关系的支付手段和工具。静态的外汇又有广义与狭义之分。我们日常生活和本书所涉及的外汇概念主要是指静态外汇。

1. 广义外汇含义

广义外汇泛指一切能用于国际结算和最终偿付国际收支逆差的对外债权,一般指各国外汇管理法规所称的外汇。如我国《中华人民共和国外汇管理条例》中所称外汇就是指广义外汇。

2. 狭义外汇含义

狭义的外汇是指以外币表示的用于国际结算的支付手段。只有为各国普遍接受的以某种货币表示的支付手段,才能用于国际结算。

1.1.2 外汇的特征

1. 国际性

国际性即外汇必须是以外币表示的资产,任何以本国货币表示的信用工具、支付手段、有价证券对于本国居民来说，都不能称之为外汇。

例如，美元是国际市场上最为常见的外汇，但这是相对于美国以外的国家而言的。对于美国居民来说，美元是本币而非外汇。

小贴士

成思危：人民币国际化程度还很低

“根据中国人民大学金融研究所发布的国际化指数，美元为52.3，欧元为23.6，而人民币只有0.87，所以说人民币的国际化程度是很低的。”近日，全国人大常委会前副委员长成思危在上海外滩三号三言舍公益讲座中表示。

成思危指出，实现人民币国际化主要分为五个层次：第一，人民币可以境外使用、流通；第二，作为贸易计价货币；第三，作为贸易结算货币；第四，作为投融资的货币；第五，作为国际的储备货币。

“第一个层次，现在基本上可以做到了，不单单是周边地区，有的地方直接可以人民币兑换，人民币信用卡在境外也可以用。”成思危说，“不过，中国作为全球第二大经济体，国际化的目标应该是人民币最终要能和美元、欧元一样成为国际货币。当然这个目标现在可能还很遥远，但十年之内，基本实现国际化应该是可以做到的。”

成思危认为，基本实现国际化的目标是指人民币的国际化指数能够排到世界第三位，仅次于美元和欧元之后；人民币可以作为结算货币和投融资货币，在各国的货币储备里能够占到10%左右；人民币在IMF的SCR(特别提款权)中能够占到5%的份额。

“现在要推进汇率改革就是要建立灵活的双重目标区制度。也就是说，在一定范围内允许货币的汇率能够自由活动。只有货币到边界的时候，中央银行才采取市场化的手段来‘干涉’，就是买进或者卖出来运营。开始的汇率目标边界可以定得窄一点。然后随着人民币国际化的推进，这个边界可以逐步拓宽，最后取消边界。”成思危说。

资料来源：第一财经日报，2013年12月04日

2. 自由兑换性

自由兑换性即外汇必须是可以自由兑换成其他外币或以外币表示的金融资产。如美国、日本、英国、瑞士、加拿大和澳大利亚等国家名义上没有了外汇管制，这些国家的货币可自由兑换，而越南盾、朝鲜币、缅甸元包括人民币等货币不能自由兑换其他国家的货币。因此，不是所有的外币都是外汇。

小贴士

2013-12-1中国银行发布可以自由兑换成人民币的外汇有以下几种：

美元、英镑、欧元、日元、港币、澳大利亚元、加拿大元、瑞士法郎、瑞典克朗、挪威克朗、新西兰元、泰国铢、菲律宾比索、澳门元、韩国元、印尼卢比、林吉特。

3. 可偿付性

可偿付性即在国外能得到普遍认可，能在国际上进行偿付，可转让的资产和支付手段

(空头支票、拒付汇票都不能视为外汇)。即使是以某种流通性很高的外币计价，如美元，也不能视为外汇。

图 1-1 外汇概念示意图

按照上述三个特征，我们可以得出：

(1) 不能把狭义外汇与外币等同。

(2) 广义外汇中的一些金融资产是不能视为狭义外汇的。

① 以外币表示的有价证券和黄金不能视为狭义外汇，因为它们不能用于国际结算，而只有把它们作为在国外的银行存款才能用于国际结算。

② 外币现钞也不能算为狭义外汇，因为它们也不能直接用于国际结算。

从图 1-1 我们可更好地、直观地了解广义外汇和狭义外汇的关系。

1.1.3 外汇的种类

1. 按我国现行的 2008 年修改版《中华人民共和国外汇管理条例》第三条规定来划分

按我国现行的 2008 年修改版《中华人民共和国外汇管理条例》第三条规定，外汇是指以外币表示的可以用作国际清偿的支付手段和资产。它们包括以下几种。

(1) 外国货币(纸币、铸币)

国际上常用的外币现钞主要有美元、欧元、英镑、日元、瑞士法郎、加元、港币等。国际经济交往中，一般来说，越是经济力量强大的国家在使用本国货币的机会就越多。美元、日元、欧元、英镑在世界上使用率为 78%。

小贴士

一分硬币存废成多国课题

加拿大皇家铸币厂 1013 年 2 月 4 日正式停止向全国金融机构发放 1 分硬币(便士)，标志着有 155 年历史的加拿大便士的谢幕。目前，新西兰、澳大利亚、瑞典等国都已弃用 1 分钱硬币。而与加拿大经济发展水平相似的美国似乎仍在纠结。小小 1 分钱硬币的存废史，不仅浓缩着各国经济发展历程，也隐藏着各方经济利益的博弈。

加拿大：1 分钱硬币制造成本为 1.6 分

加拿大让 1 分硬币退出流通舞台，主要理由是“省钱”。长期的通胀早已令如今的 1 分钱贬值到什么也买不了的地步，而铸造分币的材料价格却有涨无跌。

瑞典：硬币最低面值 1 元

与加拿大不同，目前瑞典市面上流通的硬币都是 1 元(1 瑞典克朗约合 0.9 元人民币)以上的，包括 1 元、2 元、5 元和 10 元，角和分值的硬币早已被淘汰。

美国：“林肯情结”捍卫分币

来自近邻加拿大的消息，再次开启了美国人关于要不要废除 1 分硬币的大讨论。1 美分硬币印有林肯的肖像，因此又叫林肯分。

林肯家乡伊利诺伊州是美国唯一的收费站机器仍接受1分硬币的州。林肯图书馆的负责人表示："林肯分币已经伴随我们100多年了，它继续存在于人们的口袋里，会时刻提醒人们林肯总统带给这个国家的宝贵财富——团结、平等和自由。"

在中国，1分钱在国民经济统计、定价以及实际商业领域应用中仍然有重要作用。比如，在油价、水价、电价、肉菜价等关系民生的重要方面。很多定价仍然是精确到分的，否则会失去对通货膨胀率等重要经济指标的控制与监督。据了解，中国的1分、2分、5分硬币的材质均为铝镁合金。1元硬币为钢芯镶镍，5角币为黄铜合金，1角为铝合金。中国的硬币铸造成本在上升，制造成本比印刷纸币高，但不能仅因为铸造成本上升就打算取消这个分级的货币流通。

资料来源：吴成良，刘仲华等. 环球时报，2013年2月23日

(2) 外币支付凭证

外币支付凭证是指以可自由兑换货币表示的各种信用工具，主要包括以下几种：汇票、本票、支票、存款凭证、邮政储蓄凭证等。

小贴士

外汇相关小知识

外币旅行支票——是银行专供旅游者购物、支付劳务费用、支取现金等而发行的一种支付凭证，是境内银行代售的、由境外银行或专门金融机构印制、以发行机构作为最终付款人、以可自由兑换货币作为计价结算货币、有固定面额的票据。

目前我国银行代售的旅行支票币种有美元、日元、欧元、澳元、英镑、瑞士法郎、加元等。

外币信用卡——是指具有一定规模的银行等信用机构对有一定资信的顾客发行的，具有消费信用、转账结算、存取现金等全部或部分功能的信用支付工具。它是目前世界上最快捷、最安全的支付方式。目前的主要外币信用卡有：

- 维萨卡，由设在美国旧金山的VISA国际信用卡公司发行。
- 万事达卡，由设在纽约的万事达国际信用卡协会发行。
- 运通卡，由美国运通公司发行，这是世界上最大的几家经营信用卡业务的公司之一。
- 大莱卡，由设在美国的大莱卡国际有限公司发行。
- JCB卡，由设在日本东京的JCB信用卡公司发行。
- 百万卡，由日本东海银行发行。
- 发达卡，由香港南洋商业银行发行。

万事达卡和维萨卡是国际上最流行的信用卡。

(3) 外币有价证券

外币有价证券是指以可自由兑换货币表示的用以表明财产所有权或债权的凭证，包括国际股票、国际债券、大额可转让存款单等。

(4) 特别提款权

特别提款权是国际货币基金组织所创造的一种人为的通货单位，按该组织会员国每年所交费用分配，目的是补充国际储备的不足，具有替代黄金的作用，但它只能在账面上使用，

故称纸黄金。

(5) 其他外汇资产

以外币表示的各种可能取得外汇收入的债权凭证,如租金、地契等。

2. 按可自由兑换程度分

(1) 自由兑换外汇

自由兑换外汇是指无须货币发行国有关机构批准,就可以自由兑换其他国家货币的外汇。如美元、日元、英镑、欧元、港币、加拿大元、澳大利亚元、新加坡元、瑞士法郎、新西兰元等。

当今世界上,在外汇交易上大约有 50 多个国家或地区的货币被认为是可自由兑换货币,但在国际结算中,只有 10 多种常用的自由兑换货币。

小贴士

美元现钞图案表

面　　额	正 面 人 像	背 面 图 景
1 元	华盛顿 WASHINGTON	正中大写“ONE”,左右两颗大印
2 元	杰弗生 JEFFERSON	1776 年宣告独立图
5 元	林肯 LINCOLN	林肯纪念堂
10 元	汉密尔顿 HAMILTON	美国财政部
20 元	杰克生 JACKSON	美国白宫
50 元	葛伦 GRANT	美国国会
100 元	富兰克林 FRANKLIN	美国独立堂
500 元	麦金来 MCKINLEY	小写“500”
1 000 元	克利夫兰 CLEVELAND	大写 1 000 元

根据国际货币基金组织协定第 8 条(会员国的一般义务)规定,一国货币成为自由兑换外汇,必须符合三个条件:

第一,对本国国际收支中的经常往来项目和资金转移不加限制。

第二,不采取歧视性的货币措施或多种货币汇率。

第三,在另一个会员国要求下,随时有义务购回对方经常项目往来中所结存的本国货币。可自由兑换的货币在国际汇兑结算中被广泛使用,在国际金融市场可自由买卖,并可不受限制地兑换成其他国家的货币。

(2) 记账外汇

记账外汇又称双边外汇、清算外汇和协定外汇,它是根据两国政府贸易清算(或支付)协定进行国际结算时,用做计价单位的货币。记账外汇可使用交易双方任何一方的货币,也可使用第三国货币。这种外汇不能兑换成其他货币,也不能支付给第三国。只能用于支付协定当中规定的两国间贸易货款及从属费用。

例如,20 世纪 50 年代中国和苏联关系亲密,彼此进行贸易往来时,不是每笔交易进行结算而是采取记账的形式。两国政府在支付协定中规定使用瑞士法郎，也就是在交易中双方银行的账户上以瑞士法郎为记账外汇，并不实际支付瑞士法郎，只是以其作为计价单位的货币记载双方贸易额。其收支差额在一定时期进行冲抵，其余额或转入次年或用双方可接受的货币清偿或以实物来轧平。

1.1.4 外汇的作用

随着社会生产力、社会分工和商品经济的发展，国际间的贸易、支付关系急剧扩大，资本输出的意义日益重要。国际间商品贸易、借贷活动和国外投资，以及各国间发生的政治、军事、社会、科学技术等方面的往来和交流，都会引起债权债务关系，需要办理国际结算和货币收支，进而产生对外汇的需求。因此，外汇在国际经济交往中起着不可或缺的作用。

1. 外汇便利了国际结算

国际结算是国与国之间经济贸易往来债权债务的清理。在国际经济交往的初期，人们以黄金为国际支付手段。一国商人在国外出售商品后需将所得的当地货币兑换成黄金携带回国内，想到国外购买商品的商人也需携带黄金，在当地兑换成当地货币后再购买商品运回国内，或者直接以黄金从事交易。

后来，人们逐渐采用某国货币作为支付手段。但是以黄金或某国货币作为支付手段耗时长，费用高，风险大，给国际经济交往带来很多不便。随着银行制度的不断完善安全性增强，各国逐渐采用银行转账方式来结算，因此，目前国际支付手段亦即外汇主要由以外币表示的各种银行账户和各种支付凭证组成。

2. 促进国际贸易的发展

外汇进行结算既可以节省运输现金的费用又可避免风险。特别是通过各种信用工具在国际贸易中的运用，安全又便捷，从银行划账即可，促进了国际间商品交换的发展，扩大了国际贸易。

3. 加速资本在国际间的流动

世界经济发展不平衡，资金余缺情况不同，资金供求矛盾的表现方式也各不相同，客观上就要求调节资金余缺。发达国家资金过剩，而发展中国家资金短缺，外汇作为中介，加速资金在国际上周转，有助于国际投资和资本转移，使资金得以有效的利用，资金供求关系得到调节。

4. 增加了国际储备的手段

没有外汇前各国都是以黄金为主要国家储备，当一国国际收支出现逆差时用黄金偿还债务非常不方便，有了外汇偿还债务不仅方便多了，更丰富了国际储备。一个国家的外汇储备多，则国际清偿能力强。

5. 实现购买力的国际转移

由于各国货币制度不同，各国货币不能在其他国家内流通，除了运用国际间共同确认的清偿手段——黄金以外，不同国家的购买力是不能转移的。随着外汇业务的发展，外汇作为国际支付手段而被各国普遍接受,使外汇成为一种国际购买力。一个国家持有外汇,即掌握了一定数量的国际购买力,该国就可以运用所持有的外汇在国际市场上购买所需要的各种商品、劳务以及偿付对外债务。通过国际汇兑可以把一国购买力转换为他国购买力,这种货币在国际间流通,就为商品的国际交换提供了可能,而且扩展了流通的范围。

课堂案例讨论

人民币海外结算

2013 年 10 月 9 日,环球银行金融电信协会(SWIFT)发布报告显示。人民币目前已成为世界第八大交易货币,2013 年 8 月的市场占有率为 1.49%。

人民币在国际上活跃度飙升,与越来越多的海外企业使用人民币结算有直接关系。一家与中国有长期贸易关系的澳大利亚公司,不久前在中方公司要求下,用人民币进行了贸易结算。

自 2009 年人民币被用做一种国际贸易货币开放以来,澳大利亚用人民币进行贸易结算的业务发展一直很缓慢,澳大利亚目前只有 7%的企业使用人民币完成跨境交易。不过,这一现状正在迅速改变。不久前一项调查显示,与中国做生意的澳大利亚小企业中,超过 40%打算 2014 年就开始使用人民币进行交易结算。

使用人民币进行贸易结算可省去外汇银行转换费,从而节省成本。澳大利亚企业一直面临高劳动成本和固定成本的压力,因此保持竞争力是企业可持续发展的关键。使用人民币进行跨境业务可以享有许多好处和便利,调查显示,有 53%的中国企业愿意为使用人民币交易的合作方提供 5%的折扣,这 5%的折扣能为澳大利亚本地企业节省一大笔费用。在国际贸易竞争日益剧烈的形势下,澳大利亚企业也愿意向中国的客户提供灵活的人民币结算形式。

不过,还有一些企业对于使用人民币交易还是充满了顾虑。他们担忧的原因最主要是缺乏了解人民币交易,不清楚人民币交易带来的潜在经济收益,还担心人民币交易操作流程繁琐。

加拿大:使用人民币结算意愿增加

“近年来公司对华出口业务增长快速,预计今年出口额达到 6 000 万元人民币,2015 年将突破 3 亿元人民币。”每年向中国出口大量食品的加拿大柏斯特农业发展有限公司营销总经理雷恩这样表示。目前雷恩的公司业务主要以美元结算,每单必须在合同签订后,中国购货方才可以向国内监管部门申请外汇额度。这往往造成双方在等待审批的过程中耽误大量宝贵时间,影响合作效率,甚至有的时候会错失良机。在外汇额度方面,进口方不得一次性为多笔业务购汇,必须按单申请,这也在一定程度上影响了贸易效率。已有部分与中国往来密切的加拿大公司表示,未来愿意以人民币结算更多业务。加拿大金融业界正考虑,推动多伦多成为北美第一个人民币交易枢纽。

新加坡:16%亚太区企业用人民币交易

新加坡一直是人民币离岸中心的竞逐者之一。今年 5 月,中国工商银行新加坡分行成为人民币清算行,使得新加坡成为全球范围内紧随中国香港和台北之后第三个拥有离岸人民币清算行的金融中心。就这一标志性进展而言,新加坡先于拥有雄厚货币市场基础的伦敦。

到今年7月底,新加坡的人民币存量达到1 420亿元人民币,这一数字在去年6月还仅有600亿元。华侨银行经济分析师谢栋铭说,新加坡的人民币使用主要仍是作为跨境贸易结算使用,尤其是一端在中国大陆的跨境贸易。两端都在境外的交易使用人民币的情况仍不多,因为毕竟使用最广泛的国际货币仍是美元。另外对人民币支付的各项安排技术细节也有一个推广的过程。

根据美银美林最近发布的亚太区企业财务主管调查报告,中国台湾企业有24%已经在使用离岸人民币账户接受和支付款项,中国香港企业的这一比例为18%。亚太区的平均水平为16%,中国大陆的平均比例为20%,而日本企业的比例为17%。

资料来源:陈济朋,张子倩,匡林.国际先驱导报,2013年10月11日~17日

讨论题: 1. 人民币是自由兑换货币吗?自由兑换货币应具备哪些条件?

2. 国际贸易使用人民币结算对中国经济有哪些好处?

1.2 汇率概述

和其他商品一样,外汇作为一种以外币计值的资产,可以在金融市场上进行买卖,所不同的是,其他商品在市场上是用一定量的货币购买,而外汇则是在外汇市场上用另一种货币购买。要进行买卖,就要有买卖价格,这就是汇率。

1.2.1 汇率的含义

汇率又称汇价,指一国货币以另一国货币表示的价格,或者说是两国货币间的比价。由于银行每天都将汇价的变动情况用挂牌方式公布出来,所以汇率又称“外汇牌价”。

从表1-1农贸市场蔬菜价格表大家很容易理解西红柿2.5元1斤,土豆2.2元1斤,白菜1.5元1斤。

而表1-2银行外汇牌价表该如何理解?通俗地讲,我们暂且可以把外汇看成蔬菜,把人民币看成单价,也可以把人民币看成蔬菜,把外汇看成单价。

表1-1 2013-1-18古城农贸市场蔬菜价格

蔬菜/斤	价格/元
西红柿	2.5
土豆	2.2
白菜	1.5

表1-2 2013-1-18中国银行外汇牌价

外汇币种	人民币价格
100英镑	1 409.58人民币
100港币	92.56人民币
100美元	722.55人民币

那就是说100英镑需要花1 409.58元人民币来购买,同样也可以理解为购买1 409.58元人民币需要花100英镑。也就是说,我们把外汇当成商品,人民币就是钱;把人民币当成商品,外汇就是钱。这仅仅是一个初步的认识,若涉及汇率标价方法则将更为复杂。

1.2.2 汇率标价方法

外汇是可以在国际上自由兑换、自由买卖的资产,也是一种特殊商品,汇率就是这种特殊商品的“特殊价格”。一般商品的标价是以货币表示的,汇率的标价有其特殊性,既可以用本国货币表示外国货币的价格,也可以用外国货币来表示本国货币的价格,本币和外币都有

同样的表现对方货币价格的功能。至于说用本币表示外币,还是用外币表示本币,则取决于一国所采用的不同标价方法。由于确定的标准不同,外汇汇率就有不同的标价方法。

1. 直接标价法

直接标价法是指以1个单位或100个单位的外国货币作为标准,折算为一定数额的本国货币来表示的汇率。也就是说,用一定单位外国货币值多少本国货币的方式,来表示外币价格的高低。

外汇(外币) = 本币

单位不变(币种变)←┘ └→随着外汇币种的不同而数额发生变化

100 瑞士法郎 = 655.99 人民币

100 新加坡元 = 501.46 人民币

100 瑞典克朗 = 111.79 人民币

外汇市场一般以1或100为单位标价,随着外汇由瑞士法郎-新加坡元-瑞典克朗不断地变化,作为人民币的数额也随外汇和人民币的比值及市场对货币的供求关系而变化。

我们可以理解为100瑞士法郎需用655.99人民币购买,也可以理解为100瑞士法郎能购买到655.99人民币。

2. 间接标价法

间接标价法是指用1个单位或100个单位的本国货币作为标准,折算为一定数量的外国货币。也就是说,用一定单位本国货币值多少外国货币的方式,来表示外币价格的高低。

本币 = 外汇(外币)

单位和币种都不变←┘ └→随着外币币种的不同而数额发生变化

1 美元 = 112.45 日元

1 美元 = 1.534 6 加拿大元

1 美元 = 7.789 3 港币

作为本币的美元以一定的单位为基准,外汇随着币种的不同数额发生变化。我们可以理解为1美元需用112.45日元购买,也可以理解为1美元能购买到112.45日元。

实行间接标价法的国家最早是英国及英属殖民地国家。由于英国是资本主义发展最早的国家,英镑曾经是世界贸易计价结算的中心货币,因此,长期以来伦敦外汇市场上英镑采用间接标价法。第二次世界大战以后,美国经济实力迅速扩大,美元逐渐成为国际结算、国际储备的主要货币。为了便于计价结算,从1978年9月11日开始,纽约外汇市场也改用间接标价法,以美元为标准公布美元与其他货币之间的汇价。但是,美元对英镑仍沿用直接标价法,如1英镑=1.659 0美元。目前世界上除美国还有英国及英联邦等少数国家采取间接标价法以外,绝大多数国家都采用直接标价法。

3. 美元标价法

美元标价法是以1个单位的美元为标准,折合成一定数额的其他国家货币来表示汇率的方法。美元为计价标准固定不变,折合外币的数额根据美元与外币币值对比的变化而变化。如果一定数量的美元折合外币的数目增加,即美元升值,外币贬值;反之,如果一定数量的美元折合外币数量减少,则为美元贬值,外币升值。

另外，在国际外汇市场上，无法一一将每一种非本国货币之间的汇价表示出来，那么可以通过美元兑每一种自由外汇汇价，套算出你所需要的两种货币之间的汇价。

已知　　1 美元＝1 103.6 韩元
　　　　1 美元＝1.531 1 加拿大元
　　　　1 103.6 韩元＝1.531 1 加拿大元

可知　　1 韩元＝1.531 1/1 103.6＝0.001 4 加拿大元

这只是中间汇率之间的套算，实际的外汇交易有买入价和卖出价，套算的方法见外汇交易中的即期外汇交易。

小贴士

炒汇小知识

个人如果炒汇通过柜面进行，只需将个人身份证件以及外汇现金、存折或存单交柜面服务人员办理即可，柜面交易的最低金额一般为 50 美元；如要进行电话交易，则需带上本人身份证件、外汇现金、存折或存单，到外汇银行网点办理电话交易或自助交易的开户手续后，才可进行交易，最低额度为 100 美元。

直接标价法和间接标价法都是针对本国货币与外国货币之间的关系而言的。对于某个国家或某个外汇市场来说，本币以外其他各种货币之间的比价无法用直接或间接标价法来判断。实际上，非本国货币之间的汇价往往是以一种国际上的主要货币或关键货币为标准的。第二次世界大战后，由于美元是世界货币体系中的中心货币，为此，又出现了另外一种标价方式，即“美元标价法”。

小贴士

人民币现可直兑澳元

2013 年 4 月 10 日起，澳元和人民币可直接交易，这使得企业外汇交易员不必在兑换两种货币时，先将澳元或人民币兑换成美元。这项举措预计将降低澳大利亚公司在中国经营的成本。

澳大利亚总理表示，中国人民银行已经为西太平洋银行和澳新银行颁发了执照，使这两家银行成为澳元和人民币交易的做市商。一位知情人表示，一些中国的大银行也可能被指定为做市商。

2012 年 6 月 1 日，日元成为除美元外首个与人民币开展直接交易的主要外国货币。此次人民币与澳元兑换再次启动“直通车”，被视为人民币国际化的又一个重要步骤。随着类似“直通车”的增多，全球各经济体持有的人民币与自己本国货币之间交易更为便利、汇率也更加合理，容易推动各国民众持有人民币的意愿。

1.2.3　汇率标价方法与货币贬值及升值的关系

不同的汇率标价方法带给我们的信息是不一样的。

1. 在直接标价法下的关系

外币数额固定不变，折合本币的数额根据外国货币与本国货币币值对比的变化而变化。如果一定数额的外币折合本币数量增加，即外币升值、本币贬值；反之，如果一定数额的外币折合本币数量减少，即外币贬值、本币升值。

1月2日　100瑞士法郎＝655.99人民币

1月3日　100瑞士法郎＝659.09人民币

瑞士法郎作为外币，而作为本币的人民币数额越来越多，就意味着外币升值、本币贬值。通俗地讲，1月2日我们只需要用655.99人民币就可换100瑞士法郎(也可以理解为100瑞士法郎能换655.99元人民币。下面的都可以如此反过来理解)，而1月3日却需要用659.09人民币才可换100瑞士法郎。显然，作为外币的瑞士法郎升值，而作为本币的人民币贬值，具体示例如图1-2所示。

1月2日　　100新加坡元＝501.46人民币

1月3日　　100新加坡元＝500.16人民币

外汇汇率↓　　外汇(外币)↓＝本币↑　　本币汇率↑

图1-2　外币与本币及其汇率关系示意图

新加坡元作为外币折成作为本币人民币数额越来越少，就意味着外币贬值、本币升值。通俗地讲，1月2日我们需要用501.46人民币可换100新加坡元，而1月3日却只需要用500.16人民币就可换100新加坡元。显然，作为外币的新加坡元贬值，而作为本币的人民币升值。

从图1-2可看出外币和本币是反方向运动，外币和外币汇率是同方向运动，本币和本币汇率是同方向运动的。也就是说当外汇贬值，外汇汇率下跌，而本币就升值，本币汇率上升。

2. 在间接标价方法下的关系

本币标准单位固定不变，折合外币的数额根据本币与外币币值对比的变化而变化。如果一定数量的本币折合外币的数额增加，即本币升值，外币贬值；反之，如果一定数量的本币折合外币数额减少，则为本币贬值，外币升值，具体示例如图1-3所示。

1月2日　　1美元　　＝112.45日元

1月3日　　1美元　　＝113.45日元

本币↓　　本币汇率↓　＝外汇汇率↑　外汇(外币)↑

图1-3　外币与本币及其汇率关系示意图

作为本币的美元折成外币的日元越来越多，就意味着外币贬值、本币升值。通俗地讲，1月2日我们用112.45日元可换1美元，而1月3日却需要用113.45日元才可换1美元。显然，作为外币的日元贬值，而作为本币的美元升值。

从图1-3可看出外币和本币是反方向运动，外币和外币汇率是同方向运动，本币和本币汇率是同方向运动的。也就是说当外汇升值，外汇汇率上涨，而本币就贬值，本币汇率下降。

1月2日　1美元＝1.5346加拿大元

1月3日　1美元＝1.5311加拿大元

作为本币的美元折成外汇的加拿大元越来越少，就意味着本币贬值、外币升值。通俗地讲，1 月 2 日我们用 1 美元可换 1.534 6 加拿大元，而 1 月 3 日 1 美元只能换 1.531 1 加拿大元。显然，作为外币的加拿大元升值，而作为本币的美元贬值。

美元标价法的升值或贬值与上述方法同理。

1.2.4　汇率的种类

汇率是外汇理论与政策以及外汇业务中的一个中心内容，它虽然被概括地定义为两种货币之间的价格之比，但在实际应用中，汇率可以从不同角度划分为不同的种类，或者说，汇率在不同的场合具有不同的表现形式。

1. 按银行外汇买卖角度来划分

外汇买卖一般均集中在商业银行等金融机构。它们买卖外汇的目的是为了追求利润，方法就是贱买贵卖，赚取买卖差价。

(1) 买入汇率(又称买入价)和卖出汇率(又称卖出价)

[在直接标价法下]

买入汇率——是银行买进外币时付给客户的本币数。

卖出汇率——是银行卖出外币时向客户收取的本币数。

在直接标价法下，较低的价格为买入价，较高的价格为卖出价。

例如：100 美元＝741.22/744.55 人民币

　　　　　　(买入价)(卖出价)

我们可以理解为，当银行买进 100 美元付给客户 741.22 人民币，当银行卖出 100 美元向客户收取 744.55 人民币。

[在间接标价法下]

买入汇率——是银行付出一定量(1 或 100 个单位)本币而向客户收取的外币数。

卖出汇率——是银行收取一定量(1 或 100 个单位)本币而所付给客户的外币数。

在间接标价法下，价格较低的是卖出价，价格较高的是买入价。

例如：100 美元＝741.22/744.55 人民币

　　　　　　(卖出价)(买入价)

我们可以理解为，当银行付给客户 100 美元可买进 744.55 人民币，当银行收取 100 美元付给客户 741.22 人民币。两者之间的差额，即为商业银行买卖外汇的利润。

(2) 中间汇率(中间价)

买入汇率与卖出汇率的平均汇率称为中间汇率，即：

$$中间汇率=(买入汇率+卖出汇率)/2$$

中间汇率在西方常用于对汇率的分析，报刊报道汇率也用中间汇率，它的主要作用有以下两点。

① 说明外汇市场汇率的一般走势。

② 企业内部本币与外币核算时的计算标准。

(3) 现钞汇率(又称钞价)

钞价即银行购买外币钞票的价格。中国银行人民币汇价(2013-8-10)如表 1-3 所示。

表 1-3 中国银行人民币汇价(2013-8-10) 单位：100

货币名称	现汇买入价	现钞买入价	现汇/现钞卖出价
新台币		19.79	21.17
英镑	945.14	915.96	952.73
港币	78.75	78.12	79.05
美元	610.78	605.88	613.22
瑞士法郎	660.51	640.12	665.82
新加坡元	484.35	469.39	488.24
瑞典克朗	93.96	90.87	94.51
丹麦克朗	109.02	105.65	109.90
挪威克朗	104.20	100.99	105.04
日元	6.338 2	6.142 6	6.382 7
加拿大元	592.17	573.89	596.93
澳大利亚元	560.64	543.34	564.58
欧元	813.04	788.22	819.86
澳门元	76.51	73.94	70.8
卢布	18.58	18.06	18.73
泰国铢	19.54	18.93	19.69

从表 1-3 中发现银行买入现钞的价格比买入现汇的价格低，这是为什么？

这是因为，当银行购入现汇以后，通过航邮划账，可很快地存入外国银行，开始生息和随时调拨动用。而银行收到现钞后，要经过一定时间，将现钞积累到一定数额后，才能将其运送并存入外国银行调拨使用。在此以前，买入现钞的银行要承受一定的利息损失，以及将现钞运送并存入外国银行的过程中，所产生的运输、保险等费用，银行要将这些损失及费用开支转嫁给卖出现钞的顾客，所以银行买入现钞所出的价格低于买入现汇(各种形式的国际结算凭证)的价格。

小贴士

现汇比现钞换的本币多

盛阿姨的女儿在英国工作，每年的生日都会收到女儿寄来的 800 英镑，每次盛阿姨都将 800 英镑取出英镑现金后，再存入银行，看到存单上盖着“现钞”心里很踏实。

今年生日，盛阿姨的女儿又寄来 800 英镑，她让上大三学金融专业的孙子去办理。孙子拿回的存单上盖着“现汇”，盛阿姨又担心又好奇。经孙子解释后，原来才知道，先将英镑取出换成现金再存入银行，存单上盖着“现钞”，而直接将汇单卖给银行存单上盖着“现汇”。这样以后，当需要换成人民币时“现汇”的存单换成的人民币要比“现钞”的存单换得多。

2. 按外汇交易工具和收付时间划分

(1) 电汇汇率

电汇汇率是经营外汇业务的本国银行在卖出外汇后，通过电报或电传向国外的分行或代理行发出付款给收款人指令所使用的一种汇率。由于电汇付款快，最长不超过两个营业日，银行无法利用客户资金，同时，国际间的电报费用较高，所以电汇汇率较一般汇率高。但是电汇调拨资金速度快，有利于加速国际资金周转，因此，电汇在外汇交易中占有绝对的比重。

电汇汇率是两国货币的真实比价的反映，一般被看做是标准汇率。除另有注明外，各国公布的外汇牌价一般都是电汇汇率，而其他汇率则是以电汇汇率为基础计算出来的。电汇汇率就成了即期外汇交易的基础汇率。

(2) 票汇汇率

票汇汇率是银行卖出外汇时，开立一张指定外国银行作为付款人的汇票交给汇款人，由汇款人自行携带或邮寄国外收款人所使用的一种汇率。银行承办票汇业务时，可以利用客户资金大约一个航空邮程的时间。因此，票汇汇率低于电汇汇率，相当于一个航空邮程的利息。

(3) 信汇汇率

信汇汇率是在银行售出外汇时，以航空信函通知国外分行或代理行付款所使用的一种汇率。由于邮程所需时日要比电汇的交割时间长，银行在此期间占用了客户的本币资金，因此，信汇汇率低于电汇汇率。

小贴士

汇率种类小知识

我国银行的做法不同于国际惯例，即人民币汇率(卖出价) 对电汇、信汇、票汇都采用同一汇率，但在买入外币票汇，旅行支票时，因考虑到要垫付人民币资金办理这项外币业务的银行要收取贴息，用以弥补寄出票据，收回原款期间的利息损失。

3. 按外汇买卖交割期限不同划分

(1) 即期汇率(又称现汇汇率)

即期汇率是指外汇买卖双方成交后，在当日或两个营业日内进行外汇交割所采用的汇率，它是外汇市场上使用最多的汇率。即期外汇交易通过电话、电报、电传等方式进行，因此，即期汇率也就是电汇汇率。

小贴士

中国出国购汇新的标准

我国出国购汇新的标准如出国(境)旅游、探亲访友、就医、商务考察、工作、定居、交流、培训、出境学习、外派劳务等，凡其签证上标注的出境时间在半年以内的，每人每次可向银行购汇等值 3 000 美元；出境时间在半年以上(含半年)的，每人每次可向银行购汇等值 5 000 美元。以上换汇标准如超出，应向外汇管理局申请。

同时，随着国际交流的日益频繁，自费留学人数日趋增多。新的购汇政策规定，自费留学人员的供汇范围从大学预科(含预科)人员扩大到所有出境学习人员，拓宽了供汇范围。对凡能提供学费、生活费证明材料的，且每学年购汇金额在等值 2 万美元(含 2 万美元)以下的，银行可直接按照证明材料上所列金额售汇；对不能提供相关证明材料的，也可购汇至少

3 000 美元。至于换汇的具体手续,居民个人只需带齐购汇证明到中国银行、中国工商银行以及中信实业银行的营业网点去办理即可。

(2) 远期汇率(又称期汇汇率)

远期汇率是指在未来一定时期进行交割,而事先由买卖双方签订合同、达成协议的汇率。到了交割日期,由协议双方按预订的汇率、金额进行钱汇两清。远期外汇买卖是一种预约性交易,它可以避免由于外汇购买者对外汇资金需要的时间不同出现的汇率风险。一般为 1～12 个月进行交割,远期汇率的变动受利率变化和外汇市场供求状况变化的影响。

远期外汇的汇率与即期汇率相比是有差额的,这种差额叫远期差价,有升水、贴水、平价三种情况。升水是表示远期汇率比即期汇率贵,贴水则表示远期汇率比即期汇率便宜,平价表示两者相等。

4. 按汇率的计算方法来划分

(1) 基准汇率

基准汇率是指一国货币对国际上某一关键货币所确定的比价称为基准汇率。所谓关键货币就是指在本国的国际收支中用得最多、在外汇储备中比重最大,可以自由兑换,为各国所普遍接受的某一外国货币。一般都将美元作为关键货币,制订出本国货币对美元的基本汇率。因为这种汇率根据两种货币所代表的价值量直接计算得出,所以又叫直接汇率,它是作为确定与其他各种外币汇率的基础。

(2) 交叉汇率

交叉汇率是指通过两种不同货币与关键货币的汇率间接地套算出两种不同货币之间的汇率。

5. 按汇率决定方式划分

(1) 固定汇率

固定汇率是指各国货币的交换价值按照某些共同接受的单位进行计算出来的汇率。其货币比价基本不变,或各国政府承诺把汇率波动限制在很小的范围内。

(2) 自由浮动汇率

自由浮动汇率又称清洁浮动汇率是指货币交换比价完全由市场力量自发决定,随着外汇市场供求关系的变化而上下波动的汇率。

(3) 管理浮动汇率

管理浮动汇率是介于固定汇率和自由浮动汇率之间的一种浮动汇率。在管理浮动汇率制下,货币比率基本上由市场供求决定,但各国中央银行时常对外汇市场进行干预,避免汇率剧烈波动。

6. 按对外汇管理的宽严划分

(1) 官方汇率

官方汇率是指国家机构(财政部、中央银行或外汇管理当局)公布的汇率。官方汇率又可分为单一汇率和多重汇率。多重汇率是一国政府对本国货币规定的一种以上的对外汇率,是外汇管制的一种特殊形式。其目的在于奖励出口限制进口,限制资本的流入或流出,以改善国际收支状况。

（2）市场汇率

市场汇率是指在自由外汇市场上买卖外汇的实际汇率。在外汇管理较松的国家，官方宣布的汇率往往只起中心汇率作用，实际外汇交易则按市场汇率进行。这时，汇率的升或降完全取决于市场对货币的供给与需求。

当外汇的供给大于需求时，外汇贬值，外汇汇率下跌；本币升值，本币汇率上升。当外汇的供给小于需求时，外汇升值，外汇汇率上涨；本币贬值，本币汇率下降。

1.3　汇率波动对经济的影响

汇率是联结国内外商品市场和金融市场的一条重要纽带，一方面，汇率的波动受一系列经济的影响和制约；另一方面，汇率的波动对经济又会产生广泛的影响。汇率为什么会波动？汇率的波动会对经济发展产生哪些影响？这是本节要探讨的问题。

1.3.1　影响汇率波动的主要因素

影响汇率变动的因素是多方面的，既有经济因素，也有政策因素和政治因素。而许多因素之间又有相互联系和制约的关系。随着国际政治、经济形势的发展，这些因素所处的地位又相互转化，而且相同的因素在不同的国家、不同的时间所起的作用各不相同。所以，我们要辩证地看汇率波动的问题。

1. 国际收支状况对汇率的影响

一国国际收支出现状况，一般是指国际收支逆差，即一国的出口额连续3年以上出口额小于进口额，或者是国际收支顺差，即一国的出口额连续3年以上大于进口额。国际收支的逆差或顺差都会使外汇的供给和需求发生改变，进而影响到汇率的波动。

当一国国际收支逆差（出口额＜进口额）时，外汇的供给减少，导致外汇汇率上升，本币汇率下降；反之，当一国国际收支顺差（出口额＞进口额）时，外汇的供给增加，导致外汇汇率下降，本币汇率上升。

2. 通货膨胀对汇率的影响

通货膨胀率是影响汇率波动的基础。通货膨胀就是物价持续不断的上涨，通俗地讲，就是钱不值钱了。

如表1-4所示，美元兑人民币汇率在一个月内没有变化，但由于我国通货膨胀导致QQ牌羊毛衫由70元涨到100元，这就是意味着外商10月20日花11.22美元就可购买到一件QQ牌羊毛衫，11月20日却要花16.02美元才能购买到一件QQ牌羊毛衫。这种情况下，外商显然会减少进口，那就意味我国的出口减少。

表1-4　人民币不同时段汇价及商品市场价格表

时　　间	人民币汇价	中国天翼商品市场
2013年10月20日	1美元＝6.2410人民币	QQ牌羊毛衫70元
2013年11月20日	1美元＝6.2410人民币	QQ牌羊毛衫100元

这就说明，如果一国相对于其他国家具有较高的通货膨胀率，以外币所表示的出口商品的价格就会提高，必然会削弱本国商品在国际市场上的竞争能力，引起出口的减少，同时提高外国商品在本国市场上的竞争能力，造成进口增加。

如此一来，对外汇的需求大于对外汇的供给，则会造成本国货币在外汇市场上的汇价下跌。同时，如果一国通货膨胀率较高，人们就会预期该国货币的汇率将趋于疲软，继而在外汇市场上抛出手中持有的该国货币，造成该国货币在外汇市场上的进一步下跌。总之，如果一国通货膨胀率高于别国，该国货币在外汇市场上就趋于贬值；反之，则会趋于升值。

例如：波兰 1989 年月平均通货膨胀率为 40%，1990 年 1 月汇率由 1 美元=6 500 兹罗提，公开贬值到 1 美元=9 500 兹罗提。又如 2008 年俄罗斯曾通货膨胀率达 800%，导致卢布一天贬值 15%。

3. 利率水平对汇率的影响

利率水平的变动会引起金融资产的流入和流出，使该国外汇市场供求关系发生变化，从而对即期外汇汇率和远期外汇汇率产生影响。

对即期外汇汇率的影响是：一国利率较高，其对本国和外国投资者来说更有吸引力，从而导致资本输入、本币汇率上升；反之，若一国利率较低时，就必然导致本国资本外流，本币汇率下跌。可以说：“利率升，货币强；利率跌，货币弱。”如 1987 年 8 月，美元大幅下跌，人们争相购英镑，因英镑当时的利率高达 15.5 厘，致使英镑在很短的时间里由 1 英镑=1.65 美元升值到 1 英镑=1.90 美元。

而对远期汇率的影响，西方金融学家经过长期研究认为，两种货币在外汇市场上的远期汇率的变化是由两种货币在货币市场上的利息率的高低决定的，利息率较高的货币的远期汇率为贴水，利息率较低的货币的远期汇率为升水。但这里需要考虑的是一国利率与别国利率之间的相对差异，如果一国利率上升，但别国也同幅度地上升，则汇率一般就不受影响。

4. 经济增长差异对汇率的影响

一国经济增长势头的高低对汇率的影响是多方面的。从短期来看，一国经济增长率高，整个国家欣欣向荣，社会需求增加(如建桥、建路需要大量的钢材、水泥等)。社会就业充分，国民收入增加，个人需求增加。因此，进口增加，外汇需求上升，外汇汇率上涨，本币汇率下降。

从长远来看，一国经济增长率高，往往也意味着生产率的提高和生产成本的降低，由此，提高本国产品的竞争能力，出口增加，外汇供给加大。同时，经济增长势头好，意味着投资利润高，会吸引国外资金流入。总的来说，高经济增长率在短期内不利于本国货币在外汇市场的汇价，但从长期来看，却强有力地支撑着本国货币的升值。

5. 汇率政策对汇率的影响

各国的汇率政策和对外汇市场的干预，在一定程度上影响汇率的波动。自 1973 年以来，各国对外汇市场汇率的波动在表面上不加干预，任其自由涨落，但实际上都在根据本国经济发展情况制定经济、金融政策，企图避免本国货币的剧烈波动，把汇率维持在对本国经济发展有利的水平上。

有时国家金融领导的一句话就可能引起汇率的波动。1998 年 10 月 6 日，日本大藏大臣宫泽喜一表示："日本政府将不会容忍日元过度疲弱，正在考虑一些改善日元的特别政策。"这句话暗示日本政府不会漠视日元继续下跌。尽管这句并无实际内容的话，却诱发了国际外汇市场一场"大地震"。第二天，由 1 美元兑换 130 日元下跌到 1 美元兑换 118.80 日元，到第三天跌到 1 美元兑换 111.40 日元，创 1998 年美元兑日元最低点。可见，一国汇率政策对汇率的影响有多大。

6. 政治因素对汇率的影响

国际上突发的重大政治事件，如政变或战争，官员生病、丑闻或下台，以及工人罢工等，该国的货币就会呈现不稳定而下跌，局势动荡永远都是打击该国货币的重要原因。

例如：每一次菲律宾发生军人政变时，菲律宾比索都因此而不稳定。伊拉克入侵科威特之后，科威特国家的货币就在一夜之间变得一文不值了。美国前总统里根因面部皮肤癌而动手术期间，引发市场抛售美元，美元汇率下跌。1991 年 8 月，苏联总统戈尔巴乔夫被扣押在克里米亚后，德国马克兑美元的汇率急剧下降，在几天之内由 1 美元兑换 1.717 0 德国马克下跌到 1 美元兑换 1.860 0 德国马克，这是因为德国在苏联有大量的投资，若苏联政变，会对德国的投资产生影响。

7. 心理预期因素和外汇投机力量对汇率的影响

投机外汇的特征是逆潮流而动，逆多数人的看法、观点和行动而动。但是，人们迷信权威，亦有从众的心理，所以在环境正常的条件下，影响汇率变动的一个非常重要的因素是投机。在国际外汇市场上，目前有上万亿的所谓"游资"，被用来进行外汇投机交易。投机者如果预期某种货币将升值，就会大量购进该种货币，从而造成该种货币汇价的现实上升；反之，投机者若预期某种货币将贬值，就会大量抛售该种货币，从而造成该种货币汇价的即刻下跌。

国际金融投机索罗斯诱发、加剧"英镑危机"和东南亚金融危机，就是最突出的例子。当索罗斯从英国赚取近 10 亿美元后，他的话仿佛成了金科玉律。之后他发现泰国经济泡沫及短期债务很重，1997 年 6 月下旬他预言：泰国铢将可能贬值 20%甚至更多。全世界的投机家认为，这是索罗斯向他们发出的号召令，"卖掉泰铢，卖掉泰国股票！"泰国政府无能为力，7 月 2 日只得放开泰铢同美元挂钩的汇率，一下子由 1 美元兑换 25 泰铢贬值到 1 美元兑换 40 泰铢。

在影响外汇汇率走势的各种因素中，最难以把握的就是心理因素。它是影响汇率短期走势的重要因素。

总之，影响汇率变动的因素极其复杂，且在影响汇率的各种因素之间，存在着相当复杂的相互关联、相互制约，乃至相互抵消的关系。因此，不可能用单纯一种因素来说明汇率的全部变动。此外，影响汇率的各个因素，在不同国家、不同时期也各不相同。

1.3.2 汇率波动对经济的影响

汇率波动对一国和国际经济都有较为深刻的影响，但实际上汇率变动对不同国家的影响是不相同的。一国经济对外依赖程度较深，汇率波动对一国经济影响的就大；反之，则较小。对生产单一商品的国家的经济影响较大；反之，则较小。对与国际金融市场联系密切的国家影响较大；反之，则较小。对一国货币完全自由兑换、在国际支付中使用较多者，影响较大；反之，则较小。汇率波动对经济的影响具体表现在以下几个方面。

1. 汇率变动对一国国际收支的影响

(1) 对进出口有形贸易的影响

汇率波动会引起进出口商品价格的变化，从而影响到一国进出口贸易量的增减。

表 1-5 人民币不同时段汇价及商品市场价格表

时　间	人民币汇价	中国天翼商品市场
2012 年 7 月 28 日	1 美元＝6.610 0 人民币	远足牌皮鞋 380 元
2012 年 12 月 28 日	1 美元＝6.100 0 人民币	远足牌皮鞋 380 元

从表 1-5 可知，2012 年 7 月 28 日购买一双价格为 380 元人民币的远足牌皮鞋，需 57.49 美元，当时进货 1 000 双，共计约 57 490 美元。12 月 28 日皮尔尼外商购买同样一双价格为 380 元人民币的远足牌皮鞋，却需 62.30 美元，进货 1 000 双，共计 62 300 美元。由于人民币兑美元升值，外商同样货物和数量要多付出 4 810 美元。

在人民币商品市场价格保持不变的情况下，由于人民币兑美元升值，以外币所表示的价格上涨，作为外商可能会减少进口，外商的进口减少就意味着我国的出口减少。

故一国货币对外升值，不利于出口，有利于进口；反之，一国货币对外贬值，有利于出口，不利于进口。

小贴士

人民币升值对瓷砖出口的影响

我国是世界上最大的瓷砖出口国，瓷砖出口企业主要集中在广东佛山等地区，该区域企业出口量占我国瓷砖出口总量的 70%以上，出口地区主要为亚洲、非洲、南美及欧洲。

从历史经验看，反倾销和技术性贸易措施是影响我国陶瓷砖出口的主要因素。此外，人民币持续升值一定程度上削弱了我国陶瓷砖出口的竞争力。2012 年 9 月起，欧盟对我国大部分出口瓷砖实行 69.70%的惩罚性关税，对少部分知名品牌的出口瓷砖征收 26.30%～36.50%的进口关税；2012 年，哥伦比亚和泰国分别发布了陶瓷砖技术规范或标准，以提高陶瓷砖进口的行业门槛。受欧盟与世界其他地区反倾销以及人民币升值的影响，2012 年，我国陶瓷砖出口量约为 10.86 亿平方米，出口金额约为 57.84 亿美元，分别同比增长约 7.00%和 21.36%，增速同比明显回落。

综合来看，2012 年以来，受欧盟反倾销实施的影响，我国陶瓷砖出口增速放缓，长期来看，反倾销范围的扩大和人民币升值进程的加快将削弱我国陶瓷砖的出口竞争力。

资料来源：九正建材网，2013 年 8 月 1 日

(2) 对进出口无形贸易的影响

一国货币汇率下跌，外汇汇率上涨，则外国货币兑换本国货币的数量增多，外币的购买力相对提高，本国无形商品费用相对低廉。与此同时，由于本国货币兑换外币的数量减少，则意味着本币购买力相对降低，国外商品和劳务价格也变得昂贵了。

以旅游市场为例。如表 1-6 说明，2012 年 7 月 28 日来我国的外国旅游者花 586.99 美元就可进行海南 5 日游，12 月 28 日来我国的外国旅游者却需 636.07 美元才可进行海南 5 日游。这两个时间段中青旅海南 5 日游的报价都是 3 880 元人民币。只是由于人民币兑美元升值，外国游客 12 月 28 日比 7 月 28 日多花 49.04 美元。由此，外国游客可能会减少，中国外汇收入减少。

表 1-6　人民币不同时段汇价及旅游市场价格表

日　　期	人民币汇价	中青旅海南 5 日游
2012 年 7 月 28 日	1 美元＝6.610 0 人民币	3 880 元
2012 年 12 月 28 日	1 美元＝6.100 0 人民币	3 880 元

故一国货币对外升值，不利于服务贸易，外汇收入减少。反之，一国货币对外贬值，有利于服务贸易，外汇收入增加。

(3) 对单方面转移的影响

一国货币对外升值，如国内价格不变的情况下，该国的单方转移收入增加。以侨汇为例，侨汇多是赡养亲人的汇款，货币升值后，旅居国外侨民需汇回国内更多的外币，才可以保持国内亲属的生活需要，从而使该国侨汇收入增加。一国货币对外贬值，则其结果相反。

假如：2012 年 1 月 1 日，1 美元兑 5 元人民币。2012 年 2 月 1 日，1 美元兑 4 元人民币，人民币兑美元升值。赵先生在美国每月给在国内的父亲 1 000 元人民币的赡养费。2012 年 1 月寄 200 美元就能换 1 000 元人民币。但由于人民币兑美元升值，赵先生 2 月就需要寄 250 美元，才能换得 1 000 元人民币保证父亲的生活需要。

小贴士

人民币对美元升值单方转移减少

廖老伯的儿子在美国，每月寄 200 美元，按当时 1 美元＝8.27 人民币可换人民币 1 654 元。由于人民币对美元升值为 1 美元＝6.903 人民币，200 美元只能换 1 380.6 元人民币，为了保证父母的生活质量，廖老伯的儿子每月将赡养费增加到约 240 美元，这样可换 1 656 元人民币，与以前所换人民币才能保持一致。

故一国货币对外升值，单方转移增加，外汇收入增多。反之，一国货币对外贬值，单方转移减少，外汇收入减少。

(4) 对国际资本流动的影响

国际资本的流动主要是指货币通过全球各个外汇市场的中介作用，由一种货币兑换成另一种货币，从而由一个国家流向另一个国家。

一般来说，汇率的波动主要对短期的国际资本流动产生影响。当一国货币对外贬值时，短期资本外逃，也就是将本国货币换成坚挺的货币转移到国外。但当一国货币贬值的厉害，影响到一国金融稳定和投资环境时，就会影响到长期国际资本的投资预期，进而减少国际资本的流入。

小贴士

台湾百姓攥着400亿元人民币

"本店接受人民币消费",这是台北市信义路一家火锅连锁店近日贴出的告示。随着中国大陆经济增长、人民币持续升值,岛内民众、商家对人民币一律来者不拒,近年出入大陆的台湾民众来往大陆经商、工作者至少数十万人。由于人民币一路看涨,这些人都倾向持有大量人民币。根据岛内银行业专家估算,如果以1 000万人因为进出大陆而持有人民币计,只要每个人保有4 000元人民币,那么台湾就拥有400亿元人民币。这也就难怪台北、高雄等大城市的商店、酒店和宾馆,"几乎全都欢迎使用人民币结算",至于阿里山及日月潭等大陆游客最喜欢的旅游景点,人民币和美元、欧元等一样畅通无阻。

金门地区是台湾唯一可办理人民币兑换业务的地方,金门2005年10月首次开办人民币兑换。据最新统计,2007年全年金门地区各银行兑换人民币总额达2亿多元。其中,85%的业务量是将新台币兑换成人民币,而将人民币兑换成新台币只占了不到总数的15%。当地人对人民币汇率的关心,远远超过了对股市的关注。据台湾《中国时报》报道,除了到厦门购屋置产外,看准人民币升值的金门百姓,还不断将新台币兑换成人民币存到厦门生利息。"小三通"开放七年多来,金门人发现新台币一天比一天"薄"。以往1 000元新台币可以换到人民币260多元,现在只有220元左右,于是大家想到了"钱进"厦门。金门一名当了几十年公务员的老人,几年前才办理退休,除了将自己和妻子的存款,甚至连祖传的田地也卖了,所得款项悉数送到厦门存起来。不但金门人知道对岸的"金库"才能保值,纷纷将钱送到厦门,就连台湾本岛的亲友也常托金门亲戚跑厦门。

资料来源:李俊杰.世界新闻报,2007年2月1日

(5) 对官方储备的影响

汇率波动影响外汇储备的存量。储备货币贬值,持有该储备货币的国家外汇储备实际价值受损。如2011年7月,假定H国美元储备1万亿,当时1美元=8.22 H币,折成H币为8.22万亿。2012年7月,H币兑美元升值,1美元=6.900 0 H币,折成H币6.900万亿。两年之中H国外汇储备实际价值账面损失1.3万亿H币。

故一国储备货币对本国货币贬值,储备货币折成本国货币越少,外汇储备实际价值受损。反之,一国储备货币对本国货币升值,储备货币折成本国货币越多,外汇储备实际价值增加。

2. 汇率变动对国内经济的影响

(1) 汇率变动对国内物价的影响

汇率波动对国内经济的直接影响,主要表现物价的上涨或下跌。例如:2012年7月28日,1美元=6.81元人民币,酷尔A-3型计算机进口价1 000美元,折合人民币6 810元。2013年7月28日,人民币兑美元升值,1美元=6.100 0人民币,进口价为1 000美元,折合人民币6 100元。由于人民币升值,纯进口产品价格下降,可能会带动国内同类产品物价下跌。

故一国货币对外贬值,以本币表示的进口商品的价格就会上涨,那么以进口商品为原材

料的产品生产成本就会上升，进口商品价格上涨；同时这种原材料的国产替代品的价格也会上涨，进而带动国内同类商品价格的上涨。反之，一国货币对外升值，可能因进口商品价格下降，带动国内同类商品和其他商品的价格下降。

(2) 对国内就业和国民收入的影响

一国货币对外贬值，有利于出口，不利于进口，如果国内存在闲置的生产要素(包括劳动力、机器设备和原材料等)，则国内生产扩大，人们充分就业，国民收入提高。但如果没有闲置的生产要素，要依靠进口原材料，情况就正好相反。反之，一国货币对外升值，国内出口产业萎缩，将使生产减少、国民收入和就业下降。

(3) 汇率变动对世界经济的影响

小国的汇率波动只对其贸易伙伴国的经济产生轻微的影响。而发达国家特别是自由兑换货币的汇率的波动会对国际经济产生很大的影响。

一方面，汇率变动会引起国际金融领域的动荡，比如在国际贸易和借贷活动中，将要收进贬值货币的经济主体将遭受损失，而要付出贬值货币的经济主体则将从中获益。另一方面，经济发达国货币贬值会影响他国特别是经济依赖性较强的发展中国家的贸易收支，可能导致贸易战和汇率战，进而影响世界经济。甚至，在世界使用频率高的货币汇率不稳定还会给国际储备体系和国际金融体系带来巨大的影响。

课堂案例讨论

人民币何时实现对美元贬值

人民币升值用最通俗地话讲就是人民币的购买力增强。比如在国际市场上原来1元人民币只能买到一单位商品，人民币升值后就能买到更多单位的商品了，人民币升值或贬值是由汇率直观反映出来的。

2003年3月2日，《日本经济新闻》发表文章称“中国向亚洲国际输出了通货紧缩”。日本政府认为由于中国出口急剧增长，国内物价水平下降，导致国际市场上廉价商品的供应能力大大增加，日本国内物价下跌，同时由于日本总需求的不足，引起物价的进一步下降，从而有发生通货紧缩的危险，中国正在向包括日本在内的全世界输出通货紧缩。日本政府认为，中国作为世界上最大的新兴市场经济国家，有责任为稳定世界经济做出贡献，如果中国政府不能严格限制出口，为了扭转通货紧缩局势，应该采取扩张型的货币政策，或者是让人民币升值。

2003年6月起，人民币升值的主要外部压力从日本转向了美国。2003年6月和7月美国财政部长约翰·斯诺和美联储主席格林斯潘先后公开发表谈话，希望人民币选择更具弹性的汇率制度，否则最终会损害到中国经济。随后美国的商务部长、劳动部长也发表了类似的观点，同年9月斯诺的访华被称为“汇率之行”。美国方面希望人民币升值的主要理由是中国的货币操纵造成了美国严重的制造业失业问题。认为中国获得巨大的出口竞争优势，故意操纵货币的汇率。正是这一现象使美国的制造业发展出现萎缩，企业大量倒闭，带来了严重的失业现象，所以中国需要为美国的经济下滑和失业增多负责，美国政府必须给中国政府施加更大的压力。实际上人民币对美元升值会带来一系列消极影响。

首先，将对我国出口企业特别是劳动密集型企业造成冲击。在国际市场上，我国产品尤其是劳动密集型产品的出口价格远低于别国同类产品价格。究其原因,一是我国劳动力价格低廉,二是由于激烈的国内竞争,使得出口企业不惜血本,竞相采用低价销售的策略。人民币一旦升值,为维持同样的人民币价格底线,用外币表示的我国出口产品价格将有所提高,这会削弱其价格竞争力;而要使出口产品的外币价格不变,则势必挤压出口企业的利润空间,这不能不对出口企业特别是劳动密集型企业造成冲击。

其次,不利于我国引进境外直接投资。我国是世界上引进境外直接投资最多的国家,目前外资企业在我国工业、农业、服务业等各个领域发挥着日益明显的作用,对促进技术进步、增加劳动就业、扩大出口,从而对促进整个国民经济的发展产生着不可忽视的影响。人民币升值后,虽然对已在中国投资的外商不会产生实质性影响,但是对即将前来中国投资的外商会产生不利影响,因为这会使他们的投资成本上升。在这种情况下,他们可能会将投资转向其他发展中国家。

另外,加大国内就业压力。人民币升值对出口企业和境外直接投资的影响,最终将体现在就业上。因为我国出口产品的大部分是劳动密集型产品,出口受阻必然会加大就业压力;外资企业则是提供新增就业岗位最多的部门之一,其增长放缓,会使国内就业形势更为严峻。与此同时,金融市场的稳定和巨额外汇储备缩水也将面临威胁。

投机中国

时至今日,在全球货币对美元的退潮中,独独人民币已经突兀成唯一的一块礁石。截至2013年5月17日,澳元对美元比4月11日的1.0584已经下跌了8.08%;从2012年9月底至今,日元对美元已经下跌了24.4%;自2013初至今,英镑对美元下跌了7.49%;自2013年2月以来,欧元对美元下跌了6.39%。唯独人民币对美元逆势而行,创下了1:6.11的新高,比2012年9月底升值了2.78%。

人民币对美元持续单边升值,加之人民币利率高于美元,特别是在美国金融危机后中美利差扩大,吸引了巨量国际热钱投机中国,按照2008年4月的测算,当时流入的本金就已经高达近万亿美元,如今仅热钱本金应不少于1.5万亿美元,加上投资利润应不下2万亿美元。

巨量国际热钱流入,在2007年将股市泡沫推到极致,并成为迄今为止中国楼市巨大泡沫的最重要外部推动因素,也是农产品通胀的重要源头。

如今随着各国货币对美元贬值,人民币反而对美元升值,中国制造的国际竞争力更加严重下滑,特别是日元的贬值对中国制造损害极大。以家电产品为例,以前中国制造较日本制造有20%左右的价格优势,可自2012年9月底至今,日元对美元已经贬值了24.4%,而人民币对美元反而升值了2.78%,其结果即人民币对日元升值了约27.8%。中国制造的国际竞争力受到了根本性颠覆。

中国应果断降息

既然如此为什么人民币不能主动贬值,中国不主动降息呢?

这里有两个原因:其一美国和西方对中国和日本采取严重的双重标准,放任日元大幅贬值,却严厉压迫人民币升值;更为重要的是中国经济的硬伤——因为将汽车工业定为支柱产业的错误产业政策,使得中国石油对外依赖度已经高达60%,再加上中国城市化房地产优先圈占农地,以及农业投入保护不力,导致中国粮油的对外依赖度已经超过了10%,使得中国一定程度丧失了输入性通胀免疫能力。

一言以蔽之,人民币不能再升值了,应该主动快速贬值。鉴于2013年3月和4月份的

CPI分别为2.1%和2.4%。而一年期基准利率为3.25%，中国应果断降息，否则中国制造将被彻底逼压，而人民币将在未来3年内遭遇对美元的雪崩式爆贬危机，中国再也不能错过避免最糟糕局面的最后时机了。

资料来源：张庭宾. 第一财经日报，2013年5月20日

思考题：1. 人民币兑外币升值为何对中国不利，为什么？

2. 人民币兑美元升值对中国经济有哪些影响。

本章小结

外汇不等于外币，花花绿绿的外国钞票只是外汇的一种形式，外汇的内涵远比外币丰富得多。

汇率通俗地讲，它是外币和本币之间买卖的价格，既然是价格就会有升有降。所以汇率的种类很多，即期外汇交易、远期外汇交易等所使用的汇率是不同的。也就是说不同的外汇交易种类其交易价格也不相同。

如果外币和本币的买卖价格波动太大，会对一国经济乃至世界经济产生影响。

课后练习

（一）基础练习

1. 填空题

(1) 广义外汇泛指一切能用于________和最终偿付________的对外债权。

(2) 直接标价法是指以1个单位或100个单位的________作为标准，折算为一定数额的________来表示的汇率。

(3) 间接标价法是指用1个单位或100个单位的________作为标准，折算为一定数量的________。

2. 多选题

(1) 外汇的特征为(　　)。

A. 国际性　　B. 稳定性　　C. 可偿付性　　D. 自由兑换性

(2) 汇率按银行外汇买卖角度来划分可分为(　　)。

A. 买入汇率　　B. 卖出汇率　　C. 中间汇率　　D. 现钞汇率

(3) 汇率按外汇交易工具和收付时间划分可分为(　　)。

A. 电汇汇率　　B. 票汇汇率　　C. 信汇汇率　　D. 交叉汇率

3. 判断题

(1) 外汇就是花花绿绿的外国钞票。　　(　　)

(2) 越南盾、朝鲜币、缅甸元能自由兑换其他国家的货币。　　(　　)

(3) 电汇汇率是即期外汇交易的基础汇率。　　(　　)

4. 名词解释

(1) 汇率　　(2) 远期汇率　　(3) 间接标价法

5. 简答题

(1) 简述银行买入现汇的价格为什么比现钞的价格高。

(2) 简述影响汇率波动的因素有哪些。

6. 论述题

(1) 汇率波动对一国经济有哪些方面的影响?

(2) 目前人民币兑美元升值对我国的纺织业有些什么影响?

(二) 实操练习

1. 技能训练题

(1) 美国兴远公司在中国投资需要800万元人民币,外汇市场即期汇率为1美元=6.113 0/6.155 4元人民币,请问美国兴远公司需要支付多少美元才可换得800万元人民币?

(2) 中国万龙公司与英国R公司签订了一份进口合同,需要支付R公司44万英镑,外汇市场的即期汇率为1英镑=13.531/13.866人民币,请问中国万龙公司需要多少人民币才能换取44万英镑?

(3) 如表1-7所示为中国银行2013年3月1日的外汇牌价。

表1-7 中国银行人民币汇价 单位:100

货币名称	现汇买入价	现钞买入价	现汇/现钞卖出价
英镑	1 409.58	1 379.86	1 420.9
港币	92.56	91.82	92.91
美元	722.55	716.76	725.45
新加坡元	501.46	490.89	505.49
加拿大元	702.35	687.54	707.99
澳大利亚元	633.74	620.38	638.83
欧元	1 054.04	1 031.81	1 062.5

根据该牌价进行交易,请回答下列问题(不考虑手续费):

① 燕丽到德国留学带着德国录取通知书到中国银行兑换5 000欧元现钞,需要付出多少人民币现钞?

② 廖老伯最近要集资建房,欲将儿子5 000美元现钞存款和8 000美元的现汇存款都兑换成人民币,请问廖老伯共计能兑换多少人民币?

③ 最近王叔叔和老伴盛阿姨准备到澳大利亚去旅游需要兑换4 000澳大利亚元,请问他们要准备多少人民币?

④ 中国银行港币/人民币、加拿大元/人民币、新加坡元/人民币的买卖差价分别是多少点?它们现钞、现汇的买入差价是多少?

(4) 请参考表1-7和表1-8,站在银行的角度将以下某外汇市场的即期外汇报价翻译文字。

表 1-8 常用国家和地区的货币代码

国 别	货币名称	标准符号
中国	人民币元	CNY
中国香港	港元	HKD
新加坡	新加坡元	SGD
欧洲货币联盟	欧元	EUR
英国	英镑	GBP
加拿大	加元	CAD
美国	美元	USD
澳大利亚	澳大利亚元	AUD

例如：100EUR/1054.04—1061.5 CNY

说明银行愿意用 1054.04 元人民币买客户 100 欧元，银行卖出 100 欧元客户需支付 1 061.5 元人民币。

HKD100/CNY 92.56—92.91

SGD100/CNY 501.46—505.49

GBP100/CNY 1409.58—1420.9

AUD100/CNY 633.74—638.83

以上汇率请用文字表述。

2. 实训项目

(1) 到有外汇买卖的银行实地考察，搞清楚目前我国能自由兑换的外汇币种。

(2) 网上调研，每组以《汇率对我国汽车业(鞋业/农业/房地产业/纺织业/旅游业)的影响》实训报告为题，分组撰写 800 字以上的论文，每组推荐发言人在课堂进行交流，交流时以多媒体演示。

第2章

汇率制度与外汇管理

【学习目的及要求】

通过本章的学习，希望同学们了解汇率制度的发展历程；充分认识汇率在不同阶段是如何决定的；掌握外汇管制的内容和手段；了解中国的外汇管理相关情况。

【引导案例】

“华尔街之王”神话的破灭

2012年5月15日是摩根大通举行一年一度股东大会的日子。前一晚杰米·戴蒙几乎彻夜难眠。

这位摩根大通掌门人、华尔街风云人物此时一筹莫展，他必须要思忖的是，如何应对第二天大大小小股东的质问。因为就在5月10日，他领导的这家全美资产最大的银行公布了20亿美元的巨额交易亏损，全世界为之哗然。

“茶杯里的风暴”

摩根大通的风险管理部门“首席投资办公室”(CIO)一直在做一笔看空经济的投资，为手中持有的一些资产做风险对冲。金融危机后，因为收购华盛顿互助银行，风险资产增多，这项风险对冲投资的规模也不断扩大。而这些都是得到戴蒙首肯的。

2012年一季度，美国经济开始好转，戴蒙曾建议CIO削减头寸。4月13日，摩根大通公布第一季度财报，有人问起一个叫做“伦敦鲸”的交易员造成的损失时，戴蒙曾将其称为“茶杯里的风暴”。

他当时的语气，像极了2007年时花旗银行的首席执行官查克·普林斯。当时普林斯被问及已经出现违约端倪的次级房贷业务，他回答说：“只要音乐还在，你就必须随之起舞。我们正在跳舞而已。”漠视风险，充满自信。但结果，次贷危机全面恶化，2008年国际金融危机席卷全球。

摩根大通的这笔风险对冲投资在4月底开始恶化。“不明原因”带来的损失每天超过1

亿美元。4 月 30 日，戴蒙第一次看到所有损失概要时，气愤地把那几页纸摔在地上，大声咆哮道："我要看所有的头寸资料！现在，马上！"但据当时在场的员工说，真正看到损失明细时，戴蒙却瞠目结舌。

这项投资的损失还会增加。可能会给摩根大通造成总额 50 亿美元的账面损失。

"投资界的不败神话"？

在华尔街，戴蒙可谓是"含着金汤匙"出生，与金融有着天然的联系。

戴蒙是地地道道的"纽约客"，他的父亲和祖父都是华尔街人，都供职于大型证券公司——希尔森公司。

戴蒙的华尔街之路也走得非常顺利。从哈佛商学院毕业后，戴蒙成为花旗银行前总裁桑福德·维尔的门徒。2005 年，49 岁的戴蒙接过摩根大通帅印，成为华尔街举足轻重的人物。

金融危机震动世界，也成就了戴蒙的神话。戴蒙曾无数次出现在纽约联储行和财政部的紧急会议里，与当时的财长保尔森以及现任财长盖特纳并肩作战，重新规划华尔街。

当时，在华尔街重要投资银行中，雷曼兄弟申请破产保护，贝尔斯登和美林证券在寻求买家，美国银行和花旗集团接连宣布亏损，高盛和摩根士丹利的利润下滑。只有摩根大通运筹帷幄，成为当时全美唯一几乎没有受到危机影响的银行。

其重要原因是，摩根大通在戴蒙领导下，早在危机大规模爆发前，就对次级金融衍生品采取了及时而坚决的规避策略，不仅拒绝承销相关产品，还大举削减和出售次级债券资产。同时，因预计信贷危机将蔓延扩张，摩根大通早就对公司债做了风险对冲操作，正是这些对冲交易后来给摩根大通创造了巨大收益。

他谨慎缜密的风险管理风格创造了"投资界的不败神话"。2008 年奥巴马当选总统后，戴蒙一度是财长的热门人选，并多次得到奥巴马的公开赞扬。

此后，"华尔街之王"、"华尔街救世主"、"美国最伟大的银行家"等光环就成为戴蒙新的身份。

而现在戴蒙却在一个"管理最好"的银行写下职业生涯中的最大污点。

反对监管的"急先锋"

戴蒙是个民主党人，与奥巴马政府关系极度亲密。除了是竞选的重要捐款人，据说他跟白宫前幕僚长拉姆·伊曼纽尔也走得非常近。按理说，他不该对奥巴马政府的监管政策提出疑问，但实际上，戴蒙是反对金融监管的"急先锋"。而摩根大通每年也要花费大概 700 万美元用于游说国会。

戴蒙一直反对过多监管银行，认为不能把"好银行"和"差银行"混为一谈。他曾公开质问美联储主席伯南克："你是否担心过度监管阻碍经济复苏？"

此次巨额交易损失发生后，戴蒙的口气明显缓和了。"我们不反对新的监管规则。"

而今，在舆论压力下；美国证交会、美联储等多个部门对摩根大通巨亏展开调查。

资料来源：乔继红. 环球，2012 年第 11 期

思考题：结合此案例谈谈外汇管制的意义。

由于汇率与各国货币制度存在密切关系，货币制度不同，汇率决定与调整的规律也不相同。所以，需对不同货币制度下的汇率决定与调整分别研究。

汇率的决定是两种货币的价值之比，即汇率决定的基础是各自货币具有或所代表的实

际价值。两国货币之间的兑换比率如何确定呢？它背后的决定因素是什么？为什么一国货币同别国货币间的兑换比率是某个特定数值而不是其他数值？这就是汇率决定理论研究的内容。

2.1 汇率制度及汇率决定的基础

汇率制度是指各国货币比价确定的原则和方式，货币比价变动的界限，货币比价调整的手段，以及维持货币比价所采取的措施。从历史发展来看，汇率制度经历过固定汇率制度和浮动汇率制度，每一种汇率制度又经历了不同的阶段及在不同的发展阶段呈现出不同的特征。汇率制度发展历程如图 2-1 所示。

- 汇率制度
  - 固定汇率制
    - 金本位制 (1880—1931)
    - 金汇兑本位制 (1944—1973)
  - 浮动汇率制 (1973—1985)
  - 管理浮动汇率制 (1985 至今)

图 2-1 汇率制度发展历程

2.1.1 固定汇率制度

固定汇率制度是指两国货币的比价基本固定，其波动的界限规定在一定幅度之内的一种汇率制度。固定汇率制度又可以分为金本位制度下的固定汇率制度和纸币制度下的固定汇率制度。

我们从图 2-1 可以了解到，汇率制度的发展过程，历尽了三个阶段，固定汇率制、浮动汇率制及管理浮动汇率制。固定汇率制又经历了两个阶段：金本位制和金汇兑本位制。金汇兑本位制又指以美元为中心的固定汇率制。

1. 金本位制度下的固定汇率制

(1) 金本位制的含义

金本位制是以一定量的黄金为本位货币的一种汇率制度。本位货币是指货币的主要材质或指一国货币制度的基础货币。

(2) 金本位制的特点

第一，黄金充当国际货币。

在金本位制下，黄金具有货币的全部职能：价值尺度、流通手段、储藏手段、国际货币，特别可以作为支付手段进行国际结算。当时，黄金可以自由铸造、自由兑换、自由进出口。

第二，汇率围绕黄金平价波动。

金本位制度下，各国都规定每一金铸币单位包含的黄金重量与成色，即含金量。两国货币间的比价要用它们各自包含的含金量多寡来折算，两种货币的含金量对比叫做金平价。金平价是决定两种货币汇率的基础。

在金本位制下，每个国家都将其货币与黄金挂钩。例如，如果瑞士中央银行将黄金价格固定在每盎司 100 瑞士法郎，那么它就会固定在这一比率上购买和出售黄金。同样的情况也适用于美国，如果美国联邦储备银行将黄金价格固定在每盎司 20 美元，即美国也会固定在这一比率上购买和出售黄金。那么汇率就是一个两种价格的简单比率：100 瑞士法郎/20 美元，意味着 5 瑞士法郎兑换 1 美元。

由于在金本位制下，各国间办理国际结算可以采用两种方法。第一种方法用外汇结算。但若购买外汇的价格高于购买黄金的价格的话，则采用第二种方法直接运送黄金进行结算。第二种方法是在金本位制下，黄金也可作为国际结算，因此，汇率始终围绕黄金平价上下波动。当外汇价格高于黄金时，债务人就购买黄金进行国际结算。当黄金的价格高于外汇时，债务人就购买外汇进行国际结算。

在 1929—1933 年的世界性经济危机冲击下，国际金本位制于 1936 年宣告彻底崩溃，至此，以金本位制为基础的固定汇率制度也随之消亡。金本位制被 1944 年布雷顿森林协议确立的金汇兑本位制取代。

2. 金汇兑本位制

金本位制度崩溃后，资本主义国家普遍实行纸币流通制度。1944 年 7 月，在美国新罕布什尔州的布雷顿森林城召开了由 44 个国家参加的“联合国与联盟国家国际货币金融会议”，通过了《布雷顿森林协定》，建立了布雷顿森林体系。

《布雷顿森林协定》的内容如下：

第一，建立一个永久性的国际金融机构，即国际货币基金协定。

第二，实行黄金—美元本位制，即以黄金为基础并以美元为主要的国际储备。金汇兑本位制的内容包括美国将美元钉住黄金，其他国家将它们的货币钉住美元。在这一协议下，黄金价格固定在每盎司 35 美元，美国承诺以这一价格用美元兑换黄金。其他国家承诺以一个官方固定的汇率将其货币兑换为美元。将其汇率钉住美元的国家有责任使市场汇率保持在“黄金平价”±1%的范围内。

第三，国际货币基金通过向会员国提供资金融通，帮助它们调整国际收支不平衡。

第四，废除外汇管制。

第五，争取实现国际收支的对称性调节。

纸币流通条件下，固定汇率制度的特点可以归纳为两点：美元与黄金直接挂钩，其他国家货币与美元挂钩。通过这种“双挂钩”，使美元处于中心地位。

其他各国货币 → 美元 → 黄金

当时，其他各国的货币要想换黄金，先要换成美元才行，那时黄金每盎司 35 美元。20 世纪 50 年代初，美国发动朝鲜战争，美元开始贬值。20 世纪 60 年代，美国又发动了越南战争，它的国际收支危机进一步恶化。美元的国际地位越来越弱，黄金每盎司由 35 美元提高为 38 美元。由于美元的不断贬值，这就意味着其他各国的货币随美元贬值而贬值。因此，各国货币都与美元脱钩。因此，纸币流通下的固定汇率制在 20 世纪 70 年代崩溃。

固定汇率使一国国内经济暴露在国际经济动荡之中。由于一国有维持固定汇率的义务，因此，当其他国家的经济出现各种问题而导致汇率波动时，该国就需进行干预，从而也受到相应的影响。例如外国出现通货膨胀而导致其汇率下降，本国为维持固定汇率而抛出本币购买该贬值外币，从而增加本国货币供给，又诱发了本国的通货膨胀。

总之，固定汇率使各成员国的经济紧密相连，互相影响。一国出现经济动荡，必然波及他国,同时,也使一国很难实行独立的国内经济政策。

2.1.2 浮动汇率制度

1. 浮动汇率制度的含义

浮动汇率制度是指各国政府对汇率不加以固定,也不规定汇率波动的上下限,听任外汇市场上汇率根据供求而上下波动,政府货币当局不承担维持市场汇率波动义务的汇率制度。

外币供过于求,外币汇率就下跌;求过于供,外币汇率就上涨。

2. 浮动汇率制的类型

从不同的角度划分,浮动汇率制有不同的类型。

(1) 从政府是否对市场汇率干预来划分

① 自由浮动汇率制。自由浮动汇率制在政府不加干预的情况下,完全随外汇市场的供求变化而自由波动的汇率体系称为自由浮动汇率制。有的国家(例如美国)也曾一度主张实行自由浮动汇率,对汇率上下波动不采取干预措施。然而,纯粹的自由浮动汇率基本上是不存在的。

② 管理浮动汇率制。在浮动汇率制度下,一国政府没有义务对汇率的波动进行干预,但并不等于说不干预。实际上西方各国政府为了本国的经济利益,总是或明或暗地在外汇市场上进行各种形式的干预活动,使汇率朝着对本国有利的方向浮动。在浮动汇率制度下,政府干预下的汇率体系称为管理浮动汇率制。

(2) 从一国汇率变动是否同他国配合来划分

① 单独浮动汇率制。单独浮动汇率制是指一国货币的币值不与任何外国货币发生固定联系,其汇率根据外汇市场的供求变化单独浮动,而不与其他国家的货币联合浮动的汇率体系。实行单独浮动汇率的国家有美国、加拿大、瑞士、日本等。

② 联合浮动汇率制。联合浮动汇率制是指若干国家组成货币集团,集团成员之间规定货币的比价和限制波动幅度实行固定汇率,各集团成员国有义务共同维持彼此间汇率的稳定,而对集团外国家的货币则实行同升或同降的联合浮动汇率体系。而对非成员国货币安排,它介于固定汇率与浮动汇率之间的一种混合汇率。如欧盟区就采取这种汇率制,欧盟成员国货币之间实行固定汇率,上下浮动不得超过±1.125%,对成员国外货币实行联合浮动。

③ 钉住汇率制。钉住汇率制是指一国政府或货币当局将其货币汇率钉住某一单一货币或一篮子货币,本币汇率随所钉住的货币汇率的波动而同向波动的汇率安排的汇率体系。有些国家由于历史、地理等诸方面的原因,其对外贸易、金融往来主要集中于某一工业发达国家,或主要使用某一种货币。为使这种贸易、金融关系得到稳步发展,避免受到相互间货币汇率频繁变化的不利影响,这些国家通常将本国货币"钉住"该工业发达国家的货币,或"钉住"加权货币篮子,甚至"钉住"特别提款权等复合货币。实行这种汇率制度的国家,必须通过在外汇市场上买卖所"钉住"国货币或其他钉住货币单位的办法来维持本国货币与所"钉住"国货币之间的固定比价,本国货币同其他国家货币的汇率则根据这种固定比价来套算。

目前,大多数发展中国家实行钉住汇率,但在一定时期按需要由官方浮动。

3. 浮动汇率制度的作用

(1) 浮动汇率制度的优点

第一,汇率随外汇市场的供求变化自由浮动,自动调节国际收支的不平衡。

当一国国际收支持续逆差,出口额小于进口额,外国货币供给减少,该国货币汇率呈下降趋势,意味着该国出口商品以外币表示的价格下降,这有利于出口,抑制进口,从而扭转国际收支逆差;相反,当一国国际收支持续顺差,出口额大于进口额,外国货币供给加大,该国货币的汇率呈现上浮趋势,该国出口商品以外币表示的价格上涨,这就会抑制出口,刺激进口,从而使国际收支顺差减缓。

第二,可以防止外汇储备的大量流失和国际游资的冲击。

在浮动汇率制度下,汇率没有固定的波动幅度,政府也没有义务干预外汇市场。因此,当本国货币在外汇市场上被大量抛售时,该国政府不必为稳定汇率动用外汇储备,大量抛售外币、吸购本币。相反,当本国货币在外汇市场上被大量抢购时,该国政府不必大量抛售本币,吸购外币。本币汇率的进一步上升,自然会抑制市场对本币的需求,这样就可减少国际游资对某一种货币冲击的可能性。

(2) 浮动汇率制度的不足

第一,汇率波动不定增加了国际间贸易的风险。

在浮动汇率制度下,汇率有可能暴涨暴跌,国际贸易往来无安全感。例如,在以外币计价结算的贸易中,出口商要承受外汇汇率下跌而造成结汇后本币收入减少的损失;相反,进口商则要承受外汇汇率上涨而造成进口成本加大的损失。此外,汇率的剧烈波动使得商品的报价、计价货币的选择、成本的核算变得十分困难,这对国际贸易的发展是不利的。

第二,汇率剧烈波动助长了外汇市场上的投机。

在浮动汇率制度下,汇率的波动取决于外汇市场的供求关系,汇率波动频繁,波动幅度大,外汇投机者就有机可乘。有些西方国家的商业银行也常常参与外汇市场上的投机活动,通过预测外汇汇率的变化,在外汇市场上低买高卖,牟取暴利。

由此看来,浮动汇率制度的利弊互见,优缺点并存。尽管它不是最理想、最完善的国际汇率制度,但仍不失为一种适应当今世界经济适时的、可行的汇率制度。

2.1.3 管理浮动汇率制

管理浮动制,又称"肮脏浮动"制,是指一国政府或货币当局对外汇市场进行直接或间接的干预,使市场汇率总是向对本国有利的方向浮动,或维持在于本国有利的水平上的汇率体系。

事实上,任何国家的政府或货币当局都不会对汇率实行完全的"自由浮动",而是从本国利益出发,对外汇市场进行必要的干预,使汇率朝着有利于本国经济的方向浮动。即使在今天浮动汇率体系广泛应用的情况下,政府也不能抵制积极干预外汇市场以追求他们的政策目标的诱惑。当他们这样做时,结果是汇率体系处于固定汇率和浮动汇率之间。

管理浮动是政府用以保持有序汇率变动的汇率体系,其目的是消除过度波动。当局偶尔通过买入或卖出本国货币进行干预,使本币兑外汇的汇率不要过度升值或贬值,而不是抵制固有的市场力量。

2.2 汇率决定理论

汇率决定于外汇供求。西方汇率理论错综复杂,流派纷呈,有传统汇率理论,也有现代汇率理论。汇率理论作为金融理论的一部分,伴随着汇率制度经历由简单到复杂的过程,由一种附属理论逐渐发展成一种独立的理论。

2.2.1 汇率决定理论产生与发展

汇率理论的产生与发展,是与商品经济的发展变化密切相关的。在中世纪,各国商品经济有了很大发展,货币制度也比较健全,各国相互贸易往来使货币兑换开始经常化,于是人们开始关注汇率问题。从那时到现在,货币制度经历了金本位制、金汇兑本位制及信用纸币本位制,从中也可以追踪汇率理论发展的轨迹。

14 世纪初,法国学者伦巴认为汇率的变动主要受风险和心理因素的影响。1403 年,经院学者罗道尔波利斯提出了公共评价理论,他认为汇率取决于两国货币的供求,而这种供求又取决于人们对两国货币的公共评价。

到了 16 世纪,西班牙萨拉蒙卡大学的学者们认为,货币的价值及其购买力是汇率的决定因素,而货币的价值和购买力的高低,受物价的影响,物价的变动则是由货币供应决定的。

17 世纪英国哲学家、经济学家洛克认为决定汇率的因素有两个:一是两国各自拥有的贵金属(白银)的多少,二是贸易差额。

18 世纪法国人孟德斯鸠给出了货币的绝对价值和相对价值概念。18 世纪中晚期英国经济学家休谟和康替龙提出"铸币点机制理论"。此理论认为汇率决定于国际收支,国际收支逆差会使一国货币汇率下跌,超过一定限度(铸币点)时则会引起黄金输出,从而诱发国际收支调节的铸币—物价流动机制,使物价降低,刺激出口。当汇率上升超过某一高度时,则会引起黄金输入,使国内物价上升,刺激出口。

马克思指出,汇率就是以本国货币表示的外汇价格,或是两国货币间的兑换比率,它取决于两国货币所代表的价值量之比。

"一战"以后,由于各国在战争期间滥发不兑现的银行券导致了通货膨胀和物价上涨。瑞典经济学家卡塞尔修改了自己的购买力绝对平价理论,把不同国家货币购买力之间的相对变化看成是汇率变动的决定性因素,从而产生了购买力相对平价理论。

凯恩斯 1923 年完成的《论货币的改革》,把汇率本质看成是由两国货币(资产)的相对价格。一笔资金可以投资于国内,也可以投资于国外,对外币需求是因为对外投资。投资是利益比较的结果,投资产生了国际资本流动,汇率取决于不同国家不同时期的利率收益比较。这样凯恩斯建立了古典利率平价理论。

1927 年法国经济学家阿夫塔里昂认为,汇率取决于外币的供给与对外币的需求,而个人对外币的需求则出于对国外商品和劳务的某种欲望,而后者又是由个人主观评价决定的,市场评价是个人评价的综合,对外汇均衡价格有影响,因而欲望是外币具有价值的基础,主观评价是外币价值高低的决定因素,这就是汇率决定的效用原理。

"二战"以后,汇率决定理论的研究越来越多方面地考察影响因素,购买力平价理论、利率平价理论、汇兑新理论以及合理预期论的要点开始被综合到一起。

20世纪70年代之前，占主导地位的汇率决定模型是开放经济条件下的凯恩斯模型。早期汇率决定理论将资本市场和资本流动方面纳入开放的宏观经济学体系之内，但它们在处理资产市场均衡方面存在一些严重不足。70年代期间及其以后的现代汇率理论与传统理论的重要差别是研究汇率决定时考虑到国际金融市场上存量均衡。汇率决定理论发展示意图如图2-2所示。

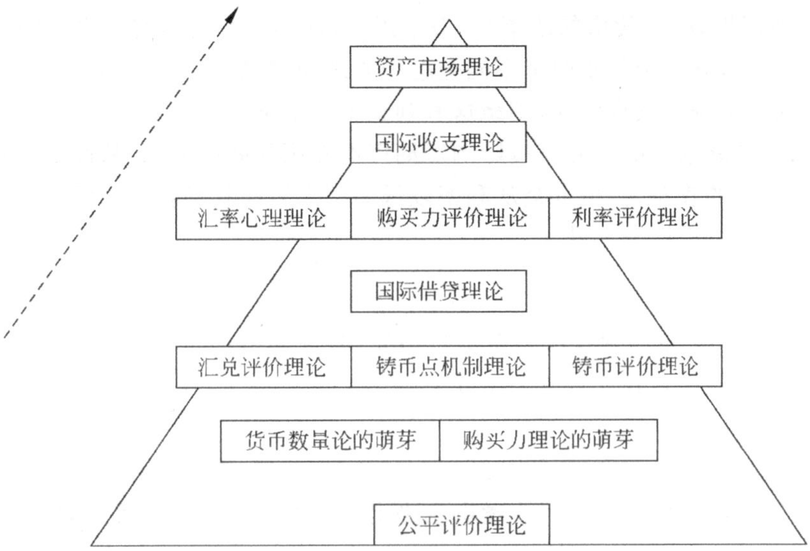

图2-2　汇率决定理论发展示意图

2.2.2　汇率理论学说

汇率决定理论随经济形势和西方经济学理论的发展而发展，为一国货币局制定汇率政策提供理论依据。汇率决定理论主要有国际借贷学说、购买力平价学说、利率平价学说、国际收支说、资产市场说。资产市场说又分为货币分析法与资产组合分析法，货币分析法又分为弹性价格货币分析法和黏性价格货币分析法。

1. 国际借贷说

国际借贷说是第一次世界大战前，在金本位制盛行的基础上，用以说明外汇汇率变动的最主要理论。国际借贷说又称为外汇供求说，是由英国经济学家戈森于1861年在其所著的《外汇理论》一书中正式提出来的。

此理论认为汇率的变动主要取决于外汇市场外汇资金的需求与供给，而外汇的供求则起源于本国与外国之间的借贷。戈森认为，利率的变动会引起国际资金的流动，而国际资金的流动又会影响即期汇标的价格，从而对汇率产生影响。

2. 购买力平价说

购买力平价理论最初由英国经济学家桑顿在1802年提出，其后成为李嘉图的古典经济理论的一个组成部分，最后由瑞典经济学家古斯塔夫·卡塞尔加以发展和充实，并在其1922年出版的《1914年以后的货币与外汇》一书中作了详细论述。它已成为当今汇率理论中最具影响力的理论之一。

此理论认为人们对外国货币的需求是由于用它可以购买外国的商品和劳务,外国人需要其本国货币也是因为用它可以购买其国内的商品和劳务。因此,本国货币与外国货币相交换,就等于本国与外国购买力的交换。所以,用本国货币表示的外国货币的价格也就是汇率,决定于两种货币的购买力比率。

3. 利率平价学说

1923年,凯恩斯在《论货币的改革》一书中指出,远期汇率同即期汇率之间的差价,如果按年百分率来表示,倾向于等于两个不同金融中心之间利息的差额,并且远期汇率与即期汇率的差价,还倾向于按照供求状况,围绕这些利息平价上下波动。

此理论认为利率水平的差异直接影响短期资本在国际间的流动,从而引起汇率的变化。投资者为获得较高的收益,会把资金从利率较低的国家转向利率较高的国家,资金的流入将使利率较高国家的货币汇率上升。

4. 国际收支说

1944年至1973年布雷顿森林体系实行期间,各国实行固定汇率制度。这一期间的汇率决定理论主要是从国际收支均衡的角度来阐述汇率的调节,即确定适当的汇率水平。这些理论统称为国际收支学说。

国际收支说指出了汇率和国际收支间存在的密切关系,有利于全面分析短期内汇率的变动和决定。国际收支引起的外汇流量供应决定了短期汇率水平及其变动。

5. 资本市场说

20世纪70年代初期,在全球性固定汇率制度崩溃和各国金融市场已高度发达的背景下,不少经济学家发展出了一种新的汇率决定学说。由于这种学说侧重于从金融市场均衡这一角度来考察汇率的决定,因此,被称为资产市场说或金融市场投资组合说。

此理论强调货币市场和货币存量的供求情况对汇率决定的影响,认为汇率的决定由各国货币存量的供求引起。汇率决定于货币市场的均衡而非商品市场的均衡;汇率的变化由两国货币供求关系的相应变化而引起。从长期来看,承认购买力平价理论,即过多的货币供应所引起的通货膨胀,必然使该国货币汇率下浮,从短期看,两国金融资产的供求情况,即人们自愿持有或放弃这些金融资产的情况决定汇率;国民收入与本币汇率表现为正相关关系;国家宏观经济政策对汇率发挥着重要作用;强调合理预期对汇率变动的影响。

2.3 外汇管制

外汇管制始于第一次世界大战期间。当时国际货币制度陷于崩溃,美、法、德、意等参战国都发生了巨额的国际收支逆差,本币对外汇率剧烈波动,大量资本外逃。为集中外汇资产进行战争,减缓汇率波动及防止该国资本外流,各参战国在战时都取消了外汇的自由买卖,禁止黄金输出,实行了外汇管制。

1929—1933年世界经济危机时期,很多在战后取消外汇管制的国家又重新实行外汇管制,一些实行金块和金汇兑本位制的国家也纷纷实行外汇管制。1930年土耳其首先实行外汇管制。1932年,德国、意大利、奥地利、丹麦、阿根廷等20多个国家也相继实行了外汇管制。第二次世界大战爆发后，参战国立即实行全面严格的外汇管制。1940 年，在 100 个国家和地区中，只有 11 个国家没有正式实行外汇管制，外汇管制范围也比以前更为广泛。

第二次世界大战战后初期，西欧各国基于普遍存在的“美元荒”等原因，继续实行外汇管制。20 世纪 50 年代后期，西欧各国经济有所恢复，国际收支状况有所改善，从 1958 年开始，各国不同程度地恢复了货币自由兑换，并对国际贸易收支解除外汇管制，但对其他项目的外汇管制仍维持不变。1961 年，大部分国际货币基金组织的会员国表示承担《国际货币基金组织协定》第 8 条所规定的义务，即避免外汇限制而实行货币自由兑换。但时至 90 年代，绝大多数国家仍在不同程度上实行外汇管制，即使名义上完全取消了外汇管制的国家，仍时常对居民的非贸易收支或非居民的资本项目收支实行间接的限制。

一个国家(或地区)对外汇管制范围的大小和程度的宽严，主要取决于该国的经济、贸易、金融和国际收支的状况。一些经济发达国及石油产出国，基本不加管制。而大多数发展中国家，仍然实行较为严格的外汇管制或部分外汇管制。但由于世界各国的经济处于不断发展和变化之中，所以其外汇管制也是在不断发展和变化的。外汇管制的利弊是我们这一节所要探讨的问题。

2.3.1 外汇管制概述

1. 外汇管制的含义

外汇管制，又称外汇管理，是指一国(或地区)为平衡国际收支危机、维持其货币汇率的稳定，通过法律、法令、条例等形式，对外汇的买卖、外汇汇率、外汇市场和外汇资金来源与运用进行的干预和控制。

一般来说，外汇供给较丰富且外汇市场较发达的国家，大多通过设立外汇平准基金来维持汇率的稳定。而外汇供给较缺乏且外汇市场欠发达的国家，则实施较为严格的外汇管理办法。事实上，完全不受管制的自由外汇交易是不存在的。世界上所有国家都实行某种程度的外汇管制，区别只是管制松紧程度的不同。

2. 外汇管制的类型

无论是发达国家，还是欠发达国家，以是否实行全面的或部分的外汇管制为标准，可分为三种类型：严格的外汇管制、部分外汇管制、名义上取消外汇管制，如表 2-1 所示。

表 2-1 外汇管制类型

管制类型	管制项目	国家类型	国家名称
严格的外汇管制	经常项目 资本项目	发展中国家 实行计划经济的国家	印度、赞比亚、秘鲁、巴西等九十多个国家
部分外汇管制	资本项目或部分资本项目	经济较发达国家 新兴工业化国家	中国等二十多个国家
名义上取消外汇管制	无	经济发达国家 石油生产国	美国、德国、科威特、沙特阿拉伯等二十多个国家

名义上取消外汇管制的国家和地区，对经常项目和资本项目的外汇交易不实行普遍的和经常性的限制，但不排除从政治或外交需要出发，对某些特定项目或国家采取包括冻结外

汇资产和限制外汇交易等制裁措施。

2.3.2 外汇管制的措施

凡实行外汇管制的国家和地区，一般对贸易外汇收支、非贸易外汇收支、资本输出和输入、汇率、黄金和现钞的输出和输入等采取一定的管制措施。

1. 对贸易外汇的管制

贸易收支在一国的国际收支中所占的比例最大，所以，实行外汇管制的国家大多对贸易外汇实行严格管制，以增加出口外汇收入，限制进口外汇支出，解决贸易逆差，追求国际收支平衡。

(1) 对出口收汇的管制措施

第一，出口收汇集中，规定出口商必须将其所得外汇及时售给国内指定银行。

第二，对出口收汇的鼓励，允许出口收入中的部分外汇以优惠价结售给国家，也可按市场价转售他人。

(2) 对进口付汇的管制措施

第一，规定只有进口许可证的贸易，所需外汇方可获得批准。

第二，进口存款押金制，规定进口商在进口之前，应向指定银行预存一定数额的进口货款，银行不付利息，数额根据进口商品的类别或所属的国别按一定的比例确定。

第三，购买进口商品需外汇时，征收一定的外汇税。

第四，限定进口商对外支付使用的外币种类。

第五，进口商品一定要获得外国提供的一定数额的出口信贷，否则不准进口。

第六，提高或降低开出信用证的佣金额，以控制进口。

第七，进口商在获得批准的进口用汇前，须完成向指定银行的交单工作，增加进口成本。

2. 对非贸易外汇的管制

非贸易外汇收支的范围较广，贸易与资本输出和输入以外的外汇收支均属非贸易收支。

第一，直接限制，按期结汇给国家指定银行的方式。

第二，对非贸易外汇支出规定最高限额，限额内可以自由携出或汇出，超过限额则不允许。

第三，为防止外汇流出境外，有些国家规定对一定数额的外汇收入或支出，实行登记制度。

第四，对非贸易外汇支出实行批汇制度，如规定因公和因私出国费用的购买限额和购买间隔期，向国外汇出款项须经外汇管制部门批准等。

各个国家根据其国际收支状况，往往不同时期实行宽严程度不同的非贸易外汇管制。

3. 对资本输出和输入的管制

(1) 发展中国家对资本输出和输入的管制

由于外汇缺乏，一般对资本输出加以限制，对国外资本以各种优惠措施积极引进。

① 规定输出和输入资本的额度、期限与投资部门。

② 银行从国外借款不能超过其资本与准备金的一定比例。

③ 从国外借款的一定比例要在一定期限内存放在管汇银行。

④ 限定接受外国投资的最低额度。

(2) 发达国家对资本输出和输入的管制

发达国家较少采取措施限制资本输出、输入。不仅如此，还鼓励资本输出。例如：20 世纪 70 年代，日本、瑞士、德国等发达国家由于国际收支顺差，它们的货币经常遇到升值或上浮的压力，成为国际游资的主要冲击对象，并且这些国家国际储备的增长，又会加剧它们本国的通货膨胀，因此，就采取了一些限制资本输入的措施，以避免本国货币的汇率过分上浮。

① 规定银行吸收非居民存款要缴纳较高的存款准备金。

② 规定银行对非居民存款不付利息或倒收利息。

③ 限制非居民购买本国有价证券。

4. 对汇率的管制

汇率管制是一国从本国的经济利益出发，为调节国际收支、稳定本币价值，而对本国所采用的汇率制度和汇率水平进行的管制。管制的方法主要有以下几种。

(1) 直接管制汇率

直接管制汇率就是外汇管理部门根据本国的经济政策和国际收支状况，以法令形式制订、调整对外的官方汇率。规定本国的有关外汇收付必须按照官方汇率来买卖外汇，否则均属非法。但由于官方汇率与千变万化的市场价格有可能脱节，实际上会形成官方汇率与自由市场汇率并存的现象，成为一种变相的复汇率制。

(2) 间接调节市场汇率

间接调节市场汇率就是由市场供求决定汇率水平，政府对汇率不进行直接的管制，而是通过中央银行进入市场买入或抛出外汇，以此调节外汇供求、稳定汇率。除此以外，中央银行还通过调节利率杠杆来影响汇率。利率水平的提高和信贷的紧缩，可以减少市场上对外汇的需求，同时抑制通胀，吸引国外资金流入，阻止本币贬值；反之，则可减轻本币升值压力。

(3) 实行复汇率制度

复汇率制度是指一个国家通过外汇管制，使本国货币汇率有两个以上的表现形式，出现多重的汇兑标准。新中国刚成立时，为鼓励爱国华侨支援国内建设，曾实行复汇率制度，侨汇比贸易结汇高。

5. 对黄金和现钞输出和输入的管制

实行外汇管制的国家对黄金交易也进行管制，一般不准私自输出或输入黄金，而由中央银行独家办理。对现钞的管理，一般的做法是对携带本国货币出入境规定限额和用途，有时甚至禁止携带本国货币出境，以防止本国货币输出用于商品进口和资本外逃冲击本币汇率。

小贴士

中国黄金需求旺盛 2 000 吨大金库落户上海自贸区

2013 年 11 月，一个可容纳 2 000 吨黄金的金库落户上海自由贸易区，其容量相当于今年中国黄金预估消费量的 2 倍。金库所有者 Malca-Amit Global 公司认为中国对黄金的需求在上升,希望借此从中获利。

Malca-Amit Global 公司总部位于香港,新落户于上海的金库是公司最大的金库,金库也可储存钻石、珠宝和艺术品等。公司除了在中国香港和新加坡各拥有容量 1 000 吨的金库外,在纽约、苏黎世、日内瓦、伦敦和曼谷等地也设有金库。以当前金价计算,该金库储藏的黄金市值可达约 825 亿美元。世界黄金协会预计,2013 年中国黄金需求量将达 1 000 吨。

资料来源:2013-11-13. http://finance. gucheng. com/201311/2581812. shtml

2.3.3 外汇管制的作用和弊端

外汇管制形象地说就如同在本币和外币之间筑起了一道墙,这道墙既具有调节国际收支平衡,促进经济发展的积极作用,也不可避免地会扭曲市场机制,给经济运行造成消极影响。

1. 外汇管制的作用

(1) 调节国际收支平衡

外汇管制可以采取鼓励出口和外国资本的输入,控制进口和本国资本输出的措施,从而改善一国的国际收支状况,避免国际收支失衡和金融危机的发生,保证本国的经济和对外经济稳定发展。

(2) 维护本币汇率的稳定

实行外汇管制,可以分离本币与外币流通的直接联系,维持本币在国内流通领域的唯一地位,增强国内居民对本币的信心,抵御外部对本币的冲击,不易受投机影响。

(3) 便于实行贸易上的差别待遇

实行外汇管制,对内可通过实行差别汇率或贴补政策,鼓励出口,限制进口,增加外汇收入,减少外汇支出。对外可实现其对各国贸易的差别待遇或作为国际间政府谈判的手段,还可通过签订清算协定,发展双边贸易以弥补外汇的短缺。

(4) 保护民族工业

发展中国家工业很脆弱,很多产业在发达国家已是成熟产业,但在发展中国家还是幼稚产业,如果不实行外汇管制及其他贸易保护政策,货币完全实行自由兑换,则发达国家的廉价商品大量涌入,民族工业将会遭破坏与扼杀。实行外汇管制,一方面可管制或禁止那些可能摧残本国新兴工业的外国商品的输入,同时可鼓励进口必需的外国先进的技术设备和原材料,具有积极发展民族经济的意义。

2. 外汇管制的弊端

(1) 不利于平衡外汇收支和长期稳定汇率

官方汇率虽可使汇率在一定时期和一定范围内保持稳定,但是影响汇率稳定的因素很多,单纯依靠外汇管理措施以求汇率稳定是不可能的。

(2) 阻碍国际贸易的均衡发展

实施外汇管制后,特别是对货币的兑换性加以限制,使多数国家的货币无法与其他国家的货币自由兑换,必然限制多边贸易的发展。另外,官方汇率不能充分反映外汇供求的真实状况,可能出现高估或低估现象。而汇率高估,对出口不利;汇率的低估,又不利于进口,这样就会影响进出口贸易均衡发展。

(3) 限制资本的流入

外汇管制会对资本市场的严格限制，这样外商在外汇管制国家投资，其投资的还本付息、红利收益等往往难以自由汇兑回国，势必影响其投资积极性，进而影响本国经济发展。

(4) 造成资源配置不合理

一国如果对进出口贸易与资本流动进行管制，会造成国内商品市场和资本市场与国际市场相分离，国内价格体系与国际脱节，使其不能充分参加国际分工和利用国际贸易中的比较优势来发展本国经济，导致国内资源不能有效地利用。资金盈余国，不能将其顺利输出；而资金短缺国又无法获得急需资金。

(5) 引起国与国之间的摩擦和纠纷

外汇管制的汇率被称为“肮脏汇率”。所以，实行严格外汇管制的国家常遭到其他国家的报复，产生国家间的经贸摩擦。

(6) 容易形成外汇黑市

一国如果通过外汇管制来人为维持本币的币值高估，必然形成黑市外汇市场，使外汇市场陷入混乱状态，极易诱发金融危机。

课堂案例讨论

人民币在朝鲜很“吃香”

2012 年 6 月 21 日，在朝鲜罗先特别市的一家商店里，柜台上散落着一些人民币。在朝鲜，人民币比本国的货币更受欢迎。

朝鲜政府 2009 年更换货币后，人民币和美元等外汇在朝流通日益广泛。朝鲜民众尤其喜爱使用人民币来购买配给制之外的商品，成为朝鲜经济生活中的新现象。

人民币买菜更方便

新华社驻平壤分社记者杜白羽说，现在普通朝鲜民众手里都持有一定数量的外币，包括美元、人民币、欧元等。大多数商店内的价签都用美元、人民币标注价格。

目前生活在韩国的池成浩仍与朝鲜的朋友保持联系。他说：“人们在市场支付人民币购买大米等日常必需品。”

曾经在新华社平壤分社工作多年的姬新龙说，朝鲜经济实行双轨制，外汇在朝鲜经济体系中充当“润滑剂”的作用。在朝鲜生活，如果只用朝元会非常不方便，原因是用朝元可以购买的东西有限，而用外币可以购买一些配给制之外的商品，市场里购买鸡蛋和白菜，都可以使用美元或人民币。

鉴于朝鲜的很多经济数据并不公开，围绕朝鲜境内的外汇流通规模有不同推测。韩国三星经济研究所分析师 4 月估算，这一数字为大约 20 亿美元，而朝鲜经济总量约为 215 亿美元。

居民摆摊换取外汇

分析人士指出，人民币等外汇在朝鲜流通日趋广泛，其中的一个原因是朝鲜政府在 2009 年 11 月突然下令重估币值。

原朝鲜货币当年 11 月 30 日起停止使用，以更换新货币。新旧货币兑换比率为 1 比 100。这一举措当时被解读为打击私有市场活动，但导致朝鲜通货膨胀迅速抬升，居民争相换取硬通货,在某种程度上削弱了公众对朝元的信心。

在朝鲜经济相对封闭的环境下,朝鲜普通民众又是如何获得外汇的呢?

姬新龙说,朝鲜人很容易就能在境内获取外币,途径五花八门,一些人在市场"摆摊"换汇。至于外国媒体提到的所谓外汇"黑市",其实是半官方换汇场所,至少在金正日时代是官方默许的交易机构。事实上,很少有人通过朝鲜官方机构换取外汇,因为按照这种汇率换汇脱离实际。在金正日时代,朝鲜美元官方汇价和市价的差距约为100倍。

政府无意阻挠流通

杜白羽说,现阶段在朝鲜外汇"黑市"1人民币可兑换1 200朝元,1美元可兑换7 320朝元。官方汇率为1美元兑130朝元,两者之间的差距在50倍至60倍之间。

姬新龙说,朝元与美元汇率波动与朝美关系具有很大关联性。朝鲜与美国关系紧张时,朝鲜官方曾宣布要限制美元在境内流动,致使民间一度增加使用欧元,不过这种限制对市场中货币流通影响有限,最后还是不了了之。

韩国朝鲜问题研究所专家杨文洙说,朝鲜政府现在即使有办法阻止外汇流通,也没有这样做的意愿。一些韩国分析人士认为,没有外汇,朝鲜经济可能停止运转。

杨文洙曾就不同外汇在朝鲜的使用情况进行采访并得出结论,朝鲜普通公众想要人民币,而精英阶层更青睐美元。

资料来源:河南日报,2013年6月6日. http://newpaper. dahe. cn/hnrb/html/2013-06/06/content_904978. htm?div=-1

讨论题:1. 人民币能在朝鲜市场流通是否意味着人民币已是自由外汇?

2. 就朝鲜商品消费市场出现本币和外币同时使用状况分析其外汇管制情况。

2.4 中国的外汇管理

2.4.1 中国的外汇管理历程

改革开放以前,中国实行高度集中的计划经济体制。由于外汇资源短缺,中国一直实行比较严格的外汇管制。1978年实行改革开放以来,中国外汇管理体制改革沿着逐步缩小指令性计划,培育市场机制的方向,有序地由高度集中的外汇管理体制向与社会主义市场经济相适应的外汇管理体制转变。1996年12月中国实现了人民币经常项目可兑换、对资本项目外汇进行严格管理,初步建立了适应社会主义市场经济的外汇管理体制。建国以来,中国外汇管理体制大体经历了计划经济时期、经济转轨时期和1994年开始建立社会主义市场经济以来三个阶段。

1. 计划经济时期的中国外汇管理体制(1953—1978年)

新中国成立初期,是国民经济恢复时期,中国实行外汇集中管理制度。当时私营进出口商在对外贸易中占很大的比重,国内物价波动较大,中国采取机动调整人民币汇率来调节外汇收支。1949—1952年,国民经济恢复时期,建立了一系列外汇管理制度。1953—1978年,实行全面计划经济时期,对外汇收支实行全面的指令性计划管理,一切外汇收支均由国家按计划分配或审批。

2. 经济转轨时期的中国外汇管理体制(1979—1993年)

为调动创汇单位的积极性,从1979年开始实行外汇留成办法。同时,在实行外汇留成制度的基础上,又建立了外汇的调剂制。因此,1980年10月起中国银行开办外汇调剂业务,允许持有留成外汇的单位把多余的外汇额度转让给缺汇的单位,并改革人民币汇率制度,实行官方汇率和外汇调剂市场汇率并存的汇率等制度。

小贴士

1991年北京时代的背影

“那时的北京和现在很不一样。”林伟中所说的“那时”,正是二十世纪九十年代初期,改革的浪潮蓄势酝酿,各种各样的金融怪相也在今天成为时代的笑谈与背影。

1982年,林伟中从香港中文大学毕业,获工商管理学士学位后,随即进入银行业。他先是在一家香港的中资银行工作,期间远赴美国工作两年。这是林伟中职业生涯中的第一段海外经历。“无论是最初在美国,还是后来到伦敦、香港、北京或上海,当你在一个地方居住、工作,对那个城市的情况会自然而然了解很多。”林伟中说,为了工作辗转多地的生活经历,“开拓了我的视野,我很幸运”。这其中,北京令他着实难忘。

1988年,林伟中加入恒生银行所属的汇丰集团,在1991年至1994年期间被派驻北京,担任北京代表处首代。值得一提的是,这期间他还参与了中国香港(地区)商会的筹备成立,作为发起人之一,林伟中还担任过一段时间的商会会长。“那时候,有一种觉得自己‘很老外’的感觉。”生活上,林伟中说,1991年海外人才在北京生活面临种种局限,比如说买东西,有些需要跑到友谊商店,得用外汇券才能购买。工作上,外资行在北京也没有任何网点,只能以代表处的形式存在。一个流传甚广的段子生动反映了那个时代的金融处境:一客人到某餐厅吃饭,用餐完毕后结账。服务员说:“先生,饭菜请付人民币,啤酒请付港币。”客人问:“为什么?一顿饭要付两种货币?我全部付人民币行吗?”服务员解释说:“这样不行,因为啤酒是外汇进口来的,你给我人民币,我却不能拿着它到银行去换回港币。”

资料来源:节选恒生银行行长林伟中亲历中国外汇改革二三事

3. 1994年开始建立社会主义市场经济以来的中国外汇管理体制

1993年11月14日,党的十四届三中全会通过的《中共中央关于建立社会主义市场经济体制若干问题的决定》中明确要求,“改革外汇管理体制,建立以市场供求为基础的、有管理的浮动汇率制度和统一规范的外汇市场,逐步使人民币成为可兑换货币”。从1994年至今,围绕外汇体制改革的目标,按照预定改革步骤,中国外汇管理体制主要进行了以下改革:

① 1994年对外汇体制进行重大改革,实行人民币经常项目有条件可兑换。

- 实行银行结售汇制度,取消外汇上缴和留成,取消用汇的指令性计划和审批。
- 汇率并轨,实行以市场供求为基础的、单一的、有管理的浮动汇率制度。
- 建立统一的、规范化的、有效率的外汇市场。
- 对外商投资企业外汇管理政策保持不变。
- 禁止在境内外币计价、结算和流通。

通过上述各项改革,1994年中国顺利地实现了人民币经常项目有条件可兑换。

② 1996 年取消经常项目下尚存的其他汇兑限制，12 月 1 日宣布实现人民币经常项目可兑换。

- 将外商投资企业外汇买卖纳入银行结售汇体系。
- 提高居民用汇标准，扩大供汇范围。
- 取消尚存的经常性用汇的限制。

经过上述改革后，中国取消了所有经常性国际支付和转移的限制，达到了国际货币基金组织协定第八条款的要求。1996 年 12 月 1 日，中国正式宣布接受第八条款，实现人民币经常项目完全可兑换。

2007 年 8 月 12 日，国家外汇管理局出台了一项经常项目外汇管理新规定：《关于境内机构自行保留经常项目外汇收入的通知》。其核心内容是：取消境内机构经常项目外汇账户限额，境内机构今后可根据经营需要自行保留其经常项目外汇收入。与此相对照，此次改革前的相关规定是，境内机构可在上年度经常项目外汇收入的 80%与经常项目外汇支出的 50%之和的限额内保留其经常项目外汇收入。新规定意味着，我国的经常项目外汇收支管理真正实现了完全可兑换。

至此，中国实行了人民币经常项目可兑换、对资本项目外汇进行管理、初步建立了适应社会主义市场经济的外汇管理体制，并不断得到完善和巩固。

2.4.2 我国现行外汇管理的主要内容

1. 对出口收汇的管理

近几年来，我国外汇流失情况比较严重，特别是通过进出口渠道逃避外汇管理，把外汇存放在境外时有发生。为了防止外汇流失，堵塞漏洞，1991 年实行了出口收汇跟踪结汇制度，要求出口单位在货物出口后，须在规定的期限内将货款调回，向外汇管理部门核销这笔外汇，其具体规定为：

- 出口单位到当地外汇管理局领取盖有外汇局章的出口收汇核销单。
- 在货物出口报关时，向海关交验核销单，在核销单上写明出口单位的名称、出口货物数量、出口货款总余额、收汇方式、预计收款日期、出口单位所在地以及报关日期等，海关审核后在核销单和报关单上加盖“放行”章后，将核销单和报关单退出口单位。
- 货物出口后，出口单位将有关单据和核销单交银行收汇，同时将核销单存根、发票、报关单和有关汇票复本在规定的期限内，送原签发核销单的外汇局。
- 银行收妥货款后，在核销单上填写有关项目并盖章，将结汇水单或收账通知副联和核销单一并退出口单位。
- 出口单位将银行确认货款已收回的核销单送当地外汇局。由其核对报关单和海关、银行签章的核销单后，核销该笔收汇。出口单位必须在最迟收款日后 30 个工作日内向外汇局办理核销手续。
- 出口单位的一切出口货款，必须在下列最迟收款日期内结汇或收账，即期信用证和即期托收项下的货款，必须从寄单之日起 20～30 天内；远期信用证或远期托收下的货款，必须从汇票规定的付款时起 30～40 天内；寄售项下的货款，不得超过自报关之日起 360 天；其他自寄单据项下的出口货款，必须在自报关之日起 50 个工作日之内。

2. 对进口用汇的管理

根据1994年我国外汇管理体制改革的规定，凡有进出口权的企业其进口所需外汇，不超过设备价款15%的预付款所需外汇，凭有效的政府文件和商业文件，均可向外汇指定银行购买。如预付款超过设备价款金额的15%，对外支付佣金超过国际惯例和国家规定的比例，以及转口贸易先支后收的外汇需要，须获得外汇管理局批准后，才可到外汇指定银行购买外汇。贸易外汇管制结构示意图如图2-3所示。

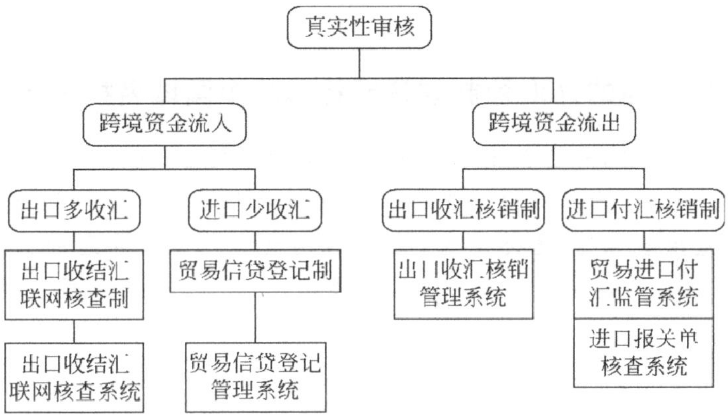

图2-3　贸易外汇管制结构示意图

进口业务中发生的索赔、保险或运输、赔款、减退货款及佣金、回扣等外汇收入应及时调回，结售给外汇指定银行。

为了防止外汇流失，制止逃套汇行为，1994年8月1日我国开始实行进口付汇核销制度，即进口单位在货款支付后，在合同期限内将货物运抵境内，向外汇指定银行核销这笔进口用汇。

2008年外管局对进出口贸易的外汇管制条款进行了更为严格的细化，进出口企业外汇管制更严格。

国家外管局也对金融机构为进出口贸易提供金融服务设置了更为严格的外汇管制条款。金融机构为进口企业对外开具远期信用证和办理海外代付业务，应严格审核申请人贸易背景的真实性。90天(含)以下海外代付到期后，若发生由金融机构垫付的，必须购汇对外支付。

然而，为鼓励境内进出口企业业务发展，国家外管局也表示，对于主要用于贸易项下对外开立90天(不含)以上远期信用证业务的银行，允许其提出增加指标的申请。

3. 对金融机构开办外汇业务的管理

目前，在我国经营外汇业务的金融机构有国家专业银行、外资银行和中外合资银行、非银行金融机构三类。外汇管理局对其进行管理的基本原则是：银行和金融机构经营外汇业务须向外汇管理局申请，批准以后由外汇管理局发给"经营外汇业务许可证"。

在经营外汇业务的范围上各类金融机构是有区别的。国家银行和综合性银行可以申请经营外汇银行的各种外汇业务，外资银行和中外合资银行可以申请经营一般商业银行的外汇业务，办理外商投资企业、外国人、华侨、港澳同胞的外汇存款、汇出汇款和进口贸易的结算和押汇。非银行金融机构的业务限制在信托、投资、租赁、担保、证券交易等业务上,并对吸收存款的期限和数额给予一定限制。

对经营外汇业务的具体做法也有明确的规定:如规定检查和稽核制度,规定资本与债务比率,规定对一个企业的外汇放款加外汇担保总额不能超过其实收外汇资本加储备金的30%等。金融机构终止经营外汇业务,应当向外汇管理机关提出申请。金融机构经批准终止经营外汇业务的,应当依法进行外汇债权、债务的清算,并缴销经营外汇业务许可证。

小贴士

中国严格的外汇管制政策或将影响中国域名投资行业

芒先生拿了几个域名,是在 Namejet 中的标,居然不到 2 500 美元。第二天起床时发现手机上居然没有收到信用卡扣款的短信,一定是没有扣款成功。登上 Namejet 一看,果然没有付款成功。芒先生在后台提交信息,询问为何无法付款,得到的回答是要认证,在 Namejet 认证要求的资料是身份证或护照的扫描档,如果是身份证,最后还要附上翻译,这样他们作业得才快一点。所有的信息提交完成后就等着认证了,结果等两天悲剧传来,他们说要想认证就要把款付清了,款没付清认证不了。晕!芒先生直接去中行提交电汇吧,好大的损失啊,又要购汇,又要出电汇的钱,等啦,汇完钱又周四了,周五问的时候还没有收到钱,估计得下周了,只好慢慢等了。

芒先生之前的电汇一般都是在中行做的,做的时候银行会问你汇钱去国外的原因,你一定不能说投资之类的,那样一定不给汇,你就说是学习费用之类的就可以了。结果这次不行了,因为 Namejet 电汇单上的收款人信息是 NAMEJET LLC,中行的人一看就说是公司不让汇了,说啥也没用,打电话客服投诉,客服说他们也没办法,是外管局下的令,他们怕外汇外流。没办法,要域名啊,只好找个朋友的外贸公司给汇掉了,付了点手续费给人家。

外汇这样管的话,会对域名投资有重大影响啊,各大拍卖公司 5 000 美元以上的款一般都是要电汇的。

资料来源:http://www.mimidi.com/foreign-exchange-contral

4. 对境内居民的外汇管理

境内居民包括居住在中国境内的中国人和外国侨民(居住 1 年以上者),凡居民个人存放在国内或国外的外汇,准许持有、存入或卖给银行,但不准私自买卖。

个人移居境外后,其境内资产产生的收益,可以持规定的证明材料和有效凭证,向外汇指定银行汇出或者携带出境。个人因私用汇,在规定限额以内购汇,超过规定限额的个人因私用汇,应向外汇管理机构提出申请,外汇管理机构认为其申请属实的,可以购汇。

个人携带外汇进境,应当向海关办理申报手续。携带外汇出境,超过规定限额的,还应当向海关出具有效凭证。居住在境内的中国公民持有的外币支付凭证、外币有价证券形式的外汇资产,未经外汇管理机构批准,不得携带或者邮寄出境。

5. 对境内非居民的外汇管理

非居民包括各国驻华外交机构、国际机构、民间机构、外交人员,短期在中国的外国人、留学生及旅游人员等,对他们入境携带的外汇,允许自由保留和运用,自由存入银行和提取,或卖给外汇指定银行，也可以持有效凭证汇出或者携带出境，但不能私自赠卖。他们的合法人民币收入，需要汇出境外的，可以持有关证明材料和凭证到外汇指定银行兑付。

6. 防止逃汇的管理

外汇资产分散和依存境外，属于逃汇，为法律所不允许。有下列逃汇行为之一的，由外汇管理机关责令限期调回外汇，强制收兑，并处逃汇金额30%以上、5倍以下的罚款；构成犯罪的，依法追究刑事责任：

① 违反国家规定，擅自将外汇存放在境外的。

② 不按照国家规定将外汇卖给外汇指定银行的。

③ 违反国家规定将外汇汇出或者携带出境的。

④ 未经外汇管理机构批准，擅自将外币存款凭证、外币有价证券携带或者邮寄出境的。

7. 防止套汇的管理

凡违反外汇管理的规定，采取各种方式，通过第二者或第三者，用人民币或物资非法换取外汇或外汇权益，攫取国家应收的外汇的行为即为套汇。逃汇与套汇密切相关，逃汇的最后目的一定是将国家应收的外汇据为本单位或个人所有，加以使用，从而构成套汇，所以逃汇与套汇常常同时发生，不能完全分割。无论是组织或个人，都应按规定将属于国家的外汇结售给指定银行，不能以不正当的手段，从事各种套汇或近似套汇的活动。对此，必须注意管理，防止套汇行为的发生。

有下列非法套汇行为之一的，由外汇管理机构给予警告，强制收兑，并处非法套汇金额30%以上、3倍以下的罚款，构成犯罪的，依法追究刑事责任：

① 违反国家规定，以人民币支付或者以实物偿付应当以外汇支付的进口货款或者其他类似支出的。

② 以人民币为他人支付在境内的费用，由对方付给外汇的。

③ 未经外汇管理机关批准，境外投资者以人民币或者境内所购物资在境内进行投资的。

④ 以虚假或者无效的凭证、合同、单据等向外汇指定银行骗购外汇的。

⑤ 非法套汇的其他行为。

课堂案例讨论

盯紧“美元战略”新动向

美元战略攻击性日益增强，导致全球经济进入高通胀、高风险、高动荡期可能性加大。作为国际大宗商品主要买家和美欧债务重要的“利益攸关方”，我国经济发展受到西方竞争性货币政策严重威胁，需要坚决维护我国汇率稳定、经济稳定、社会稳定的核心利益。

“近年，美国依托美元霸权，以防衰退为名大举释放美元流动性转嫁危机。为摆脱财政经济困局，西方发达国家未来继续释放巨量美元流动性的可能性非常大，中国监管部门需要高度警惕。”2011年5月8日，中国现代国际关系研究院副院长王在邦在接受《瞭望》新闻周刊采访中说，近来从西方媒体流出的内幕消息，暴露了美元霸权的一些新动向。

2011年11月底，据彭博社揭露，2007年至2009年，美联储以难以想象的超低利率

(2008年12月降至0.01%),向全球金融系统秘密注资7.7万亿美元,超过当年美国GDP一半,约5倍于两轮"量化宽松"规模。美联储辩称,秘密注资是为防止银行挤兑。但从披露数据来看,大型国际银行是主要受益者,并非国内储蓄银行,而且也并不限于美国银行,德国、英国甚至中国台湾都有银行受益。

"实际上,美联储注资主要有两重目的:其一,避免全球金融体系美元流动性崩溃,竭力捍卫美元体系;其二,帮助美大银行摆脱次贷坏账困扰,强化华尔街金融优势。"在王在邦看来,"在美联储鼎力帮助下,华尔街得以迅速恢复元气,并大肆扩张资产,继续在国际市场上兴风作浪。"

与此同时,"加大我国通胀压力,逼迫人民币升值。"王在邦解释说,美联储用明暗两手"量化宽松"释放了天量流动性,推升国际大宗商品价格强劲反弹,致使我国输入性通胀压力大增,"联系我国经历两波通胀都与输入性压力高度相关的事实,美元霸权运用的规模与意图令人不得不警惕。"

"强美元政策"掩盖贬值真相

"国际金融危机爆发以来,美国经济一度有恢复迹象,但就总体趋势而言,实体经济复苏乏力、失业率居高不下、政府债台高筑、银行债务缠身,美元贬值压力巨大。"王在邦认为,尽管美元贬值利于美国出口,但在经济极度虚弱时驱动贬值,极易诱发美元危机,削弱美元霸权,"因此,美国在2002—2007年经济繁荣期实行弱美元政策,次贷危机发生后却实行强美元战略,大力刺激美元需求。"他将具体做法总结为以下三个。

其一,操纵国债利率,延续美债"无风险"神话。

次贷危机后,美联储大举购入长期国债。2011年9月21日,又启动"抛短买长"的"扭转操作",增持4 000亿美元长期国债。此举表面为压低长期利率,实则制造美债安全的市场气氛,维持美国资本市场对全球资金的吸引力。

其二,借推高大宗商品价格,抬升美元交易需求。

1971年美国总统尼克松宣布美元与黄金脱钩后,通过将美元与石油等大宗商品捆绑,重新创造出世界对美元的巨大需求。本次危机后,美通过大举释放流动性推升大宗商品价格,刺激市场美元需求,甚至还试图修改国际能源机构释放原油储备规则,强化对国际油价的控制。其结果就是出现两大反常现象,一是危机本来发端于美国,结果美元反而走强。金融危机导致实体经济衰退,大宗商品价格反而飙升。

其三,借热炒各类"危机",刺激美元避险需求。

美国依靠三大评级公司持续热炒欧债危机、预警新兴市场风险、唱衰中国经济,不断制造人为恐慌,以驱使国际资本源源不断回归美元市场。

"正是由于美国巧妙操控,美元指数在次贷危机后走出三涨三落的大幅震荡行情,且每次都以欧洲危机为反弹拐点,从而部分掩盖美元贬值趋势。"与此同时,王在邦指出,作为美元价值的天然尺度,黄金从2007年底的每盎司800美元飙升至2011年8月底1 900美元,目前仍在1 500美元以上的高位盘桓。

加剧全球系统性风险

"本世纪初,美国新经济泡沫破灭后,美联储采取'轻货币'政策,向美国经济强力'灌水',虽暂时掩盖新经济泡沫的负面影响,却吹起规模和破坏力更大的次贷泡沫,最终引发美欧金融海啸。"接受本刊记者采访时,中国现代国际关系研究院世界经济所副研究员黄莺认为，本次危机后，美联储的货币政策仍然是“灌水”，而且变本加厉，加剧了全球经济的风险。这主要体现在以下三方面：

一是国际大宗商品和全球资本市场普遍出现价格泡沫。黄莺解读说，2008 年 7 月至 12 月底，国际能源、粮食、金属和矿物三大价格指数均从高峰跌落谷底。随着美联储完成前述大量秘密注资，2009 年以来，美元流动性由不足转为泛滥，三大指数全面回升。

其中，纽约 WTI 原油价格从每桶不足 40 美元重新站上 100 美元以上高位(危机前最高为 147 美元)，升值幅度达 150%。世界银行编制的粮食、金属和矿物价格指数在 201 1 年初甚至一度涨逾危机前峰值，反弹幅度分别达到 100%和接近 200%。之后虽略有下降，但目前仍在高位运行。

二是通货膨胀和过度投机打击全球实体经济，遏制新兴市场增长势头。在黄莺看来，美国明暗两手量化宽松，导致发达国家出现虚热实冷的“双轨分化”，“危机后一度与发达经济体脱钩发展的新兴经济体，也开始显现疲弱之相。”一方面，国际商品价格高涨导致输入性通胀，不断侵蚀新兴市场内需增长、投资活力和出口竞争力；另一方面，未来一旦国际资本流向逆转、融资成本飙升，新兴市场可能因银行资产质量急剧恶化、信贷紧缩陷入经济衰退，或成新的危机爆发源。

三是虚拟经济再度膨胀。引发国际金融危机的“顽疾”持续恶化。“危机后全球金融风险大增，汇率、利率、股价等基础性金融价格频繁波动，华尔街的投机金融死灰复燃。”黄莺举例说，2011 年 6 月底，危机中饱受诟病、危机后仍游离于监管之外的场外衍生品交易量竟回升至 708 万亿美元，超过危机前峰值 673 万亿美元。

由此，“主要从价格波动中受益的交易与投行业务再现繁荣，美国六大银行(美国银行、花旗集团、摩根大通、富国银行、高盛集团和摩根士丹利)迅速扭亏为盈。”她说，截至 2011 年三季度，六大银行总资产较危机前增加 39%，至 9.5 万亿美元，“与美国贷款需求萎缩、失业率居高不下和贫困现象恶化形成鲜明对比。”

脱困政策仍是转嫁危机

王在邦说，“二战”以来，美国三度出现大规模外部经济失衡，“前两次先后成功逼迫德日两大顺差国货币升值，实现危机调整成本外化。本次危机爆发后，试图逼迫人民币就范的意图明显。”他从明暗两方面分析了其中的操作方式：明里，美国政府制造国际舆论，混淆事实，指责人民币低估为危机根源，并利用国内立法、双边谈判，多边场合、IMF 和 WTO 等国际组织对中国持续加压。暗里，从三个领域，试图影响人民币币值稳定，暗中牟利。

其一，通过输入性通胀，逼迫货币政策紧缩。推动人民币单边持续升值，削弱中国企业国际竞争力。王在邦解释说，针对中国制造业大国特征，利用国际市场美元定价机制，推升大宗商品价格，强行输入通胀，迫使我国货币管理部门紧缩与货币升值。“我国是国际大宗商品主要购买者，且国内企业消化价格上涨能力较弱。近年来，国际大宗商品价格指数、中国大宗商品价格指数(CCPI)和中国消费价格指数三者走势高度重合。”他说。

黄莺进一步分析称，“输入性通胀加剧我国成本推动型通胀压力，并与美国宽松货币政策助推的需求导致的通胀及我国固有的结构性通胀互相强化，致使我国通胀形势异常复杂。同时，为缓和通胀压力，中国货币当局不得不紧缩货币、提高利率，进一步强化人民币升值势头。”

其二，有较明显意图利用资本项目开放在中国市场制造资产泡沫，最终影响中国银行体系的金融安全。按照黄莺的观察，近年来，美国一直大力施压中国政府更大程度开放资本项目和金融市场。同时，受之鼓励，大量国际资本通过各种合法、非法手段入境，参与股市、房市投机，破坏国内正常的经济秩序。

其三，囤资香港离岸市场，投机人民币汇率。黄莺举例说，近年来，国际金融投机力量进驻香港，伺机牟利，“2011 年下半年以来，香港数度爆发做空人民币的投机浪潮，与国际评级机构唱衰中国言论遥相呼应。”

因此，王在邦的判断是，“借竞争性货币贬值转嫁危机，仍是美欧脱困政策选项。”

他解释说，受“高成本、高债务、高福利”和“低增长、低就业、低消费”等因素拖累，未来5～10 年美欧经济或将陷入持续低迷甚至衰退，难以实现“经济增长—削减赤字—降低国债”的良性循环，“将更多倚重滥发货币，实现转嫁危机与稀释债务的双重目标。”

比如，2011 年底和 2012 年年初，欧洲央行已正式效法美联储，大搞“量化宽松”，通过两轮“长期再融资操作”向欧洲银行体系注入超过 1 万亿欧元的长期流动性。法国兴业银行、美国美林银行等机构则预测，美联储在 2012 年夏启动了第三轮“量化宽松”，全球经济进入高通胀、高风险、高动荡期。

切实维护我国金融安全

“我国是国际大宗商品主要买家和美欧债务重要的‘利益攸关方’，西方带有攻击性的货币政策对我国经济社会稳定发展构成多重威胁。”王在邦提醒说，中国货币管理当局要高度警惕、积极应战，“坚决维护我国汇率稳定、经济稳定、社会稳定的核心利益。”为此，他建议：

首先，主动抓住话语权，积极引导国际舆论。从促进全球经济治理角度，揭露美国竞争性货币贬值政策的图谋、手法与危害，美联储以不正当手法补贴美国银行体系、以非市场手段强化美国金融业竞争力的暗箱操作；揭露华尔街投机势力持续制造全球价格动荡的恶劣影响；揭露美国政府助长虚拟经济恶性膨胀，利用美元霸权向全球转嫁危机的巨大危害。

其次，推动国际大宗商品市场改革。国际大宗商品供给者和最终需求者主要是新兴市场和其他发达国家，但价格形成机制却长期被美元套牢。美国利用大宗商品定价传导机制人为制造通胀的做法表明，以美国金融垄断资本、垄断集团为核心的虚拟经济和以新兴大国制造业为核心的实体经济间的激烈竞争，是当前国际经济的主要矛盾。我国应联合其他新兴市场和法德等发达国家，利用 G20、WTO 和贸发会议等国际多边组织，持续探讨和推动大宗商品定价机制改革。

其三，稳定币值。为人民币国际化打下坚实基础。对外须破除人民币单向升值预期，扩大双向浮动空间。对内稳定价格水平，包括主要依赖非货币手段刺激经济；确定消费价格的合理上涨目标；吸取 20 世纪 80 年代末日本房地产泡沫教训，将资产价格纳入物价监管体系；加大热钱监管力度，严防游资入境扰乱国内资产市场和银行体系。

其四，继续加固银行系统性风险防范体系。美联储用非常手段和政府资源加大支持美国六大银行，显示其高度重视维护金融核心竞争力，也可见其在国际上大力倡导的所谓金融业高度开放、高度透明、充分竞争、有序退出等理念的虚伪性。目前，我国银行体系宜从速清理各种资产风险，加强金融信息保护，制定紧急状况预案。

其五，反思调整现行人民币国际化模式，走“跨国投资＋对外援助”之路。20 世纪的80—90 年代，日元循“离岸市场＋贸易本币结算＋资本项目开放”的国际化道路，结果投机盛行、资产价格暴涨暴跌，最终导致日本经济陷入“失去的 20 年”。

王在邦指出，应吸取日本教训，借鉴英美经验，大力推动对外投资和援助使用人民币，"这样既可构筑以我为中心的产业布局和以人民币为中心的资金循环，逐渐降低因过度依赖美元形成的巨大汇率风险，又可培育海外基于实体经济联系的人民币需求，缓解国内通胀压力。"

最后，王在邦特别指出，当今世界存在二元经济结构，发达国家实体经济不振，但金融实力雄厚。新兴经济体实体经济旺盛，但财富积累有限。利用货币的价值尺度与交换媒介等职能，凭借自身金融优势进行竞争，必是发达国家的不二选择，而且这种较量短期内也难以消停，中国等新兴制造业大国必须有与发达国家长期周旋的思想准备。

资料来源：王健君，尚前名，牟婉君.《嘹望》新闻周刊，2012 年 1 月

思考题：1. 外汇监管的利与弊。

2. 试分析此案例针对美元政策的对策是否得当。

本章小结

任何事物的产生都是有其原因的。汇率制度的产生是伴随国与国间贸易而产生的，随着历史的进程，且经过各时期经济学家的研究，提出适时的汇率决定理论，使汇率制度不断发展和完善。

汇率制度是指各国对于确定、维持、调整与管理汇率的原则、方法、方式和机构所作出的系统规定，汇率制度的具体内容主要包括四个方面：①确定汇率的原则和依据；②维持与调整汇率的措施和方法；③管理汇率的法令、制度和政策；④制定、维持与管理汇率的机构。从历史上看，汇率制度有固定汇率制度和浮动汇率制度。

不同货币制度下汇率有着不同的决定基础。金本位货币制度下，铸币平价是决定汇率的基础；在布雷顿森林体系下，两国纸币的金平价之比是决定汇率的基础；在当今浮动汇率制下两国纸币实际代表的价值量是决定汇率的基础。

汇率是随市场情况不断变化而波动的。如果外币和本币的买卖价格波动太大，会对一国经济乃至世界经济产生影响。

因此，有些国家采取了外汇管制，一是稳定外币和本币的买卖价格，二是在本国金融市场与外国金融市场设立屏障，目的就是为了本国经济得以稳步发展。但是，外汇管制是一把双刃剑，有利也有弊。外汇管制主要包括：①贸易外汇的管制；②非贸易外汇的管制；③资本项目的管制；④外汇汇率的管制。我国目前实行外汇管制，人民币完全自由兑换是我国外汇管制体制改革的最终目标。

课后练习

（一）基础练习

1. 填空题

（1）汇率制度是指________的原则和方式，________的界限，________的手段，以及维持货币比价所采取的措施。

（2）外汇管制，又称外汇管理，是指一国（或地区）为平衡国际收支危机、维持其货币汇率的稳定，通过法律、法令、条例等形式，对________、________、________和外汇资金来源与

运用进行的干预和控制。

(3) 钉住汇率制是指一国政府或货币当局将其货币汇率钉住某一单一货币或________,本币汇率随钉住的货币汇率的波动而________的汇率安排。

2. 多选题

(1) 外汇管制的措施是(　　)。

A. 贸易的外汇管制　　B. 非贸易外汇管制

C. 汇率的管制　　D. 资本输出管制

(2) 我国现行外汇管理的主要内容有(　　)。

A. 对出口收汇的管理　　B. 对境内居民收汇的管理

C. 对境外居民收汇的管理　　D. 对进口付汇的管理

(3) 浮动汇率制从一国汇率波动是否同他国配合来划分(　　)。

A. 自由浮动汇率制　　B. 单独浮动汇率制

C. 联合浮动汇率制　　D. 钉住汇率制

3. 判断题

(1) 管理浮动制又称“肮脏浮动”。(　　)

(2) 汇率制度是固定不变的。(　　)

(3) 外汇管制对一国的经济有绝对的危害。(　　)

4. 名词解释

(1) 外汇管制　　(2) 固定汇率制　　(3) 管理浮动汇率制

5. 简答题

(1) 简述外汇管制的作用。

(2) 简述汇率决定理论有哪些。

6. 论述题

(1) 我国是如何防范套汇的?

(2) 目前我国完全放开外汇市场了吗?

(二) 实操练习

1. 技能训练题

A国新叶公司从B国麒麟公司进口了一台重型设备,买卖双方签订了进口合同,价款10万美元。买方所在国是实行外汇管制的国家,因此,买方在合同签订后立即向本国政府申请这笔外汇,但不久即被驳回。于是,买方立即通知卖方:因外汇申请失败,无法支付货款,取消合同。卖方拒绝,认为这属于买方违约,而不是不可抗力事件的影响。

请以小组为单位结合外汇管理相关知识分析讨论买方是否属于违约,为什么?

2. 实训项目

通过网上或实地调研,以小组为单位就“我国外汇管制对进出口的影响”为题收集相关案例,分析中国外汇管制的利与弊。每组推荐发言人在课堂进行交流,交流时以多媒体演示。

第3章

外汇市场与外汇交易一般原理

【学习目的及要求】

通过本章的学习，希望同学们正确理解外汇市场的含义，识别外汇市场的类型，交易者以及外汇市场的交易层次；了解世界主要外汇市场的功能与地位；熟练掌握外汇交易的一般原理，认识和把握不同的外汇交易工具，加深对国际金融活动实际运作的理解。

【引导案例】

去海外淘便宜货　付钱越来越方便

在上个星期六的凌晨，郑群在美国亚马逊、6PM 等购物网站下了七个订单。“圣诞节快到了，老美的网店促销力度很诱人。比如我买了一双 UGG 的短靴，特价只要 44 美金，加上运费大概也只要 350 元人民币。”

天猫“双十一”的疯狂血拼刚刚过去，美国网络购物的“黑色星期五”促销接踵而至。每周五深夜，国内的海淘达人们守候在计算机前，和老美一起抢购特价商品。用鼠标单击按钮成交的下一秒，手机上就收到了信用卡的扣款短信。尽管选购的商品还要漂洋过海地运过来，但毕竟支付的渠道已经越来越畅通。

尤其在人民币不断升值的背景下，海淘变得更加划算。12 月 4 日，人民币兑美元汇率中间价报 6.130 0，再创汇改以来的新高。2012 年，人民币兑日元大幅升值，“日淘族”异军突起，成交金额增速达到 300%以上。

大陆客蜂拥而至　美国购物网站开出银联通道

淘宝“双十一”单日成交 350 亿元，创造了这个数字的中国网民，正在将消费热情输出海外。

潮流网站 Bomoda 的联合创始人兼 CEO 日前对比分析了美国和中国的网购现象，他说，阿里巴巴一年 1 650 亿美元的交易额，差不多是亚马逊和 Ebay 加起来的总量。有数据显示,2014 年中国网购的人将超过美国人口总数。

在美国,亚马逊是最大的电子购物网站。在过去 15 年的时间内它击败了美国许多老牌零售企业,甚至有望在 2016 年成为沃尔玛在零售市场领域中唯一的竞争对手。这个网站,往往是国内的“海淘”新手光顾的第一个网站。

“在亚马逊上海淘的人实在太多了,有一次看到一双 Timberland 的男靴打特价,价格相当划算,大概半小时左右,8 码和 8.5 码就断货了。”郑群发现,其他尺码还有很多存货,而这两个断货的尺码正是中国人选得最多的。

记者发现,用中国大陆的 IP 地址登录美国亚马逊网站,在其首页就会看到一条中文提醒:“来自中国的顾客,请访问亚马逊中国网站。”

提醒归提醒,美国亚马逊并不拒绝中国的顾客,甚至更多的是欢迎。从 2012 年 4 月份开始,美国亚马逊为中国的顾客开通了银联支付通道。这意味着,没有双币信用卡的中国消费者,也可以开始海淘了。据一家海淘导购平台介绍,只要是有银联标志的银行卡,无论信用卡还是借记卡,都可以在美国亚马逊进行支付。

海淘达人张磊告诉记者,自从美国亚马逊开通银联通道以来,他用的还是那张人民币和美元的双币信用卡,但是每次都选择走银联通道而不是以前的 VISA 通道。其中的差别是,通过 VISA 通道支付,会多出 1.5%的货币转换费;而通过银联通道支付,系统会自动根据当时的汇率把美元换算成人民币扣款,省下了原先的那笔货币转换的费用。

日元汇率大跌　今年日韩海淘异军突起

最近几年,人民币兑美元的持续升值,让海淘族们真真切切感受到了人民币在海外的购买力。2011 年参加第一次海淘的夏女士回忆,当时人民币兑美元的汇率大概是 6.38∶1,而如今已经接近 6.1 了。

来自中国外汇交易中心的最新数据显示,2012 年 12 月 4 日人民币兑美元汇率中间价报 6.130 0,再创汇改新纪录。不过,很多海淘族觉得,跟日元相比,今年人民币兑美元升值得太慢了。

从 2012 年 10 月以来,日元持续贬值,兑人民币汇率跌幅超过 20%。这波汇率的大跌,吸引了不少海淘族加入“日淘”大军。

海淘多年的张磊最近一直在研究“日淘”。“我看中了一些东西,但是还没下单。”他说,吸引他去研究日本货的重要原因,一是日元汇率大跌,一是日本到中国转运速度快。他大致算过一笔账,2011 年拿 100 块人民币只能换 1 200 日元,现在可以换 1 500 多日元。汇率跌 20%,相当于额外打了 8 折。

日元的贬值大大刺激了消费者的购买欲。2012 年下半年,支付宝发布调查数据显示,受日元大幅贬值刺激,“日淘”消费以 300%以上增速领跑,成为聚拢中国用户最快海淘目标市场。仅在淘宝网上有 14 539 家日本代购店铺,大多数的店铺售卖日本的化妆品、服饰、母婴用品。全国来看,上海用户“日淘”消费最活跃,消费总支出占全国份额 21%,北京则以 14.4%的份额排在第二位,后面广东、江苏、浙江依次位列 3～5 位。

全球网购不断升温　银联腾讯也来分一杯羹

当海淘新手们开始把眼光瞄向日本、德国等更广的市场时,发现凭着一张人民币和美元的双币信用卡,显得有些不太给力。这时,银行纷纷推出了多币种卡甚至是全币种卡。

记者从招商银行信用卡中心了解到,该行 2012 年推出了一张全币种卡,这张卡在任何一个国家消费,都可以直接刷当地货币,这意味着不存在货币转换费了。张磊就办了这样一张卡，“这张卡没有加入银联，即使在国内消费，也只能走 VISA 通道。但是对全球购物来说，这张卡十分方便。”

号称海购支付 NO1 的招行信用卡，还推出了专门的海购导购平台，在这个平台上有丰富的海淘教程和信息，信用卡持卡人通过该行的导购平台，可以链接到一些主要的海淘网站。最近，招行信用卡还联合一家转运公司为持卡人提供转运优惠活动。

不止是银行信用卡业务盯上了海淘这块蛋糕，中国银联也早已涉足全球网购市场。今年年初，银联就宣布推出“海购”跨境网购平台，为银联卡持卡人提供商户导购、页面翻译、跨境支付以及物流通关等全方位服务。

据悉，持卡人通过银联“海购”平台的商品分类、搜索或推介等导购服务寻找到所需境外商品后，平台为持卡人提供该商品介绍页面的翻译服务。持卡人若确认购买，则根据平台链接跳转至境外商户官网，使用银联卡(卡号以 62 开头，卡面有银联标识)完成支付，通过银联“海购”平台合作的国际物流公司提供的国际转运服务，方便地完成整个跨境消费流程。

而银联所标榜的优势之一，也是免收货币转换费。因为持卡人通过银联“海购”平台跨境消费，以外币标价的交易金额为人民币计入账户，实时完成人民币账户的扣款，不需要通过美元这个中间货币进行转换，自然就不存在转换费用。

美国一些购物网站如李维斯官方网站等不能接受普通的美元人民币信用卡，国内的消费者只能使用美国运通卡等其他工具进行结算。为此，腾讯旗下的财付通推出了虚拟美国 AE 卡(运通卡)。有了这张虚拟卡，消费者可以在美国一些网站进行支付。不过，有海淘人士提醒，因为收货地址和账单地址不一，这张虚拟卡在使用上仍然会碰到障碍。

“黑色星期五”来历

美国的圣诞节大采购一般是从感恩节之后开始的。因此它的第二天，也就是 11 月的第四个星期五是美国人大采购的第一天。在这一天，美国的商场都会推出大量的打折和优惠活动，从而有大额进账。因为美国的商场一般以红笔记录赤字，以黑笔记录盈利，因此被商家们称做“黑色星期五”。

资料来源：据网上资料．唐佩摘编．杭州日报，http://www.hangzhou.gov.cn 2013-12-06

讨论题：外汇市场的哪些功能使跨国网购得以发展？

外汇交易如同商品交易一样，只不过外汇交易的是特殊的商品——货币。外汇业务是国际金融业务的核心组成部分，外汇市场上的交易涉及多种不同的交易工具和交易者，其内容非常丰富，了解这些不同的交易工具，掌握交易者操作外汇业务的一些基本原则，能使我们更深入认识国际金融活动的作用和意义。

3.1 外汇市场

外汇交易市场起源于 1971 年。但是，自从埃及法老王的时代开始，货币的种类就已经处在从一种到另一种不停地变化中。虽然古巴比伦人作为历史上第一个使用纸张作为票据单的民族而被载入史册，但是中东的货币交易商才是世界上第一个进行货币交易的商人，他们把一国的硬币换成另一国的硬币。在中世纪阶段，开始出现对除硬币以外其他形式的货币需求，因为其选择方式在不断地更新出现。这些纸做的单据当时被用做可转换的第三方资金付款单,使当时的商人和外贸商人可以简单地进行外汇交换,繁荣了当地的经济。

国际上因贸易、投资、旅游等经济往来,总不免产生货币收支关系。但各国货币制度不同,要想在国外支付,必须先以本国货币购买外币;另一方面,从国外收到外币支付凭证也必须兑换成本国货币才能在国内流通。这样就发生了本国货币与外国货币的兑换问题。所有买卖外汇的商业银行、专营外汇业务的银行、外汇经纪人、进出口商,以及其外汇市场供求者都经营各种现汇交易及期汇交易。这一切外汇业务组成一国的外汇市场。

3.1.1 外汇市场的含义和特点

1. 外汇市场的含义

外汇市场是指各种经营外汇业务的银行、各种金融机构和个人运用外汇交易手段,进行跨国性外汇买卖和调剂外汇余缺的场所。

贸易往来的频繁及国际投资的增加,使各国之经济形成密不可分的关系,全球的经常性经济报告如通货膨胀率、失业率及一些不可预期的消息如天灾或政局的不安定等,皆为影响币值的因素,币值的变动也影响了这个货币在国际间的供给与需求。国际性贸易及汇率变动的结果,造就了全球最大的交易市场——外汇市场,一个具高效率性、公平性及流通性的一流世界级市场。

2. 外汇市场的特点

全球各外汇交易市场被距离和时间所隔,它们各自独立又相互影响。这些外汇市场以其所在的城市为中心,辐射周边的其他国家和地区。由于所处的时区不同,各外汇市场在营业时间上此开彼关,但一个市场结束后,往往就为下一个市场的开盘定下了基调。这些市场通过先进的通信设备和计算机网络连成一体,市场的参与者可以在世界各地进行交易,由此形成了全球一体化运作、全天候运行的国际外汇市场。

(1) 时间上的连续性和空间上的无约束性

外汇市场是一个 24 小时不停止的市场,从周一新西兰开始上班到周五美国芝加哥下班都不间断,周末在中东也有少量的外汇交易存在。所以外汇市场是一个不停止连续不断的交易市场。

若以北京时间为标准,每天凌晨的时候,从新西兰的惠灵顿开始,直到凌晨的美国西海岸市场的闭市,澳洲、亚洲、北美洲各大市场首尾衔接,在营业日的任何时刻,交易者都可以寻找到合适的外汇市场进行交易。

有市场存在就可以交易,这是众所周知的事情,但是并不等于可以交易我们就要去交易,在全天 24 小时的外汇市场每个交易时段都有其自身的规律和特性,所以我们只需要了解它的规律在适当的时段采取相应的策略就可大大提高交易成功率,同时也可避免交易风险。

(2) 外汇市场之间的汇率差价日益缩小但汇率波动大

由于现代通信网络高度发达,各国外汇市场上汇率透明,各国外汇市场开市与收市相互连接,使得一个外汇市场的收市汇价往往是另一个外汇市场上的开市参考汇价。例如,中国香港市场收市汇价就是伦敦市场开市参考汇价,伦敦市场收市汇价就是纽约市场开市参考汇价,接着旧金山市场上的收市汇价就是东京市场开市的参考汇价。

尽管汇差小，但世界各国经济发展不平衡以及外汇市场运行机制存在着差异，这也给国际外汇投机者进行外汇投机创造了条件。他们的投机行为加剧了外汇市场动荡，加大了外汇市场风险，对外汇市场所在国家或地区带来巨大冲击，有时甚至是破坏。

(3) 外汇交易规模大和交易币种集中

根据国际清算银行的统计，目前全球所有外汇市场外汇日交易总规模达 2 万亿美元。这主要是由于现代科学技术的发达和交易手段的不断更新，加速了国际间的资金流动，使其频繁地在各个外汇市场上进行套利活动。

虽然外汇交易规模巨大，但交易的币种却不多。当今外汇市场的交易币种主要是美元、英镑、欧元、瑞士法郎和日元等几种国际性货币。其中，美元占有 80%以上的交易量。

(4) 金融产品不断创新

由于外汇市场的全球化以及汇率风险的加大，银行为了防范风险，不断地进行金融产品创新以替代传统的金融产品，以便更好地实现套期保值和分散金融风险，如货币互换、远期利率协议和综合远期汇率协议等。

3.1.2 外汇市场的种类

按照不同的划分标准可有多种不同的分类方法。

1. 有形市场与无形市场

有形市场是指有供交易者做交易的固定场所，由一些指定的银行、外汇经纪人和客户共同参与组成的外汇交易场所。交易所内有固定的营业日和开盘、收盘时间，经营外汇业务的双方在营业日规定的时间里集中到交易所进行所需交易。

外汇市场的出现与证券市场相关。外汇市场产生之初，多在证券交易所交易大厅的一角设立外汇交易场所，称外汇交易所。外汇买卖各方在每个营业日的约定时间集中在此从事外汇交易。早期的外汇市场以有形市场为主，因该类市场最早出现在欧洲大陆，故又称“大陆式市场”。

无形市场是指没有固定交易场所，所有外汇买卖均通过连接于市场参与者之间的电话、电传、电报及其他通信工具进行的抽象交易网络。目前，无形市场是外汇市场的主要组织形式，因其最早产生于英国、美国，故又称“英美式市场”。

目前，除了个别欧洲大陆国家的一部分银行与顾客之间的外汇交易还在外汇交易所进行外，世界各国的外汇交易均通过现代通信网络进行。无形外汇市场已成为今日外汇市场的主流。无形市场是指没有固定交易场所，所有外汇买卖均通过连接于市场参与者之间的电话、电传、电报及其他通信工具进行的抽象交易网络。这类市场主要有伦敦、纽约、东京和苏黎世等。

2. 区域性外汇市场和国际性外汇市场

区域性外汇市场一般规模比较小，参与者主要为本地或本国的外汇供需者，在市场上使用的货币也只限于本国货币与少数几种外国货币，如目前我国的外汇市场即属于此类。

国际性外汇市场一般多位于世界金融机构，交易货币种类众多，交易额巨大。目前主要的国际性外汇市场有伦敦、纽约、东京、巴黎、中国香港、新加坡等。

3. 自由外汇市场和官方外汇市场

自由外汇市场是指政府、机构和个人可以买卖任何币种、任何数量外汇的市场，即每笔外汇交易从金额、汇率、币种到资金出入境都没有任何限制，完全由市场供求关系决定。

自由外汇市场的主要特点是：第一，买卖的外汇不受管制。第二，交易过程公开。例如：美国、英国、法国、瑞士的外汇市场皆属于自由外汇市场。

官方外汇市场是指按照政府的外汇管制法令来买卖外汇的市场，这种外汇市场对参与主体、汇价和交易过程都有具体的规定。在发展中国家，官方外汇市场较为普遍。

一些国家对从事外汇业务银行等金融机构的最低资本额，每笔交易的最高限额等有严格的限制。但外汇交易市场上可进行交易的币种，汇率的高低已由市场供求关系决定，政府不再有任何限制，从而转化成为官方控制的自由外汇市场。

4. 银行间市场和客户市场

银行间市场亦称“同业市场”，由外汇银行之间相互买卖外汇而形成的市场。银行间市场是现今外汇市场的主体，其交易量占整个外汇市场交易量的90%以上，又称做“外汇批发市场”。

客户市场是指外汇银行与一般顾客(进出口商、个人等)进行交易的市场。客户市场的交易量占外汇市场交易总量的比重不足10%，又称做“外汇零售市场”。

5. 即期外汇市场和远期外汇市场

即期外汇市场是指从事即期外汇买卖的外汇市场，又叫现汇交易市场。世界即期外汇市场每天进行着数量巨大的交易，且交易笔数是世界之最，报价容易，易于捕捉市场行情。即期外汇市场是外汇市场上最经济、最普通、最主要的形式。

即期外汇市场交易通常达成外汇买卖协定后立即进行交割，或者在两个营业日内交割。如伦敦、纽约、巴黎等市场。在中国香港市场，港元兑换美元的交易是在当天交割，而港币兑换日元、新加坡元、澳元等则在次日交割，除此之外的其他货币则在第三天即成交后的第二个营业日交割。

远期外汇市场又叫期汇交易市场，远期外汇交易市场是指在外汇买卖时，双方先签订合约，规定交易货币的种类、数额及适用的汇率和交割时间，并于将来约定的时间进行交割的外汇交易场所。

它的期限一般有30天、60天、90天、180天及1年，其中最常见的是90天。在国家汇率变动频繁的今天，远期外汇交易的主要功能是发现汇价，防范化解汇率风险，同时兼有外汇投机的功能，是外汇投机的主要手段之一，其操作方法与商品期货相似。目前我国尚未对个人开设此项业务。

此外，外汇市场还有广义与狭义之分。广义外汇市场包括银行间市场与客户市场，狭义外汇市场则仅指银行间市场。

3.1.3 外汇市场的功能

外汇市场的功能主要表现在三个方面，一是实现购买力的国际转移，二是提供资金融通，三是提供外汇保值和投机的市场机制。

1. 实现购买力的国际转移

国际贸易和国际资金融通至少涉及两种货币，而不同的货币对不同的国家形成购买力，这就要求将该国货币兑换成外币来清理债权债务关系，使购买行为得以实现。而这种兑换就是在外汇市场上进行的。

当外汇市场汇率变动使外汇供应量正好等于外汇需求量时，所有潜在的出售和购买愿望都得到了满足，外汇市场处于平衡状态之中。这样，外汇市场提供了一种购买力国际转移机制。

国际外汇市场的主要功能就是通过完备的通信设备，先进的经营手段提供货币转换机制，将一国的购买力转移到另一国交付给特定的交易对象，实现国与国之间货币购买力或资金的转移。

2. 提供资金融通

外汇市场向国际间的交易者提供了资金融通的便利。外汇的存贷款业务集中了各国的社会闲置资金，从而能够调剂余缺，加快资本周转。外汇市场为国际贸易的顺利提供了保证，当进口商没有足够的现款提货时，出口商可以向进口商开出汇票，允许延期付款，同时以贴现票据的方式将汇票出售，拿回货款。外汇市场便利的资金融通功能也促进了国际借贷和国际投资活动的顺利进行。

美国发行的国库券和政府债券中很大部分是由外国官方机构和企业购买并持有的，这种证券投资在脱离外汇市场的情况下是不可想象的。

3. 提供外汇保值和投机的市场机制

在以外汇计价成交的国际经济交易中，交易双方都面临着外汇风险。由于市场参与者对外汇风险的判断和偏好的不同，有的参与者宁可花费一定的成本来转移风险，而有的参与者则愿意承担风险以实现预期利润。由此产生了外汇保值和外汇投机两种不同的行为。

在浮动汇率下，外汇汇率出现差异，外汇市场的存在即为套期保值者提供了规避外汇风险的场所，又为投机者提供了承担风险、获取利润的机会。

3.2 国际主要外汇市场

3.2.1 国际主要外汇市场简介

1. 伦敦外汇市场

伦敦外汇市场由经营外汇业务的银行及外国银行在伦敦的分行、外汇经纪人、其他经营外汇业务的非银行金融机构和英格兰银行构成。伦敦外汇市场有约 300 家持有英格兰银行执照的外汇指定银行，其中包括各大清算银行的海外分行。世界 100 家最大的商业银行几乎都在伦敦设立了分行，它们向顾客提供了各种外汇服务，并相互间进行大规模的外汇交易。伦敦外汇市场上的外汇经纪人有 90 多家，这些外汇经纪人组成经纪协会，支配了伦敦外汇市场上银行间同业之间的交易。

伦敦外汇市场没有固定的交易场所，而是用电传、电报、电话及电子计算机控制系统进行交易，因此它是一个抽象市场。市场上的交易货币几乎包括所有的可兑换货币，规模最大的是英镑兑美元的交易，其次是英镑兑欧元和日元的交易。此外，像美元兑欧元、欧元兑日元、日元兑美元等多边交易，在伦敦外汇市场上也普遍存在。

在伦敦外汇市场上的外汇交易类别有即期外汇交易、远期外汇交易和调期外汇交易等。除了外汇现货交易外,伦敦也是最大的外汇期货和期权交易市场。

2. 纽约外汇市场

纽约外汇市场不仅是美国外汇业务的中心,也是世界上最重要的国际外汇市场之一,从其每日的交易量来看,居世界第二位,也是全球美元交易的清算中心。

纽约外汇市场是抽象的外汇市场,它通过电报、电话、电传、计算机终端机与国内外联系,没有固定的交易场所。参加市场活动的有联邦储备银行、美国各大商业银行的外汇部门、外汇银行在美国的分支与代理机构、外汇经纪人、公司财团、个人等。联邦储备银行执行中央银行的职能,同许多国家银行订有互惠信贷,可以在一定限度内借入各种货币,干预外汇市场,维持美元汇率的稳定。纽约外汇市场上的大商业银行是最活跃的金融机构,外汇买卖和收付通过它们在国内外的分支行和代理机构进行。

纽约外汇市场由三部分组成。第一是银行与客户之间的外汇交易市场,第二是纽约银行间的外汇交易市场,第三是纽约各银行与国外银行间的外汇交易市场。其中纽约银行间的外汇交易市场是交易量最大的市场,占整个外汇市场交易量的 90%。因此,商业银行在外汇交易中起着极为重要的作用,外汇交易主要通过商业银行办理。

在经营业务方面,美国没有外汇管制,任何一家美国的商业银行均可自由地经营外汇业务。

在纽约外汇市场上交易的货币,主要有欧元、英镑、加拿大元、日元等。据纽约联邦储备银行的数据,在纽约外汇市场上,交易量最大的是欧元,占 40%,其次为日元 23%,英镑 19%,加拿大元 5%。

3. 东京外汇市场

东京外汇市场是随着日本对外经济和贸易发展而发展起来的,是与日本金融自由化、国际化的进程相联系的。

在交易方式上,东京市场与伦敦市场、纽约市场相似,是无形市场。交易利用电话、电报等电信方式完成。在外汇价格制定上,东京市场又与欧洲大陆的德国、法国市场相似,采取"订价"方式。每个营业日的上午 10 点,主要外汇银行经过讨价还价,确定当日外汇价格。

从交易货币和种类看,因为日本的进出口贸易多以美元结算,所以东京外汇市场 90% 以上是美元对日元的买卖,日元对其他货币的交易较少;交易品种有即期、远期和掉期等。即期外汇买卖又分为银行对客户当日结算和银行同业间的次日结算交易。东京外汇市场上即期、远期交易的比重都不高,掉期业务量很大。而其中又以日元/美元的掉期买卖为最大。

4. 新加坡外汇市场

新加坡外汇市场是随着美元市场的发展而发展起来的。它是全球第四大外汇市场,日平均交易量仅次于东京。新加坡外汇市场的主要参与者是外汇银行、外汇经纪人、商业客户和新加坡金融管理局。新加坡外汇市场上,银行间的交易都通过经纪人进行,但外汇经纪人只获准作为银行的代理进行外汇交易,不能以本身的账户直接与非银行客户进行交易。新加坡的银行与境外银行的外汇交易一般直接进行。作为监督和管理外汇银行的,新加坡金融管理局为干预外汇市场而参与外汇交易。

新加坡外汇市场属于无形市场，通常上午 8 点开市交易，下午 3 点收市。

5. 香港外汇市场

香港是个自由港，是世界第五大外汇交易中心。每天开市的正式时间是上午 9 点，但许多金融机构提前半小时就有行市显示。到下午 5 点，各大银行都已冲平当日外汇头寸，基本上不再做新的成交，一般可以认为下午 5 点是收市时间。但实际上，许多机构在香港的外汇市场结束后，继续在相继的伦敦市场、纽约市场完成交易，直到纽约市场收市才停止。

香港外汇市场由两个部分构成。一是港元兑外币的市场，其中包括美元、日元、欧元、英镑、加元、澳元等主要货币和东南亚国家的货币，当然也包括人民币。二是美元兑其他外汇的市场。这一市场的交易目的在于完成跨国公司、跨国银行的资金国际调拨。

在香港外汇市场中，美元是所有货币兑换的交易媒介。港币与其他外币不能直接兑换，必须通过美元套购，先换成美元，再由美元折成所需货币。

6. 法兰克福外汇市场

法兰克福是德国中央银行（德国联邦银行）所在地。法兰克福外汇市场分为订价市场和一般市场。订价市场由官方指定的外汇经纪人负责撮合交易，它们分属法兰克福、杜赛尔多夫、汉堡、慕尼黑和柏林五个交易所，它们接受各家银行外汇交易委托，如果买卖不平衡，汇率就继续变动，一直到买和卖相等，或中央银行干预以达到平衡，订价活动方结束，时间大约是中午 12：45。外汇经纪人除了撮合当地银行外汇交易外，还随时与各国外汇市场联系，促进德国与世界各地的外汇交易活动。

7. 中国外汇交易中心

在我国，机构和个人在零售市场上通过外汇指定银行买卖外汇，而银行、非银行金融机构以及非金融企业经批准成为银行间外汇市场的会员，进入批发市场交易。中国外汇交易中心作为中介组织，依托电子交易系统、信息系统为银行间外汇市场提供交易、信息、监管三大平台及相应的服务。

中国外汇交易中心暨全国银行间同业拆借中心（以下简称“交易中心”）成立于 1994 年 4 月，为中国人民银行直属事业单位，主要职能是：提供银行间外汇交易、人民币同业拆借、债券交易系统并组织市场交易；办理外汇交易的资金清算、交割，提供人民币同业拆借及债券交易的清算提示服务；提供外汇市场、债券市场和货币市场的信息服务；开展经人民银行批准的其他业务。

1994 年 4 月推出外汇交易系统，1996 年 1 月启用人民币信用拆借系统，1997 年 6 月开办银行间债券交易业务，1999 年 9 月推出交易信息系统，2002 年 6 月开办外币拆借中介业务，2003 年 6 月开通“中国票据”网，2005 年 5 月上线银行间外币买卖业务，2005 年 6 月开通银行间债券远期交易，2005 年 8 月推出人民币外汇远期交易。2006 年 1 月在引入做市商制度的同时推出询价交易，2006 年 4 月推出人民币外币掉期交易。

交易中心以电子交易和声讯经纪等多种方式，为银行间外汇市场、人民币拆借市场和债券市场，提供交易、清算、信息和监管等服务，在保证人民币汇率稳定、传导央行货币政策、服务金融机构和监管市场运行等方面发挥了重要的作用。

3.2.2 国际各主要外汇市场交易时间

1. 国际各主要外汇市场交易时间

每年四月的第一个周一是夏时的开始,每年十月的最后一个周一是冬时的开始,新西兰和澳大利亚在南半球,夏令制与位于北半球的美国和欧洲正相反。

通过表 3-1 了解国际主要外汇市场交易时间,外汇投资者可更好地把握外汇交易行情和时机。

表 3-1 主要外汇市场交易时间

<table>
<tr><th>区域</th><th>主要外汇市场</th><th>当地时间
开盘-收盘</th><th>(北京时间)
10 月 1 日—4 月 1 日</th><th>(北京时间)
4 月 1 日—10 月 1 日</th></tr>
<tr><td rowspan="2">大洋洲</td><td>新西兰惠灵顿</td><td>9:00—17:00</td><td>04:00—12:00</td><td>05:00—13:00</td></tr>
<tr><td>澳大利亚悉尼</td><td>9:00—17:00</td><td>06:00—14:00</td><td>7:00—15:00</td></tr>
<tr><td rowspan="3">亚洲</td><td>日本东京</td><td>9:00—15:30</td><td colspan="2" rowspan="3">08:00—15:30
09:00—16:00
09:00—16:00</td></tr>
<tr><td>中国香港</td><td>9:00—16:00</td></tr>
<tr><td>新加坡</td><td>9:30—16:30</td></tr>
<tr><td rowspan="2">欧洲</td><td>德国法兰克福</td><td>9:00—16:00</td><td>15:00—22:00</td><td>14:30—23:30</td></tr>
<tr><td>英国伦敦</td><td>9:00—15:30</td><td>17:30—次日 01:30</td><td>15:30—00:30</td></tr>
<tr><td>北美洲</td><td>美国纽约</td><td>8:30—15:00</td><td>20:30—次日 03:00</td><td>21:30—04:00</td></tr>
</table>

2. 北京时间的外汇市场交易时段的特点

第一段:8:00—12:00 行情调整时段

此时段主要是亚洲和澳洲市场的活动时间,由于整体经济实力较弱,加之主要炒作欧洲和美洲货币,所以对整个市场的推动力较小。一般主流货币震荡幅度 20~40 点,二流货币 25 点以下,且无明显方向;行情多为调整和回调行情,一般与当天方向走势相反,如:若当天走势上涨,则该时段多为小幅震荡下跌。

此时风险低、收益低、不适合交易。

第二段:12:00—14:30 行情酝酿时段

此时段为欧洲开市前夕,伴随着一些对欧洲货币有影响力的数据公布,市场交易及资金量逐渐增加。一般主流货币震荡幅度 30~50 点,二流货币 30 点以下,此时段是黎明前的黑夜,市场和图形开始酝酿,是每天最好的也是第一次进场时段。方向一般与当天大势相反。

此时段风险中等、收益低、适合建仓。

第三段:15:00—17:30 行情波动时段

欧洲开始交易,资金量和关注程度增加,一般主流货币震荡幅度 30~80 点,二流货币 25~40 点,这一时段才是每天外汇市场行情的真正开始。在上时段建仓的投资者此时段可获收益了,如没交易的此时不要追势,等到回调时再进入。在整体有趋势时顺大方向,在整体为盘整时一般与上一交易日走势方向相反。

此时段风险中等、收益高、不适合临时建仓。

第四段：18:00—19:00 第一次行情波动的调整

此时是欧洲的中午休息和美洲市场的清晨，交易平淡，一般主流货币震荡幅度 20～40 点，多为回调上一波行情，是入场的第二次机会。与上时段方向相反，一般与大势无关。

此时段风险低、收益低、适合建仓。

第五段：20:00—24:00 行情主要波动时段

这段时间是美洲市场和欧洲市场同时交易的时段，按照资金和关注性来说是最大的时候，一般主流货币震荡幅度 40～100 点，二流货币 30～60 点。行情波动最大，一般是大势震荡的真正时刻。应顺应大势方向。

此时段风险高、收益高、不适合临时建仓。

第六段：0:30—04:00 行情调整或消息时段

如有重大消息时汇率波动 100 点以上，一般波动在 50 点以内。此时为美国的下午盘，一般已经走出了较大的行情，这段时间多为对前面行情的技术调整。不过有些很重要的美国数据会在这个时段公布，所以偶尔会出现瞬间大幅波动的情形，建议有重要数据时应及时在此刻平仓出来，避免风险。方向不确定，多为与前一时段方向相反。

此时段风险不确定、收益低、不适合交易。

小贴士

中国炒汇者如何利用交易时段

如何把握交易时间特性非常重要，要根据个人的交易习惯、工作时间、业余时间来交易。

星期一到星期五每天 5:00—14:00 行情极其清淡，是亚盘交易清淡时间段。因为亚洲市场的推动力较小，一般震荡幅度在 30～50 点，多为调整或回调行情。一般与当天的方向走势相反，若当天走势上涨则这段时间多为小幅震荡的下跌。

午后 14:00—18:00 为欧洲上午市场，是欧洲交易活跃时间。15 点后一般有一次趋势行情。欧洲开始交易后资金就会增加，且此时段会有一些对欧洲货币有影响力的数据公布。一般震荡幅度在 40～80 点左右。15:30 后开始真正的行情。

晚饭后 18:00—20:00 是欧洲国家午休时间，此时中国人散步休息，也是等待美国人上场交易前夕。一般交易非常清淡，行情多数起伏不大。这段时间尽量不交易、不看盘。

晚上 20 点—24 点为欧洲市场的下午盘和美洲市场的上午盘，是美盘疯狂交易时间段。这段时间行情波动最大，也是资金量和参与人数最多的时段。一般波动为 80 点以上的行情。此时，当天的 K 线方向已经形成，市场一般按当天的方向走的概率大。简单说，日 K 线红，方向做多，日 K 线绿做空，在当天开盘价格位置设置止损，如果当天 K 线无影线，次日必有高点或低点，设置保护价，一定要拿住。

我们的半夜，是美国下午清淡盘，这段时间多为对前面行情的技术调整，没大行情，建议此时睡觉。一般有赢利设置保护价，没有赢利立即平仓，关计算机走人。

中国的外汇交易者拥有别的时区不能比拟的时间优势，就是能够抓住 15 点到 24 点的这个波动最大的时间段，下午 5 点下班到 24 点这段时间是自由时间，正好可以用来做外汇投资，不必为工作的事情分心，好好把握自己的交易时间。

3.3 外汇交易

在当今的外汇市场上,外汇交易的种类纷繁多样。如果我们将外汇看成是一种商品,则外汇交易同普通商品的交易一样,是一种买卖行为。然而,由于银行的外汇通常都存在外汇发行国的往来行的账户上,故银行在购入或是售出外汇以后,必须在该外汇的发行国做相应的结算,这就需要时间。在银行同客户买卖外汇到银行同其往来行结算完毕的这段时间里,银行同客户实际上存在信贷关系,因此,我们也可以将外汇交易视作一种银行与客户之间的信贷行为。

3.3.1 外汇交易概述

1. 外汇交易的含义

外汇交易是指外汇买卖双方为了满足某种经济或其他活动的需要而进行的不同货币之间的兑换行为。它可以用本币换外币,也可以用外币换本币,还可以用一种外币换另一种外币。

小贴士

外汇保证金交易中的8对8错

所谓外汇保证金交易,是指通过与银行签约,开立信托投资账户,存入一笔资金作为担保,由银行或经纪行设定信用操作额度(即20～200倍的杠杆效应)。投资者可在额度内自由买卖同等价值的即期外汇,操作所造成之损益,自动从上述投资账户内扣除或存入。让小额投资者可以利用较小的资金,获得较大的交易额度。

2. 外汇交易参与者

从外汇市场参与者的角度,外汇市场的交易可以分为三个层次。

(1) 顾客和银行之间的交易

就我国而言,外汇交易无论是个人还是企业都须通过银行,否则被视为违法,银行在外汇中起中介作用,一方面从顾客手中买入外汇,另一方面将外汇卖给顾客赚取买卖差价。

进出口商实际上是外汇的最初供应者和最后需求者,因为外汇买卖常与国际结算相联系,多表现为本币和外币之间的买卖。另外,还有一些因非贸易收支而引起的外汇买卖,如偿付外债利息、国际旅游、留学、国际保险或运费等。

(2) 银行同业交易

银行出于投机、套利、套汇等目的从事外汇买卖时,难免会在营业日内出现各种外汇的多头或空头。为了避免外汇变动的风险,银行通常要到同业市场进行交易以轧平各种外汇的头寸,如多头抛出,空头补进。

小贴士

金融小知识

金融交易中常出现头寸，头寸分为多头和空头。多头意味着购买某种金融工具的金额大于出售此金融工具的金额。如买进 800 万美元，出售 700 万美元。空头意味着出售某种金融工具的金额大于购买此金融工具的金额。如出售 700 万美元，买进 600 万美元。

做多头或空头是一种交易操作方法。一般当投资者预测某种金融工具价格上涨时就做多头，先买进后卖出。

拿股票来说，假定 W 股票为 1 美元，投资者预测此股票会上涨，因此先签订购买 W 股票的 1 个月合约，果真 1 个月 W 股票上涨为 1.5 美元，再签订出售 W 股票的合约对冲，每股毛利 0.5 美元。一般当投资者预测某种金融工具价格下跌时就做空头，先卖出后买进。同样拿 W 股票来说，假定 W 股票为 1 美元，投资者预测此股票会下跌，因此先签订出售 W 股票的 1 个月合约，果真 1 个月 W 股票下跌为 0.5 美元，再签订购买 W 股票的合约对冲，每股毛利 0.5 美元。

无论是顾客和银行之间的交易还是银行同业之间的交易，外汇交易人员都需了解表 3-2 中的各国标准货币代码，以免外汇交易中出错。

表 3-2　常用国家和地区的标准货币代码

国　别	货币名称	标准货币代码
	亚洲	
中国	人民币元	CNY
中国香港	港元	HKD
中国澳门	澳门元	MOP
日本	日元	JPY
新加坡	新加坡元	SGD
马来西亚	马元	MYR
泰国	泰铢	THP
	欧洲	
欧洲货币联盟	欧元	EUR
英国	英镑	GBP
瑞士	瑞士法郎	CHF
	美洲	
美国	美元	USD
加拿大	加元	CAD
	非洲	
埃及	埃及镑	EGP
南非	兰特	ZAR
	大洋洲	
澳大利亚	澳大利亚元	AUD
新西兰	新西兰元	NZD

(3) 银行与中央银行之间的外汇交易

中央银行在外汇市场起着双重的作用：一是监管外汇市场的运行；二是为影响汇率走势而干预外汇市场。中央银行为干预外汇市场所进行的交易是在它与外汇银行之间进行的。如果某种外汇相对本币汇率偏高，中央银行就会向银行出售该外汇储备，使其汇率下降；反之，如果中央银行认为该外币汇率太低，就会购入这种货币，使其汇率上升。因此，中央银行通过外汇市场的交易可以把汇率稳定在某一期望的水平上。

小贴士

央行参与外汇交易的操作方法

每个国家从自身经济发展考虑，对本币兑外汇有一个期望值。假定美国央行希望美元与欧元的汇率保持在1美元=1欧元的水平上，但目前汇率是1美元=1.138 5欧元，美元贬值欧元升值。此时，美国央行就会在外汇市场抛售欧元买进美元，欧元供给加大，美元需求增加，因此，美元兑欧元汇率逐渐上涨。当汇率上涨为1美元=0.900 5欧元时，美国央行就会在外汇市场抛售美元购买欧元，那么，美元的供给加大，欧元需求增加，直到美元兑欧元的汇率又回到1美元=1欧元的水平上。

3.3.2 外汇交易的目的

1. 为国际贸易结算而进行的外汇交易

出口和进口都涉及外汇交易。出口所收外汇卖给银行换回本币，而进口所需外汇可从银行购买。从1994年实行外汇体制改革后，我国的出口企业在获取外国进口商支付的外币货款后，必须按照当天的外汇牌价将外汇卖给银行，而进口商则可凭相关进口凭证到银行去购买外汇。

2. 为对外投资而进行的外汇交易

随着我国经济实力的增强，越来越多的中国企业开始去国外投资设厂，投资商需要大量的投资国货币，这就需要先将人民币转化为投资目的国的货币，才能进行有效投资。

3. 为外汇筹资及借还贷的外汇交易

企业为发展生产需向国外购买机器设备，在资金短缺情况下，就需要向银行借贷外汇。比如，我国某家企业从国内的银行贷了一笔美元用于在国外购置生产设备，当贷款到期时，企业需将手中的人民币资金换成美元以归还银行。

4. 为外汇保值而进行的外汇交易

由于汇率是经常变动的，为了减少遭受汇率波动可能带来的损失，就需要通过外汇买卖来保值。例如，当美元汇率看涨，日元汇率趋跌，持有日元的企业或者个人就要择机将日元兑换成美元，这就好比股票市场上买进看涨的股票，抛出看跌的股票。当然，对外汇走势的预测是需要相当技术和知识的。

5. 外汇投机进行的外汇交易

由于外汇市场上存在汇率的波动，汇率的波动既有使外汇交易者遭受损失的可能，同样也有使其获得收益的可能。这种把外汇波动的风险当成赚钱机会而加以利用的情况，就是外汇投机。

6. 因外币存款的需要而进行的外汇交易

由于不同的货币有不同的存款利率，为了获得较高的收益，投资者一般都会将手中的外汇兑换成利率较高的货币存进银行，这也需要进行外汇交易。

3.3.3 外汇交易的交易品种

外汇交易五花八门，外汇交易的品种主要有以下几种。

1. 即期外汇交易

即期外汇交易（又称现汇买卖），是指外汇交易合同签订后的两个营业日内进行交割的外汇交易。

2. 远期外汇交易

远期外汇交易（又称期汇交易），是指在买卖双方签订合同时，不需立即支付本国货币或外汇，而是预先约定外币的种类、金额、汇率、交割期和地点等各种相关条件在将来的某一天进行交割的外汇交易。

3. 掉期外汇交易

掉期外汇交易是指将在货币相同、金额相同但方向相反、交割期不同的两笔或两笔以上的外汇交易，其目的是防范交易中的外汇风险。

掉期交易一般有以下几种形式。

(1) 即期对远期

即买进或卖出一笔现汇的同时，卖出或买进一笔期汇，这是掉期交易最常见的形式。比如，某银行手头的外汇资金暂时多余，但将来又有支付需要，就可用即期交易方式把暂时多余的资金卖给其他银行，同时又以远期方式将其买回。

(2) 远期对远期

即在买进或卖出某货币较短的远期的同时，卖出或买进该货币较长的远期。其好处是可以利用有利的汇率机会。

(3) 即期对即期

即成交后第一个营业日交割，第二个营业日再做反向交割。常用于银行同业的隔夜资金拆借。

4. 择期外汇交易

择期外汇交易是一种特殊形式的远期外汇交易，是指客户可以在交易日的即期日起在约定的一个期限内的任何一天，按约定汇率进行交割的一种远期外汇交易。

例如，一笔一个月的远期外汇交易，于 5 月 12 日成交，那么 5 月 14 日为远期外汇交割日期。但是对于择期交易来说，客户可以选择从 5 月 12 日～5 月 14 日或者是双方规定的一个期间任何一天都可以进行。这项交易业务主要是为了适应进出口商的要求，由于他们有时无法确切地知道支、付款日期，又要尽量防范汇率变化的风险而设计的。

5. 套利交易

套利交易又称利息套利,是指套利者利用不同国家或地区短期利率的差异,将资金从利率较低的国家或地区转移至利率较高的国家或地区,从中获取利息差额收益的一种外汇交易。

6. 套汇交易

套汇交易是指套汇者利用两个或两个以上外汇市场上某些货币的汇率差异进行外汇买卖,从中套取差价利润的行为。

7. 外汇期货交易

外汇期货交易就是指外汇买卖双方在有组织的交易内,通过公开叫价的拍卖方式,买卖未来某特定日并按既定汇率交割标准数量外汇的期货合同的外汇交易。

8. 外汇期权交易

外汇期权交易(又称货币期权)是指期权买方支付给期权卖方一笔期权费后享有在合约到期或之前以合约规定的价格购买或出售一定数额的某种外汇资产的权利。

人们从事外汇交易的动机是多种多样的。有的是为了对外支付的需要或为了将自己从事国际交易所得收入换成本国货币,有的是为了保值的需要,有些人是为了利用各国间的利率或汇率差异牟利而买卖外汇,更有一些人为了投机而买进卖出外汇。目的不同,外汇交易的方式也会有差异,我们得从传统外汇交易业务和衍生外汇交易业务分两章对外汇交易进行详尽的介绍。

课堂案例讨论

上海金融开闸,中国大妈取代渡边太太?

(渡边太太是指拆入低息日元投资境外高收益品种及外汇投资的日本家庭主妇们。她们参与投机性极强的外汇保证金交易,便会拆入低息日元,投资高收益率境外债券或外汇存款,套取利差收益。只要日元不会出现大幅升值,她们基本能赚取稳定的利差收益。由于"渡边"是日本常见姓氏,这些家庭主妇们便被称为渡边太太。)

一声锣响,上海自贸区金融改革揭开面纱

2013年11月2日,央行发布《关于金融支持中国(上海)自由贸易试验区建设的意见》(以下简称《意见》),央行主导的上海自贸区金融改革,貌似枚衔疾进,实际水流平缓取决于开闸大小。央行设置了两道防线,以防止资金洪灾。

第一道防线在境内区外,居民自由贸易账户与境内区外的银行结算账户之间产生的资金流动视同跨境业务管理。

第二道防线是分账核算,上海地区金融机构可根据人民银行规定,通过设立试验区分账核算单元的方式,为符合条件的区内主体开立自由贸易账户,并提供相关金融服务。"分账核算"是设立标志,自由贸易区内企业、个人、金融机构账户都将被标识,与区外账号"隔离",并通过该实时监控被标识账户的所有资金流向,金融风险可以得到最大限度的控制。央行设置了一道厚闸门,如果利率、资金出现异动,可以随时调节。

自贸区金融改革最大的动作是资本项目逐步放开

区内的居民与非居民都可设立自由贸易账户，通过该账户实现全球流通。居民自由贸易账户及非居民自由贸易账户可办理跨境融资、担保等业务。条件成熟时，账户内本外币资金可自由兑换。也就是说，未来自贸区内会彻底实行货币自由兑换。目前，自由贸易账户有条件开放了资本项目，区内个人可在符合条件的前提下，开展包括证券投资在内的各类境内境外投资、个人跨境支付、跨境贷款等，这相当于为区内个人打开QDII限制，可以自由投资。如果借由自贸区通道自贸区居民甚至更多的居民进行大量境外投资，如此一来，区内居民身份含金量上升，其他投资者借此渠道出海者恐怕趋之若鹜，QDII业绩受到更严峻的挑战。恐怕国际资本货币市场如美股指数、债券、外汇等也会受到波及，“中国大妈”取代“渡边太太”占据国际证券市场的半壁江山，时间虽然很长，但不再是遥不可及的幻影。QFII规模也将扩大。按照《意见》，区内金融机构和企业可按规定进入上海地区的证券和期货交易场所进行投资和交易，以及在境内资本市场发行人民币债券等；区内主体QFII不必再等旷日持久的审批，大量境外资金可以通过区内平台投向上海市场。如果境外金融机构积极对待自贸区金融政策，可以想象上海的股票市场、期货市场会有一波冲击，以利好为主，波动会增加。

离岸金融业务自贸区与香港并行。区内主体的境外母公司可在境内发行人民币债券，“点心债”发行除我国香港外，又多了上海自贸区。区内机构可以在境外进行本外币融资，根据经营需要，注册在试验区内的中外资企业、非银行金融机构以及其他经济组织可按规定从境外融入本外币资金，同时完善全口径外债的宏观审慎管理制度，采取有效措施切实防范外债风险。对于境外融入的人民币有明确规定，区内金融机构和企业从境外借用的人民币资金，不得用于投资有价证券、衍生产品，不得用于委托贷款。自有资金、外币能够转换，可以投资上海的证券、期货市场，但不能借入人民币投资，以免泡沫与套利。

区内机构自由度更大，风险也更大。央行允许区内机构按规定基于真实的币种匹配及期限匹配管理需要在区内或境外开展风险对冲管理。允许符合条件的区内企业按规定开展境外证券投资和境外衍生品投资业务，要求区内金融机构对汇兑敞口头寸进行平盘对冲。记忆力好的投资者，也许还会记得2008年前后中国大型企业投资境外衍生品市场大亏其本的噩梦，因此，区内中国金融机构恐怕还以对冲风险为主，而不会贸然下海进入高风险的衍生品市场，到时候，不要说金融机构负不起这个责任，恐怕央行都难以担责。

虽然细则没有出台，但央行态度积极。据上海东方网报道，《意见》出台的当天下午，央行上海总部召集了沪上主要银行行长和部分专家学者开会，对《意见》进行说明。央行传递了一个重要的态度，“鼓励金融机构尽可能快地行动起来”，即可以先出产品，包括券商等在内创新都不要等细则。从目前的进程来看，各银行很快会接纳自由贸易账户。

中国大妈取代渡边太太的时间短则三年，长则十年

作为基础条件的货币自由兑换，时间很难确定，可能很快，可能遥遥无期，取决于试验结果。如果风险可控，将很快推广到其他区域，如果真如IMF的估计，有相当于20%左右的资本流出，可能会暂停一段时间。央行对自贸区的资金保持严密监测，以防无限度套利，资金进出仍以鼓励实体投资，鼓励境外直接投资。金融机构已大规模进驻自贸区。据香港《文汇报》网站11月29日报道，目前自贸试验区内已有47家金融机构获批牌照，包括9家中资银行分行、12家外资银行支行、7家基金公司、2家交易平台、1家支付类机构，此外还有332

家与金融有关的服务业机构。

万事俱备，只等技术平台铺设到位，如果央行的态度是不必等到细则出台，没有裁判员的吹哨声，一场金融行业的大战就此拉开序幕。

资料来源：叶檀文.每日经济新闻，2013年12月05日

讨论题：试分析中国资本项目的放开对外汇市场意味着什么。

本章小结

外汇交易如同商品交易一样，只不过商品交易是用货币购买商品，而外汇交易是用一种货币购买另一种货币。但是交易需要平台，外汇市场为需要国际清算、国际投资者搭建了一个平台。

外汇市场可分为有形市场和无形市场。有形市场是通过有具体的交易场所进行交易；无形市场通过无线通信设备和网络系统进行交易。

外汇交易形式多样，有即期、远期外汇交易，有套汇、套利交易，有外汇期权、期货交易等。有的属于传统外汇交易业务，有的属于衍生外汇交易业务。

外汇交易的目的不外乎有两个：一是为进出口结汇、付汇保值，二是投资赚取利润，但都需要通过外汇市场来实现。

课后练习

(一) 基础练习

1. 填空题

(1) 外汇市场是指各种经营外汇业务的银行、各种金融机构和个人运用外汇交易手段，进行跨国性________和________的场所。

(2) 掉期外汇交易是指将在________、金额相同但方向相反、________的两笔或两笔以上的外汇交易。

(3) 远期外汇交易交割日的确定规则一般为“________，月对月、节假日顺延，________。”

2. 多选题

(1) 世界主要的外汇市场有(　　)。

A. 伦敦外汇市场　　B. 新加坡外汇市场

C. 法兰克福外汇市场　　D. 香港外汇市场

(2) 外汇交易的参与者有(　　)。

A. 商业银行　　B. 中央银行

C. 国际贸易商人　　D. 外汇投机者

(3) 掉期交易一般有以下几种形式，即(　　)。

A. 即期对远期　　B. 远期对远期

C. 即期对择期　　D. 即期对即期

3. 判断题

(1) 外汇市场是一个24小时不停止的市场。　　(　　)

(2) 银行间市场亦称“同业市场”和“零售市场”。　(　　)

(3) 择期外汇交易客户可以在交易日的即期日起在约定期限内的任何一天进行交割。　(　　)

4. 名词解释

(1) “英美式市场”　(2) 外汇交易　(3) 外汇批发市场

5. 简答题

(1) 简述外汇交易市场24小时营业的原因。

(2) 简述外汇交易市场的功能。

(二) 实操练习

(1) 到外汇银行了解我国目前即期外汇交易的外币的种类、外汇兑换人民币的相关规定。

(2) 到外汇银行实地考察，了解我国目前即期外汇交易的程序及相关规定。

第4章

传统外汇交易业务

【学习目的及要求】

通过本章的学习，希望同学们了解传统外汇交易的品种和相关含义；理解并掌握即期外汇交易、远期外汇交易、套利、套汇的相关知识以及如何进行外汇行情分析与预测的方法；认识和把握不同的外汇交易工具与交易方式的特点；掌握交易者操作外汇业务的一些基本原则，加深对国际金融活动实际运作的理解。

【引导案例】

热钱又来套利了　10月新增外汇逾4 400亿

央行日前发布的数据显示，10月末金融机构外汇占款余额为279 595.96亿元，较9月末新增加了4 416.02亿元。美国未能如市场预期退出QE(量化宽松货币政策)、人民币继续升值、三中全会后的改革政策出台等，促使急急回美避险的热钱改道重新杀回，以在投资、套利、套汇之中狂欢和享受盛宴。

这些灵敏的资金流向了哪些领域兴风作浪？影子银行和房地产或仍是“蓄水池”，而股市还只是刚刚流入，未来尚需观察。不过，央行之手已经在着手调控总体流动性。

数据突现飙升

“有时忙得连喝水都顾不上！”深圳某银行交易员说，最近一个多月来，结汇需求大增，忙得不亦乐乎。这意味着人民币又受到追捧，更多外资兑换成人民币流入进来。

央行数据显示，10月新增外汇占款高达4 416.02亿元。这一数据创造了年内的次高水平，且是9月份的3.5倍，而在年中的6、7月份新增外汇占款表现为负增长，资金大量流出。可见，曾经流出的资金，现在又调头大规模流入进来了。

在经济学家谢国忠看来，这波热钱流入原因简单清晰，“9月美国宣布QE暂不退出，很多人又回过头来炒了。”他对本报记者分析背后逻辑，一是中国稳增长，炒作的人认为有保底，同时美国QE不急于退出，这都给了炒作者机会。

兴业银行首席经济学家鲁政委分析，一个原因是美国量化宽松的步伐意外放缓，二是在这种背景下人民币的升值，促使结汇增加，不结汇就面对汇兑的损失。

在某上市银行资金部人士看来，10 月新增外汇剧增裹挟着不少虚假贸易套利资金，“这种套利又死灰复燃了！”今年 5 月初外管局下发《国家外汇管理局关于加强外汇资金流入管理有关问题的通知》，以打击虚假贸易套利。随后效果显现，6 月、7 月即出现了新增外汇占款的负增长，资金大量流出。但数月过去，政策效应边际递减，虚假贸易套利或又抬头。

无论是真实贸易还是虚假贸易，这些均表现在“地面”的数据上，那么最能直接反映资金炒作流向的地下热钱又如何呢？热钱研究专家、广东省社会科学综合研究开发中心主任黎友焕告诉本报记者，热钱一直都在流入，“10、11 月热钱呈加大流入趋势！”

去向之谜

这次涌入的热钱将流向哪些领域去兴风作浪呢？

“从我们监控的情况看，三中全会闭幕前热钱还没有流进股市，还是会继续流进一线城市的房市。三中全会闭幕后，热钱有流进股市的迹象，但流进银行理财产品和拆借市场也比较明显。”黎友焕称。

热钱继续流进一线城市房市？谢国忠也认为，热钱在二三线城市炒不下去，已转战一线城市继续炒作，此外，其认为还有部分流入影子银行，购买高息的产品，以在国外借钱在国内寻找息差的模式获利。在美元利率低至几乎接近零的情况下，国内大额高息产品的年收益在 10%上下，而一些民间借贷年利率更是高达 30%以上，再加上人民币年内升值在 3%上下，其中套利套汇空间诱人。

至于最近 A 股蓝筹的一波升势，谢国忠认为并非热钱想进去炒作，而是此前卖空的人去平仓所致，“股市上上下下已经很久了，三中全会内容公布后，原来卖空的人都去平仓了，整个股市是卖空、平仓来回折腾。”

那么，热钱进入高息理财产品后最终流向了哪些行业？鲁政委认为流入了受汇率影响小的行业，“如房地产，其他还有公用事业融资平台、医疗保健、新闻传媒、通信等行业。”不过，鲁政委认为，10 月新增外汇剧增部分是中国企业结汇所致，而且资金进出很多时候并非与看空经济相关，而是与汇率相关，“在贬值的时候结汇就损失，在升值的时候不结汇就会损失。长期看好一个主流经济，也并不意味着对其货币在短期内不进行汇兑和操作。”

热钱只要一有机会就流入国内兴风作浪，其中致命诱惑之一就是人民币升值。“从本质的意义上来说，人民币有效汇率已经被高估了，这种高估已经造成越来越严重的恶果，这种恶果就是使中国可贸易程度比较高的产业，都出现了盈利能力急剧下降。而可贸易程度比较高的就是制造业，由此使得中国经济出现了严重的脱实向虚，进而导致产业务空化。”

但高估的人民币汇率并不会止息脚步，招商银行高级分析师刘东亮分析称，始于 2005 年的人民币升值进程尚未结束，预计在主管部门赋予市场更大的定价权之前，人民币对美元将继续保持小幅有序升值的态势，这期间的双向波动难以扭转升值趋势，波幅亦无进一步扩大的必要，“我们预计人民币兑美元会在明年一季度突破 6.0 关口。”

资料来源：记者肖君秀 蓝姝 深圳、广州报道．华夏时报，通吃岛在线网 http://www.haogu8.com 原文链接：2013-11-23

思考题：国外热钱为何进入中国资本市场进行套利？它对中国的经济有何影响？

即期外汇交易和远期外汇交易是外汇交易中最基本的交易形式。即期外汇交易、远期外汇交易、套利、套汇都属于传统的外汇交易形式。

即期外汇交易主要是为了满足机构与个人因从事贸易、投资等国际经济活动而产生的对外汇的供求而进行的,为外汇市场的主要组成部分。即期外汇交易采用的汇率被称为即期汇率,它是一切其他外汇汇率的基础。

而通过远期外汇交易,可以将贸易、金融上外汇的成本和收益预先固定下来,从而有利于避免或减少汇率风险,促进经济的发展。远期外汇交易还为市场提供了健全的套期、保值机制,成为外汇市场必不可少的组成部分,并且也为商业银行提供了新的风险管理工具。

4.1 即期和远期外汇交易

4.1.1 即期外汇交易

1. 即期外汇交易的交割日

交割日或起息日,就是外汇交易合同的到期日,在这一天交易双方发生实质性的货币交换。外汇买卖与所有的商品买卖一样,第一步先签合同,第二步交钱交货。这第二步在外汇交易中就是指交割。

(1) 标准日交割

标准日交割是指在成交后第二个营业日交割,如果遇上任何一方的非营业日,则向后顺延到下一个营业日,但交割日顺延不能跨月。目前外汇市场上大多数即期外汇交易都采取这种方式。

目前,世界外汇市场大多数采用第二个营业日交割,所以这种方式也称为标准日交割。比如,即期外汇交易是一家美国公司与德国公司之间进行的,成交在周四,如果选择当日交割就是在周四交割,如果选择隔日交割就是在周五交割。如果选择第二个营业日交割本应在周六交割。但由于美国所有的银行在周六、周日休息,因此,交割要顺延到下个星期一,两国银行都营业的日子。即使德国银行在周六、周日营业,周六、周日也不交割。

(2) 次日交割

次日交割是指在成交后的第一个营业日进行交割。如遇上非营业日,则向后推迟到下一个营业日。一些国家或地区因时差关系采用这种方式。如中国香港外汇市场的港元对日元、新加坡元、马来西亚林吉特、澳大利亚元则在成交的次日进行交割。

(3) 当日交割

当日交割是指在成交当日进行交割的即期外汇买卖。一些外汇市场美元兑换本币的交易可以在成交当日进行交割。如中国香港外汇市场的美元兑港元就是当日交割。

2. 即期外汇交易也存在风险

按照即期外汇交易的价值对抵的原则,外汇交易的双方必须在同一个营业日进行交割。但由于时区不同,同一天交割的交易在亚洲的外汇市场开始较早,欧洲国家较晚,美国更晚,致使即期外汇交易也存在风险。

世界外汇交易市场的交易时间(北京时间和当地时间)如图 4-1 所示。

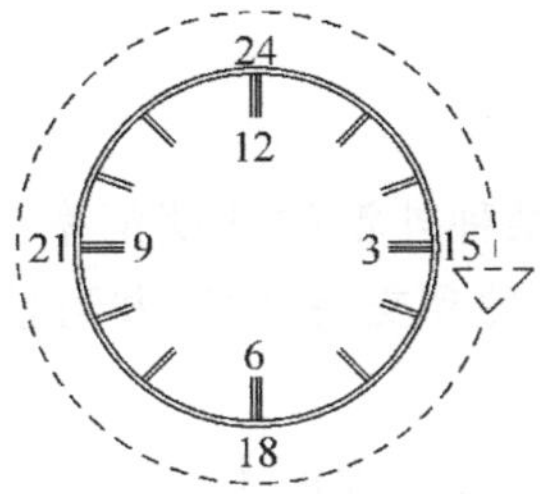

代表北京时间　代表当地时间

图 4-1　外汇交易时间表

	当地时间	北京时间
惠灵顿	8:00—17:00	4:00—13:00
悉尼	8:00—17:00	6:00—15:00
东京	9:00—16:30	8:00—15:30
新加坡	9:00—16:00	9:00—16:00
法兰克福	8:30—17:00	14:30—23:00
伦敦	7:30—16:30	15:30—次日 00:30
纽约	8:00—16:00	21:00—次日 4:00

我们可以从上述的时间对照中得知,从北京时间凌晨 4 点惠灵顿开始营业到北京时间次日凌晨 4 点纽约停止营业,是整整 24 小时。由于外汇市场遍布全球,因时差的关系,它们的营业时间是交错的。各国际性的外汇市场营业时间一般是从上午 9 点至下午 17 点。从惠灵顿对应北京时间早上 4:00 点开始营业,经悉尼、东京、香港、新加坡,再到伦敦及欧洲大陆的外汇市场,最后到纽约、洛杉矶,24 小时内世界上总有数个外汇市场在营业,因而外汇交易可以全天 24 小时不间断地进行。

许多外汇交易商和经纪人在本地外汇市场停止营业后,仍继续通过电话、电报及计算机网络等在仍在营业的外汇市场从事外汇交易。由于某些外汇市场全周营业,国际外汇交易事实上可以全年不间断地进行。这也为投资者提供了一个没有时间、空间障碍的投资场所。所以,有的人调侃"炒汇"的人如同大熊猫,因为,他们 24 小时盯着计算机两只眼睛都泛起了黑眼圈。也正是时差的原因使即期外汇市场存在着风险。

如:	伦敦外汇交易时间	7:30—16:30	(伦敦时间)
	纽约外汇交易时间	8:00—16:00	(纽约时间)
		12:30—20:30	(伦敦时间)

由于时差,同一个交割日也会出现以下的情况:英国 A 银行和美国 B 银行进行一笔即期外汇交易,卖出英镑,买入美元。该英国银行交割英镑在 12:30 前完成,但美国银行还没有开始营业就破产倒闭,结果是英国银行交付了英镑而没收到美元,因为美国银行还没交割就倒闭了。故外汇交易不仅要注意在同一天,还要看对方是否在营业时间。

3. 即期外汇交易的报价

(1) 报价的步骤

第一步,询价

询价指某一银行向另一银行询问某种外汇的即期汇率。询价行无须说明是买还是卖,只需报清所询价格的交易类型、交易币种和交易金额,并可按惯例使用缩写。

第二步,报价

报价指某一银行向另一银行表明愿按某种汇率进行外汇交易,报价方对所报的价有法律效力。只要询价者愿意按所报出的汇率进行交易,报价者都必须同意,买卖一经成交即不得反悔、变更或要求撤销。报价方须以最快的速度做出报价,通常只报出汇率的最后两位小数,只是在汇率异常波动时和在成交后的证实中才须将大数标明。

第三步,成交或放弃

当报价方报出汇价后,询价方须对报价立刻做出反应,或成交,或放弃,而不应与报价方讨价还价。按惯例,即期交易要求询价方在数秒内做出是否成交的决定,否则就会给报价方带来汇率风险。

一旦成交,便对交易双方具有约束力。除非双方同意,否则任何一方无权擅自对交易细节进行修改或否认。

第四步,证实

成交后,交易双方必须就交易的详细内容,进行一次完整的重复确认。交易的证实部分通常包括以下五项缺一不可的内容:

① 成交汇率,大小数全部列明。

② 交易货币的名称,买入哪种货币,卖出哪种货币。

③ 买卖的那种货币的总金额。

④ 起息日,证实起息日期。

⑤ 收付账户,交易双方把各自买入的货币应划入哪个银行账户告之对方。

通过路透交易机做成的即期外汇交易,交易对话在打印纸上的记录可以作为交易契约,无须进一步的电传确认。若交易借助于电话进行,则需要通过电传再次确认。交易结束后,若发现原证实有错误或遗漏,交易员则应尽快与交易对手重新证实,重新证实后的内容,必须得到交易双方的同意方可生效。

第五步,交割

交易双方分别按对方要求,把卖出的货币划入对方指定的账户上。

(2) 即期外汇交易过程

下面以A、B银行即期外汇交易的例子介绍其交易过程。

第一步询价:A银行询价:即期交易,美元兑日元,金额500万美元。

第二步报价:B银行报价:65/69(1∶120.65/69)。

第三步成交或放弃:A银行:我方卖出美元。

第四步证实:B银行:500万美元成交,证实我方在120.65买入美元,卖出日元,起息日××××年×月×日,美元划入纽约××银行账号×××××××××。谢谢!再见。

A银行:同意。日元请划入东京××银行账号××××××××××。谢谢!再见。

第五步交割：双方将对方所需的货币划入指定的账号里。

(3) 如何看报价数和位置

① 站在报价行的位置看。

美元兑日元　　120.65/69

意味报价行愿以　　120.65 买入美元　卖出日元

(就是说银行买进 1 美元给客户 120.65 日元)

120.69　卖出美元　买入日元

(银行卖出 1 美元收取客户 120.69 日元)

② 点数报价有效数为 5 个。从右往左的数，依此过去，第一位数为"×个点"，第二位数为"×十个点"，第三位数为"×百个点"，第四位数为"×千个点"，第五位数为"×万个点"。

如：USD/HKD　7.7316 / 7. 7 3 2 6

万 千 百 十 个

USD/JPY　1 1 2. 4 6 /112.50

万 千 百 十 个

一种货币上涨了多少点，就意味着对应的货币下跌了多少点。例如，USD/HKD 由 1∶7.731 6 变为 1∶7.732 6 美元涨十个点，就意味着港元跌了十个点。

USD/JPY 由 1∶112.46 变为 1∶113.46 就意味着美元涨百个点，日元跌了百个点。

4. 即期外汇交叉汇率的计算

由于目前外汇市场上的各种货币的汇率报价普遍都表现为美元价格，因此，非美元货币间的交易价格就必须通过它们各自对应的美元汇率套算出来，这种通过美元汇率套算出的非美元货币间的汇率就称为交叉汇率。交叉汇率的计算有以下几种方法。

① 如果在两种非美元货币的报价中，美元(或其他货币)都是基础货币，求计价货币之间的汇率时交叉相除，以被除数所代表的货币作为交叉汇率中的计价货币，以除数所代表的货币作为交叉汇率中的基础货币。

基础货币，是指货币单位固定的一方。如 USD1＝JPY121.00/121.90 中的美元。

计价货币，是指货币单位不固定的一方。如 USD1＝JPY121.00/121.90 中的日元。

例如：已知外汇市场的汇率是

USD1＝JPY121.00/121.90

USD1＝HKD7.745 0/7.746 0

求：JPY1＝HKD? (交叉汇率)

JPY1＝HKD(7.745 0÷121.90)＝0.063 5

JPY1＝HKD(7.746 0÷121.00)＝0.064 0

得出：JPY1＝HKD0.063 5/0.064 0

即银行买入 1 日元，支付给客户 0.063 5 港元，银行卖出 1 日元，向客户收取 0.064 港元。换句话说，客户卖出 1 日元，可得 0.063 5 日元，要买入 1 日元需支付 0.064 港元。

② 如果在两种非美元货币的报价中，美元(或其他货币)都是计价货币，求基础货币之间汇率时交叉相除，不过此时被除数代表的货币为交叉汇率中的基础货币，而除数代表的货

币为交叉汇率中的计价货币。

例如：已知外汇市场汇率是

GBP1＝USD1.674 0/1.677 0

AUD1＝USD0.696 5/0.697 5

求：GBP1＝AUD？　(交叉汇率)

GBP1＝AUD(1.674 0÷0.697 5)＝2.400 0

GBP1＝AUD(1.677 0÷0.696 5)＝2.407 7

得出：GBP1＝AUD2.400 0/2.407 7

即银行买入1英镑给客户2.4澳元，卖1英镑收客户2.407 7澳元。中间的差价就是银行的利润。

③ 如果一种非美元货币的汇率以美元为计价货币，而另一种非美元货币的汇率以美元为基础货币，则计算交叉汇率的方法为同边相乘。

例如：　已知外汇市场汇率如下

USD1＝JPY119.43/119.71

GBP1＝USD1.883 3/1.886 4

求：GBP1＝JPY？

GBP1＝JPY (1.883 3×119.43)＝224.92

GBP1＝JPY (1.886 4×119.71)＝225.82

得出：GBP1＝JPY224.92/225.82

即银行买入1英镑给客户224.92日元，卖1英镑收客户225.82日元。

4.1.2 远期外汇交易

1. 远期外汇交易的报价方法

远期交易遵循的汇率是远期汇率。同即期汇率一样，远期汇率的报价也是采取双向报价，即同时报出远期买入价和卖出价。但与即期汇率报价方法不同的是，除了采用直接标出远期汇率的实际价格这样的方法之外，在远期交易中更经常采用的是通过报出远期差额来间接地表示远期汇率。

(1) 直接标出远期外汇的实际汇率

采用表4-1直接标出远期外汇的实际汇率的国家目前越来越少，日本和瑞士等采用此法。

表4-1　即期汇率和远期汇率的直接标价

币　种	交易时间	买入价	卖出价	买卖差价
CAD/USD	即期汇率	1.143 5	1.144 5	0.001 0
CAD/USD	1个月远期	1.146 2	1.147 6	0.001 4
CAD/USD	3个月远期	1.151 8	1.153 3	0.001 5

(2) 以升水、贴水来表示

在外汇市场上以升水、贴水和平价来表明远期汇率与即期汇率的差额。当某货币在外汇市场上的远期汇价高于即期汇率时,称之为升水。如,即期外汇交易市场上美元兑日元的比价为 1∶112,三个月期的 1 美元兑日元价是 1∶111,说明日元升水。

当某货币在外汇市场上的远期汇价低于即期汇率时,称之为贴水。如,即期外汇交易市场上美元兑日元的比价为 1∶111,三个月期的 1 美元兑日元是 1∶112,说明日元贴水。平价表示两者相等。由于汇率的标价方法不同,计算远期汇率的原则也不相同。

升水与贴水是两个相对的概念,在一个标价中,如果基础货币升水,计价货币就是贴水;反之,基础货币贴水,计价货币就是升水。

① 在直接标价法下:

$$\text{远期外汇汇率}=\text{即期汇率}\begin{cases}+\text{升水}\\+\text{贴水}\end{cases}$$

② 在间接标价法下:

$$\text{远期外汇汇率}=\text{即期汇率}\begin{cases}-\text{升水}\\+\text{贴水}\end{cases}$$

例如,已知某日芝加哥外汇市场即期汇率:1 欧元=0.998 8 美元

6 个月欧元远期外汇升水 0.40 美分。美国采用间接标价,则 0.998 8−0.004 0=0.994 8

即 6 个月欧元兑美元的远期外汇为:1 欧元=0.994 8 美元。

(3) 以点数来表示

在实际外汇交易中,有时银行在报价的同时说明远期价格是升水还是贴水,有时则不作说明。当标价中即期汇率的买卖价格全部列出,并且远期汇水也有两个数值时,则具体的计算规则是将汇水点数(亦称调期点)分别对准即期汇率的买入与卖出价相应的点数部位,然后,按照汇水点"前小后大往上加",或"前大后小往下减"计算远期汇率。

表 4-2　远期汇率点数报价表

币　　种	即期汇率	1 个月远期点数	3 个月远期点数
USD/JPY	117.35/47	64/58	160/167
CAD/USD	1.456 3/74	25/30	79/86

以表 4-2 为例,计算下列题:

① 点数前小后大,例如 79/86

远期汇率=即期汇率+点数

CAD1=USD1.456 3+0.007 9=1.464 2

CAD1=USD1.457 4+0.008 6=1.466 0

加拿大元兑美元 3 个月的远期汇率为:CAD1=USD1.464 2/60。

② 点数前大后小,例如 64/58

远期汇率=即期汇率−点数

USD1=JPY117.35−0.64=116.71

USD1=JPY117.47−0.58=116.89

美元兑日元 1 个月的远期汇率为:USD1=JPY116.71/89。

银行同业间多采用此标价法。

2. 远期外汇交易交割日的确定

在远期外汇交易市场上，为了提高市场的运作效率，需要标准的交易期间，一般为1个月，2个月，3个月，6个月或1年。由于美元是最重要的国际货币，远期外汇交易的标准交割日必须是美国与该国家共同的营业日。如果一旦遇到假日，则交割就要受到影响。而远期交割日对远期汇率有很大的影响。

远期外汇交易交割日的确定规则一般为“日对日，月对月，节假日顺延，不跨月。”

- 日对日，是指远期交易的交割日与成交时的即期日(即成交后的第二个营业日)相对。比如，一笔远期外汇交易为期1个月，在1月14日成交，则这笔交易的即期日为1月16日，因此，远期的交割日为2月16日。
- 月对月，是指当远期交易的即期日为月底日，则远期交易的交割日也为相应月份的月底日。月底日是指某月最后一个营业日。比如，一笔远期外汇交易发生在5月27日，则其即期日为5月29日。这笔远期合约的期限为3个月，因为5月30日是周六，因此，5月29日为月底日，那么对应的交割日是8月份的月底日。
- 节假日顺延，是指在远期外汇交易中节假日那天不是营业日，因此要顺延到下一个营业日。即期外汇交易如此，远期外汇交易也是如此，比如一笔外汇交易发在5月7日，则其即期日为5月9日，如果远期合约为6个月，则交割日应为11月9日，但是如果恰逢11月9日为周六，则交割日就要顺延到下一个营业日，即11月11日(周一)。
- 不跨月，是指当远期交割日遇上节假日顺延时，不能超过这个月份。比如一笔外汇交易为期3个月，发生在8月28日，则其即期日为8月30日，那么按理，其远期交割日应为11月30日，但是如果11月30日为周六，就会顺延到12月1日。这时交割日只能向前推为11月29日，即不可跨月。

3. 远期外汇交易的作用

远期外汇交易是在20世纪70年代后期，固定汇率制解体之后，迅猛发展起来的。进行远期外汇交易的最初目的，是为了使进出口商、货币借贷者及投资者通过远期外汇交易将贸易、金融上外汇的成本和收益预先固定下来，从而有利于避免或减少汇率风险，促进经济的发展。但是，在当今的国际金融市场上，由于金融交易的自由化，远期外汇交易已同时被广泛地作为国际间的外汇投机和套利的工具。因此，其功能也不断在扩大。

(1) 利用远期外汇交易避免外汇风险

① 出口商收汇保值。例如：纽约的A公司向日本出口，双方约定3个月后日方支付2 000万日元货款。当时的即期汇率为1美元=111.34日元，如果对方立即付款，A公司会立即在即期外汇市场上卖出2 000万日元换回17.96万美元。可是日元要在3个月后才能收到，这3个月内如果美元升值为1美元=112.84日元，则2 000万日元只能换回17.72万美元。A公司损失0.24万美元。

假定3个月的远期汇率为1美元=111.40日元，为了避免损失，A公司就可以在远期外汇市场上，签订一份远期合同。3个月以后以1美元=111.45日元的合同协议价格卖出2 000万的日元，无论3个月以后美元与日元的汇率怎样变化A公司都能确保换回17.95万美元，从而避免了风险。

② 进口商固定进口成本。进口商签订商品买卖合同时，双方协定以外币进行结算。这

样，该进口商就存在汇率风险。如果外币对本币升值，则进口商就要多付出本币。

例如：美国信达公司3月1日从日本进口一批汽车，美方需在3个月内（6月1日前）支付1亿日元货款。3月1日美方与日方签订商品合同时，外汇市场的即期汇率为1美元＝130.24日元。信达公司担心3个月后美元兑日元贬值，购买日元的美元成本将增加。因此，3月1日信达公司与银行签订了美元兑日元3个月的远期合同，远期汇率为1美元＝130.34日元购进1亿日元，共花费76.781万美元。这样就锁定了该笔买卖的汇率风险。

假定3个月后美国公司要支付货款时，外汇市场的即期汇率变化为1美元＝122.14日元。按此时的汇率美方要花费81.873万美元。如果3月1日不与银行签订外汇的远期合同，此时，会因美元兑日元贬值多花5.092万美元。当进口商不能准确预测汇率趋势时，可采取部分保值的办法。

在国际贸易中，合同订立至货款清算之间通常有相当长的时间，在此期间若计价货币的汇率发生变动，不但不能正确地预估成本和利润，而且有时还会遭受亏损，为此可向外汇银行预约买卖远期外汇，就可避免因外汇汇率波动而带来的损失。

（2）利用远期外汇市场进行外汇投机

外汇市场的投机活动指的是不从实际需要出发，而纯粹是为赚取买卖差价而进行的交易。外汇投机有很多方式，但主要是依靠远期交易来进行的。

例如：在纽约外汇市场上即期汇率1美元＝1.564 4加拿大元，一投机商预期1个月后加拿大元可能升值为1美元＝1.560 1加拿大元，所以，就在现汇市场上以100万美元买入156.44万加拿大元。1个月后果真如其所料1美元＝1.560 1加拿大元，该投机商抛售156.01万加拿大元，就换回美元100万，净赚0.43万加拿大元。但如果加拿大元1个月后没升反降为1美元＝1.574 4加拿大元，那么，投机商反而会损失1万加拿大元。

远期外汇投机是基于预期未来某时点的现汇汇率与目前的远期汇率不一致而进行的远期外汇交易。它的特点是买空和卖空，只需和银行签订一份外汇的买卖合同，不用本钱或很少本钱（只需交少量保证金）就能赚取暴利。当然，预测不准也会蒙受损失。

（3）远期外汇交易可以用来调整银行的外汇头寸

进出口商进行远期外汇交易避免或转嫁风险的同时，就是银行承担风险的开始。外汇银行每天与客户进行了多种交易后，会产生一天的外汇总头寸，可能会出现期汇和现汇的超买或超卖，这样，外汇银行就处于汇率变动的风险之中。为了避免外汇风险，对不同期限、不同货币的头寸通过远期外汇交易来轧平。

假定，中国银行某日在即期外汇市场上超买100万美元，一旦美元汇率下跌，中国银行将受到巨大损失。为避免这一损失，就要轧平美元头寸。

其做法是：①在即期外汇市上某种外汇“超买”了，就在远期外汇市场上卖出该外汇；②在即期市场上某种外汇“超卖”时，就在远期外汇市场上买入该种外汇。

这样，就可以平衡银行的外汇头寸，从而也就可以避免汇率变动风险。

（4）作为中央银行的政策工具

远期外汇市场为中央银行提供了政策工具，中央银行可以运用多种干预工具来影响本国货币汇率的走势，实现货币政策的目标。

综上所述，远期合约既锁定了风险又锁定了收益。同时，也意味着交易双方失去了将来汇率变动有利于自己而获利的机会。客户与银行签订了远期合约，到期时必须履行合约，但如果到期时汇率变动有利于客户，这样就产生了机会成本。

4.2 套汇与套利

套汇交易不像股票和期货那样集中在某一个交易所里进行交易。事实上,交易双方只要通过一个电话或者一个电子交易网络就可以成交一笔交易,因此,套汇交易市场被称做是超柜台(OTC)或"银行间"交易市场。

套汇交易市场之所以被称做是"银行间"交易市场,是因为长期以来,该交易都是被银行所控制,包括中央银行、商业银行和投资银行。然而,如今的交易主体正迅速扩大,一些跨国公司,国际货币经理人,注册交易商,国际货币经纪人,期货和期权交易商与私人投机商也参与其中。

套汇交易市场是一个即时的24小时交易市场,交易每天从悉尼开始,并且随着地球的转动,全球各金融中心的营业日将依次开始,首先是东京,然后是伦敦和纽约。与其他金融市场有所不同的是,在套汇交易市场中,投资者可以对无论是白天或者晚上发生的经济,社会和政治事件而导致的汇率波动而随时做出反应。套汇交易市场是全球最大的金融交易市场,日均交易量达到1.5万亿美元。

早期的外汇市场里,主要是以各国汇率之间因为地域和时间性所造成的汇率差异来进行套利组合的。20世纪90年代日本经济泡沫发生后,伴随了长达十余年的零利率,是套利交易的萌芽时代。而在2000年后,尽管出现网络泡沫重创全球经济,但幸运的是,大型新兴国家如中国、印度、俄罗斯的经济快速崛起,也带动新的热钱涌入国际资本市场,也为套利交易时代正式揭开序幕,风险基金大量借入低息货币,再转存高息货币,将所得的利息差投入金融市场。

由于套利交易本身的目的,是为了以安全方式取得更大量的资金来投入资本市场,如股市、房地产等,在具有息差的优势基础条件下,要通过这样的方式取得资金,所要考虑的风险就是汇率风险。而从2002年开始,越来越多的风险投资利用各国间不同的利率差异来取得资金,为外汇市场带来了崭新的面貌,模型交易、程序交易、算法交易大量充斥在外汇交易市场之中,其目的就是在于规避进行套利交易时,所可能产生的汇率风险。

4.2.1 套汇交易

在各个不同的外汇市场上,因外汇供求或其他因素而变动,会出现短暂的差异。套汇者就利用这个短暂的外汇差异,在汇率较低的市场上买进一种货币,然后在汇率较高的市场上卖出该种货币,从中获取差价利润。

套汇交易是外汇投机的方式之一,有强烈的投机性。投机商纷纷购买便宜的货币而抛售价格高的货币,致使价格低的货币的汇率上涨,而使价格高的货币汇率下跌,从而使不同外汇市场的汇率差异趋于消失。在西方国家,大商业银行是最大的套汇投机者,他们在海外广设分支机构和代理行,消息灵通,资金雄厚,套汇便捷。20世纪80年代以来,日美两个金融大国就成功地利用汇率、利率的变动,采取贱买贵卖等投机手段,攫取了惊人的利润。

套汇交易分为以下两种类型。

1. 时间套汇

时间套汇是指套汇者利用不同交割期限所造成的汇率差异,在买入或卖出即期外汇的同时，卖出或买入远期外汇，或者在买入或卖出远期外汇的同时，卖出或买入期限不同的远期外汇，借此获取时间收益，以获得盈利的交易方式。

时间套汇实质上就是掉期交易，不同的只是时间套汇侧重于交易动机，而掉期交易侧重于交易方法。

时间套汇的目的在于获取套汇收益，只有在不同交割期的汇率差异有利可图时，才进行套汇。而掉期交易往往是为了防范汇率风险进行保值，一般不过分计较不同交割期的汇率差异的大小。时间套汇往往在同一外汇市场内进行。

假定某外汇市场即期汇率为：

GBP1＝USD1.618 0/90

3 个月英镑兑美元的远期汇率为：

GBP1＝USD1.593 2/47

第一步，在即期外汇市场上卖出 1 英镑获得 1.618 0 美元；

第二步，在远期外汇市场上卖出 1.594 7 美元买入 1 英镑；

最终 1 英镑获利(1.618 0－1.594 7)＝0.023 3 美元。

2. 地点套汇

地点套汇是指套汇者利用两个不同的外汇市场之间的汇率差异，同时在不同的地点进行外汇买卖，以赚取汇率差额的一种套汇方式。地点套汇又分为直接套汇和间接套汇两种。

(1) 直接套汇

直接套汇又称两角套汇，是指利用两个不同地点的外汇市场上某些货币之间的汇率差异，在两个市场上同时买卖同一货币，从中牟利的行为。也就是在汇率较低的市场买进 A 货币，同时在另一个汇率较高的市场卖出 A 货币，亦称“低买高卖”。

例如，在香港外汇市场上　　USD1＝HKD7.768 0/90

　　在纽约外汇市场上　　USD1＝HKD7.763 0/40

以 100 万美元在香港外汇市场投资获得 776.8 万港元，同时在纽约外汇市场以 7.7640 价格卖出 776.8 万港元获得 100.051 5 万美元。最终获利(100.051 5－100)＝0.051 5 万美元。

(2) 间接套汇

间接套汇又叫三角套汇和多角套汇，是指利用三个或三个以上不同地点的外汇市场中三种或多种不同货币之间汇率的差异，赚取外汇差额的一种套汇交易。由于是在三个以上不同的外汇市场中套汇，如以下三个外汇市场的汇率，我们无法像直接套汇那样能马上判断出某种货币在哪个外汇市场更便宜，因此，多角套汇较两角套汇复杂。

假定三个外汇市场的即期汇率如下：

香港外汇市场　USD1＝HKD 7.750 0/80

纽约外汇市场　USD1＝GBP 0.640 0/10

伦敦外汇市场　GBP1＝HKD 12.200/50

问：上述条件是否可三角套汇。如可以，投资 100 万美元获利多少(交易费用不计)？

首先，找有美元(或投资货币)的外汇市场线路进行分析。

A 线：从香港进纽约出　USD—HKD—GBP—USD(即美元换成港元，港元换成英镑，英镑换成美元)。

B 线：从纽约进香港出　USD—GBP—HKD—USD(即美元兑英镑，英镑兑港元，港元兑美元)。

其次，选择 A 线将三个汇率上下排列，并注意三式首尾相连(首尾货币相同)：

USD1—HKD7.750 0

HKD12.250—GBP1

GBP0.641 0—USD1

如果右边三个数的积除以左边三个数的积，其结果大于 1，就说明可以套汇，且此线路正确；若结果小于 1，也可以套汇，但应选择另一条线路进行；若结果等于 1，说明三个市场汇率处于平衡，不可套汇。

再者，右边三个数之积/左边三个数之积

(7.750 0×1×1)/(1×12.250×0.641 0)＝7.75/7.852 3＝0.98，结果小于 1。可以套汇，但应从 B 线操作。

选择 B 线将三个汇率上下排列，并注意三式首尾相连(首尾货币相同)：

USD1—GBP0.64

GBP1—HKD12.200

HKD7.7580—USD1

(0.64×12.2×1)/(1×1×7.758)＝7.780 8/7.758＝1.006 4，结果大于 1。

下面计算收益。

第一步，在纽约市场卖出 100 万美元，买入 64 万英镑(100×0.64)；

第二步，在伦敦市场卖出 64 万英镑，买入 780.8 万港元(64×12.2)；

第三步，在香港市场卖出 780.8 万港元，买入 100.64 万美元(780.8×7.758 0)；

最后获利：100.64－100＝0.64 万美元。

关于套汇交易，应注意以下几点：

第一，套汇交易是有成本的，包括获得信息的费用以及电报费、电传费、付给外汇经纪人的佣金等交易费用。因此，套汇的净利取决于汇率差异和套汇成本两个因素。如果套汇成本太高或接近套汇利润，则收利微小或无利可图，也就没有必要进行套汇交易(以上没考虑套汇成本)。

第二，套汇活动是在市场有差价的前提下，它使得套汇者能赚到毫无风险的利润。通过这种套汇交易获利的机会不会长期存在，因为套汇活动会使外汇市场便宜的某种货币需求增加，从而推动这种货币汇率上涨，两地汇率的差异缩小直至均衡，套汇就不再有利。

第三，汇率瞬息万变就要求发现货币汇率的差异并能迅速采取行动。由于大的商业银行在海外都设有分支机构或代理行，它们信息灵通，交易方便，因此一直是外汇市场上的主要套汇者。另外，银行的资金实力雄厚，从事套汇交易能获得规模经济效益。

第四，银行的通信手段和技术也日益现代化，各外汇市场之间的联系更加紧密，因此，在不同市场之间出现货币汇率差异的机会日趋减少。

在当今世界，由于现代通信设备和技术的迅速发展与完善，各大外汇市场联系紧密，互联网使外汇市场与外汇交易已日趋全球化、同步化。因此，对于套汇来说，其赖以存在的基础——汇率差异在迅速减少或不复存在，套汇的机会也由此大大减少了，取而代之的是诸如期货、期权交易等创新的业务形式。

4.2.2 套利交易

套利交易又称利息套利，是指套利者利用不同国家或地区短期利率的差异，将资金从利率较低的国家或地区转移至利率较高的国家或地区，从中获取利息差额收益的一种外汇交易。

例如，美国金融市场上的短期利率为年率 12%，而英国为 10%，于是可以在英国以 10%的年率的借入英镑资金，兑成美元现汇，汇往美国。如不考虑手续费等因素，资金转移可获得的利润率为 2%，即为英、美两国短期利率的差额。如果这时由英国调往美国的是自有资金，则可比在英国运用时多赚取年利率 2%的利润。但无论是借入或自有，由英镑兑换成美元汇往美国都要承担美元汇率波动的风险。因此，在英国购进美元现汇进行套利时，一般还需要做一笔远期外汇买卖，即同时在英国售出与这笔英镑等值的美元期汇，以避免美元汇率波动带来的损失。

套利与套汇一样，是外汇市场上重要的交易活动。由于目前各国外汇市场联系十分密切，一有套利机会，大银行或大公司便会迅速投入大量资金，最终促使各国货币利差与货币远期贴水率趋于一致，使套利无利可图。套利活动使各国货币利率和汇率形成了一种有机的联系，两者互相影响制约，推动国际金融市场的一体化。

套利交易分为两种形式。

1. 不抛补套利

不抛补套利是指单纯把资金从利率低的货币转向利率高的货币，从中谋取利率差额收入。这种交易不同时进行反方向交易，要承担高利率货币贬值的风险。

例如，假设美国外汇市场即期汇率为 GBP1＝USD1.980 0，美国的年利率为 9%，英国年利率为 7%。投资 100 万英镑，6 个月可获本利多少？

第一步，存在英国 100(1＋7%×6/12)＝103.5 万英镑(这一步只是为最后收益作参照没有实际意义)。

第二步，先将 100 万英镑以 1.980 0 价格买入 198 万美元，再将 198 万美元存在美国 6 个月定期 198(1＋9%×6/12)＝206.91 万美元。

第三步，6 个月到期后再将 206.91 万美元按原来的即期汇率 GBP1＝USD1.980 0 换成 104.5(206.91÷1.98)万英镑，比在英国多赚(104.5－103.5)＝1 万英镑，实际多赚了 2%的利率收益。

这是在 6 个月汇率不发生变化的情况下的收益。但如果投资货币升值，那么，不仅没有收益还可能亏损。

仍以上面的题为例，如果 6 个月到期后英镑升值即期汇率为 GBP1＝USD2.029 5，到期后的 206.91 万美元，仅能换回 101.95(206.91÷2.029 5)万英镑，比在英国还亏损 1.55 (103.5－101.95)万英镑。当然，如果投资货币贬值，除了利率收益还有汇率收益，但任何人都无法预测货币走势，因此，必须在投资的同时做掉期，也就是做抛补套利。

2. 抛补套利

抛补套利是指套利者把资金从低利率国调往高利率国的同时，在外汇市场上卖出高利率货币的远期，以避免汇率风险的外汇交易方式。这实际上是将远期和套利交易结合起来。

从外汇买卖的形式看,抵补套利交易是一种掉期交易。

假设,即期汇率为GBP1=USD1.980 0/40,美国外汇市场6个月的英镑兑美元的远期为1∶1.988 0,美国的年利率为9%,英国年利率为7%。投资100万英镑,6个月可获本利多少?

第一步,存在英国,100万英镑可获得100(1+7%×6/12)=103.5万英镑(这一步只是为最后收益作参照没有实际意义)。

第二步,① 将100万英镑以1.980 0价格买入198万美元;

② 再将198万美元存在美国6个月定期198(1+9%×6/12)=206.91万美元;

③ 同时将206.91美元与银行签订一份卖出6个月的远期,按6个月的远期汇率1英镑=1.988 0美元价格交易,无论6个月的汇率怎样变化,投资者都能获得(206.91÷1.988 0)=104.07万英镑。最终比存在英国多收益(104.07-103.5)=0.57万英镑。

只要做了掉期收益就可固定下来,汇率的风险就转嫁给了银行。

套利交易应注意如下几点:

第一,套利活动都是短期投机期限,一般不超过一年。

第二,抛补套利是市场利率有差异而产生的套利活动,同时,随着抛补套利活动的不断进行,货币市场与外汇市场之间又逐渐趋于均衡。

第三,抛补套利是有交易成本的,会产生如佣金、手续费、管理费、杂费等费用。因此,最终的收益要考虑成本后是否值得做。

第四,由于国外金融市场具有"政治风险"或"国家风险",投资者应谨慎。

套利活动的机会在外汇市场上往往转瞬即逝,套利机会一旦出现,大银行大公司便会迅速投入大量资金,从而使两国的利差与两国货币掉期率(即远期汇率与即期汇率之间的差额)之间的不一致迅速消除。所以从这个意义上讲,套利活动客观上加强了国际金融市场的一体化,使两国之间的短期利率趋于均衡并由此形成一个世界性的利率网络。

课堂案例讨论

韩国国内居民外汇存款近500亿美元

从币种来看,美元在整体外汇存款中占比达79.8%,统计为388.1亿美元,环比减少2 000万美元。欧元减少4 000万美元至20.2亿美元。同期人民币占比达8.6%,统计为41.6亿美元,环比增加25.3亿美元。日元环比增加2 000万美元,占比为5.3%,其他币种占比达2.1%。其中,韩国银行中的外汇存款达410.9亿美元,减少4.3亿美元;外籍银行为75.2亿美元,增加29.2亿美元。企业外汇存款环比增加22.7亿美元,为432.7亿美元;个人外汇存款统计为53.4亿美元,增加2.2亿美元。

韩国银行(央行)6日发布的"居民外汇存款现况"资料显示,韩国国内居民的外汇存款余额自今年5月以来持续增加,截至11月底达到486.1亿美元,环比增加24.9亿美元,已经连续四个月刷新历史新高。这里所指的"国内居民",包括在韩国有固定住址的外国人,以及在韩国居留时间超六个月以上的人群。

中国央行分析认为,美元存款受经常项目贸易规模减小及季节性因素的影响出现缩水,主要是巨额人民币存款带动了整体增长。受外汇掉期利差变宽的影响,人民币的套利交易愈发凸显魅力。证券公司纷纷从香港股市上的资金转移至韩国，往中国银行韩国分行等存入大量人民币。

资料来源：新闻资讯.亚洲经济，2013-12-09

讨论题：请指出此案例中包含了哪些外汇交易业务？

本章小结

外汇交易如同商品交易一样，只不过商品交易是用货币购买商品，而外汇交易是用一种货币购买另一种货币。

外汇交易形式多样，有即期、远期外汇交易，有套汇、套利交易，有外汇期权、期货交易等。金融交易工具分为传统外汇交易工具和衍生外汇交易工具。即期、远期外汇交易，套汇、套利交易等就属于外汇传统工具。

外汇交易的目的不外乎有两个：一是为进出口结汇、付汇保值，二是投资赚取利润。

即期、远期外汇交易，有套汇、套利交易，有外汇期权、期货交易，它们的交易规则都不相同。外汇交易形式的不同，交易规则就不同，就像我们玩游戏有规则一样，只有掌握了交易规则，才能达到我们交易的目的。

课后练习

（一）基础练习

1. 填空题

(1) 即期外汇交易，又称________，是指外汇交易合同签订后的________进行交割的外汇交易。

(2) 抛补套利是有交易成本的，会产生诸如________、手续费、________、杂费等费用，因此，最终的收益要考虑成本后是否值得做。

(3) 远期外汇交易交割日的确定规则一般为“________，月对月、节假日顺延，________。”

2. 多选题

(1) 套汇外汇交易方式有（　　）。

A. 直接套汇　　B. 间接套汇　　C. 时间套汇　　D. 地点套汇

(2) 套利交易的形式有（　　）。

A. 不抛补套利　　B. 时间套利　　C. 抛补套利　　D. 地点套利

(3) 外汇期货交易的规则主要有（　　）。

A. 公开叫价制度　　B. 逐日盯市制度　　C. 保证金制度　　D. 结算制度

3. 判断题

(1) 远期汇率的报价采取单向报价，只报出远期卖出价。（　　）

(2) 即期外汇交易是当天进行交割的。（　　）

(3) 套利只有抛补套利一种交易方式。（　　）

4. 名词解释

(1) 外汇交易　　(2) 远期外汇交易　　(3) 套汇外汇交易

5. 简答题

(1) 简述外汇交易市场的功能。

(2) 简述外汇交易市场的种类有哪些。

(二) 实操练习

1. 技能训练题

(1) 以下面即期外汇交易过程为例,找两组同学分别扮演交易的W询价银行和L报价银行。在同学们演示的过程中会出现一些错误,以便老师及时纠正。

W银行询价:金额为500万英镑兑美元。

L银行报价:价格GBP∶USD 1∶1.475 2/57(W银行不满意L银行所报的价格,在目前此价格之下不做交易。也就是此价格不再有效,W银行在数秒之内,可以再次向L银行询价)。

W银行再次询价:金额为500万英镑兑美元。

L银行报价:以1.475 4的价格W银行任选择要买或卖(一般当报价银行报出选择价格时,一定要交易,不可以价格不好为借口而不交易)。

W银行:选择卖出英镑200万,美元汇入W银行XXXXXX的纽约账户。

L银行:1.475 4 L银行买入英镑500万兑美元,交割日6月10日,英镑汇入L银行伦敦的YYYYYYY英镑账户,谢谢惠顾,再见!

(2) 某日伦敦外汇市场即期汇率报价1英镑=1.895 0/60美元,1月期点数为20/10,6月期点数为80/90。请计算GBP/USD 1个月期、6个月期的远期汇率是多少?

(3) 假设德国年利率为2.35%,美国年利率为5.75%,2011年3月20日德国一投资者有资金500万欧元,欲存在美国6个月。当日欧元兑美元即期汇率为1∶1.193 0,6个月远期欧元兑美元为1∶1.195 0,如若到2011年9月19日存款到期日时,汇率可能发生变化,出现两种情况:

第一种　1欧元=1.154 0美元;

第二种　1欧元=1.238 0美元。

试计算:若不做抛补套利,第一、第二种情况收益状况如何?

若做抛补套利,收益怎样?

(4) 已知三个外汇市场汇率如下:

纽约　　USD1=CHF1.513 3/84

伦敦　　GBP1=USD1.625 0/90

苏黎世　GBP1=CHF2.504 3/68

问:三个外汇市场是否有套汇可能,如可以,投资200万英镑和瑞士法郎收益多少?

2. 实训项目

(1) 到外汇银行实地考察,了解我国目前远期外汇交易的程序及相关规定。

(2) 利用金融软件进行外汇即期、远期、套利、套汇的模拟交易。

第5章

衍生外汇交易业务

【学习目的及要求】

通过本章的学习，希望同学们掌握外汇期货、外汇期权的含义、特点、分类，外汇期货、外汇期权交易进行汇率风险防范和投机获利的原理；能利用外汇期货、外汇期权为国际贸易和投资服务。

【引导案例】

是谁毁了全球的经济

有一次，在一个酒局上，我怯怯地请教一位比较有名的经济学家："美国人也不生产，整天玩金融，这样下去能行吗?"经济学家把玩着手里的红酒杯，悠然地说："经济学你不懂的，实物经济已经落伍了，发展现代金融，用钱赚钱，才是未来的方向。"我连连点头，对自己的无知深表惭愧。

结果，没过多久，美国次贷危机突如其来，全球市场哀鸿遍野，我在报纸上看到这位经济学家写的文章，他义愤填膺地痛斥美国不重视实物经济危害世界。而且，他声称，早几年他就发表过论文，论述了实物经济的重要性。可惜在酒局上我没带录音笔，要不然就可以把录音给他寄去，羞羞他那张厚脸皮。当然，我也不能一竿子打翻一船人，他只是我见过的一个经济学家。那么，其他的经济学家会比他好一些吗?

中国政法大学教授朱伟一先生说，华尔街总是在鼓吹"金融创新"，但并没有多少相关的实证研究能支持他们的创新。因此，这种"创新"往往沦为敛财的恶劣手段。美联储前任主席保罗·沃尔克也曾说过："银行唯一有用的革新，就是发明了自动取款机。"

那么，美国人到底是怎么进行金融创新的呢? 比如说，那个听起来很神秘很有学问的"金融衍生商品"，到底是啥呢?

如果你是一个有工作的人，想按揭买套房子，于是你先交了首付，然后到银行贷款，按月交月供，银行吃你的利息。这不算创新，这是传统业务。

但如果你是一个没有工作的人,银行鼓励你按揭一套房子,这才有金融创新的可能性。首付需要交10万美元,你没钱?没关系,你象征性地交10块钱就行,剩下的99 990美元银行替你交了。你没工作,未来10年可能交不起月供?那也没关系,银行也替你交。

闻听这样的喜讯,你一定会惊得跳起来:哎呀,银行什么时候变得这么好了?

请先别跳,你要知道,银行不傻,你的房子是要押在它那里的。10年后,如果你还是没钱,他们就会收走你的房子。那时候,房子将值30万美元,银行不会赔本的。

但是,银行才不会等上10年,然后收房子卖房子呢,他们把你按揭买房子这件事打包成了一件商品,这就叫"金融衍生商品"。他们会把这个奇怪的东西推向市场,以12万美元的价格卖给其他银行。

其他银行为什么会买呢?对了,不是有个预期嘛,10年后房子值30万啊,而且没准还能涨得更高呢,他们一定会有赚头的。当然,他们也同样不会那么傻,要等到10年以后再卖房子,他们会再加价1万美元把它卖给下家。下家当然还有下家,于是这件商品进入流通,金融创新就开始了。

这样,你和你的房子待在某个角落里没动,可它们作为商品却不知已转过多少家银行,倒来倒去,越卖越贵,最后,甚至可能比30万还贵。市场经济就是这样嘛,只要有人买,这个生意就能做下去。

回过头来看,这有多么低级。还说什么创新,分明就是老鼠仓,对不对?是老鼠仓,链条就终有断掉的一天。而且,最重要的是,房价并不会永远看涨,突然有一天掉价了,预期10年后根本不值30万,甚至连10万也不值了。基本前提消失了,这件金融衍生商品最后砸到谁的手里,谁就是倒霉蛋。谁手里这种商品多,谁就免不了破产。于是,雷曼兄弟倒下了,美林银行被美国银行收购,众多保险公司连连告急。

这就是美国的次贷危机,它不仅让美国人民遭了罪,还把全球经济拖进了深渊。一向跟风发展创新金融经济的冰岛,率先宣告国家破产。对此,诺贝尔文学奖获得者、冰岛作家哈德尔·拉克斯内斯这样感叹:"世间的喧嚣聒噪终将停止,所有荣华富贵都如过眼云烟。当一切都结束后你会发现,人生最重要的东西就是咸鱼。"

请注意,他说的咸鱼,不是什么文学比喻,就是指能端上饭桌的咸鱼。

当然,印度农民说得更为直截了当,你们凭什么光靠收发电子邮件就比我们赚钱多呢?

资料来源:王元涛. 清风,2011年第12期

思考题:1. 从传统金融工具衍生出来的外汇金融工具有哪些?

2. 金融衍生工具的不断创新主要目的是什么?

有组织的期货市场起源于19世纪中期美国伊利诺伊州的芝加哥。芝加哥交易所创建于1848年,在此之前,远期合约已存在了数百年之久。日本和荷兰在两个世纪前就采用远期合约的形式进行交易。尽管如此,第一份期货合约的发源地却是芝加哥。至此,期货交易以芝加哥为中心向全世界迅速扩展开来。

期货市场的发展与成长并非是偶然的。19世纪的芝加哥,当时它处于土地肥沃的农业中心地带。然而,这里的交通十分困难,在冬天河流结冰时尤为不便。这就给农民们带来了巨大的风险。因为如果他们在供给充足的收获季节卖自己的产品,价格通常会很低;如果等到冬天时再卖,价格会较高,但由于天气变化对交通造成的影响而无法确保交货;如果他们一直等到春天,则价格的高低是难以确定的,要视收获的规模大小和产品储存的数量多少

而定。在这种情况下，农民们无法确切知道他们到底能有多少收入。期货市场的出现克服了以上的问题。

主要西方国家实行浮动汇率以后，汇率波动异常，汇率风险与利率风险加剧，伴随战后“金融创新”的扩展与深化，具有远见的金融贸易家，为缓和或逃避外汇风险与利率的风险，在原有的商品期货市场的基础上，于 1972 年首先在美国芝加哥建立起国际货币市场。起初专门经营货币期货，后来陆续经营其他金融工具(如政府债券、证券指数、欧洲美元存款等)期货。目前，世界主要金融中心相继建立的金融期货市场，货币期货是其经营的一种主要交易。

有组织的期权市场是国际金融中另一个独具特色的领域。远期与期货市场使固定的套期保值成为可能，这使投资者避免了现货价格与预期价格反方向变动造成的损失。但同时也消除了现货价格朝期货价格变动而带来盈利的可能性。在现货价格的移动不利于投资者的可能性更大时，固定的套期保值策略就是恰当的。在投资者认为有利于和不利于自己的价格移动的可能性同样大时，固定的套期保值策略就不大适用，原因是避免遭受损失的优点被失掉获得收益的缺点抵消。固定的套期保值策略虽然有用，但其有用性已经大大减少。而另一种叫做期权的方式，会更符合投资者的意愿。期权使投资者既能获得潜在收益，又能限制风险的底线。对期权的合理运用要求投资者清楚地了解期权的特性以及决定期权价格的各种因素。本章我们向大家介绍外汇期货、期权这两种金融衍生工具。

5.1 外汇期货

5.1.1 外汇期货交易概述

1. 外汇期货交易的发展

现代期货交易始于 1972 年美国芝加哥商品交易所的国际货币市场。20 世纪 70 年代以前，期货交易仅限于农矿产品。20 世纪 70 年代以后，布雷顿森林体系解体，固定汇率制被浮动汇率制替代。汇率随市场波动带来的风险，促使人们寻找一种更好规避价格风险的交易方式，因此，外汇期货也就应运而生。

1972 年 5 月 16 日，芝加哥商品交易所正式成立国际货币市场分部，推出了 7 种外汇期货合约，使得从事国际经济交易的经济主体能够规避外汇风险和收益得到保证。

1978 年纽约商品交易所也增加了外汇期货业务，1979 年，纽约证券交易所亦宣布设立一个新的交易所来专门从事外币和金融期货交易。1981 年 2 月，芝加哥商品交易所首次开设了欧洲美元期货交易。随后，澳大利亚、加拿大、荷兰、新加坡等国家和地区也开设了外汇期货交易市场。外汇期货是金融期货中最早出现的品种，它不仅为广大投资者和金融机构等经济主体提供了有效的套期保值的工具，而且也为套利者和投机者提供了新的获利手段。但最近几年随着欧元的流通，外汇期货市场上交易品种减少，外汇的交易量也在减少。目前，外汇期货交易的主要品种有：欧元、英镑、瑞士法郎、加拿大元、澳大利亚元、日元。

期货主要分为商品期货和金融期货(见图 5-1)，商品期货标的物是商品实物而金融期货买卖的是金融工具，外汇期货是金融期货的一个交易品种。

期货 { 商品期货(主要是农产品和矿产品)
金融期货(外汇、黄金、利率、股票指数等) }

图 5-1　期货种类示意图

小贴士

中国期货交易发展历史

中国古代已有由粮栈、粮市构成的商品信贷及远期合约制度。在民国时期,中国上海曾出现多个期货交易所,市场一度出现疯狂热炒。伪满洲国政府亦曾在东北大连、营口、奉天等 15 个城市设立期货交易所,主要经营大豆、豆饼、豆油期货贸易。

1949 年中华人民共和国成立后,期货交易所在中国大陆绝迹几十年,到 1992 年郑州设立期货交易所,展开另一波期货热炒风潮,最多曾经一度同时开设超过 50 家期货交易所,超过全球其他国家期货交易所数目的总和。中国国务院在 1994 年及 1998 年,两次大力收紧监管,暂停多个期货品种,勒令多间交易所停止营业。自 1998 年后,中国大陆合法的商品期货交易所只剩下上海期货交易所、大连期货交易所、郑州期货交易所三家,前者经营能源与金属商品期货,后两者经营农产品期货。到 2006 年 9 月 8 日,中国金融期货交易所在上海挂牌成立,首项预备推出的产品为沪深 300 股指期货。

2. 外汇期货交易的特征

(1) 外汇期货交易合约标准化

外汇期货合约是一种交易所制定的标准化的买卖双方通过公开叫价达成的具有法律约束力的文件。买卖双方以此文件可以获得清算所的保证。外汇期货合约的内容包括交易币种、交易数量、交易时间、交割月份与地点,以及价格变动的最小单位等。外汇期货交易对合约单位有严格的要求。

第一,每份外汇期货合约的交易单位(数量)是标准的。

每一份外汇期货合约的交易单位是固定的。如表 5-1 所示,芝加哥国际货币市场上,外汇期货每份合约英镑交易单位为 62 500 英镑,日元为 12 500 000 日元。同一个期货交易市场同一种外汇的交易单位绝对是相同的。但不同的期货交易市场对外汇的交易单位可能有一些差别。

表 5-1　芝加哥国际货币市场外汇期货合约一览表

合约交易的外汇币种	交易单位	基本点数(美元)	最小价格变动(美元)	最小价格变动(美元)	合约时间(月)
欧元	125 000	0.000 1	0.000 1	12.5	3,6,9,12
英镑	65 000	0.000 2	0.000 2	12.5	3,6,9,12
瑞士法郎	125 000	0.000 1	0.000 1	12.5	3,6,9,12
加元	100 000	0.000 1	0.000 1	10	3,6,9,12
澳元	100 000	0.000 1	0.000 1	10	3,6,9,12
日元	12 500 000	0.000 001	0.000 001	12.5	3,6,9,12

表中说明:1. 除日元小数点第六位数是"1",其余外汇每"1"点指小数点后第四位。
2. 每变动"1"个点,加元和澳元就代表变动 10 美元,而其他外汇代表变动 12.5 美元。

第二，交割月份是标准的。

国际货币市场所有外汇期货合约的交割月份都是一样的，为每年的 3 月、6 月、9 月和 12 月，交割月的第三个星期三为该月的交割日。如国际货币市场外汇期货合约的交割日为即期月份的第三个星期三，若当天不是营业日，则顺延至下一个营业日。合约交易的截止日期为交割日前的第二个营业日，最后一个交易日的汇率为结算价。

(2) 通用代号

在具体操作中，交易所和期货佣金商以及期货行情表都是用代号表示外汇期货。主要货币的外汇期货的通用代号分别是英镑 BP、加元 CD、日元 JY、墨西哥比索 MP、瑞郎 SF。

(3) 最小价格波动幅度

期货中的最小价格波动幅度是指合约的价格至少需达到的幅度，期货合约价格变化都是以基本点为单位的。如表 5-1 所示，欧元最小价格变动为 0.000 1，在交易场内经纪人所出价只能是最小波动幅度的倍数，一个点是 12.5 美元。

(4) 每日涨跌停板额

为限制期货交易中可能出现的过度投机，合约还规定最大价格波动幅度，即每日涨跌停板额，是指一份期货合约在一天之内比前一交易日的结算价格高出或低过的最大波动幅度。如果规定欧元期货合约的涨跌停板额为 200 点，那意味着每日欧元的最大波动价格为 2 500 (200×12.5)美元，加元为 70 点，就意味着每日加元的最大波动价格为 700(70×10)美元。一旦价格波动超过该幅度，交易自动停止，这样，交易者便不至于因价格的暴跌暴涨而蒙受巨大损失。

(5) 外汇期货以美元报价

在外汇现货市场上，各种货币的汇率都用美元标示(英镑、澳元等货币除外)。而在外汇期货市场上，交易货币的标价方式刚好相反，如表 5-2 所示，交易货币均以每单位货币值多少美元来标价，这种标价方式是由外汇期货交易的本质决定的。作为外汇期货标的物的货币和商品期货的标的物一样，其价值应由结算货币(通常为美元)表示出来。

表 5-2 外汇即期交易和外汇期货交易报价的比较

外汇即期交易	外汇期货交易
1 美元=1.583 3 加元	1 加元=0.631 5 美元
1 美元=1.625 0 新加坡元	1 新加坡元=0.615 4 美元
1 美元=120.53 日元	1 日元=0.008 296 美元

3. 外汇期货交易的市场构成

外汇期货交易都是在专营或兼营外汇期货的交易所进行的。任何个人或企业只能通过交易所买卖外汇期货，不能进入交易所直接地、面对面地进行交易。能进入交易所进行交易的只有交易所的会员。要取得会员的资格必须向有关部门申请并经其批准，每年都必须缴纳巨额的会费。交易所会员的数量一般是固定的，新会员只有通过递补的方式才能进入交易所交易。如图 5-2 所示，外汇期货交易市场由四部分组成，即外汇期货交易所、外汇期货交易经纪商、通过经纪商买卖外汇期货的交易者(包括企业和个人)和清算机构。

图 5-2 外汇期货交易的市场构成

(1) 外汇期货交易所

期货交易所它是以个人名义加入而取得席位并实行会员制的一个非营利机构。在外汇期货交易中,交易所本身并不参加交易,也无权干预外汇期货价格的决定。它仅仅是外汇交易的场所,为交易提供各种设施,为期货交易的顺利进行,维持稳定、有序、富有竞争而又受到有效监督制定相关的制度。为了弥补支出及间接费用(指维持营业所需要的费用),每个交易所都向会员收费,包括交易所会费、契约交易费等。交易所会员的数量一般是固定的,新会员只有通过递补的方式才能进入交易所交易。

(2) 外汇期货交易经纪商

外汇期货交易经纪商是为买卖双方执行外汇期货合约的公司。由于交易所的会员资格只能属于个人,所以经纪商(即注册登记的外汇期货交易所会员公司)通过向交易所派出具有会员资格的员工代表来进行场内的期货交易活动。

经纪商可分为场内经纪商和场内交易商。场内经纪商收取佣金,为客户提供下单服务,提供交易咨询,及处理客户账户上保证金的变动状况。场内交易商一般只为自己从事外汇期货交易,以赚取买卖差价为主。

(3) 买卖外汇期货的交易者

外汇期货交易者指那些交易所会员的客户,也指代表期货经纪商从事自营业务的场内交易商。根据其交易目的可以将外汇期货交易者分为商业交易者和非商业交易者;前者一般为企业,后者一般为个人。

商业交易者本身主要以从事现货市场交易为主,其参与外汇期货市场交易的主要动机:一是对现货市场上已存在的交易未来的外汇收益或支出可能面临风险的考虑,利用期货市场规避汇率风险。二是他们也可利用期货市场来调配资产配置,以满足达到预期收益的目标。此类交易者主要是进出口商和商业企业。非商业交易者指非交易所会员的客户。这些交易者从事外汇期货交易的主要目的是投机。

小贴士

为何期货交易商穿着颜色不同的上衣?

交易所规定交易场内的人员须穿上衣及戴领带,但一般正式服装的设计不能满足交易池内的实际需要,因此出现了质轻、宽松且方便交易员自由移动的交易上衣。同一经纪公司的所有人员均穿着同一颜色的上衣,上衣上有时也绣有公司的名称或商标,即类似于运动队所穿的制服。这种穿法便于同一公司的人员在交易人群中彼此寻找对方,同时交易上衣也有助于在快速交易中辨识交易对手。独立交易商通常穿着自己所选择的颜色的上衣,有时也穿着与其清算会员经纪公司一样颜色的上衣。

(4) 清算机构(又称清算所、清算公司、结算所)

清算机构是期货交易所之下或独立存在的负责期货合同交易的营利性机构,它拥有法人地位。交易所的会员要想成为清算会员必须单独申请,每笔期货合约交易的登记与清算需要另外付费。非清算所会员的交易所会员必须与清算所会员有账户关系,通过清算所会员清算,并缴纳一定佣金。清算所的作用主要在于促成买卖双方在交易所完成期货合约交易,并进行买卖双方的合约和保证金的划拨。结算所采用的保证金制度,为所有在交易所内达成的期货合约交易提供履约保证。

5.1.2 外汇期货交易的流程与规则

1. 外汇期货交易流程

(1) 选择期货经纪公司

投资者不能进入期货交易所交易,参与期货交易只能通过经纪公司进行,因此,选择一个运作规范、服务优良、综合实力较强的经纪公司是期货交易的首要环节。

小贴士

如何选择期货经纪公司

在我国,任何机构要开办外汇期货交易,必须经国家外汇管理部门审批。交易者在选择经纪公司时应注意几点:

- 选择那些经外汇管理部门批准并已领取营业执照的专业经纪公司;
- 经纪公司的信誉是否良好;
- 内部机构及其各项制度是否健全和完善;
- 与国际市场的联系是否及时;
- 利用路透社或美联社终端的能力如何;

按规定,国内每家经纪公司必须使用或租用美联社或路透社的在线国际线路,以保证满足交易者能有效地使用终端设备查询外汇市场的各种即时信息,如图表、价格、新闻等。

- 为其交易的经纪人的素质是否良好及处理外汇风险情况的能力和实际经验等。

(2) 开立保证金账户

外汇交易者选择经纪公司及其经纪人后,要按经纪公司的要求在经纪公司开立保证金账户。在一般情况下,经纪公司对客户收取的保证金,通常是客户打算买卖期货合约金额的5%~20%左右。在开户时,经纪公司将审核客户资格,同时确认客户用于期货交易的资金。投资者与所选择的期货经纪公司签订开户合同书及其他必要的相关文件,如电话委托协议、网上委托协议。

(3) 下达指令

订单或指令是指客户决定在外汇期货交易时向期货经纪商下达的买进或卖出某种外汇期货合约的指示。内容包括买进或卖出、合约数量、交割日期、货币类别、交易地点、交易价格及委托书有效期等。投资者根据对期货行情的分析判断,选择通过书面委托、电话委托、网上委托等方式买入或卖出、开仓或平仓某一数量的某种期货合约。

期货的订单有下列几种：

- 市价单——客户指示经纪人按最接近市场的价格进行买卖的指令。
- 到价单——客户要求经纪人在特定价位进行买卖的指令。如果交易期间没有出现客户指定的价格就不能买卖。但出现了此价格经纪人必须成交，否则要承担责任。
- 限价单——客户指定成交的价格区间的指令。

(4) 指令进场交易

客户填妥指令单并交国内经纪公司后，一般由国内经纪公司交由其境外的经纪公司进入国际期货市场的交易所进行交易。在交易中采用喊价的形式进行报价，报价的内容包括价格、数量和期货合同的期限等。

经纪人接到交易者的订单指令后，通过电话、电传或传真等通信工具，迅速将订单指示通知其在交易所内的代表(或常设办事机构)。该代表收到订单后，立即登记并迅速交给场内经纪人，由场内经纪人撮合成交。当一笔交易成交后，场内经纪人要将交易结果迅速送给清算机构和那个经纪人代表，该经纪人代表则立即通知交易者。至此，一项交易指令就执行完毕，余下的清算工作由清算机构来完成。外汇期货合约交易基本流程图如图 5-3 所示。

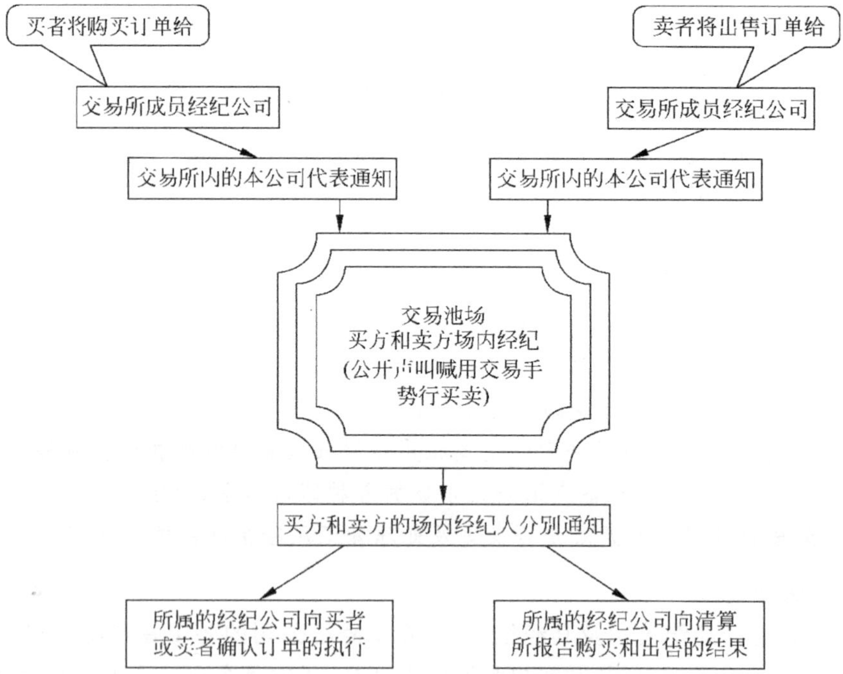

图 5-3 外汇期货合约交易基本流程图

(5) 成交回报

经纪公司将成交情况按事先约定的方式回报给客户。

(6) 结算

经纪公司根据交易所每日收盘后公布的统一结算价对客户当日交易及持仓情况进行盈亏、手续费、保证金等的清算，并向客户提供相关结算单据。客户也可自行拨打语音电话或上网查询。

2. 外汇期货交易的规则

外汇期货交易的基本规则是指由交易所制定的，目的是保证交易顺利进行。规章制度主要包括以下几条。

(1) 公开叫价制度

外汇期货交易是一种标准化的场内交易，必须在集中性的交易场所通过公开叫价的方式成交，对任何一种外汇期货合约公开叫价所形成的价格对所有投资者有效。期货市场的公开叫价方式主要有以下两种：

一种是计算机自动撮合成交方式，遵循“价格优先，时间优先”的总原则，即在交易指令进入交易所主机后，最优价格最先成交，也就是说最高的买价和最低的卖价报单首先成交，在价格一致的情况下，率先进入交易系统的交易指令先成交。

另一种是会员在交易所大厅公开喊价方式。公开叫价由期货交易所的会员进行，其他有意进行外汇期货交易的非会员必须通过会员在外汇期货交易所内通过公开叫价成交。

由于交易所喧哗嘈杂所以需借助于手势进行交易。手势含义如下：手心向内表“买入”，手心向外表“卖出”，大拇指向上翘起表“成交”

仅出一个食指表“1”(一份合约)
食指＋中指表“2”
中指＋无名指＋小指表“3”
食指＋中指＋无名指＋小指表“4”
大拇指表“6”
大拇指＋食指表“7”
出食指并左右摆动表“10”
出食指＋中指并左右摆动表“20”

(2) 保证金制度

保证金是用来确保期货买卖双方履约，并承担价格变动风险的一种财力担保金。为了防止投资者因为外汇期货市场汇率变动而违约，从而给结算公司带来损失。参加外汇期货交易的各方必须缴纳保证金，非会员客户必须向经纪公司(会员)交付保证金。会员必须向交易所的清算机构缴纳保证金。期货交易的保证金除了起到防止交易各方违约的作用外，还是结算制度的基础。按保证金缴纳的时间和金额比例不同，可将履约保证金分为初始保证金和维持保证金两类。

小贴士

期货以小搏大

期货交易由于其保证金的杠杆原理，可以放大收益，四两拨千斤。期货只需付出合约总值的10%左右的本钱。其他的交易必须100%投入资金，要融资则需付出利息代价。如股票是全额交易，即有多少钱只能买多少股票，比如投资者有1万元，买10元一股的股票能买1 000股。而期货是保证金制，即只需缴纳成交额的5%～20%，就可进行100%的交易。1万元就可以成交10万元的期货合约，这就是以小搏大，但风险也很大。

例如,你买进商品H的期货,保证金是1∶10,一份合约为1万元。你只需付出1 000元就可以买商品H一份合约。如果商品H的价格涨了10%,你的1 000变成2 000。如果商品H的价格跌了10%,你就赔光了,你的1 000就变成了0,如想继续持有,就必须追加保证金。而商品H价格不断下跌就要不断追加保证金,你将负债累累最后家破人亡。

① 初始保证金(原始保证金)。初始保证金是当交易者新开仓时必须依照各类合约的有关规定向清算所缴纳的资金,常为交易总额的5%～20%。不同交易所规定的初始保证金缴纳金额有所不同,而且初始保证金缴纳多少通常也随合约金额及交易者身份不同而不同。

例如,国际货币市场规定日元期货合约的初始保证金为每张2 700美元,英镑期货合约的初始保证金为每张2 800美元。任何人只需在外汇期货市场上开户并按规定缴纳初始保证金,就可以开始进行外汇期货交易。

② 维持保证金。维持保证金是指保证金账户在经过逐日清算(即逐日盯市)后必须维持一个最低余额也称追加保证金。在向交易所缴纳初始保证金后,交易所的清算机构根据外汇期货价格变化逐日清算未交割期货合约的盈亏,浮动赢利将增加保证金账户余额,浮动亏损将减少保证金账户余额。

当市场汇价有利于交易者时,交易所会自动将盈利加到交易者的保证金账户,那么超过原始保证金部分的金额便可以被提取。如表5-3所示,国际货币市场规定日元期货的维持保证金为每张外汇期货合约2 000美元,英镑期货的维持保证金为每张外汇期货合约2 100美元。

表5-3 国际货币市场规定的初始保证金和维持保证金 单位：美元

期货合约货币种类	初始保证金	维持保证金
英镑	2 800	2 100
日元	2 700	2 000
瑞士法郎	2 700	2 000
加元	1 000	800
澳元	2 000	1 500

(3) 逐日盯市制度(逐日清算制度)

逐日盯市制度是指结算部门在每日闭市后,对会员经纪商的保证金账户进行结算、检查,根据每日的收益与损失进行调整,及时发出保证金追加单,使保证金余额在维持保证金水平之上,以防止负债发生的一种结算制度,其目的是控制风险。

具体操作如下：在每一交易日结束后,清算部门根据全天成交情况计算出当日结算价格,按此计算盈亏,盈利的会员可提取超出高于维持保证金的部分。计算盈亏后保证金余额小于维持保证金,交易所便要求其在下一交易日开始之前追加保证金,若会员单位不能按时追加保证金,交易所将有权强行平仓。

逐日盯市制度对所有账户的交易及其头寸按不同币种、不同月份的合约分别进行结算,保证每一交易账户的盈亏都能得到及时、具体和真实地反映。

(4) 结算制度

外汇期货结算是指外汇期货清算机构根据交易所公布的结算价格,对客户持有外汇期货合约头寸的盈亏状况进行资金清算的过程。期货清算机构的组织形式有两类：一是独立于期货交易所的结算公司，它独立的履约担保、控制和承担结算风险，一般由银行等金融机构以及交易所共同参股、风险分摊。如伦敦结算所同时为伦敦三家期货交易所进行期货结算。二是交易所内设的结算部门，它是期货交易所的一个组成部分。如芝加哥商品交易所自己设立结算部门。

外汇期货交易的结算大体可分为两个层次：一是交易所对会员进行结算。二是由会员公司对其所代理的客户进行结算。交易所在银行开设统一的结算资金账户，会员在交易所结算机构开设结算账户，会员在交易所的交易由交易所结算机构统一结算。外汇期货每日一结算目的是有效控制风险。

(5) 交割制度

外汇期货合约的持有者，按合约规定的日期以规定的外汇量进行交割，标志着合约的履行与完结。外汇期货合约的持有者一般以对冲的方式解除合约的义务，合约未到期前可平盘，即卖出原先买入的合约或买入原先卖出的合约。真正到期实物交割的大约1%。

5.1.3　外汇期货交易的操作

进行外汇期货交易有两个目的：一是套期保值者，他们实际中有一笔进出口业务，利用外汇期货交易规避外汇风险；二是投机者，他们利用外汇期货价格的变动赚取利润。

1. 空头套期保值

空头套期保值又称卖出套期保值。一般是在期货市场先卖出某种外汇，再买进同样数量的外汇。交易者一般是出口商将要收到外汇货款，为防止未来的应收账款价格下跌，采取先在外汇期货市场上卖出与货款同等数量同一币种的外汇期货合约。等到将来收到货款在现货市场上出售外汇时，买入期货合约与原来购进的卖出外汇期货合约对冲，从而锁定其价格。

例如：2011年6月18日，美国某公司出口到加拿大一批货物，价值100万加元，加方承诺3个月后付款。6月18日当时的即期汇率为1美元=5.432 5加元，外汇期货为报价1加元=0.183 7美元。美方怕未来加元贬值，于是在外汇期货市场上进行空头套期保值，若3个月后外汇即期汇率为1美元=5.692 4加元，外汇期货汇率为1加元=0.175 6美元。空头套期保值过程和损益分析如表5-4所示。

表5-4　空头套期保值过程和损益

时间	外汇即期市场	外汇期货市场
6月	若此时以1美元=5.432 5加元卖出100万加元，可获得18.407 7万美元	以1加元=0.183 7美元卖出3个月的加元的期货合约10份(每份10万加元)，获得18.37万美元
9月	收到100万加元货款，以1美元=5.692 4加元卖出，获得17.567 3万美元	以1加元=0.175 6美元买进加元的期货合约10份，花掉17.56万美元。
赢利和亏损	−8 404美元(17.567 3万−18.407 7万)	+8 100美元(18.37万−17.56万)
净损失	3.04美元(8 404−8 100)	

分析说明：

第一，出口商如果等到9月收到100万加元时到外汇即期市场1美元=5.692 4加元卖出，获得17.567 3万美元。相对6月份外汇即期市场1美元=5.432 5加元，损失8 404美元(17.567 3万-18.407 7万)。

第二，出口商6月份在期货市场上先以1加元=0.183 7美元卖出三个月的加元的期货合约100万加元，获得18.37美元。9月份以1加元=0.175 6美元买进加元的期货合约100万加元，花掉17.565 6美元做对冲，盈利8 044美元。

由此可见，出口商在期货市场做空头套期保值，可以将在期货市场的赢利抵减外汇即期市场上的亏损，只损失304(8 404-8 100)美元。若不在外汇期货市场做空头套期保值，将损失8 404美元。因为现货市场价格与期货市场价格受相同因素影响，其中价格变动呈同一趋势，即现货市场价格上涨或下跌，期货市场价格也升高或降低。

2. 多头套期保值

多头套期保值又称买入套期保值，进口商将要以外汇支付的款项，为避免计价货币汇率上升造成损失，采取先在外汇期货市场上购进同等数量的外汇期货合约。等到将来在现货市场上购进所需外汇时，卖出购进的期货合约。

例如：美国某进口商6月份从德国进口一批设备，3个月后必须支付500万欧元货款，为避免3个月后欧元升值而花费更多的美元，该进口商先在期货市场上买进40份欧元期货合约，总额500万欧元。此时，外汇即期市场汇率1美元=1.000 0欧元。外汇期货市场报价为1欧元=1.010 0美元，假设3个月后，欧元果真升值为1欧元=1.060 0美元，此时的期货报价为1欧元=1.071 0美元，于是该进口商在外汇期货市场上做了多头套期保值。多头套期保值过程和损益分析如表5-5所示。

表5-5 多头套期保值过程和损益

时间	外汇即期市场	外汇期货市场
6月	若此时以1美元=1.000 0欧元买进500万欧元，需支付500万美元	以1欧元=1.010 0美元买进40份3个月欧元期货合约(每份12.5万)，总额500万欧元，花费505万美元
9月	此时以1美元=0.943 4欧元购进500万欧元用于支付货款，需要529.99万美元	以1欧元=1.071 0美元，卖出欧元期货40份，总额500万欧元，获得535.5万美元
赢利或亏损	-29.99万美元(500万-529.99万)	30.5万美元(535.5万-505万)
净收益	0.51万美元	

分析说明：

第一，进口商如果等到9月在外汇即期市场上按1美元=0.943 4欧元购进500万欧元用于支付货款，需要529.99万美元。相对6份外汇即期市场1美元=1.000 0欧元，损失29.99万美元(500万-529.99万)。

第二，进口商6月份在期货市场上先以1欧元=1.010 0美元买进40份三个月欧元期货合约，总额500万欧元，花费505万美元。9月份以1欧元=1.071 0美元，卖出欧元期货40份，总额500万欧元，获得535.5万美元做对冲，盈利30.5万美元(535.5万-505万)。

由此可见，出口商在期货市场做多头套期保值，可以将在期货市场的盈利抵减外汇即期市场上的亏损后，还盈利 0.51 万美元[(535.5－505)万－29.99 万]。若不在外汇期货市场做多头套期保值，将损失 29.99 万美元(500 万－529.99 万)。

总之，具有外汇债权的公司怕收汇时计价外汇贬值，可在期货市场利用空头套期保值避免外汇风险。具有外汇债务的公司怕付汇时计价外汇升值，可在期货市场利用多头套期保值避免外汇风险。

5.2 外汇期权

5.2.1 外汇期权概述

1. 外汇期权的含义

期权代表的是一种选择权，即交易的一方拥有合约，并决定是否执行合约。商品期权就是一种选择买卖商品的权利，金融期权就是一种选择买卖金融工具的权利。

外汇期权(又称货币期权)，是期权买方支付给期权卖方一笔期权费后享有在合约到期或之前以合约规定的价格购买或出售一定数额的某种外汇资产的权利。而期权卖方收取期权费，有义务在买方要求执行时卖出(或买进)合约规定的特定数量的某种外汇资产。

外汇期权交易是在外汇期货基础上演变来的，它的套期保值作用和投机功能更强。

小贴士

期权的起源及其发展

早在古希腊、古罗马时代人们就有了期权的意识。在亚里士多德的《政治经济学》中，曾记载了古希腊哲学家泰利斯利用天文知识，预测来年的橄榄收成情形，再以极低的价格取得西奥斯及米拉特斯地区橄榄榨汁机的使用权，这种使用权已隐含了期权的概念。

20 世纪 60 年代末 70 年代初，国际金融和世界经济的动荡不定造成汇率和利率的较大的波动。因此，人们更迫切地希望有更好的更完善的避险措施，从而刺激了期权交易向规范化的场内交易发展。

1982 年 12 月，第一笔外汇期权交易在美国费城股票交易所正式完成。到 20 世纪 90 年代，外汇期权市场已覆盖了以费城和芝加哥为中心的场内交易，以及伦敦、纽约和东京各地的银行间市场的场外交易。

2. 外汇期权交易合约

外汇期权合约是标准化的合约。在期权交易中，期权费是唯一的变量，其他要素都是标准化的。合约的其他条款如合约到期日、交易单位、交易时间、交易地点等要素都是事先规定好的，是标准化的。

(1) 交易单位

交易单位是指每份合约的外汇交易金额或数量，它是固定的。如表 5-6 所示，其大部分合约的交易单位为外汇期货合约交易单位的一半。

表 5-6 费城交易所

货币种类	外汇期权合约交易单位	货币种类	外汇期权合约交易单位
EUR	62 500	CAD	50 000
GBP	31 250	AUD	50 000
CHF	62 500	JPY	6 250 000

(2) 协定价格

协定价格又称履约价格、约定价格、执行价格，是指在期权交易双方约定的期权到期日或期满前双方交割时所采用的买卖价格，相当于金融商品单价。协定价格确定后，在期权合约规定的期限内，无论价格怎样波动，只要期权的买方要求执行该期权，期权的卖方就必须以此价格履行义务。千万不要把期权价格(期权费)与履约价格混淆。履约价格是汇率，期权价格是保险金，它们同时在同一合约中出现。

(3) 到期月份

通常为每年的 3 月、6 月、9 月及 12 月。

(4) 到期日

合约到期日是指期权买方决定是否要求履约期权合约的最后日期。通常定于到期月份第三周的最后一个交易日，如果超过这一时限，买方未通知卖方要求履约，即表明买方已放弃这一权利。

(5) 期权费

期权费又称权利金、保险金、期权价格，是指期权买方事先要向期权的卖方支付一笔费用。在一般情况下，期权的买方须在期权成交日后的第二个银行工作日将期权费支付给卖方。期权交易下的期权费是不能收回的。期权交易买方一旦支付给期权卖方期权费，将来无论他执行合约还是不执行合约这笔期权费都归期权卖方获得。期权费不是固定的，影响期权费的确定因素有以下方面：

- 外汇的即期汇率。如果是看涨期权，期权费随着市场即期汇率的上升而提高，下降而减少。如果是看跌期权，期权费随着市场即期汇率的上升而减少，下降而上升。
- 期权合约的协定汇率。对看涨期权来说，协定汇率越高则期权费越低。反之，对看跌期权来说，合约中协定价格越高则期权价格就越高。
- 外汇汇率的预期波幅。汇率较为稳定的货币的期权费比汇率波动大的货币低。反之，期权费越高。
- 利率水平。对看涨期权而言，本国货币利率越高，外国货币利率越低，即两国货币利率差越大，则期权费越高，对于看跌期权情况恰好相反。
- 期权合约的到期时间。无论看涨期权还是看跌期权，合约期越长，其所需支付的期权费越高。其原因：一是合约期越长，期权买方赢利机会就会增加，二是期限越长，汇率波动的可能性就越大，期权卖方遭受损失的可能性也就越大。

(6) 保证金

卖方在被买方要求执行期权权利时，有依执行价格进行交割的义务，而为确保合约义务的履约，须在订约时缴付保证金。卖方所缴保证金通过清算所会员缴存于清算所的保证金账户内，随市价而涨跌，并于必要时追加。

5.2.2　外汇期权交易的类型

外汇期权交易根据其交易角度不同，可划分为以下几种类型。

1. 按外汇期权内容的不同分类

按外汇期权内容的不同可分为看涨期权、看跌期权。

(1) 看涨期权(又称买权)

① 买入看涨期权。买入看涨期权是指期权的买方交付期权费后，享有在规定的有效期内按某一具体的执行价格(协定汇率)购买或不购买某一特定数量的某种外汇资产的权利。期权的买入看涨期权方是交付期权费的一方，他就获得了合约到期之前购买或不购买的权利。一般来说，预测某种外汇未来可能升值，就签订看涨期权。

买入看涨期权方购买看涨期权，他支付给卖方期权费，等于将外汇价格未来上涨的风险转移给了期权的卖方，期权买方的最大风险就是损失期权费。期权卖方预先得到期权费，他就要承受外汇价格波动的风险，即使价格上涨时执行交易对其不利，他也必须按协议价格将资产出售给买方。

例如，2012 年 1 月 5 日，某美国进口商从英国进口一批价值 62.5 万英镑的货物，签订的商品合约承诺 3 个月后将付款。1 月 5 日的即期汇率为 1 英镑＝1.50 美元，为防止英镑升值美元贬值带来汇率风险，该进口商 1 月 5 日购买了 62.5 万英镑的 10 份看涨期权合约，每份合约 62 500 英镑，期权费为每份 2 500 美元，协议价格为 1 英镑＝1.50 美元。

3 个月后要支付货款时，果真英镑升值，汇率为 1 英镑＝1.70 美元，美商如不做期权交易，直接在外汇即期市场上购买 62.5 万英镑，须支付 106.25(625 000×1.7)万美元。而执行期权只需 93.75(625 000×1.5)万美元，加上期权费 2.5 万美元(10×2 500)，一共也只需支付 96.25 万美元，比直接在即期外汇市场交易节省 10.02 万美元。

3 个月后要支付货款时，如果英镑汇率贬值为 1 英镑＝1.30 美元，该商人放弃行使权利，直接到外汇即期市场上购买 62.5 万英镑，只需花 81.25 万美元，最多损失 2.5 万美元期权费。

② 卖出看涨期权。卖出看涨期权是指期权的卖方获得期权的买方交付的期权费后，有在规定的有效期内按某一具体的执行价格(协定汇率)出售某一特定数量的某种外汇资产的义务。期权的卖出看涨期权方收取了期权的买入看涨期权费，他就有按买入看涨期权方的要求出售的义务。

(2) 看跌期权(又称卖权)

① 买入看跌期权。买入看跌期权是指期权的买方交付期权费后，享有在规定的有效期内按某一具体的执行价格(协定汇率)出售或不出售某一特定数量的某种外汇资产的权利。期权的买入看跌期权方是交付期权费的一方，他就获得了合约到期之前出售或不出售的权利。一般来说，预测某种外汇未来可能贬值，就签订看跌期权。

例如，2012 年 1 月 5 日，某美国出口商出口一批价值 62.5 万英镑的货物到英国，签订的商品合约对方承诺 3 个月后将付款。1 月 5 日的即期汇率为 1 英镑＝1.50 美元，为防止英镑贬值美元升值带来汇率风险，该出口商 1 月 5 日购买了 62.5 万英镑的 10 份看跌期权合约,每份合约 62 500 英镑,期权费为每份 2 500 美元,协议价格为 1 英镑=1.50 美元。

3 个月后收到货款时,果真英镑贬值,汇率为 1 英镑=1.30 美元,美商如不做期权交易,直接在外汇即期市场上出售 62.5 万英镑,只能获得 81.25 万美元。而执行期权可获得 93.75(625 000×1.5)万美元,减掉期权费一共只需支付 91.25 万美元,比即期外汇市场多得 10 万美元。

3 个月后收到货款时,如果英镑汇率升值为 1 英镑=1.70 美元,该商人放弃行使权利,直接到外汇即期市场上出售 62.5 万英镑可获得 106.25(62 5000×1.7)万美元,最多损失 2.5 万美元期权费。

② 卖出看跌期权。卖出看跌期权是指期权的买方交付期权费后享有在规定的有效期内按某一具体的执行价格(协定汇率)购买某一特定数量的某种外汇资产的义务。

期权的卖出看跌期权方收取了期权的买入看跌期权费,他就有按买入看跌期权方的要求购买的义务。

从表 5-7 中了解到,看涨期权合约、看跌期权合约中都有买方和卖方,这里的买方和卖方并不是说购买就是买方,出售就是卖方,而是权利方就是买方,义务方就是卖方。

权利方=买方→交期权费(购买或不购买、出售或不出售的权利)

义务方=卖方→收期权费交保证金(按买方的要求购买或出售的义务)

表 5-7 看涨期权和看跌期权合约的买卖双方的权利和义务

	看涨期权合约		看跌期权合约	
	看涨期权合约买方	看涨期权合约卖方	看跌期权合约买方	看跌期权合约卖方
权利	按合约购买或不购买外汇		按合约出售或不出售外汇	
义务		按合约出售外汇		按合约购买外汇

2. 按外汇期权其行使期权的时限分类

按外汇期权其行使期权的时限,可分为欧式期权、美式期权。

(1) 欧式期权

欧式期权是指该期权合约的买方只能在合同到期的最后一刻,即期权到期日前的第二个工作日才能要求卖方执行合约。欧式期权就如同欧洲人特别是德国人做事认真、严谨、刻板。

(2) 美式期权

美式期权是指该期权合约的买方可以在合约到期日以前任何一天要求卖方执行合约。由于美式期权灵活性大,期权卖方的风险就大,因而它的期权费比欧式期权高。美式期权就如同美国人一样随意、无拘无束。

美式期权与欧式期权的划分并非地域上的概念,近年来无论在欧洲、美国还是在其他地区,美式期权已经成为主流,并且交易量已经超过欧式期权。

也有一部分美式期权规定必须在某些特定日期,如到期日前两周执行期权,这种介于传统的美式期权与欧式期权之间的新型期权被称为半美式期权或百慕大期权。

小贴士

比“9.11”更可怕的事发生了

2001 年 9 月 11 日美国世贸大厦，五角大楼被恐怖分子撞击。这是一次政治事件，但恐怖分子也没放过在美国金融期货、期权市场大捞一笔。

9 月 11 日之前恐怖分子在纽约金融期货、期权市场开仓，数量巨大，因为他们知道 9·11 世贸大厦被撞击后，大厦内上百家的上市跨国公司的股票肯定会下跌。因此，他们就大量签订了以这些上市公司股票为标的物的看跌期权合约，采取的是美式期权。一旦如期价格下跌，马上结束交易。他们将这次赚取的大量资金又用于下一次的恐怖活动。

5.2.3　外汇期权的盈亏分析

外汇期权的盈亏可从期权买方和期权卖方两个角度加以考察。

1. 外汇看涨期权

(1) 外汇看涨期权买方(交期权费的权利方)盈亏分析

看涨期权买方盈亏图如图 5-4 所示。图 5-4 中横轴为汇率即市场外汇价格，纵轴为盈亏状况。假定(a)点是期权合约的协定价格为 2 美元，期权费为 0.1 美元。A、B、C 点是市场外汇价，A 点为 2 美元，B 点是盈亏平衡点为(协定价格加上期权费)2.1 美元，C 点代表盈利趋势假定为 2.5 美元。从图 5-4 中可以看出，看涨期权的买方最大损失为期权费，而其盈利可能无限增加。因为合约到期日时可能涨到 2.6 美元、2.8 美元、3 美元甚至更高。

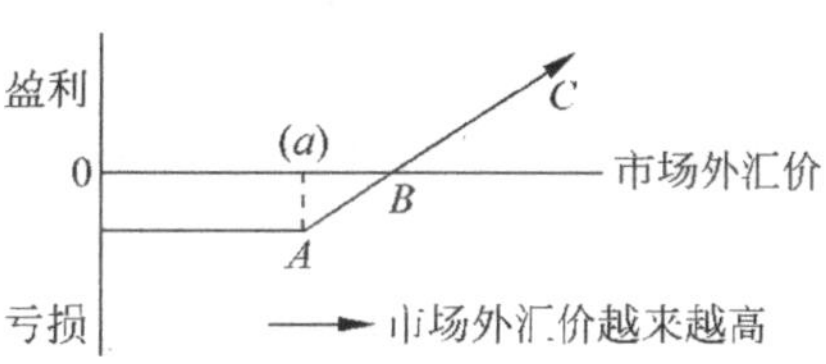

图 5-4　看涨期权买方盈亏图

也就是说：

第一种，当市场外汇价格(A 点)＝协定价格(a 点)时——买方不履约

第二种，当市场外汇价格(B 点) ＞ 协定价格(a 点)时——买方履约

第三种，当市场外汇价格(C 点) ＞ 协定价格(a 点)时——买方履约

因为，当第一种情况出现时，市场价和协定价格都是 2 美元，买方不履约，只损失期权费 0.1 美元；当第二种情况出现时，市场价为 2.1 美元，协定价格为 2 美元，买方要求卖方按 2 美元的价格出售外汇，赚的 0.1 美元冲抵期权费，不盈不亏；当第三种情况出现时，市场价为 2.5 美元，协定价格为 2 美元，买方要求卖方按 2 美元的价格出售外汇，0.1 美元冲抵期权费，还有 0.4 美元的盈利。

(2) 外汇看涨期权卖方(收期权费的义务方)盈亏分析

期权卖方的盈亏恰好与期权买方的盈亏相对，前者的盈利就是后者的亏损，反之亦然(见图 5-5)。对于期权卖方来说，所能得到的最大利润就是期权费，而其所遭受的损失是无限大。

也就是说：当图 5-5 出现第一种情况时，买方不履约，卖方的盈利为期权费；当出现第二种情况时，买方履约，卖方按协议价格 2 美元出售给买方外汇，虽然市场价为 2.1 美元高于协议价，损失 0.1 美元，但加上收取的 0.1 美元的期权费，不盈不亏；当出现第三种情况时，买方履约，卖方按协议价格 2 美元出售外汇，市场价为 2.5 美元，冲抵收取的 0.1 美元的期权费，还亏 0.4 美元。

2. 外汇看跌期权

(1) 外汇看跌期权买方(交期权费的权利方)盈亏分析

看跌期权买方盈亏图如图 5-6 所示。图 5-6 横轴为汇率即市场外汇价格，纵轴为盈亏状况。假定 (*a*)点是期权合约的协定价格为 2 美元，期权费为 0.1 美元。*A*、*B*、*C* 点是市场外汇价，*A* 点为 2 美元，*B* 点是盈亏平衡点为(协定价格减掉期权费)1.9 美元，*C* 点代表盈利趋势假定为 1.5 美元。从图 5-6 中可以看出，看跌期权的买方最大损失为期权费，而其盈利可能无限增加。因为合约到期日时可能跌到 1.2 美元、1 美元、0.8 美元甚至更低。

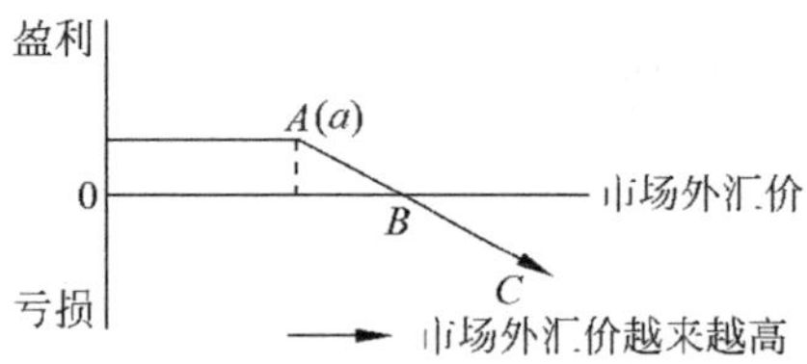

图 5-5 看涨期权卖方盈亏图

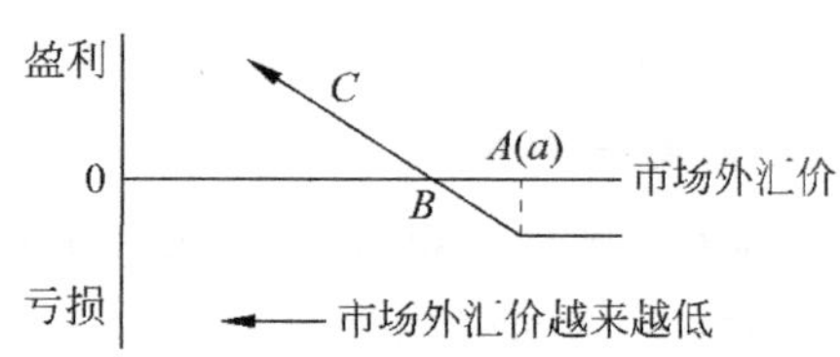

图 5-6 看跌期权买方盈亏图

也就是说：第一种，当市场外汇价格(*A* 点)＝协定价格(*a* 点)时——买方不履约

第二种，当市场外汇价格(*B* 点)＜协定价格(*a* 点)时——买方履约

第三种，当市场外汇价格(*C* 点)＜协定价格(*a* 点)时——买方履约

因为，当出现第一种情况时，市场价和协定价格都是 2 美元，买方不履约，只损失期权费 0.1 美元；当出现第二种情况时，市场价为 1.9 美元协定价格为 2 美元，买方要求卖方按 2 美元的价格购买他的外汇，多赚的 0.1 美元冲抵期权费，不盈不亏；当出现第三种情况时，市场价为 1.5 美元协定价格为 2 美元，买方要求卖方按 2 美元的价格购买他的外汇，0.1 美元冲抵期权费，还有 0.4 美元是盈利。

(2) 外汇看跌期权卖方(收期权费的义务方)盈亏分析

期权卖方的盈亏恰好与期权买方的盈亏相对，前者的盈利就是后者的亏损，反之亦然(见图 5-7)。对于期权卖方来说，所能得到的最大利润就是期权费，而其所遭受的可能损失是无限大。

也就是说：当图 5-7 出现第一种情况时，买方不履约，卖方的盈利为期权费；当出现第二种情况时，买方履约，卖方按协议价格 2 美元购买买方的外汇，虽然市场价为 1.9 美元低于协议价，损失 0.1 美元，但加上收取的 0.1 美元的期权费，不盈不亏；当第三种情况出现时，买方履约，卖方按协议价格 2 美元购买买方的外汇，市场价为 1.5 美元，冲抵收取的 0.1 美元的期权费，还亏 0.4 美元。

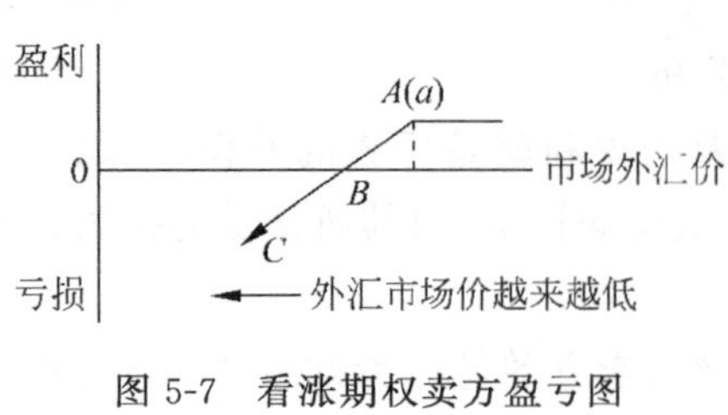

图 5-7 看涨期权卖方盈亏图

外汇期权无论是看涨期权还是看跌期权，无论

是买方还是卖方，他们的盈利或亏损都是以协议价格和外汇市场价比较出来的。期权的买方的损失是有限的，最多为期权费，而盈利是无限的。但期权的卖方损失是无限的，盈利最多为期权费。为什么还会有卖方，那是因为期权费是不能收回的，买方一旦预测失误，卖方可获得期权费。

5.2.4　外汇期权交易、期货交易与远期交易的比较

外汇期权交易、期货交易和远期交易都是买卖双方事先签订合约而不进行现货交割的外汇交易。有着许多共同之处，它们的交易对象都是合约而不是实物，它们的基本功能都是为交易者提供避险保值和投机的便利。但是它们又有许多不同之处，如表 5-8 所示。

表 5-8　外汇期权交易、期货交易与远期交易的比较

内　容	外汇期权	外汇期货	远期外汇
交易性质	买方有是否履约的权利 卖方有按买方要求履约的义务	买卖双方都有履约的义务	买卖双方都有履约的义务
合约	标准化	标准化	非标准化
价格波动	有限制	有限制	无限制
交割日期	美式期权可在到期日任何时间交割	标准化	买卖双方议定
交易方式	公开竞价	公开竞价	电话、电传
发行人和保证人	期权清算公司	交易所的清算部门或银行的清算部门	无
保证金	买方支付期权费 卖方押保证金	买卖双方均交保证金	是否交保证金由银行决定
交易币种	少数几种国际货币	少数几种国际货币	无限制
报价方法	美元报价	美元报价	按买卖的所需的币种报价

课堂案例讨论

于传言时买入（卖出），于事实时卖出（买入）

外汇市场与股票市场一样，经常流传一些消息甚至谣言，有些消息事后证明是真实的，有些消息事后证实是谣传，但不管如何总会对外汇市场产生一定的影响。传言可以是假的，而资产价格变动却是实实在在的。交易者的做法是，在听到好消息时立即买入，一旦消息得到证实，便立即卖出。反之亦然，当坏消息传出时，立即卖出，一旦消息得到证实，就立即买回。如若交易不够迅速很有可能因行情变动而招致损失，这就要求你信息较为灵通，可以对外汇投资投入较大的时间精力。

孙子曰："兵者，诡道也。"意思是欺骗敌人也是一种兵法，欺骗人或被欺骗有时也是一种智慧的比赛，也是一种策略，若只是正直作战是不能获胜的。孙子在兵法中一再说过，真实的策略要隐瞒，因为如果让敌方知道了真实情形，则我方的弱点暴露就会招致失败。汇市如战场，不管是有预谋的散布谣言，还是随机的以讹传讹，我们总要面临虚虚实实的诡道。

"兵之形,避实而击虚",关于虚实有两种解释,其一是空虚的虚,指力量薄弱,给人有机可乘;充实的实,指士气旺盛,战斗力强的状态。第二种解释就是虚伪的虚,事实的实,也就是用兵讲究识破虚假的现象,直刺假象之下的弱点。外汇投资信息的变动,反映了投资者内心的虚实,反映了外汇资产基本面的虚实,反映了外汇投资行情的虚实,但这种反映并不一定是真实的,而可能是扭曲的虚假的甚至相反的。有很多的投资者并没有自己的谋略,仅仅以传言作为谋略攻势。但只依据情报往往是不能获胜的。要注重事实,所谓事实,就是要收集可以信赖的基本面信息,技术指标和机构投资者信息,然后作综合的研究,根据自己的目的把这些资料素材作适当的处理,这样,自己就会有一个根据地,然后从这里看清外汇投资的虚实动态,等待攻击的机会。

不要在赔钱时加码

在买入或卖出一种外汇后,遇到市场突然以相反的方向急进时,有些人会想加码再做,这是很危险的。例如,当某种外汇连续上涨一段时间后,交易者追高买进了该种货币。突然行情扭转,猛跌向下,投资者眼看赔钱,便想在低价位加码买一单,企图拉低头一单的汇价,并在汇率反弹时,二单一起平仓,避免亏损,这种加码做法要特别小心。如果汇价已经上升了一段时间,你买的可能是一个"顶";如果越跌越买,连续加码,但汇价总不回头,那么结果无疑是恶性亏损。一个令你赔钱的资产当然不是一个好的资产,你不会去购买一件坏的衣服或一栋坏的房子,但你却极可能去购买一项坏的证券资产。

丹尼尔·德努有一句名言"斩掉亏损的股票,运作盈利的股票"。斩掉亏损的资产,当然意味着亏损,意味着将你辛辛苦苦挣来的血汗钱交给市场,意味着承认你犯了错误,这的确是一件很痛苦的事情。但确认亏损是为了防止更大的亏损是为了以后取得利润,承认错误是为了改变错误提高自己的投资水平。

思考题:结合外汇交易知识请对以上两种外汇交易方式,谈谈你的看法。

本章小结

衍生金融工具是传统金融工具派生出来的。外汇期货、外汇期权是衍生金融工具的交易品种。

期货起源于农民对农产品价格风险的担忧。农民从农产品下种到上市出售的过程,风险不确定。而投机商看出商机,在农民下种之时起,就被投机商按双方协议价买断农产品。等农产品上市时,如果市价高于协议价投机商就获得利润。无论市价低还是高农民都能确保收益。

金融交易如同博弈,有一定运气。但充分了解了外汇交易原理,可以降低风险。

外汇期权、期货交易有区别于其他外汇交易工具的特点,掌握了它们的交易原理就可利用它们为我们服务。

课后练习

(一) 基础练习

1. 填空题

(1) 美式期权是指该期权合约的买方________要求卖方执行合约。

(2) 期权费又称________、________、________,是指期权买方事先要向期权的卖方支付一笔费用。

(3) 进行外汇期货交易有两个目的：一是________,他们实际中有一笔进出口业务,利用外汇期货交易规避外汇风险；二是________,他们利用外汇期货价格的变动赚取利润。

2. 多选题

(1) 在期货交易中采用喊价的形式进行报价,报价的内容包括(　　)。

A. 价格　　B. 期货合同的期限

C. 数量　　D. 交割地点

(2) 外汇期货交易的规则主要包括(　　)。

A. 公开叫价制度　　B. 逐日盯市制度　　C. 保证金制度　　D. 结算制度

(3) 按外汇期权其行使期权的时限分为(　　)。

A. 欧式期权　　B. 买入看跌期权　　C. 买入看涨期权　　D. 美式期权

3. 判断题

(1) 期权权利方是买方,交期权费后有购买或不购买的权利。　　(　　)

(2) 期货的初始保证金是当交易者开仓时向清算所缴纳的资金,常为交易总额的5%～30%。　　(　　)

(3) 期权的协定价格又称履约价格、约定价格、执行价格,期权价格。　　(　　)

4. 名词解释

(1) 欧式期权　　(2) 外汇期货公开叫价制　　(3) 买入看跌期权

5. 简答题

(1) 简述期货外汇交易规则。

(2) 简述期权费的影响因素。

(二) 实操练习

利用金融软件进行外汇期货、期权的模拟交易。

第6章

外汇风险及管理

【学习目的及要求】

通过本章的学习，希望同学们正确理解外汇风险的含义、种类及构成要素；深刻地理解对外汇风险防范的意义；掌握和灵活运用外汇风险管理的一般方法和综合方法。

【引导案例】

汇率，出口商的硬伤

最近几周，做欧美出口生意的范先生情绪低落，因为人民币大幅升值，公司利润受到严重挤压。

今年以来，人民币对美元升值幅度，超过了去年全年的升值幅度。依照这种趋势，今年人民币有破“6”的可能。

商务部的一位官员表示：“如果步伐不是太快，今年出口则不会太悲观，但汇率是目前出口商的硬伤。”

汇率之伤

受汇率大战的影响，生产背包的范先生可谓感受颇深。他与美国客户签了一个价值30万美金的订单，收款期限是两个月，签单时汇率是6.2，而结算时汇率已经变为6.17，该货物在不知不觉中缩水9 000元人民币。对美出口日子难过，做日本生意的人就更难了。

近半年来，人民币兑日元汇率升值幅度已达20%以上，这一状况对外贸进出口已造成一定影响。一些出口厂商正面临日商的压价要求，已无利可图。而进口商则正好相反，日元的贬值为其在中国市场带来了更多的价格竞争力。“因为人民币大幅升值，日元大幅贬值，我们谈判秋冬季订单时很难。”同样是做外贸，厦门一家公司总经理陈先生说，因为人民币一路升值，他们公司的日本业务已经从70%下降到50%。

有外贸“风向标”之称的广交会刚刚结束，虽然结识了几个有实力的客户，但这并没有让陈先生心情变好，因为客商对价格更加敏感，他们公司已经降价不少，但就算这样，客流还是较去年流失了10%。

参加了广交会的上海龙和大津工贸有限公司的工作人员则坦承,这家企业以经营羊毛及羊毛混纺面料为主,一般的交货期在3~4个月。而日元的持续贬值,很可能令企业在交货结算时已无利可图。"现在有些日本的订单,价格已经做不下来,只能直接取消订单。"

据了解,现阶段外贸企业应对人民币升值主要是通过银行锁定汇率的方法,但这种方法只能保证短期内的汇兑风险,如果人民币长期升值那真是无解。

国际投行摩根大通中国首席经济学家朱海斌此前表示,过去6个月里人民币实际有效汇率升值幅度接近5%,这将在未来数月里对出口构成一定拖累。

出口东南飞

大和证券资本市场公司的经济学家孙明春和Christie Chien提到的"雁行模式"经济理论受到了人们的关注。该理论认为,低端制造业会不断地从更先进的国家向欠发达国家转移。

他们指出由于最近几年中国的工资水平经历了快速增长,东盟国家的劳动力成本比中国低得多。因此,制造业的接力棒正在从中国转移到经济学家所说的"东盟七国"手里。这7个国家是泰国、菲律宾、越南、印度尼西亚、老挝、柬埔寨和缅甸。

事实证明,过去10年的大部分时间里,越南纺织品和服装等劳动密集型产业的出口增速都超过了中国,而过去两年,柬埔寨的出口增速也超过了中国。

资料来源:张斌. 经济观察报,2013年5月6日

思考题:人民币兑外币升值对中国的对外贸易有哪些影响?

由于人民币对外汇率波动,必然会给中国外贸企业带来风险,但是企业完全可以通过一些方法规避外汇风险。那么,什么是外汇风险?如何识别和防范外汇风险呢?这正是本章所要阐述的问题。

20世纪70年代布雷顿森林体系崩溃后,国际货币体系进入到了浮动汇率时代。90年代后随着经济全球化和金融自由化进程的加快,国际资本的流动规模和速度空前,这更为汇率波动起到了推波助澜的作用,东南亚和拉美金融危机的爆发、加深和蔓延又使人们对外汇风险的严重性有了更加深刻的认识。

外汇风险是由汇率变动引起的,因此,对进出口企业来讲,防范外汇风险的关键是对汇率进行有效的预测。国际政治经济形势、国际收支状况、通货膨胀情况、利率水平、经济政策、人们的心理预期等因素都会引起汇率的变化,众多因素对汇率此消彼长的影响使汇率的走势和波幅经常变化莫测,因此,给国际贸易和国际投资带来了很多不确定性。

这些不确定性所带来的汇率风险,不但会给我们的投资造成损失,还可能会使我们正常的贸易收益归零甚至亏损。所以识别和防范外汇风险是非常有必要的。

小贴士

俄罗斯的金融风暴

1998年5月27日这一天,大约有3~4家驻俄罗斯的外国银行和企业,突然大量抛售俄罗斯国家短期债券和公司债券进行投机,企图使卢布贬值,这一举动导致俄罗斯金融证券市场顿时出现剧烈动荡,其震动程度堪称近几年来之最。

就在这短短的一天时间里,交易市场上市公司股票的价格平均下跌了10%,而国家短期债券年利率则顿时从60%猛跳到80%,交易所美元兑卢布比价升至1∶6.2,一夜便超过了中央银行规定的1∶6.188的限定浮动幅度。

其实,大约两周前外国投资者便已有所动作,他们陆续从俄罗斯证券市场撤走资金,前后加起来已达到140亿美元——只是5月27日这一天达到登峰造极而已。

6.1 外汇风险概述

汇率变动对经济领域的影响具有不确定性,这种不确定性就是广义的外汇风险。我们在本章中只是针对狭义外汇风险进行探讨。狭义外汇风险是指汇率变动对微观企业的影响,如外经贸等涉外企业、从事涉外业务的金融、非金融机构和个人。

20世纪70年代后期各国普遍放松外汇管制,加之金融衍生工具不断创新,互联网的广泛使用,各国外汇市场和资本市场的联系更加紧密。80年代以来国际游资及其投机活动加剧了汇率的波动。进入新世纪,随着经济全球化的进程,汇率波动的影响因素更多、更复杂,因而外汇风险管理尤为重要。

在从事对外贸易、投资、借贷等活动中,如果不采取必要的防范外汇风险措施,就会给企业带来严重的后果。但是只要掌握了防止外汇风险的一般方法与综合措施,就能使持有外汇的经济主体降低甚至完全避免外汇风险的发生。

我国1994年1月1日汇制改革,实行以市场供求为基础的、单一的、有管理的浮动汇率制度。2005年7月21日我国中央银行——中国人民银行公告:我国开始实行以市场供求为基础、参考一篮子货币进行调节、有管理的浮动汇率制度。在进出口贸易业务方面,计价货币为非美元的交易增加,因此,我国外汇风险因管理问题更为复杂。

6.1.1 外汇风险的含义

外汇风险也称汇率风险,是指在一定时期内由于国际外汇市场汇率发生变化,给企业、银行等经济组织及个人,以外币计价的资产(债权、权益)和负债(债务、义务)带来损益的可能性。

对外币资产或负债所有者来说,外汇风险可能产生两种不确定性的结果:一是遭受损失,二是获得收益。值得注意的是风险和损失不能画等号,风险产生的是一种对未来的预期,而损失是对已发生事件结果的具体描述。只要存在损失的可能性,就可以视为存在风险,但是,只有当风险实际发生后,才可以称之为损失。风险并不必然导致损失,在某种特定情况下,甚至可能带来收益。在这里只讨论外汇风险导致损失的一种结果。

6.1.2 外汇风险的种类

根据外汇风险发生的时间,外汇交易者面临的风险基本可以分为三类:会计风险、交易风险及经济风险。会计风险是本币与计价外汇之间转换时产生的风险。交易风险是某一笔外汇交易结算时出现的风险。而经济风险是因汇率意外变化引起企业未来一定时期内盈利能力与现金流量变化的潜在风险。如果判断A外汇将升值,那么,一定时期内企业N笔进出口业务洽谈都以此为依据。如果如期A外汇升值企业皆大欢喜。如果A外汇贬值,那么企业N笔进出口业务都将受损失。由此可见经济风险比另两种风险更大,更严重,因为一旦出现损失会是一系列的。

1. 会计风险

会计风险又称转换风险或折算风险,是指经济主体对资产负债表进行会计处理中,将功能货币转换成记账货币时,因汇率波动而呈现的账面损益的可能。

- 功能货币——是经济主体在经营活动中,流转使用的各种货币,一般指外币。
- 记账货币——是经济主体在编制综合财务报表使用的报告货币,一般指本币。

例如,中国某彩电企业在H国投资设分厂,该企业2011年12月31日的资产负债(见表6-1)是按H国货币编制的。表6-2是按当天的RMB1=H1.4汇率编制的人民币资产负债表。2012年1月1日汇率波动成RMB1=H1.7,按此汇率编制了人民币资产负债(见表6-3)。我们可从这3个表的比较中看出,由于汇率波动给企业带来账面上的损失。

表6-1 2011年12月31日H国分厂资产负债表

H货币表示 单位:千元

资　产	金　额	负债和所有者权益	金　额
货币现金	40 000	短期负债	60 000
应收账款	60 000	长期负债	40 000
存货	40 000	权益	160 000
固定资产	120 000		
合　计	260 000	合　计	260 000

表6-2 2011年12月31日H国分厂资产负债表

人民币表示 单位:千元

资　产	金　额	负债和所有者权益	金　额
货币现金	28 571	短期负债	42 857
应收账款	42 857	长期负债	28 571
存货	28 571	权益	114 285
固定资产	85 714		
合　计	185 714	合　计	185 714

表6-3 2012年1月1日H国分厂资产负债表

人民币表示 单位:千元

资　产	金　额	负债和所有者权益	金　额
货币现金	23 529	短期负债	35 294
应收账款	35 294	长期负债	23 529
存货	23 529	权益	94 117
固定资产	70 588		
合　计	152 941	合　计	152 941

从表6-1~表6-3所示资产负债表可以看出,由于汇率的变动,资产由185 714千元人民币减少到152 941千元人民币,企业的会计风险在折算后体现出来。

2. 交易风险

交易风险又称结算风险，是指在以外币计价的交易活动中，由于该种货币与本国货币的汇率发生波动而引起的应收资产与应付债务价值变化的风险。交易风险与结算某一笔具体交易有关，如外币表示的将来的采购额、销售额、租金以及预期发生的收支等。风险于交易合约生效之时产生，至买卖的实际交割日终了。凡是涉及外币计算或收付的任何商业活动或国际投资都会产生交易风险。列举以下案例来说明交易风险的类型。

(1) 对外贸易的交易风险

对外贸易的交易风险是指以因对外贸易签订买卖合约后，购买或销售以外币计价的商品或劳务时，在货物装运或劳务提供后，而货款或劳务的应收款或应付款尚未收支这一期间，由于汇率变化所发生的风险。

在进出口贸易中，从合同订立到信用证的开立，到审证、改证，再到卖方装船发货，直到受益人向银行议付货款，期间有一段较长的时间间隔。在此期间如计价外币升值，对于付款企业来讲，支付既定的外币数额要付出更多的本国货币；而当计价外币贬值，则对于收款企业来讲，收进既定数额外币结汇时可得的本国货币就会减少。前一种情况是进口商受损，而后一种情况是出口商受损。

例如，2012 年 5 月 22 日，中国某空调企业与美国进口商签订了出口一批价值 40 万美元的空调买卖合约，付款期限为 60 天。签订商品合约时当天的即期汇率为 1 美元＝6.334 5 元人民币，按此汇率中国出口商收款时可得 253.38 万元人民币。但假若 60 天收款时的汇率变为 1 美元＝6.304 5 人民币，中国出口商只能得到 252.18 万人民币，由此就产生了交易风险。

(2) 国际借贷的交易风险

国际借贷的交易风险是指以外币计价的国际信贷活动，贷出或借入以外币偿还的资金，在债权债务未清偿前所存在的风险。

例如：中国 Y 公司在 2007 年借入 80 万英镑，按当时的即期汇率为 1 英镑＝13.782 人民币，可兑成人民币 1 102.56 万元。5 年后该贷款到期时，汇率已变化为 1 英镑＝14.993 人民币，意味着 Y 公司需要 1 199.44 万元人民币才能偿还 80 万英镑，比借款时多付出 96.88 万元人民币。

交易风险具有静态性和客观性，它产生于经营过程中，风险衡量的时间是比较过去已发生的交易的某一时点而言的，所造成的损失结果是可以量化的。

3. 经济风险

经济风险也称经营风险，是指由于并非如预期汇率发展趋势那样变化，从而导致从事国际业务的企业未来收益可能发生变化的一种潜在风险。

企业的管理层将所预测汇率变动趋势，做出相应的经营决策直接指导公司融资、销售和生产，进而影响企业的生产成本、销售价格，最终引起企业收益的变化。潜在经济风险直接关系海外企业在融资、销售、经营目标与生产等方面的战略决策。

对于一个企业来说，经济风险是从企业整体上进行预测、规划和进行经济分析，涉及资金、营销、采购和生产等的各个层面。经济风险的分析在很大程度上取决于该公司的预测能力，带有一定的动态性和主观性，预测的准确程度直接影响企业在海外的经营效果，其影响是长期性的。而交易风险和会计风险的影响是一笔业务一次性的，因此，经济风险所造成的损失比会计风险或交易风险更严重。

如某企业预测美元升值，那么，这一预测结果就直接影响到这家企业的国际融资、国际结算及国际投资等行为。如果美元汇率发展的趋势恰恰与其所预测的相反，不容置疑这家企业之前进行的一系列国际融资、国际结算及国际投资都会因此遭受损失。

6.1.3 构成外汇风险要素之间的相互关系

企业对外经营活动中所发生的外币收付，如应收账款、应付账款等，都需将外币与本币进行折算，以便结清债权债务并考核其经营活动成果。无论是对外贸易的交易产生到账款的最后收进或最后支出，还是国际借贷本息的最后偿付均有一个期限。这个期限就是时间因素，在确定的时间内，外币与本币的折算比率可能发生变化，从而产生外汇风险。

如果一笔交易最后以本币结算，不将本币转换成外币，就不用担心汇率波动，这笔交易即使时间再长也不存在外汇风险。由此可见，本币、外币与时间是外汇风险存在的三个要素，并且必定同时存在，缺一不可。

虽然每一笔未结算而敞着口的外汇收支，本币、外币和时间三个要素都必定同时呈现。但三要素呈现的方式不同，所构成的外汇风险形式就不同。我们要很好地消除外汇风险，首先，就必须了解要素之间的相互关系，从而对症下药采取恰当的方法消除风险。下面借助符号与图示来说明外币资金的流出入情况与消除外汇风险的方法。

◎ 圆圈表示企业　　　　← 箭头指向表示货币流向

⟸ 双箭头表示外币流向　　　　⇠ 虚线双箭头表示另一种外币流向

⬅ 单箭头表示本币流向

① 符号与图示举例。

◎ ⟸

双线箭头指向圆圈，表示外币流入企业。如应收货款、投资股息或分红、银行借款等。

◎ ⟹

双线箭头指向圆圈，表外币流出企业。如应付账款、偿还银行贷款、向国外投资费用等。

◎ ⟸ 3个月

◎ ⇢ 1个月

以上表示一种外币资金在3个月内流入，另一种外币资金在1个月内流出。

② 多头状态与空头状态。

一个企业在一定时期内将有一笔外汇资金流入，该企业则处于多头状态，如有一笔外汇流出则处于空头状态。企业根据不同的状态，采取消除外汇风险的方法也不同。

◎ ⟸ 3个月　多头状态

◎ ⇢ 1个月　空头状态

多头状态要先借外币，空头状态要先借本币才能消除风险。这只是规避外汇风险技术管理的基础。

③ 以本币收付，无外汇风险。

◎ ←

◎ →

S国某公司向海外销售，双方确定以S国货币为计价货币。这样就没有外汇风险，因为本币与将流入的货币是相同的，不存在外币与本币的折算问题。

④ 流入的外币与流出的外币金额相同、时间相同，无外汇风险。

◎ ←---- 3个月

◎ ----→ 3个月

日本向美国进口汽车钢板，以美元计价，3个月后支付货款800万美元。同时，向美国销售汽车，3个月后收取货款800万美元。流出与流入的外币相同，金额相同，时间相同，相互抵消，无外汇风险。

⑤ 相同外币、相同金额的流出与流入，但时间不同。就只有时间风险，既不处于多头，也不处于空头状态。

◎ ——→ 1个月

◎ ←—— 3个月

中国某外贸企业，在不同时间有两笔相同外币的流出与流入，1个月内该企业有一笔加拿大元货款需支付，3个月内有一笔加拿大元货款收入，这只存在时间风险。

⑥ 一种外币流出，另一种外币流入，具有多重风险。

◎ ——→ 1个月

◎ ←---- 3个月

中国某外贸企业从美国进口计算机芯片，以美元计价，1个月内支付货款。另外向越南出口计算机，以欧元计价，3个月内收款。

该公司欧元处于多头，美元处于空头，该公司存在双重风险。同时，美元与欧元两种货币的价值可能向不利方向移动所产生风险。

6.2 外汇风险的一般管理

6.2.1 外汇风险管理的含义

外汇风险管理是指对外汇风险的特性以及影响因素进行识别与测定，并有针对地设计和选择防止和减少损失发生的处理方案，以最小成本达到规避外汇风险的最佳效果。

外汇风险已然存在，但是通过各种技巧是可以抵补或对冲外汇风险的。外汇风险分为一般管理和综合管理措施。一般管理措施所采取的方法是单一的，而综合管理措施采取的是两种以上方法结合在一起多方位的管理。

小贴士

面对外汇风险只能俯首就擒吗？

中国S省D企业从事床上饰品的生产销售，2012年4月5日与外商签订了约1 000万欧元的床上饰品全套生产线进口合约，2013年4月5日付款。签订进口合同时汇率为100欧元兑958.18元人民币。之后欧元兑人民币汇率一路攀升，2013年4月5日付款时为100欧元兑1 151.09元人民币。

2012 年 4 月 5 日与外商签订合约时，100 欧元兑 958.18 元人民币，D 企业只需 9 581.8 万元人民币即可还清 1 000 万欧元。2013 年 4 月 5 日付款时为 100 欧元兑 1 151.09 元人民币，还清 1 000 万欧元需 11 510.9 万元人民币，实际损失 1 929.1 万人民币。

为什么 D 企业会损失了 1 929.1 万人民币？这说明外汇汇率波动必然会带来风险，但是企业完全可以通过一些方法规避外汇风险。

6.2.2　外汇风险的一般管理方法

外汇风险的防范与化解涉及财务管理和经营管理等诸多方面，对外贸企业来讲，首先，要甄别风险事件，明确受险时间，分析受险原因，并恰当估计风险后果，然后再根据具体情况采取相应的避险措施。下面介绍一些在外汇风险的一般管理中常用的方法，可在一定程度上规避或降低外汇风险。

1. 灵活选择货币、合理搭配货币、改变收付日防范外汇风险方法

(1) 灵活选择计价货币

① 出口选"硬币"进口选"软币"。出口商应选"硬币"作为计价货币，进口商应选"软币"作为计价货币。

"硬币"——汇率呈上升趋势的货币，"软币"——汇率呈下降趋势的货币。

如：当出口时，应选"硬币"

即期汇率为　　　　　　1 美元＝150 日元

预测 3 个月后的汇率为　1 美元＝125 日元

美元是"软币"，日元是"硬币"

美国出口日本一批价值 10 万美元的商品，这时，可以以美元为计价货币货款是 10 万美元，也可以日元为计价货币，货款是 1 500 万日元。美国出口商签订合约时，要求以日元计价，价值 1 500 万日元，3 个月后收汇。3 个月后收到 1 500 万日元，此时，按 1 美元＝125 日元兑换，只需 1 250 万日元就可换回 10 万美元，还余 25 万日元。

对出口商而言，以硬币报价有利。因出口商是收款方，即债权人，如果收取硬货币，硬货币升值后折成本币结汇时，收到本币相对增多，有利于出口效益的提高。

但此法的有效性须建立在对汇率的准确预测基础之上，此外，这是一种将汇率风险转嫁他人的手段，很难为对方所接受，可考虑一半软币一半硬币的做法以平衡双方的利益。

② 尽量选择自由外汇。自由外汇可以随时在金融市场自由兑换成其他货币。发现汇率有风吹草动，可顺利换成其他风险较小的货币。

③ 软、硬币搭配。各种货币"软""硬"是不断变化发展的，如果软、硬币搭配就会使外汇风险降低。

如：当前美元兑人民币汇率为 1 美元＝6.131 7 人民币，不能确定未来汇率的走向，那么，美元和人民币各占一定的比例作为计价货币，美元贬值人民币相应升值，人民币贬值美元就升值。彼此互补，规避外汇风险。

④ 多种计价货币组合。多种计价货币组合是指在进出口合约中使用两种以上的货币来计价，以消除或降低外汇风险。对金额较大的交易或外汇汇率剧烈变化难以预测情况下，可用两种以上货币计价，使各种计价货币的汇率变动相互调节的方法。一种货币贬值，其他

货币汇率不变，或者几种货币贬值，另外几种货币升值。这样可以减少风险或分散汇率风险。

例如，美国一公司签订了一份100万美元的出口合同，并在合同中要求：美元(占40%)、欧元(占30%)、英镑(占30%)三种为计价货币，3个月后收款。

签订商品合约时的即期汇率为　1美元=1欧元　　1英镑=2美元

若3个月后的即期汇率为　1美元=0.8009欧元　1英镑=2.3美元

订合同时	3个月收汇时
美元40%=40万美元 欧元30%=30万欧元=30万美元 英镑30%=15万英镑=30万美元 共计100美元	美元40%=40万美元 欧元30%=30万欧元=37.458万美元 英镑30%=15万英镑=34.5万美元 共计111.96万美元

从上面案例知晓，如果单一的计价货币选择错误，收益会减少甚至造成损失。如若多种货币计价组合，不仅可以消除或降低外汇风险有时还可能获得收益。

⑤ 选择本国货币交易。在进出口贸易中应尽量采用本国货币作为计价和结算货币，因用本币结算不会发生货币兑换问题，外汇风险无从产生。但以这种方法规避汇率风险，本国厂商须居于主导地位，且本国货币为可自由兑换的国际通货，否则不易为对方所接受。

(2) 提前收付或拖延收付法

提前收付或拖延收付法，是根据对汇率的预测，更改应收应付账款的收付日期的一种防止外汇风险的方法。进出口商通过对汇率走势的预测，提前或延期收付货款，通过更改外汇资金的收付日期以抵消汇率风险。若计价货币有贬值趋势，出口商可要求尽量提前交货或采取以预付款方式交易；反之进口商可要求推迟交货期或以延期付款或远期信用证方式交易。

① 如果企业预测作为计价货币的外币将升值，如表6-4所示。

进口企业：应尽量提前购买或预付货款。

出口企业：应尽量推迟交货，或允许进口商延期付款。

② 如果企业预测作为计价货币的外币将贬值，如表6-4所示。

进口企业：应尽量推迟向外国进货，或允许外商推迟交货日期，或要求延期付款。

出口企业：应尽量早签合约，或答应进口商提前交货，或要求对方提前付款。

表6-4　提前收付或拖延收付法实施表

汇率预测 / 企业行为	预测计价外币贬值(本币升值)	预测计价外币升值(本币贬值)
出口企业(收汇)	提前收汇	推迟收汇
进口企业(付汇)	推迟付汇	提前付汇

例如，当企业预测计价外币升值本币贬值时，进口商应尽量提前付款。

2012年1月2日，我国某企业与英国某进口商签订了价值40万英镑的进口合约，原定3月2日付款。签订进口合约时汇率为1英镑=13.542元人民币，企业预测3月份英镑升值，汇率可能为1英镑=14.861元人民币。我方要求提前付款，按1英镑=13.542元人民币，支付 40 万英镑需要人民币 541.68 万元，如到 3 月 2 日按 1 英镑＝14.861 元人民币，汇率付款需人民币 594.44 万元，提前付汇降低了付汇成本 52.76 万人民币。

由于提前或拖延收付变更了结算日期，需要支付一定的折扣率。提前收付与拖延收付的折扣率通常是通过进出口双方协商而定的。

采用提前收付和拖延收付外汇法，首先要确保所预测货币的汇率发展趋势正确；其次，分析折扣金额同因汇率变动带来的损失孰重孰轻，否则得不偿失。在实际收付过程中，进出口商单方面提前或拖延收付外汇并非易事，因为要受到合同约束、国内信用等方面的限制。

(3) 平衡法

平衡法指在同一时期内创造一个和已经存在风险的货币的相同币种、相同金额、相同期限，但资金流向相反的方法。具体来讲，就是在一笔交易发生后再做一笔在币种、金额、收付日上完全相同，但方向刚好相反的交易，以使两笔交易面临的风险冲消。

例如，K 公司在 3 个月后有 10 万欧元的应付货款，该公司应设法出口时制造一笔 10 万欧元，收款期与那笔进口付款期相同的业务，使 3 个月后有一笔同等数额的欧元应收货款来抵消 3 个月后的欧元应付货款，从而达到消除外汇风险的目的。

这种方法一般企业难以实现，只是具有大量进出口业务或外汇交易跨国公司，才有条件采取平衡法。

(4) 组对法

组对法是指将某种货币资金流动所产生的风险，通过一笔与其他金额相同、期限相同但是资金流动方向相反的另一种货币交易的对冲来规避风险的方法。

例如，W 企业有美元应付款，没有美元应收款，但可用港币应收款代替美元应收款。因港币是盯住美元的，港币与美元汇率趋向同一方向。运用这种方法时应慎重，若使用不当会造成双重汇率风险。

小贴士

平衡法和组对法的区别如表 6-5 所示。

表 6-5　平衡法与组对法的区别

内　　容	平　衡　法	组　对　法
币种	两笔相同货币交易的对冲	两笔两种不同货币交易的对冲
操作特点	有较大的局限性	更大的灵活性
风险程度	很低	另一货币选择不准就有外汇损失

2. 加例保值条款，防止外汇风险的方法

加例保值条款是指在交易谈判时，双方协商在商务合同或贷款协议中加入适当的保值条款，以防汇率多变的风险。实际上是将未来的收入与某种稳定的货币建立起联系，用这种货币来保值，并以其作为衡量收入的标准，这是国际上防范风险通行的做法之一。

(1) 黄金保值条款

黄金保值是指在订立合同时，按签约日的黄金价格将支付货币的金额折成与货款等值的黄金,到支付日再将特定数量的黄金按当时的金价转换成一定数量的计价货币。这种保值方法在固定汇率时期常采用,现在很少使用。

(2) 外汇保值条款

在合同货币已确定的情况下,为避免其价值不稳定给交易双方带来风险,可考虑用价值较为稳定的货币为合同货币保值。

具体做法是:双方在交易时,首先确定合同计价货币,然后选择计价货币以外的一种货币或一篮子货币作为保值货币,并在合同中规定计价货币和保值货币之间的固定比价。如果结算时计价货币汇率发生了不利变动,其中一方即可要求对方按计价货币与保值货币的固定比例价调整其收汇(付汇)额。

例如,日本 M 企业向英国出口小汽车,英方坚持使用英镑计价付款,日方则提出必须用日元保值,并且按合同签订之日的汇率结算,英方同意了,当时的汇率是 1 英镑=295 日元,小汽车单价为约 4 500 英镑,折合 132.75 万日元。到付款时,汇率波动为 1 英镑=244 日元,按照合同,每辆小汽车的单价应变为约 5 440 英镑(132.75 万÷ 244),英国进口商应支付5 440 英镑/每辆,而不是 4 500 英镑/每辆。正因为日本企业采取了日元保值,才避免英镑贬值带来的外汇风险。

(3) “一篮子”货币保值法

“一篮子”货币保值法就是在合同中规定采用多种货币来保值,其做法原理与硬币保值相同,但不是以某一种硬币来保值,而是用多种货币,组成“货币篮”,各种货币软硬搭配,汇率变化有升有降,升降可以相互抵消,因此,能够分散汇率风险或把风险限制在一定的幅度内。运用“一篮子”货币保值,首先要确定“一篮子”货币由哪几种货币构成,然后确定每一种货币所占的比例,在合同中订好支付货币与每种保值货币的汇率,到支付时,再按届时汇率折算成支付货币。

(4) 物价指数保值法

物价指数保值法是指以某种商品的价格指数或消费物价指数来保值,进出口商品的货价根据价格指数变动作相应调整。

(5) 滑动价格保值法

滑动价格保值法是指在签订贸易合同时,买卖商品的部分价格暂不确定,而是在交货时按当时国际市场价格或生产费用的变化加以调整来支付。在成套设备的进出口中交货期较长,且金额大,可采用此法。

在签订贸易合同时买卖双方应确定滑动公式的主要问题:①滑动部分占货价的比例,不滑动部分(管理费等)所占比例;②滑动价格的组成及比例,主要由原材料费和工资两大部分组成;③材料价格指数和工资指数的依据与资料来源等。

3. 价格调整法

价格调整法是指承担汇率风险的进出口商通过在贸易谈判中调整商品价格,以减少使用外币结算给自己带来损失的汇率风险的管理办法。它又分为加价保值和压价保值两种方法。

(1) 加价保值法

加价保值用于出口交易中,当出口商接受软货币计价时,将汇价损失摊入出口商品的价格中,以转移汇率风险。

(2) 压价保值法

压价保值法就是指进口商接受以硬币付汇时，将汇率损失从进口商品价格中予以剔除，以转嫁汇率风险。

运用价格调整法往往要考虑商品的市场需求、商品质量等因素。如果出口商品是畅销货，国际市场价格趋涨，用硬货币报价，即使不降价，对方也容易接受。如果出口商品是滞销货，国际市场价格趋跌，用硬货币报价就不易成交。

4. 利用外汇交易，防止外汇风险的方法

(1) 即期合同法

即期合同法就是指具有外汇债权或债务的公司与外汇银行签订售出或购进外汇的即期合同来消除外汇风险。即期外汇交易是指两个营业日内进行交易。

即使两天内汇率波动不大，但交易数额大也将带来一定的损失。因此，存在外汇债权的公司需两天内收外汇时，同时与外汇银行签订币种相同、金额相同的售出外汇的即期合同来消除外汇风险。存在外汇债务的公司需两天内付外汇时，同时与外汇银行签订币种相同、金额相同的购进外汇的即期合同来消除外汇风险。

例如，2013 年 3 月 3 日，美国 Q 公司在两天内，要支付一笔金额为 100 万英镑的货款给英国出口商，为防止英镑升值，该公司 3 月 3 日与 M 外汇银行按当天 1 英镑＝1.5 美元的汇率签订以美元购买 100 万英镑的即期合同。两天后，尽管汇率波动为 1 英镑＝1.55 美元，但 M 银行也必须按 1 英镑＝1.5 美元的合同价卖给 Q 公司 100 万英镑，美国 Q 公司只需 150 万美元。如若美国 Q 公司不与 M 外汇银行签订以美元购买 100 万英镑的即期合同，那么，两天后用来支付 100 万英镑需要 155 万美元。

(2) 期货合同法

期货合同法是指具有外汇债权或债务的企业，在外汇期货市场，根据标准化原则与清算公司或经纪人签订货币期货合同，以消除或减少外汇风险的方法。具体来说，具有外汇债权的公司怕收汇时计价外汇贬值，可在期货市场利用空头套期保值避免外汇风险。具有外汇债务的公司怕付汇时计价外汇升值，可在期货市场利用多头套期保值避免外汇风险。

期货合同规避外汇风险方法的具体操作，请参考本书第 5 章，在这一部分有详尽的介绍。

(3) 期权合同法

期权合同法是指具有外汇或债务的企业，通过外汇期权市场进行外汇期权交易，以消除或减少外汇风险的方法。

期权交易避险的原理为：外币期权持有者在付出一定的期权费后就取得了执行或不执行合约的权利，可在合约期满日或期满日之前选择是否按规定的汇价购进或售出约定数量的外币。期权交易在风险管理方面较其他方法更具有灵活性、主动性及风险预知性。当然，期权所付费用也较高。

例如，美国 F 公司 2013 年 6 月 20 日与德国 G 公司签订了一份价值 100 万欧元的出口合同，约定 3 个月后付款。F 公司担心到期结汇时欧元贬值，减少创汇收入，决定以期权交易保值。

已知德国外汇市场 6 月 20 日即期汇率为 1 欧元＝1.506 0 美元。

期权合约的协定价格为 1 欧元＝1.566 0 美元。

期权费为1欧元=0.023美元,共计2.3(1 000 000×0.023)万美元,手续费为合同总金额的0.5%。

① 如果3个月后若欧元贬值,市场汇率为1欧元=1.467 0美元。

按市场汇价能收汇	按期权协定价格可收汇
100万欧元=146.7(1 000 000×1.467)万美元 最后收汇报146.7万美元	100万欧元=156.6 (1 000 000×1.566 0)万美元 156.6-2.3(期权费)-0.783(手续费)万美元=153.52万美元 最后收汇153.52万美元

相差153.52-146.7=6.82万美元

由上述可知,期权买方此时要求卖方履约,可比市场多收汇6.82万美元。

② 3个月后若欧元升值,市场汇率为1欧元=1.586 0美元。

按市场结汇价能收汇	按期权协定价格可收汇
100万欧元=158.6(1 000 000×1.586)万美元 最后收汇158.6万美元	100万欧元=156.6 (1 000 000×1.566 0)万美元 156.6-2.3(期权费)-0.783(手续费)万美元=153.52万美元 最后收汇153.52万美元

158.6-153.52=5.08万美元

由上述可知,期权买方此时会放弃履约。因为按市价可收汇158.8万美元,比行使期权多收汇5.08万美元。

(4) 掉期合同法

掉期合同法是指在签订买进或卖出某种外币合同的同时,再签订卖出或买进同种外币合同的方法。掉期是两笔交易的操作同时进行,并且两笔外汇的买卖币种、金额相同、但交割日不同、交易方向相反。掉期合同法避险的方法,多运用于短期投资和短期借贷业务,如抛补套利。

例如,5月21日日本X公司与美国Y公司签订价值为100万美元的进口合同,双方约定2个月后付款。签约时即期汇率为1美元=125日元,远期汇率为1美元=120日元。为了避免汇率风险,X公司决定利用掉期交易来规避风险。

第一笔:5月21日X公司与外汇银行签订购进即期的美元兑日元合约,出售100万美元购进1.25(1 000 000×125)亿日元。

第二笔:5月21日X公司同时与外汇银行签订2个月的远期的美元兑日元合约,出售1.25亿日元购进104.17(125 000 000÷120)万美元。

2个月后,付款日和远期日元卖出合同同时到期时,支付100万美元的货款后,还获得了4.17万元的收益。

5. 借款投资法

(1) 借款法

借款法是指有远期外汇收入的企业,通过借入一笔与远期外汇收入相同币种、相同期限、相等金额的资金,改变时间结构,防范汇率风险的一种方法。

例如,英国B公司有为期半年的100万美元的应收账款,预测在半年内英镑兑美元汇率波动,美元贬值B公司将蒙受风险损失。为防范汇率风险,该公司可借入为期半年的100

万美元，并立即将其卖出得到相应数量的英镑，并将英镑进行为期半年的投资。在半年后，B公司用美元应收账款归还所借的美元，英镑的投资利息冲抵借美元的利息。这样未来有应收账款的企业既提前得到相当于应收账款的资金，同时又避免了应收账款的计价外汇汇率下跌的风险。

（2）投资法

投资法是指具有远期外汇支出的企业，通过投资一笔与远期外汇支出金额、期限和币种都相同的资金，改变时间结构，防范汇率风险的方法。

例如，日本D公司有为期半年的10万美元的应付账款，如果在半年内美元汇率上升，D公司将蒙受风险损失。为防范汇率风险，该公司在签订进口合同的同时，按当时的汇率将10万美元进行为期半年的投资，半年后用收回的美元投资偿付应付账款。这样既避免了应收账款的计价外汇汇率下跌的风险，同时又可获得投资的利息收入。

投资法和借款法虽然都能改变时间结构，防范汇率风险，但借款法是将未来的外汇收入转移到现在，而投资法是将未来的外汇支付转移到现在。

6. 贸易融资法

在进出口贸易中，利用适当形式的国际信贷，不仅可以使企业加速资金的周转，提高资金的使用效率，还可以有效地防范和减少外汇风险。

（1）出口押汇

出口押汇是指出口商在收到信用证的情况下，因资金短缺，在货物装船发货后，将信用证要求的有关全套单据交到银行，以出口单据作抵押，银行把与货款等额的外汇付给出口方的方法。

出口方取得银行的押汇以后，如果预计该种货币的汇率将下跌，就及时把它换成其他货币；如果预测该货币汇率可能上升，也可保留该货币。出口押汇使出口商通过以出口单据作抵押将未来的应收外汇提前获得，受险期缩短了，减少了汇率风险。同时出口方对该货币有了支配权。

（2）打包放款

打包放款又称信用证抵押贷款，是指出口商收到境外开来的信用证，出口商在采购这笔信用证有关的出口商品或生产出口商品时，资金出现短缺，用该笔信用证作为抵押，向银行申请本、外币流动资金贷款。

用于出口货物进行加工、包装及运输过程出现的资金缺口，就是说用未来收汇偿还贷款。打包放款等于出口商把货款提前借出来，收汇风险也缩短了。打包放款的数额一般为出口货物总价值的50%～70%。

小贴士

出口押汇和打包放款的异同点如表6-6所示。

表6-6 出口押汇和打包放款的异同点

相同点	不同点
都是利用信用证作抵押	打包放款是在备货时就由银行提供贷款，时间短
都是提前提取货款	出口押汇是在货物发出并备齐单证后，由银行提供贷款，时间较长

从表6-6中可以看出，出口押汇和打包放款很相似，但有一些不同。

(3) 出口信贷

出口信贷是指为了提高本国大型成套机器设备和大型工程项目的出口竞争力，由出口方银行或政府给予补贴或优惠贷款的方法。出口信贷又包括卖方信贷和买方信贷，在第7章有详细的介绍。

① 买方信贷是指出口银行直接向进口商或进口方银行提供的、用以购买贷款国设备的贷款。

② 卖方信贷是指出口方银行以优惠利率向本国出口商提供中、长期的贷款。

买方信贷和卖方信贷避免外汇风险的操作方法如表6-7所示。

表6-7 买方信贷和卖方信贷避免外汇风险的操作方法

买方信贷	卖方信贷
1. 出口方银行贷款给进口商或进口方银行(进口商获得货款易于成交)	1. 出口方银行以优惠利率贷款给出口商(货款及时回笼)
2. 进口商将所贷货款支付给出口商(货款及时回笼)	2. 出口商以分期付款或赊销方式，将成套设备卖给进口商(分期付款易于成交)
3. 出口商将收回的外汇货款卖出，换成本币(外汇风险消除)	3. 出口商将外汇贷款卖出，换成本币(外汇风险消除)

在使用卖方信贷时，出口商除要支付贷款利息外，还须进行信贷保险，支付保险费以及贷款承担费和管理费等。

(4) 福费廷法

福费廷又称包买票据，是指在延期付款的大型设备贸易中，出口商把经进口商承兑的、期限在6个月至几年的远期汇票无追索权地卖断给出口商所在地银行(或大金融公司)，由此提前获得货款的方法。

福费廷法可使出口商避免两方面的风险：一是出口商把远期汇票卖给银行，立即得到现汇并兑换成本币，避免了外汇风险。二是福费廷是一种无追索权票据，如果到期进口商不付款，银行无权向出口商索赔，避免了信用风险。

正因为这两种风险都转嫁给了银行或大金融公司，所以福费廷业务的费用就较高。

(5) 保付代理法

保付代理简称保理，在我国又称为承购应收账款业务，是指出口商装运货物取得单据后，立即将单据卖给保付代理机构，取得现金。这样，出口商可将汇票到期之前的风险转嫁给保付代理人，但要支付较高保付代理费。

综上所述，可以看出，一些防止外汇风险的方法是在风险已经存在后采取的，一些是在风险发生前采取的。此外，防止外汇风险的方法与技术有些只可消除时间风险，有些只可消除货币风险。

6.3 外汇风险的综合管理方法

上一节讲述的外汇风险的管理方法，是单一种类的外汇风险防范措施，这些方法有的消除了时间风险，有的消除了价值风险。将几种外汇风险防范的方法加以综合运用，从而消除时间风险和价值风险的措施，我们称之为外汇风险的综合管理方法，也称之为外汇风险的基本方法。BSI法、LSI法及远期合同法一般称为外汇风险管理的三种综合方法。现将这三种综合方法在应收外汇账款与应付外汇账款中的具体运用及其消除时间风险与货币风险的机制过程分析如下。

6.3.1 BSI法

BSI法是Borrowing-Spot-Investing的缩写，即借款法—即期合同法—投资法。它是指具有外汇应收账款或应付账款的企业综合使用借款、即期合同与投资的方法。它可避免外汇风险。具体操作介绍如下。

1. 有应收账款的企业BSI法的操作步骤

为了防止应收账款的计价外汇贬值，首先从银行借入与应收外汇等值的外币，借款期限到收汇日；同时，通过即期交易，把外币兑换成本币；然后，将本币存入银行或进行投资，以投资收益来贴补借款利息和其他费用。应收账款到期时，就拿外汇货款归还银行贷款。出口企业BSI法的操作步骤如表6-8所示。

表6-8 出口企业BSI法的操作步骤

方　法	签订商品合同日	收　款　日
借款法	1. 向银行借入与应收外汇等值的外币，借款期限与收款期限相同(时间风险消除)	
即期合同法	2. 将外币兑换成本币(价值风险消除)	
投资法	3. 本币存入银行或进行投资(投资收益冲抵借款利息)	
		4. 货款到期时，所收外汇偿还银行贷款

例如，4月4日中国香港H公司在90天后有一笔100万美元的应收账款。当天外汇市场的即期汇率为1美元＝7.900 0港元，为防止收汇时美元贬值，H公司采取了BSI法。具体操作如表6-9所示。

表6-9 H出口公司BSI法的操作步骤

方　法	签订商品合同日(4月4日)	收款日(7月4日)
借款法	1. 向银行借入100万美元，期限为90天	
即期合同法	2. 将100万美元兑换成790万港元(1 000 000×7.9)	
投资法	3. 将790万港元存90天	
		4. 收到100万美元货款还银行贷款

2. 有应付账款的企业BSI法的操作步骤

在签订贸易合同后，先从银行借入购买应付外币所需的本币，同时在即期外汇市场用本币购进未来结算所需的外币，然后将这笔外币投资，投资期限与付款期限相同。付款到期时，企业收回外币投资，并支付货款。在该方式中，企业把借来的本币兑换成外币，消除了价值风险，而把未来的外币应付账款用于投资，又改变了外汇风险的时间风险，投资所得收益可用于抵消因采取防风险措施而产生的部分费用支出。进口企业BSI法的操作步骤如

表 6-10 所示。

表 6-10 进口企业 BSI 法的操作步骤

方法	签订商品合同日	收款日
借款法	1. 向银行借入与应付外汇等值的本币，借款期限与收款期限相同(时间风险消除)	
即期合同法	2. 将本币兑换成外币(价值风险消除)	
投资法	3. 将外币存入银行或进行投资(投资收益冲抵借款利息)	
		4. 付款到期时，将投资到期的外币支付给出口商

例如，4 月 4 日中国香港 H 公司在 90 天后有一笔 100 万美元的应付账款。当天外汇市场的即期汇率为 1 美元=7.900 0 港元，为防止付汇时美元升值，H 公司采取了 BSI 法。该公司采用 BSI 法的操作步骤如表 6-11 所示。

表 6-11 H 进口公司 BSI 法的操作步骤

方法	签订商品合同日(4 月 4 日)	收款日(7 月 4 日)
借款法	1. 向银行借入 790 万港元，借款期限为 90 天(时间风险消除)	
即期合同法	2. 将 790 万港元兑换成 100 万美元(价值风险消除)	
投资法	3. 将 100 万美元存入银行或进行投资(投资收益冲抵借款利息)	
		4. 付款到期时，将投资到期的 100 万美元支付给出口商

BSI 法消除外汇应收账款和应付账款风险的原理一样，但币种的操作顺序不同。前者借的款是外币，投资用本币；后者借款是本币，投资用外币。BSI 法使流入和流出的外币完全抵消，消除了外汇风险。

6.3.2 LSI 法

LSI 法是 Lead-Spot-Investing 的缩写，即提早收付法—即期合同法—投资法。它是指具有应收账款或应付账款的企业，在征得债务方或债权方的同意后，综合运用提前或延期收付货款、即期外汇合同和投资的办法，以消除外汇风险。具体做法如下。

1. 有应收账款的企业 BSI 法的操作步骤

为了防止应收账款的计价外汇贬值，有应收账款企业承诺给予进口商以一定折扣并征得对方同意后，让进口商提前支付货款，以消除时间风险；并通过银行签订即期合同，将收取的外币兑换成本币，从而消除价值风险；最后，将换回的本币进行投资，所获得的收益用以抵补因提前收汇造成的折扣损失。LSI 法和 BSI 法的做法基本相似，不同的是，BSI 的第一环节是从银行借款，而 LSI 是请付款人提前支付货款，以给进口商一定的折扣为成本。

仍以上述中国香港H公司为例，4月4日中国香港H公司在90天后有一笔100万美元的应收账款。当天外汇市场的即期汇率为1美元＝7.9000港元，为防止收汇时美元贬值，H公司采取了LSI法。其具体操作步骤如表6-12所示。

表6-12　H出口公司LSI法的操作步骤

方　法	签订商品合同后	收款日(7月4日)
提早收付法	1. 以一定折扣为优惠，进口商提前向H公司支付100万美元	
即期合同法	2. 将100万美元兑换成790万港元(1000000×7.9)	
投资法	3. 将790万港元存90天	
		4. 收到100万美元货款还银行贷款

2. 有应付账款的企业BSI法的操作步骤

为了防止应付账款的计价外汇升值，进口商先从银行借入与外币金额等同的本币贷款；其次，将借入的本币通过即期合同兑换成外币；最后，用以兑换的外币提前支付给出口商，并得到一定数额的折扣，其所获得的折扣可完全或部分抵补借款利息的损失。

根据上述的程序而言，LSI法应称为BSL法，但是根据国际贸易惯例，还是称其为LSI法。先从银行借入本币，按即期汇率兑换成应付外汇，紧接着提前付账款，从债权人那里获得一定的折扣。

仍以上述中国香港H公司为例，4月4日中国香港H公司在90天后有一笔100万美元的应付账款。当天外汇市场的即期汇率为1美元＝7.9000港元，为防止付汇时美元升值，H公司采取了LSI法。其具体的操作步骤如表6-13所示。

表6-13　H进口公司LSI法的操作步骤

方　法	签订商品合同后至收款日到期时
借款法	1. 向银行借入790万港元
即期合同法	2. 将790万港元兑换成100万美元(1000000×7.9)
提早收付法	3. 将100万美元提前支付给出口商获得一定折扣

LSI法和BSI法的做法基本相似，但不同的是采用BSI法时首先从银行借款，以借款利息为成本；而采用LSI法时则请付款方提前支付货款，以给其一定的折扣为成本。

6.3.3　远期合同法

远期合同法就是指具有远期外汇债权或债务的公司与外汇银行签订售出或购进远期外汇的合同，以消除外汇风险的方法。远期合同法和即期合同法操作方法很相似，只不过与外汇银行签订的是买卖外汇的远期合同。利用远期合同法，通过合同的签订把时间结构从未来转移到现在，并在规定的时间内实现本币与外币的对冲，因此，远期合同法既可消除时间风险也可消除价值风险。

1. 应收账款的企业运用远期合同法避险的具体操作

为了防止应收账款的计价外汇贬值，出口商在与进口商签订商品合同的同时，与外汇银行签订售出外汇的远期合同,金额、币种、时间都与未来的外汇货款相同。等未来收到外汇货款后,按合同的既定价格与银行交割,获得本币,这样一来既消除了价值风险也消除了时间风险。

例如,2013年3月3日,美国Q公司与英国T公司签订了价值100万英镑的出口合同,3个月后收汇。为防止英镑贬值,Q公司3月3日与M外汇银行签订了以英镑购买美元的3个月远期合同,按当天M外汇银行英镑购买美元的3个月远期汇率1英镑=1.504 6美元成交。3个月后,尽管汇率波动为1英镑=1.468美元,但M外汇银行仍按1英镑=1.504 6美元的合同价购进100万英镑,支付给美国Q公司150.46万美元。

如若美国Q公司不与M外汇银行签订售出100万英镑购买美元的远期合同,那么,3个月后收到的100万英镑货款,按市场价只能获得146.8万美元。

2. 应付账款的企业运用远期合同法避险的具体操作

为了防止应付账款的计价外汇升值,进口商在与出口商签订商品合同的同时,与外汇银行签订购买外汇的远期合同,金额、币种、时间都与未来的应付外汇货款相同。等未来付款到期时,按合同的既定价格与银行交割,获得外币,这样一来既消除了价值风险也消除了时间风险。

例如,2013年3月3日,美国Q公司在3个月后,要支付一笔金额为100万英镑的货款给英国出口商。为防止英镑升值,该公司3月3日与M外汇银行签订了以美元购买英镑的3个月远期合同,按当天M外汇银行3个月远期汇率1英镑=1.504 6美元成交。3个月后,尽管汇率波动为1英镑=1.58美元,但M银行仍按1英镑=1.504 6美元的合同价卖给Q公司100万英镑,美国Q公司只需付款150.46万美元。

如若美国Q公司不与M外汇银行签订以美元购买100万英镑的远期合同,那么,3个月后用来支付100万英镑需要158万美元。

课堂案例讨论

尚新外贸企业采取哪些方法才能规避外汇风险?

中国尚新公司是一家生产型的涉外企业,原材料大部分从国外进口,生产的产品约有三分之一销往国外。企业出口收汇的货币主要是美元,进口支付的货币除美元外,还有欧元和英镑。该企业每个月大约还有100万美元的外汇收入,400万美元左右的非美元(欧元、英镑)对外支付。2010年中,欧元兑美元汇价为1∶0.99,英镑兑美元也在1.5美元左右,而2011年上半年欧元兑美元不仅突破了平价,而且最高时甚至达到1欧元兑换1.18美元,该公司因此而蒙受了巨大的汇率风险损失。

该公司出口收汇的金融小于进口付汇金额,每月收付逆差约300万美元,且进口付汇与收入外汇的币种也不匹配,存在非美元货币在实际对外支付时,与签订商务合同或开立远期信用证时的成本汇率相比升值的风险。因此,该公司迫切需要进行外汇风险防范和规避。

思考题:尚新外贸公司采取哪些方法才能规避外汇风险?

本章小结

俗话说,风险与收益并存,风险越高收益也可能随之增加。有没有办法,让风险降低,使收益增加? 答案是肯定的。

外汇风险只有在时间、本币、外币三要素同时存在时,风险才会出现,那么我们如何避免这三个因素不同时出现,就是我们首先应考虑的方法。

如果出现了外汇风险我们也有很多规避风险的办法。在外汇风险这章中,教大家怎样识别外汇风险的类型,告诉大家不同的外汇风险要有针对性的采取防范措施,外汇风险有一般的防范措施,有综合防范措施。只要我们使用得当,我们就可外汇风险最小化,使收益最大化。

课后练习

(一) 基础练习

1. 填空题

(1) 会计风险又称转换风险或折算风险,是指经济主体对资产负债表进行会计处理中,将________转换成________时,因汇率波动而呈现的账面损益的可能。

(2) 交易风险又称________,是指在以外币计价的交易活动中,由于汇率发生波动而引起的应收资产与应付债务价值变化的风险。

(3) ________、________与________是外汇风险存在的三个要素,并且必定同时存在,缺一不可。

(4) 借款法是指有远期外汇收入的企业,通过借入一笔与远期外汇收入________、________、相等金额的资金,改变时间结构,防范汇率风险的一种方法。

2. 多选题

(1) 外汇风险的种类分为(　　)。

A. 会计风险　　B. 交易风险　　C. 经济风险　　D. 业务风险

(2) 防止外汇风险的加例保值条款的方法有(　　)。

A. 黄金保值条款　　B. 外汇保值条款

C. “一篮子”货币保值法　　D. 物价指数保值法

(3) 贸易融资法包括(　　)。

A. 出口押汇　　B. 出口信贷　　C. 打包放款　　D. 福费廷法

E. 保付代理法

(4) LSI 法由(　　)组成。

A. 提早收付法　　B. 即期合同法　　C. 投资法　　D. 平衡法

3. 判断题

(1) 经济风险也称经营风险,是指由于并非如预期汇率发展趋势那样变化而带来的一种短期外汇风险。(　　)

(2) 出口选“软币”进口选“硬币”可以防范外汇风险。(　　)

(3) 提前收付或拖延收付法操作规程为:如果企业预测作为计价货币的外币将升值

时，进口商应尽量提前购买或预付货款，出口商应尽量推迟交货，或允许进口商延期付款。（　）

(4) BSI 法即是提早收付法—即期合同法—投资法。（　）

4. 名词解释

(1) 经济风险　　(2) 外汇风险管理

(3) 保付代理法　　(4) 压价保值法

5. 简答题

(1) BSI 法怎样操作才能规避风险？

(2) LSI 法怎样操作才能规避风险？

（二）实操练习

1. 技能训练题

(1) 1993 年李为民在东莞投资建立了一家以生产体育产品为主的小厂，经过 20 多年的经营现在发展成为具有 12 家工厂和 6 家贸易公司，产品 95％出口至欧洲、美洲、澳洲、非洲、东南亚等 80 多个国家和地区，年销售收入近 10 亿元的规模。目前，美元兑人民币大幅度贬值，原来以美元为主要外汇收入，因美元的贬值实际外汇收入在减少，李为民感觉恐慌。请你给该企业出招。

(2) 兴业外贸企业进口主要来源欧洲国家，所以一般以欧元为计价货币支付货款，而该企业的出口外汇收入主要以美元为主。该企业在 2013 年 7 月签订了一批进口合同约 400 万欧元，那时欧元兑美元汇价在 1.1 美元，该企业大约还有 300 万美元的外汇收入。这样该企业存在应收外汇的币种、金额与应付外汇的币种、金额不匹配的情况，收付时间也不一致，而且这种不匹配的情况在可预见的未来一段时期内一直会存在，主要是支付的外汇金额大于收入的外汇金额，收入的货币主要是美元，而支付的货币主要是欧元。

结合你所学的外汇规避的知识，为企业提供减少外汇风险的办法。

2. 实训项目

分组到某家有进出口贸易的企业实地调查，了解该企业应收和应付外汇货款的情况，并结合所学的知识，针对可能存在的外汇风险提出防范外汇风险的办法。

第7章

国际金融市场

【学习目的及要求】

通过本章的学习，希望同学们了解国际金融市场和欧洲货币市场形成与发展的原因；掌握货币市场、资本市场、外汇市场、欧洲货币市场的有关概念、内容、特点；认识和把握货币市场、资本市场、外汇市场、欧洲货币市场的作用和运用方法；加深对国际金融市场融资活动实际运作的理解。

【引导案例】

囤点美元

现在，中国最大的民营制鞋企业奥康鞋业股份有限公司在收到海外买家的美元付款后，更愿意以允许范围内的最大值来保留美元，而不是如同以往几乎是收到美元的同一天就卖给银行，换取当时正在升值的人民币。

事实上，中国央行6月8日降息以及这段时间欧洲央行降息刺激经济，都让美元更受追捧。从5月初开始，美元指数的这波升势已较为明显。2012年第二季度，人民币兑美元贬值了0.48%。

瑞穗证券大中华区首席经济学家沈建光认为，央行降息显示经济下滑或已超预期。事实上，中国众多的进出口贸易企业也看到了经济放缓对汇率的影响。企业开始增加美元的留存，这就减少了美元换成人民币流入实体经济领域。

对汇率市场最直接的影响是，人民币与美元的利差收窄，推动了美元受捧。

2012年以来，人民币汇率双向浮动特征明显，人们的预期开始分化。3月末，人民币对美元汇率中间价为6.294 3，比上年末仅升值66个基点，升值幅度为0.1%。整个一季度，人民币元兑美元汇率58个交易日中，29个交易日升值，29个交易日贬值。

而刚刚过去的二季度，人民币真的贬值了，成为自2005年人民币与美元脱钩以来人民币汇率跌幅最大的一个季度。

东莞金边金属实业有限公司也采取了与奥康同样的策略。金边公司将六成美元付款兑换回人民币，其他保持美元状态不动。

不仅仅是囤积美元，还有一些企业正在买入更多美元为其过去几年的“美元空头”平仓。

现在，越来越少的公司向银行借美元。3月末，金融机构外币贷款余额为5 595亿美元，同比增长17.2%。

随着人民币升值预期的减弱甚至反转，部分美元卖空头寸已经从2011年第四季度开始平仓。平仓操作正在继续，这部分企业对美元的需求量加大。

去年四季度中国外汇储备自1998年以来首次出现下降，主要原因就是那些博弈人民币升值的热钱要撤离中国。而大多数中国企业外汇策略的调整始于去年年底。

在人民币贬值的同时，美元则在升值。美元指数今年第二季度上涨了4.6%。尽管目前美国经济受到诸多问题困扰，但美元兑亚洲及全球其他地区货币的汇率均呈现明显的强势。

资料来源：胡蓉萍，王芳，吴娓婷等.经济观察报，2012年7月9日

思考题：1. 试分析各国的银行在国际金融市场上的作用。

2. 中国资本项目对外开放给中国的投资者带来什么好处？

随着中国资本项目的不断放开，机会和风险并存。中国与国际金融市场的联系更加紧密，我们只有充分认识国际金融市场，才能把握它，为中国经济服务。

国际金融市场是在世界范围筹集资金与再分配资本的重要途径，是国际经济关系发展的产物。国际金融市场的发展有力地促进了国际贸易的发展，加速了资本在国际间的流动，为各国平衡国际收支逆差和促进经济发展提供了充足的资金来源，对一国的稳定经济和实现全球经济一体化起到很重要的作用。

7.1 国际金融市场

随着全球经济一体化的发展和互联网的广泛应用，国际资金流动越来越频繁，规模越来越大，形成了庞大的国际金融市场。在国际金融市场，融资服务便捷、形式多样，使得大批资金跨越地理空间的限制，顺畅在世界范围内流动。它不仅提高了全球的资金配置效率，也促进了世界经济的发展，在国际间的资金借贷和投资中起着极为重要的作用。

7.1.1 国际金融市场含义

金融的融通就是资金的融通，即资金的借贷关系。金融市场是指资金融通的场所及所形成的金融关系的总和。

国际金融市场有广义和狭义之分。广义的国际金融市场是指居民与非居民之间，或非居民与非居民之间进行各种金融活动的场所及所形成的金融关系总和。它包括国际货币市场、国际资本市场、国际外汇市场、国际证券市场、国际黄金市场和国际金融期货期权市场等。而狭义的国际金融市场是指国际间的资金借贷市场，它又可以按资金借贷的期限分为货币市场和资本市场。

国际金融市场包括有形市场和无形市场。通过计算机网络进行交易的无形市场在国际

金融市场中占有越来越重要的地位。

国际金融市场的交易是居民与非居民或非居民与非居民之间进行的交易，而不是居民与居民之间的交易。

7.1.2 国际金融市场的类型

国际金融市场的类型繁多，根据不同的标准可分为以下几类。

1. 按借贷期限的不同分类

按借贷期限的不同，国际金融市场可分为国际货币市场和国际资本市场。

(1) 国际货币市场

国际货币市场又称短期资金市场，是指借贷期限不超过 1 年的资本借贷市场，主要包括银行短期信贷市场和贴现市场。欧洲货币市场是国际货币市场的主体。

(2) 国际资本市场

国际资本市场又称长期资金市场，是指期限在 1 年以上的资本借贷市场，主要包括银行中长期信贷市场和证券市场。

2. 按直接、间接融资方式的不同分类

按直接、间接融资方式的不同，国际金融市场可分为国际银行信贷市场和国际证券市场。

(1) 国际银行信贷市场

国际银行信贷市场是指一国银行向非居民提供短期和中长期信贷的市场。

(2) 国际证券市场

国际证券市场是进行国际证券交易的市场，主要包括国际债券市场和国际股票市场。

3. 按业务涉及的交易主体的不同分类

按业务涉及的交易主体的不同，国际金融市场可分为传统的国际金融市场和新型国际金融市场。

(1) 传统的国际金融市场

传统国际金融市场主要经营居民和非居民之间的交易，又称为在岸金融市场。

(2) 新型国际金融市场

新型国际金融市场经营非居民之间的业务活动，因而又称为离岸金融市场或境外金融市场。

4. 按交易对象性质的不同分类

按交易对象性质的不同，国际金融市场可以分为国际现货市场和国际衍生市场。

(1) 国际现货市场

国际现货市场是以金融资产为交易对象的市场，又称为基础市场。金融资产是指对财产或所得具有索取权的、代表一定价值的、与金融负债相对应的资产，包括货币、外汇、票据、股票、债券和货币性黄金等。

(2) 国际衍生市场

国际衍生市场是以从各种基础资产交易中派生出来的衍生工具为交易对象的市场。衍

生金融工具市场主要包括金融期货市场、期权市场、互换市场等。衍生金融工具是在金融资产初始交易基础上派生出来的,以金融资产为标的物的派生金融工具,包括金融期货、金融期权、金融互换、远期利率协议等。

7.1.3 国际金融市场的作用

二战后国际金融市场的空前发展对世界经济的发展产生越来越深刻的影响和作用,主要表现在以下几个方面。

1. 调节国际收支不平衡

二战后,国际金融市场形成,使各国调节国际收支不平衡除了利用国际储备外,又成为各国外汇资金的重要来源。当一国国际收支逆差时,还可以利用国际金融市场的银行贷款来弥补赤字。这对于国际收支逆差国来说,有助于其经济的发展。同时,也缓和了一些国家国际收支不平衡的状况。

2. 促进世界经济的发展

国际金融市场对世界经济增长的推动作用主要表现在以下几个方面。

第一,国际金融市场促进了国际贸易的发展。

国际金融市场发挥了国际结算和国际信贷中心的作用,各国经常利用国际金融市场为其外贸融通资金,这是战后国际贸易迅速增长的一个重要原因。

第二,为各国经济发展提供了资金。

国际金融市场在世界范围内为各国提供了一个筹集经济发展资金、扩大投资与生产规模的条件。这不仅促进了战后一些西方国家经济的复兴,而且也推动了一些发展中国家的经济增长。

例如,亚洲美元市场对亚太地区经济建设起了积极的促进作用,欧洲货币市场带动了日本和联邦德国的经济复兴。

3. 促进生产和资本国际化的发展

国际金融市场的形成既为跨国公司在世界范围内融通、调拨资金提供了便利,同时,也为跨国公司的闲余资金的增值提供了渠道。通过国际金融市场的作用,使世界上的资金充分发挥效用,从而加速生产和资本的国际化,并推动跨国公司的发展壮大。

4. 金融资产价格得以实现全球资源的合理化配置

国际金融市场上的资产价格(如利率、汇率等)的形成,是基于众多交易者对未来市场走势的预期。这些价格信息不仅反映金融资产的供求关系,而且对全球资源的合理化配置发挥着重要的调节作用。

5. 促进银行业务国际化

国际金融市场使各国的金融机构有机地联系起来,使各国银行信用发展为国际间银行信用,从而促进了银行业务国际化。国际金融市场的灵活性为参与国际经济交易者提供规避风险和套期保值的场所。

以上是国际金融市场对世界经济的发展的贡献。但一个事物的存在有它的积极作用,同时，也会带来负面影响。高度一体化的国际金融市场在经济衰退时期，会加速经济危机的传播，进而会加速世界经济的动荡，巨额短期国际资本的投机性流动，不利于各国国内货币政策的执行，造成外汇市场的剧烈波动，并加剧了世界性通货膨胀。

因此，各国在追求金融自由化，充分利用国际金融市场的同时，应重视对国家金融市场的管理。合理利用国际金融市场，将其对世界经济的负作用减到最小。

7.2　国际货币市场

7.2.1　国际货币市场的含义

国际货币市场是指资金融资期限在1年以内(含1年)的资金交易场所的总称，包括有形市场和无形市场。有形市场是指通过交易所进行资金交易的市场，无形市场是指通过现代的电信、计算机手段进行资金交易的市场。

7.2.2　国际货币市场的构成

国际货币市场是国际金融市场的重要组成部分。由于该市场所容纳的金融工具，主要是政府、银行及工商企业发行的短期信用工具，具有期限短、流动性强和风险小的特点。在货币供应量层次划分上被置于现金货币和存款货币之后，称之为“准货币”，所以将该市场称为“货币市场”。

国际货币市场主要由短期国际信贷市场、短期国际证券市场和票据贴现市场构成。

1. 短期国际信贷市场

短期国际信贷市场又分为银行之间同业拆借市场和银行和客户之间的短期国际借贷市场。

(1) 短期国际信贷市场

短期国际信贷市场是指银行等金融机构对客户办理短期信贷业务的场所。银行对工商企业的短期贷款主要解决企业季节性、临时性的短期流动资金需要，因此，银行在提供短期信贷时，比较注意资金的安全性以减少风险。为了保证贷款能按时收回，发放贷款前特别注重了解客户的资信、财务状况(包括债务状况)、款项用途，根据这些情况控制贷款的数量。

银行短期信贷主要凭借信用，借款人无须缴纳抵押品，借贷双方一般也不签订贷款协议，通过电话或电传就能达成交易，手续十分简便。

(2) 同业拆借市场

同业拆借市场是金融机构之间进行短期、临时性头寸调剂的市场，具有以下特点。

第一，交易金额较大。

这个市场主要是银行间的同业拆借，金额较大。每笔短期借贷的起点为25万美元或50万美元，使用最多的是100万美元。

第二，期限短。

最短的融资期限只有半天，最长的也不过1年，常使用的期限是90天。

第三，方式灵活。

借款期限、币种、金额和利率可由借贷双方协商确定,灵活便捷。

第四,交易手续简便。

交易不需担保和抵押,完全凭信誉和电话电传进行,市场参加者多为大银行和机构。这种信贷一般不签订协议,无须缴纳担保品,通过电话或电传就可以完成。

伦敦银行同业拆借利率,它是欧洲货币市场上大额资金借款的利率,也是国际金融市场的基准利率。国际货币市场的基准利率除了以伦敦银行同业拆借利率外,还有美国的联邦基金利率(美国银行间同业拆借利率)、新加坡银行间同业拆借利率和香港银行间同业拆借利率等。

2. 短期国际证券市场

短期国际证券市场是短期信用工具交易的场所。与中长期证券相比,短期证券具有较安全、流动性较高、收益率小和偿还期短的特点。在短期证券市场上的短期信用工具主要有以下几种。

(1) 国库券

国库券是国家财政部为弥补短期资金不足,或为进行短期经济和金融调控而发放的短期债券。期限一般在1年以内,由于基本不存在违约风险,并且有一个发达的二级市场,随时可以变现,流动性很强,被称为“金边债券”。

国库券的优点是安全性强、流动性高、起购点低及享受免税。

(2) 大额可转让银行定期存单

大额可转让定期存单是可以进行流通转让的定期存款凭证。定期存单是一张凭证,它表明一个投资者某时间已经在一家银行存入一笔特定数额和期限的资金,可以在到期时向银行按票面金额支取本金并获取利息。大额可转让银行定期存单具有流动性和收益性的特征,是美国花旗银行1961年最初发行,后来很多银行纷纷仿效,并成为一种重要的货币市场工具。

它在美国的流通额仅次于国库券,具有以下特点。

第一,期限短。

最短期限为1个月,最长可达1年以上,一般为3~6个月。

第二,金额较大。

在美国,最低起点为10万美元,多数在100万美元以上,英国最低起点为5万英镑,最高可达到50万英镑。

第三,不记名,金额固定。

可转让大额银行定期存单发行有两种方式,一是批发式,即把发行总额、利率、期限、面额预先公布,让投资者自由认购;二是零售式,即不公布发行,而是以商定的利率,按投资者的需要随时发行。大额定期存单可以在货币市场上出售。

(3) 银行承兑汇票和商业承兑汇票

商业汇票由大工商企业或金融公司凭借信用签发的无抵押借款凭证,用以在货币市场上筹措短期资金。承兑人是公司就是商业承兑汇票,承兑人是银行就是银行承兑汇票。

如果商业汇票经过银行承兑,则银行成为主要债务人,负有到期无条件付款的责任,其信用大大增强，会为更多的投资者所信赖。当需要资金时银行承兑汇票很容易被出售变现，其流动性和安全性较商业承兑汇票强。

银行承兑汇票也是货币市场中的主要短期信用工具之一。这种融资方式有如下优点。

第一，安全可靠。

银行承兑汇票是承兑银行一项不可撤销的付款义务。有了银行作为可靠的保障，使得银行承兑汇票的安全性大为提高。

第二，灵活性强。

银行承兑汇票的持票人可随时在市场上公开买卖或者进行贴现，很容易获得所需资金。参加银行承兑汇票市场买卖的有：交易商、承兑银行、外国中央银行、商业银行、金融机构和国内投资者(包括储蓄银行、保险公司及各种非金融机构)等。

第三，成本较低。

通过银行承兑汇票方式筹措资金比欧洲美元借款便宜，一般估计节省1%的费用。

3. 票据贴现市场

票据贴现是指资金的需求者，将自己手中未到期的商业票据、银行承兑票据或短期债券向银行或贴现公司要求变成现款，银行或贴现公司(融资公司)收进这些未到期的票据或短期债券，按票面金额扣除贴现日以后的利息后付给现款，票据到期时再向出票人收款。

因此，对持票人来说，贴现是将未到期的票据卖给银行获得流动性的行为，这样可提前收回垫付的商业信用的资本，而对银行或贴现公司来说，贴现是与商业信用结合的放款业务。

(1) 票据贴现市场的交易种类

① 票据贴现。票据持有人将未到期的票据向商业银行或贴现公司要求贴现换取现金的交易。这种交易占贴现市场业务的大部分。

② 票据再贴现。商业银行或贴现公司将已贴现过未到期的票据到中央银行的票据再次进行贴现换取现金的交易。再贴现是中央银行控制金融与信用规模的一个重要手段。

票据贴现的种类还可以根据票据的不同分为银行票据贴现、商业票据贴现、债券及国库券贴现三种。

(2) 票据贴现和发放贷款的区别

票据贴现和发放贷款都是银行的资产业务，都是为客户融通资金，但二者之间却有许多差别。

① 资金流动性不同。贷款是有期限的，只能到期才能回收。但票据的流通性强，票据持有者可到银行或贴现公司进行贴现获得资金。虽然，贴现银行只有在到期时才能向付款人要求付款，但银行如果急需资金，可将未到期票据向中央银行再贴现。

② 利息收取时间不同。贷款是事后收取利息，它可以在期满时连同本金一同收回，或根据合同规定，定期收取利息。而贴现业务的利息是在业务发生时即从票据面额中扣除，是预先扣除利息。

③ 利息率不同。票据贴现的利率要比贷款的利率低，因为持票人贴现票据目的是为了

得到现在资金的融通,并非没有这笔资金,如果贴现率太高,则持票人取得融通资金的负担过重,成本过高,贴现业务就不可能发生。

④ 资金使用范围不同。借款人在使用贷款时,要受到贷款银行的审查、监督和控制,因为贷款资金的使用情况直接关系到银行能否很好地回收贷款。而持票人在贴现了票据以后,就完全拥有了资金的使用权,他可以根据自己的需要使用这笔资金,而不会受到贴现银行和公司的任何限制。

⑤ 债务债权的关系人不同。贷款的债务人就是申请贷款的人,银行直接与借款人发生债务关系。而贴现的债务人不是申请贴现的人而是出票人即付款人,遭到拒付时才能向贴现人或背书人追索票款。

⑥ 资金的规模和期限不同。贷款的形式多种多样,期限长短不一,规模一般较大,贷款到期时,经银行同意,借款人还可继续贷款。而票据贴现的金额一般不太大,每笔贴现业务的资金规模有限,可以允许部分贴现。票据贴现的期限较短,一般为2～4个月。

7.3 国际资本市场

资本市场是资金借贷期限在1年以上的长期金融市场,是筹集长期资本的场所。国际资本市场的职能是组织吸收和利用国际上各种中长期资金,满足各国经济发展对中长期资本的需求。国际资本市场分为银行中长期信贷市场、国际债券市场和国际股票市场。

国际货币市场是指资金融资期限在1年以上的资金交易场所的总称,包括中长期国际信贷市场和国际证券市场。市场的参与者有银行、公司、证券商及政府机构。

7.3.1 银行中长期信贷市场

1. 银行中长期信贷的含义

银行中长期信贷是指一国借款人在国际金融市场上按照商业性条件向外国商业银行借取该银行所在国货币的中长期贷款。这个市场的资金需求者多为各国政府和工商企业。

这种贷款主要包括三类:一是出口信贷;二是项目贷款;三是自由外汇贷款。其中自由外汇贷款是规模较大、借贷频繁的一种中长期贷款。

2. 银行中长期信贷的特点

银行中长期贷款是指期限在1年以上到10年左右的贷款,其特点如下。

第一,必须签订贷款协议。

协议的主要内容包括确定贷款货币、贷款数量、利息率、费用增加的补偿、货币选择条款、提前偿还条款、违约条款、保证条款、司法权条款、交款地点、资金用途条款、税收条款和分阶段提取资金条款等。

第二,利率确定灵活。

欧洲货币市场的放款利率通常以伦敦银行同业拆借利率为基础,再加上一个加息率来计算。

第三，联合贷款，即银团贷款（又称辛迪加贷款）。

联合贷款往往由十余家甚至数十家银行联合起来提供贷款。

辛迪加贷款指几家甚至几十家银行共同向某一客户提供贷款，由一家银行做牵头行，若干家银行参与的一种贷款形式。辛迪加贷款的特点是：

- 贷款数额大，可高达几亿、几十亿美元。
- 贷款期限长，一般为 7～10 年，有的可长达 20 年。
- 贷款银行多，组成银团的银行可以是几家、十几家，甚至几十家。
- 辛迪加贷款的成本较高，利率是在伦敦银行同业拆借利率上加一定加息率，而且借款人还需承担其他借款费用。

第四，有的贷款需要由借款方的官方机构或政府担保。

7.3.2 国际债券市场

证券是各类财产所有权或债权凭证的通称。证券持证人有权按证券所载事项取得权利，股票、公司债券、公债券、票据、提单、栈单等都是证券。

国际债券市场是指在国际资本市场上通过发行债券来筹集资金的市场。在产业革命时期，资本主义的企业就发行债券，作为扩大再生产资金的重要来源。各国利用国际债券市场，发行债券筹集资金，兴建铁路、开发资源、建设工程项目等。到 20 世纪 60 年代，国际债券已经成为国际金融市场上筹集资金的一种主要形式。

1. 国际债券市场发行

国际债券市场发行要经过两个市场，即初级市场和二级市场。

(1) 国际债券初级市场

国际债券初级市场是发行者发行新债券的市场，主要有投资银行、金融公司和证券公司等组成。其主要职能介绍如下。

第一，资信分析。

对国际债券发行者的财务状况、信贷情况以及债券的市场价格与收益加以分析，确定新发行债券的价格与收益。

第二，承购。

即投资银行等金融机构先从发行者那里获取证券再转售给投资者的行为。投资银行等金融机构按固定价格承购债券，并承担再出售时所存在的一切风险。

第三，批发分配。

将债券出售给证券商，在某些情况下，承购单位只将新发行的一部分债券出售给最终购买者。

(2) 国际债券二级市场

国际债券二级市场是对已发行债券进行买卖的市场。国际债券二级市场一是通过证券交易所进行管理，证券交易所本身并不从事债券交易，它只提供实现条件，并决定可以在交易所买卖上市的债券类别，对交易所进行管理。二是通过证券公司或银行的柜台交易，证券公司或一般银行通过柜台的日常交易将已发行的证券向投资者推销。

二级市场对初级市场新发行的证券价格决定起一定作用，同时也便于投资者购买和发行者筹资,增强了债券的流动性和价值的安全性。

2. 国际证券市场发行的主要债券

(1) 外国债券

外国债券是指一国政府、企业、公司、银行或其他金融机构以及国际组织在另一国的债券市场上以该国货币为面值所发行的债券。这种债券的发行人属于一个国家,而债券面值和发行地点则属于另一个国家,必须经发行地金融当局的批准,受其影响,并遵守该国的法律和规章制度。

外国债券的种类有扬基债券、武士债券和猛犬债券等。外国人在美国发行的美元债券被称为“扬基债券”;在日本发行的日元债券被称为“武士债券”;在英国发行的英镑债券被称为“猛犬债券”。

(2) 欧洲债券

① 欧洲债券的含义。欧洲债券是境外货币债券,它是指在某货币发行国以外,以欧洲货币为面值发行的债券。它不受面值货币所在国法律约束,也不要批准。例如,面值为美元的欧洲债券称为欧洲美元债券,它是在美国以外的其他国家的金融市场上发行的。

② 欧洲债券市场的特点。

第一,市场容量大。

欧洲债券以境外货币为债券的计价货币,它发行限制少,参与机构多,发行范围广,发行量大。

第二,自由灵活。

欧洲债券的发行不需官方批准,而且欧洲债券的发行采取国际辛迪加形式,多国数家大银行参与,因此,不会由于某一国家的限制而影响债券的发行。

第三,发行成本比较低。

欧洲债券发行费用约为债券面值的2.5%,利息成本也较低。

第四,免缴税款和不记名。

欧洲债券的利息通常免除所得税,另外,欧洲债券以不记名的形式发行,从而使投资者可逃避国内所得税。这两种情况,对于投资者具有很大吸引力。

第五,风险性小。

欧洲债券市场的主要借款人是大型跨国公司、金融机构、国家政府机构和国际组织,这些借款人一般来说都有较好的信誉,因而,对于投资者来说是比较安全的。

第六,债券货币选择性强。

欧洲债券市场可以发行多种类型、期限、不同货币的债券。

第七,流动性强易变现。

欧洲债券市场二级市场发达,债券持有人可以较容易地转让债券获得现金。

7.3.3 国际股票市场

股票交易所通常是国际化的,任何国家的经济实体和个人都可以委托交易所的经纪人进行股票交易。大公司的股票成为国际投资的目标。

国际股票市场是随着西方国家资本输出、输入的迅速发展和跨国公司、跨国银行的发展逐步成长起来的。跨国公司的发展促进了国际股票市场的发展，反过来国际股票市场活跃帮助了跨国公司的实力进一步的扩大。

目前，全世界约有60多个国家设有证券交易所，主要有英国的伦敦股票交易所、美国的纽约股票交易所、日本的东京和大阪股票交易所、加拿大的多伦多和蒙特利尔股票交易所、法国的巴黎股票交易所、德国的杜塞尔多夫和法兰克福交易所和中国的香港联交所等。

7.4 欧洲货币市场

7.4.1 欧洲货币市场的含义、形成原因与发展状况

欧洲货币市场不同于各国的国内货币市场，国内货币市场是为本国的投资者和借款人服务的。在欧洲货币市场出现以前，国际金融市场主要是为外国借款人提供资金。国际金融中心则主要是净输出国内资本，因此，这种传统的国际金融中心所在地，必须有充足的、经常不断的资金供应来源。一个国家如果没有高度发达的经济，就不可能维持这样的国际金融中心。所以，长期以来这样的国际金融中心只有伦敦、纽约、巴黎、苏黎世、东京和法兰克福等。

随着信贷业务的国际化，对一个国际金融中心来说，国内资本的供应是否充裕已不再是必要条件了。欧洲货币市场就是由接受外币存款和用外币提供贷款的银行组成的。它能够有强大的吸引力，把国际投资者和借款人吸引过来，成为一个国际离岸业务金融中心，如卢森堡、开曼、新加坡、香港等地。

1. 欧洲货币与欧洲货币市场的含义

欧洲货币就是指在货币发行国境外流通的可自由兑换的货币，最初仅指欧洲美元。欧洲美元最早是指存放在伦敦等地银行里的美元存款和贷款，现在则泛指在美国境外银行(包括美国银行在国外的分支行)所存贷的美元资金，因而，欧洲美元实际是指境外美元，只是由于这种存贷业务发源于欧洲，故称欧洲美元。

随着国际金融市场规模和业务范围的不断扩大，欧洲货币已不仅仅限于欧洲美元(在美国境外流通的美元)，还包括欧洲英镑、欧洲日元等，故欧洲货币是一切境外货币的统称。这里的“欧洲”不是地理的概念，而是“境外”的概念。

与欧洲货币息息相通的是欧洲货币市场。欧洲货币市场是指经营境外货币存贷业务的国际金融市场，既包括融资期限在1年以内的货币市场，也包括1年以上的资本市场，主要是欧洲债券市场。

2. 欧洲货币市场的形成原因与发展

最早出现的欧洲货币是20世纪50年代初产生的欧洲美元。当时，中国因抗美援朝，美国冻结了中国存放在美国银行的资金，苏联政府及当时的一些社会主义国家也害怕美元资金被冻结，便把他们的美元资金从美国转存到巴黎和伦敦的一些商业银行，欧洲货币市场初步形成。

20 世纪 50 年代以后，随着国际经济形势的变化和一些国家货币金融政策的调整，欧洲美元和其他欧洲货币的存贷数额急剧增长，使欧洲货币市场的规模远远超过了传统的国际金融市场，成为当今国际金融市场的主体。欧洲货币市场形成和发展的原因主要有以下几点。

(1) 东西方之间的冷战

在 20 世纪 50 年代初，当时以苏联为主的包括中国在内的社会主义国家，以美国为主的西方发达的资本主义国家双方政治和经济对垒。苏联政府及当时一些社会主义国家鉴于美国在朝鲜战争中冻结了中国存放在美国银行的全部资产，便把它们的美元资金从美国转存到欧洲一些国家的银行，形成了欧洲美元市场的雏形。

(2) 英镑危机

1956 年英国入侵埃及，很多国家从经济上制裁英国，大量的抛售英镑，英镑急剧贬值。英国政府为维持英镑汇率的稳定，严格限制本国银行向非居民发放英镑贷款，目的就是防止外国人用英镑兑换美元。为此，英国各大商业银行只好纷纷转向经营美元业务，将吸收来的美元存款贷放给外国客户，从而一个在美国境外经营美元存贷款业务的资金市场在伦敦出现。

(3) 美国一系列金融法令的逆效应

20 世纪 60 年代以后，美国国际收支逆差不断增加，美国政府被迫采取了一系列措施来限制资金外流。这些措施加强了对本国的企业与金融机构的外汇管制，其产生的逆效应推进了境外美元存贷业务的发展与扩大。这些管制措施主要有以下几项。

① "Q 项条例"的制定。20 世纪 30 年代美国经济大危机后，为加强对银行业务的管制，避免银行因支付过高的利息而增大经营风险，1933 年美国联邦储备委员会制定了"Q 项条例"。该条例规定，美联储会员银行不能对活期存款支付利息，对储蓄存款、定期存款支付的利息率不得超过规定的上限。这一规定在 20 世纪五、六十年代导致美国定期存款利率低于西欧各国，大量资金从美国流向利率较高的西欧各国，促进了欧洲美元市场的发展。

② 征收"利息平衡税"。1963 年 7 月，为限制美元资金外流，美国政府提出对居民购买外国在美国发行的有价证券征收 0.79%～11.25%的"利息平衡税"。该措施使外国借款人在美国发行债券的成本增加，融资渠道受到限制，从而转向欧洲货币市场特别是欧洲债券市场进行筹资。这也是促使欧洲货币市场发展的一个因素。

1965 年，为控制金融机构对外贷款规模，美国政府颁布"对外信贷自愿限制计划"，对美国跨国公司的海外投资设立最高额限制。而此时西欧各国金融市场的利率水平持续上升，从而促使美国资本大量流向西欧，以获取高利，这从资金供给方面促进了欧洲货币市场的发展。而在资金的需求方面，很多美国银行由于受到存户减少的打击，于是加速在国外建立新的分支机构，以便能经营自己的欧洲货币借贷业务。1986 年，美国颁布"国外直接投资规则"，以直接限制有关机构的对外投资规模。

这些措施非但没有达到预期的目的，反而加剧了美元的外逃。这也为欧洲美元市场的发展提供了有利条件。

(4) 西欧一些国家实施限制资本流入的措施

自 20 世纪 60 年代以后，由于美元危机的爆发，美元的国际金融霸权地位逐渐削弱，美元汇率不断下跌，抛售美元、抢购黄金和其他硬货币。于是，各国中央银行为避免外汇风险，纷纷使外汇储备多元化，一些硬通货如德国马克、瑞士法郎和日元便成为抢购对象。

大量国际游资流向这些国家，维持本国货币汇率的稳定，这些国家货币当局采取了一些措施，对外国居民存入本国货币进行限制。如规定对境外存户的瑞士法郎、西德马克存款不仅不付利息有时甚至还要收取管理费，而持有外国货币则不加限制。为想持有西德马克、日元、瑞士法郎这些币值坚挺的货币同时又避免倒收管理费的损失，一些跨国公司和银行纷纷将这些货币转存于其他国家，从而形成了欧洲瑞士法郎、欧洲马克、欧洲英镑、欧洲日元、欧洲法国法郎等欧洲货币，使欧洲美元市场扩大而演变为欧洲货币市场。

(5) 石油美元为市场提供了充裕的资金

20 世纪 70 年代世界石油两次大幅度提价，使石油输出国获得巨额盈余资金，即石油美元。仅 1973 年至 1976 年期间，石油输出国组织在欧洲货币市场上的存款已从 100 亿美元增加到 540 多亿美元。这些石油美元通过欧洲美元市场贷给面临收支逆差的石油进口国，欧洲货币市场为欧洲美元市场的美元交易增加创造了条件。

(6) 欧洲货币市场本身具有的内在优势

经过第二次世界大战后十几年的恢复和发展，西欧国家外汇储备逐渐增加，普遍放宽或解除了外汇管制，到 1958 年年底，西欧的多数国家基本上实现了货币的自由兑换。这使得投资者可以更自由地转移其资金，并在投资币种方面有了更多的选择余地。

第一，存款利率高贷款成本低。

欧洲货币市场由于不受任何国家国内金融法规的制约，因而存款利率高，贷款成本低，从而吸引了大量的存款者和借款者。其市场化程度很高，竞争激烈，各种金融创新活动比较活跃，交易成本较低。

第二，货币的选择面广。

1985 年以后，西欧国家先后放松外汇管制，实行货币的自由兑换，从而使借款者和贷款者可以更加自由地选择币种，更加方便地调拨资金，为欧洲货币市场营运提供了宽松的环境和有利的条件，欧洲货币市场的业务范围也得以进一步扩展。

第三，参与者的资信度高风险小。

欧洲美元市场主要是银行间的市场，交易金额庞大，各参与者的资信比较高，违约风险较低。

欧洲货币市场是以无形市场交易为主，它是由现代通信网络联系而成的全球性市场，同时，它也有有形的市场存在，如伦敦、法兰克福金融交易中心等。

总之，诸多的历史原因造就了欧洲货币市场。而第二次世界大战后以生产国际化、资本国际化和市场国际化为特征的经济国际化，必然导致货币和资本市场的国际化。

跨国公司的迅速发展，要求有一个为其大量的闲置资本增值，为其提供大量的借贷资金的国际化金融市场。而欧洲货币市场高效、自由的运营机制则恰好适应了这种客观需求。

参与欧洲货币市场业务的主要有各国的工商企业和跨国公司、各国商业银行及其海外分支机构，各国中央银行和外汇投机者。还有一些国际性机构，如世界银行、国际清算银行、各种区域性开发银行等。

7.4.2 欧洲货币市场的特点

欧洲货币市场短短的几十年的发展成为完全国际化的市场和国际金融市场的主体和核心，是因为它自身具有独特的经营特征。

1. 市场的管制较松

在欧洲货币市场上进行的一切金融交易，不受任何国家金融法规、税制和政策的约束。在欧洲货币市场经营境外货币存款业务没有法定准备率、存贷款利率、税收和转账等方面的限制，也无须缴纳存款保险金，交易灵活方便，中介成本低，因而可以为存贷双方提供更有吸引力的利率。

2. 交易品种繁多规模庞大

在传统的国际金融市场上，借贷业务中使用的是市场所在国货币，如纽约金融市场上借贷的是美元，伦敦金融市场上借贷的是英镑。欧洲货币市场交易中使用的货币，是那些主要发达国家的可以自由兑换的货币，其种类很多，投资者和集资者可以自由选择使用市场通用的任何一种货币。

欧洲货币市场上每笔交易金额大多在100万美元以上，有些高达数亿美元，交易币种几乎包括所有可自由兑换的货币。

3. 市场的利率体系独特

欧洲货币市场的存贷利差小，是因为欧洲货币市场的管制较松，基本不受存款准备金、利率上限等的限制，且税负较低，因此，欧洲银行的成本低于国内银行，这是导致欧洲货币市场存贷利差小的主要原因。它的存款利率高于国内金融市场的存款利率，而它的贷款利率又低于国内金融市场的贷款利率，利差一般为0.25%～0.50%，不论是对存款人还是对贷款人都极具吸引力。

4. 交易方便资金调拨快捷

在欧洲货币市场进行金融交易方便而快捷。欧洲货币市场是一个无形的市场，由遍布于世界各地的参与者构成，这些参与者通过电话、电传以及通过计算机信息系统相联系，是一个连续的不受时间限制的市场。欧洲货币市场发达的银行网络，资金周转快、手续简便、调拨方便。在欧洲货币市场上，借款者能够在几分钟内筹措到资金。

7.4.3 欧洲货币市场业务

欧洲货币市场是由几十家欧洲银行联结起来的。欧洲银行是专业化的私人银行，其主要职能是发起和联合经营欧洲货币贷款和银团贷款，包销债券，接受欧洲货币存款。

1. 欧洲短期信贷市场

(1) 欧洲短期信贷市场的含义

欧洲短期信贷市场是指欧洲银行接受短期外币存款并提供1年以内短期贷款的信贷业务。该市场形成最早，规模最大，是欧洲货币市场的基础。在欧洲短期信贷市场，绝大部分交易是在银行同业间进行的，因而，银行同业市场是欧洲货币市场的主要构成部分。欧洲短期信贷市场的资金来源，主要是银行间存款和跨国公司、其他工商企业、个人以及非银行金融机构的存款，一些国家中央银行的存款也是该市场短期借贷资金的来源。

(2) 欧洲短期信贷市场的特点

第一，期限短。

短期资金借贷的期限最长不超过1年，最短为1天，3个月期的最为普遍。

第二，金额大起点高。

在欧洲短期信贷市场上，每笔借贷金额起点为50万美元，一般为100万美元，借贷金额高达1 000万美元甚至1亿美元。

第三，条件灵活不需担保。

借款期限、币种、金额和利率等都可由借贷双方协商确定，灵活方便，选择性强。该市场的参加者多为大银行和企业机构，这种信贷一般不需签订协议，也无须担保，通过电话或电传就可以完成。

第四，存贷利差小

欧洲货币市场存款利率一般高于国内市场，而贷款利率低于国内市场，存贷利差一般为0.25%～0.5%。由于欧洲银行经营成本较低，存贷规模较大，因而能保持一定的竞争优势和盈利水平。这也是欧洲货币市场能迅速发展的一个主要原因。

(3) 欧洲短期信贷的资金来源

欧洲短期信贷市场的资金来源主要有以下几种途径。

① 银行同业间的存款。欧洲银行吸收的存款大多是固定利率的短期存款，而其中多数又是银行同业间存款，欧洲银行往往将多余的存款转存于其他银行以赚取利息。

② 跨国公司的存款。跨国公司、其他工商企业以及非银行金融机构的存款也是资金来源之一，如美国企业将存在国内银行的美元存款转存到欧洲银行，出口商将其外币收入存入欧洲银行，由于跨国公司拥有大额的流动资金，其投入欧洲短期资金市场的数量是相当可观的。

③ 各国中央银行的存款。各国中央银行为了达到牟取利息、调节国内货币市场以及储备多样化的目的，也在欧洲银行存款。20世纪70年代以来，发展中国家，特别是石油输出国中央银行在欧洲银行的存款迅速增加。

④ 国际清算银行的存款。国际清算银行作为"中央银行的中央银行"，除了办理西方主要国家的多边清算业务以外，还接受各国中央银行的存款。该行把各国中央银行的存款以及由其他途径得到的货币存入欧洲货币市场，构成欧洲货币市场短期信贷资金的重要来源。

(4) 欧洲短期信贷市场的资金运用

欧洲短期信贷业务主要凭信用，一般不签订贷款协议，无须缴纳担保品，交易双方通过电话或电传就可以完成。

① 同业拆借。同业拆借是指银行之间的短期借款，最短期限为隔夜拆借，最长不超过1年。银行之间的拆放额度可反复使用，拆放利率以伦敦银行同业拆借利率为基准。

② 短期商业银行贷款。短期商业银行贷款是银行向企业提供的短期贷款。借款人的资信状况对借款额度、期限、利率均有影响，由于期限较短多采用固定利率，习惯上借款人先行支付利息，即借款时银行先将利息从贷款总额中扣除，再将余额付给借款人，到期时借款

人要按原来双方商定的贷款额偿还。因此,借款人实际负担的利率高于银行所报利率。

2. 欧洲中长期信贷市场

(1) 欧洲中长期信贷市场的含义

欧洲中长期信贷市场是经营期限在1年以上的欧洲货币借贷业务的市场。其资金来源主要有:吸收短期存款,发行欧洲商业票据,发行大额银行存单,以及银行系统的分支或总行的资金调拨等。资金贷放的对象包括外国政府、国际组织、跨国公司、中央银行及非银行金融机构、工商企业等。

(2) 欧洲中长期贷款的特点

第一,借贷双方须签订贷款协议。

欧洲中长期贷款期限长、金额大。贷款期限通常为1～10年甚至10年以上,金额一般在2 000万美元以上。因此,贷款银行的风险大,借贷双方必须签订贷款协议,有时还需借款国政府提供担保。

第二,大多采用银团贷款形式。

银团贷款由数家甚至数十家银行联合向借款人提供贷款,目的是满足借款人巨额资金需要和分散贷款银行的风险,贷款银行彼此风险共担、利润共赢。

第三,普遍采用浮动利率计息方法。

贷款利率在伦敦银行同业拆借利率的基础上,加一个加息率,由于贷款期限长,市场利率变化莫测。当市场利率高于贷款利率时,对贷款人不利,当市场利率低于贷款利率时,对借款人不利。因此,规定在贷款期限内根据市场利率变化每3个月或6个月调整一次利率。

第四,贷款资金的使用比较自由。

借款人可自由安排贷款资金的用途,不受贷款银行的限制,也不附带任何经济或政治条件,因而欧洲中长期贷款也被称为自由外汇贷款。

(3) 欧洲中长期贷款协议的主要内容

① 贷款利率(基础利率＋附加利率)。

- 基础利率。以伦敦银行同业拆借利率或美国优惠放款利率为基准。
- 附加利率(亦称"加息率")。附加利率的确定受资金供求状况、期限长短、借款货币汇率风险程度以及借款人资信状况等许多因素的影响。

② 各项附加费用(管理费＋杂费＋代理费＋承担费)。

- 管理费。管理费是借款人向牵头行所支付的费用,作为其组织银团、起草文件等的报酬。
- 杂费。因为贷款所产生的一切费用,如差旅费、办公费、律师费等。
- 代理费。这是借款人支付给代理行的报酬,作为对代理行在整个贷款发放期间管理贷款、计收利息和调拨款项等的补偿。
- 承担费。贷款协议签订后,所筹集到资金的全部或尚未提走的余额等待借款人随时提款期间的利息为承担费。

③ 贷款期限。贷款期限是指从借款人借到贷款到本息全部清偿为止的整个期限,包括用款期、宽限期和偿付期。

- 用款期。借款人可按规定的提款额提款。
- 宽限期。宽限期是借款人不需偿还贷款本金，但要支付已提用贷款的利息的期限。宽限期越长，对借款人越有利。示例如图 7-1 所示。

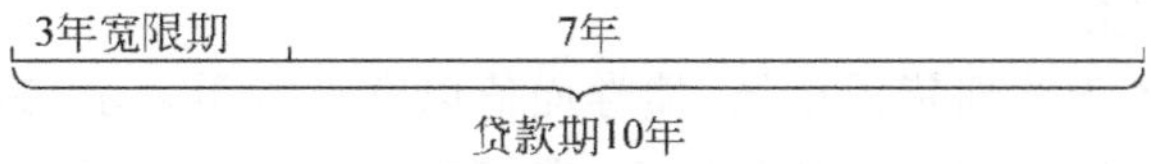

图 7-1　贷款期限示例

④ 利息期。利息期有两个功能，一是确定起息期，二是确定利率调整的周期。每笔业务的利息期不同，那它的贷款期就是利息期，比如 10 年，只不过前 3 年的宽限期只付利息不付本金。

⑤ 贷款偿还办法。

- 贷款到期一次偿还。
- 宽限期过后分次等额偿还，即宽限期结束开始偿还本金，每半年等额还本并付息一次，到期还清贷款本息。
- 逐年分次等额偿还本金，每半年等额还本并付息一次，到期还清贷款本息，但无宽限期。

3. 欧洲债券市场

(1) 欧洲债券市场的含义

欧洲债券市场是指从事欧洲债券的发行和买卖的市场。同欧洲货币市场一样，欧洲债券市场在地理范围上并不仅限于欧洲，除了伦敦、卢森堡等债券市场外，还包括亚洲、中东等地的债券市场。

欧洲债券市场是 20 世纪 60 年代在欧洲货币市场的基础上发展起来的，首先出现的是以美元为面值的欧洲美元债券，20 世纪 70 年代后出现以德国马克、日元、英镑为面值的债券，目前还增加了欧元和特别提款权为面值的债券。从 1980 年起至今，欧洲债券市场无论是规模还是重要性方面都超过了外国债券市场，在国际债券市场中占据主导地位。

(2) 欧洲债券市场的特点

正因为欧洲债券市场所具有的特性，才使其迅猛发展。欧洲债券市场的主要特点有以下几点。

第一，国际性。

同一种欧洲债券可同时在不同国家的金融中心发行。

第二，发行成本。

欧洲债券一般不受各国金融法令和金融当局的管辖，无须征得有关国家政府的批准，也不需注册，发行手续简便，费用相对少，发行成本较低。

第三，流动性强和免交税款。

欧洲债券市场二级市场发达，发行大多不记名，转让时不需转移登记，因此，债券持有人很容易地将债券转让，其流动性强；同时，欧洲债券的投资者通常免交利息所得税。

第四，选择性强。

发行方式、发行条件、债券面值、期限等，筹资者可以根据各种货币的汇率、利率和实际需要灵活自由进行选择。

(3) 欧洲债券的种类

欧洲债券市场发源于欧洲货币市场，债券面值以欧洲货币表示，其发行地区遍布各主要金融中心。欧洲债券市场融资工具种类繁多，我们在国际金融市场的国际债券中有较详尽的介绍，这里不再赘述。欧洲债券的种类通常可分为：固定利率债券、浮动利率债券、可转换债券和附认购权证的债券。

7.4.4 欧洲货币市场对世界经济的影响

1. 欧洲货币市场的积极影响

(1) 推动了世界经济和国际贸易的发展

欧洲货币市场为资本从过剩的国家顺利流到短缺的国家创造了条件，最大限度地缓解了国际资金供需之间的矛盾，为二战后西方国家的经济增长和发展中国家的经济起飞提供了必要的资金，推动了世界经济的发展。

20 世纪 70 年代初，国际贸易年均增长速度快于世界经济的增长速度，这得益于欧洲货币市场大规模、高效率的资金流动有效地为国际贸易提供巨额资金融通，促进了国际贸易的发展。

(2) 有助于各国改善国际收支状况

欧洲货币市场极大地便利了短期资金的国际流动，为世界各国弥补国际收支逆差的不足提供大量资金，缓和了世界性的国际收支不平衡的问题，使各国的国际收支状况得到改善。

(3) 推动了国际金融市场一体化

欧洲货币市场使美元、欧元、英镑等一些国家的货币更具国际化，促进了国际贸易的发展。

欧洲货币市场改变了传统国际金融市场因国界限制而相互隔绝的状态，欧洲货币市场的各离岸金融市场通过电信网络相互联系，使交易突破了时间和空间的限制，市场信息的传播更快捷、更广泛，提高了国际资本在世界范围内的使用效率，促进了国际金融市场的一体化。

2. 欧洲货币市场的消极影响

(1) 欧洲货币市场的投机活动加剧了汇率波动

欧洲货币市场的大部分短期资金几乎都用于外汇交易，欧洲货币市场管制较松，巨额的资金在不同金融中心之间，以及不同货币之间频繁地进行套汇套利交易，使大规模的资金在几种货币之间频繁移动，从而导致汇率的剧烈波动。甚至一些银行因此而倒闭破产，引起国际金融市场的动荡。

(2) 增大了国际贷款的风险

由于欧洲货币存款绝大部分是 1 年以下的短期资本，而欧洲货币放款多半是中长期的，这种短借长贷，加上各欧洲银行之间借贷关系错综复杂、相互联系，一旦某一银行发生支付困难，就会引起一系列的连锁反应，一旦客户纷纷提取存款，许多银行资金周转不灵时，就有可能导致金融危机，甚至危及到国际金融体系的稳定。

20 世纪 80 年代初，拉美几个国家宣布无力偿还到期债务，立刻在全世界范围形成深刻的国际债务危机。

(3) 影响各国货币政策的执行效果

欧洲货币市场是离岸金融市场，一般不受一国的金融政策管制。假如某一国家实行紧缩的货币政策，提高利率减少本国货币供给，目的是抑制社会购买力。但国内银行和企业却能很容易地从欧洲货币市场获得低成本的资金，这样反而会增加社会购买力，抵消紧缩货币政策的作用。若某一国家实行扩张的货币政策，降低利率增加货币供给，目的是提高社会购买力，国内资金又会为追求较高的利息收入而调往欧洲货币市场，欧洲美元的流出会减少社会购买力，抵消扩张的货币政策的作用。

小贴士

欧洲货币市场成为洗钱的场所

近年来，离岸金融市场获得了迅速的发展，但同时也产生了一些弊端。比如说，某些新兴的离岸银行中心为不太合法的金融市场提供服务，影响了金融市场的健康发展。

离岸银行业有利可图且发展迅速，据估计，该行业的业务正在以 15% 的速度逐年增长，因此，新兴的中心都在力图从传统离岸金融中心手中争得一块业务。由于极力吸引业务以及本身监管力度不够等原因，这些新兴中心往往成为洗钱的场所。

塞舌尔是一个激起国际监督当局公愤的国家，它向所有 1 000 万美元以上的投资者敞开大门，从不追究资金究竟从何而来。英国、欧盟、美国和经合组织已联合谴责这种他们视之为公然邀请洗钱分子和毒品走私团伙的做法。迄今为止，这一举措已足以吓退其潜在的客户们，迫使他们转向别处另觅其他洗钱天堂。

(4) 加速了世界性通货膨胀

由于欧洲货币市场的借贷活动使一国的闲散资金变成了另一国的货币供应，使市场的信用基础扩大。另外，在欧洲货币市场上，大量游资冲击金价、汇率和商品市场，也不可避免地影响到各国的物价水平，导致输入性通货膨胀。因此，有人认为，欧洲货币市场对世界性通货膨胀会起到了推波助澜的作用。

7.5 外汇市场

外汇市场是买卖外汇的场所和进行外汇交换的场所。外汇市场是金融市场的重要组成部分，是专门从事外汇买卖的交易场所或者说是各种不同货币进行交换的场所。外汇市场主要有两种形态：一是有固定场所的有形市场；二是无固定场所以电话、电报、电传和计算机网络技术等各种现代通信工具所构成的交易网络，它联系着无数的外汇供给者和需求者的无形市场。

7.5.1 外汇市场的含义

外汇市场是指各种经营外汇业务的银行、各种金融机构和个人运用外汇交易手段，进行跨国性外汇买卖和调剂外汇余缺的场所。外汇买卖供给者和需求者可通过实体的场所和虚拟交易网络两种渠道进行交易。

在外汇市场上，外汇的买卖有两类：一是本币与外币之间的交易，即需要外汇者用本币购买外汇，持有外汇者卖出外汇换回本币；二是用一种外国货币兑换另一种外国货币之间的交易，如中国居民用英镑购买美元，或卖日元买欧元。

7.5.2 外汇市场的构成

外汇市场好似一座塔(见图 7-2)，塔基、塔身、塔尖加之穿梭其中的外汇经纪人，他们各司其职、各尽其能，每天传递着上万亿美元的外汇资金。

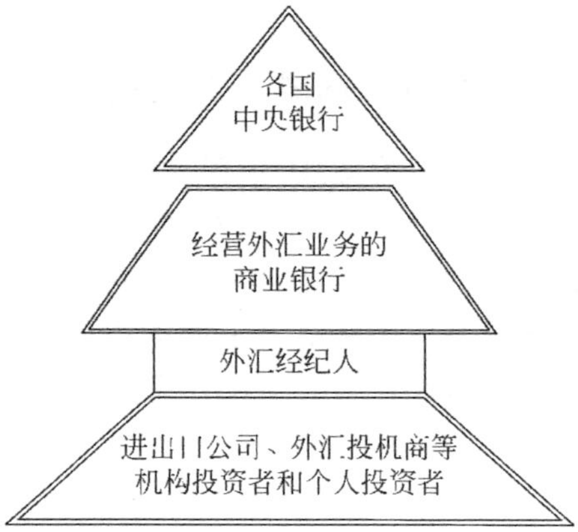

图 7-2 外汇市场构成图

1. 塔基是进出口公司、外汇投机商等机构投资者和个人投资者

如图 7-2 所示，塔基是进出口公司、外汇投机商等机构投资者和个人投资者。他们是外汇市场上的最终供应商或需求者。他们因从事国际贸易、投资、投机或出国留学和旅游而需要购买或售出外汇。外汇市场说到底是为他们服务的，而外汇市场的供求趋势和汇率走势最终也由他们来决定。

2. 塔身是经营外汇业务的商业银行

如图 7-2 所示，塔身包括专营或兼营外汇业务的本国商业银行、在本国的外国银行分行或代办处、其他金融机构。

他们既自己参与外汇交易，也代客户进行外汇交易，充当外汇买卖中介人，在外汇市场起到十分重要的中介作用。他们通过自己的全球网络实现资金的跨国调拨和借贷。

3. 外汇经纪人

如图 7-2 所示，外汇经纪人在各商业银行之间牵线搭桥，负责撮合一笔笔外汇交易。他们专门为商业银行代理外汇买卖业务，通过自身庞大的网络，为银行提供市场上最好的价格和迅捷优质的服务，然后根据成交额向双方收取佣金作为报酬。据统计通过经纪人完成的交易占总外汇交易的40%以上。

例如，花旗银行需要大量的加拿大元，这时通过外汇经纪人完成这笔交易好处有二：一是外汇经纪人的信息量可能比花旗银行大，很快就能找到所需的外汇；二是通过外汇经纪人出面比花旗银行自己出面好谈价格。这就是外汇经纪人作为掮客存在的必要性及重要性的体现。

4. 塔尖是各国中央银行

如图7-2所示，各国中央银行处于塔尖，他们对外汇市场进行适时干预和调控，维护本国货币的汇率稳定。由于全球外汇市场实际上连为一体，因此，现实中各国中央银行经常联手干预外汇市场。如通过外汇的买卖来支持某种货币的币值，稳定汇率，或为外汇储备的管理需要参与外汇交易。美国联邦储备银行、德意志联邦银行、日本银行、英格兰银行、法兰西银行等是最活跃的国家银行。

7.5.3 外汇市场的类型

此节的内容在第2章中已有详细介绍，这里就不赘述了。

按不同的划分方法，我们可以将外汇市场划分为以下几类。

① 零售市场和批发市场。在外汇交易中批发市场的交易量占交易总额的95%，而零售市场的外汇交易量只占交易总额的5%左右。

② 有形市场和无形市场。

③ 官方外汇市场与自由外汇市场及外汇黑市。自由外汇市场是指不受所在国政府的控制，基本按照市场供求规律形成的汇率进行交易的外汇市场，如纽约、伦敦、东京、新加坡外汇市场都属于此类。外汇黑市是指在外汇管制比较严格，不允许自由外汇市场合法存在的国家所出现的非法外汇市场。

④ 即期外汇市场和远期外汇市场。

小贴士

中国即期交易市场

在我国，企业或个人通过银行进行即期外汇买卖，个人可以到中国银行、中国工商银行、中国建设银行、招商银行等指定银行开设外汇账户，进行外汇买卖。

⑤ 区域性外汇市场和国际性外汇市场。

课堂案例讨论

英国制造中国资本

不到一年半的时间里，中国对英投资68.8亿美元，5倍于过去几十年对英投资总额，适逢2012年伦敦奥运会，中资企业在英伦投资的财富故事还在继续。

站在装满中国羊毛的成堆麻袋之间，莱恩·科尔麦克半开玩笑半认真地说：“我也曾试图把羊从中国带回来养，可惜苏格兰这多雨的天气让我的计划泡汤了。”

科尔麦克是英国道森国际公司下属邓肯纱厂的总经理。在2009年7月一次大胆的跨国收购之后，这家具有140多年历史、为包括路易威登在内的大品牌供应羊毛纱织的羊绒纱厂已被宁夏中银绒业接管。

实际上，2009年以来的欧债危机令不少历史悠久、拥有独门绝技的中小型英伦企业经历了财务艰难时刻。

而具有国家背景的大型基础、能源项目亦存在大量资金缺口。英方在渴望中国资金的同时，也不免抱有一丝“戒意”。

根据最新公布的2010—2011年度英国贸易投资总署对英投资报告，中国企业在过去一年中对英国投资项目高达37个，较上一年激增61%。

这其中，中国对英国投资增长迅猛，并购活动频繁，并成为中资企业对英投资的主要方式。截至2012年6月，中国商务部的数据显示，在不到一年半的时间里(2011—2012.6)，中国对英投资约68.8亿美元，5倍于过去几十年对英投资总额。

根据英国央行数据，今年2月与去年同期相比，英国整体商业贷款率下降了3%，且自2009年欧债危机以来，英国的企业贷款率就一直呈负增长趋势。

而在2009年，财政困扰就重创了邓肯纱厂，亏损严重在最终的收购中，中方做出了包括生产制造、专有技术、销售渠道、研发机构的一体化收购，总体交易兑价在616万英镑左右，相当于净资产的54.45%，同时，宁夏中银绒业还一并取得了邓肯纱厂名下几大知名品牌的所有权。

过去3年中，中国羊绒原材料价格飙升对欧洲生产商而言一直是严重困扰。这也就不难解释为什么远在苏格兰的科尔麦克这么关心中国的CPI问题。如果羊肉价格已经高于羊毛价格，在中国国内的养羊农户恐怕会杀羊套现，此外他对中国的大旱问题也小有研究，因为这也是推高原材料价格的主要因素之一。

令科尔麦克感到满意的，是中方对于此次收购的准确拿捏。此前，邓肯纱厂所在地苏格兰政府曾担心中银绒业会将纱厂搬到中国来，不过中方保证纱厂不会离开苏格兰。

科尔麦克坦言这其中涉及一个微妙的问题。邓肯纱厂是多家国际一线品牌的羊毛纱供应商，在欧洲拥有众多高端客户，例如路易威登、香奈尔、爱马仕、普拉达等。

虽然羊毛来自中国，制成品却是地地道道的“苏格兰制造”。纱厂的高端客户对于被中国企业收购的事实曾一度有过担心，怕苏格兰制造变成中国制造。

与此同时，2012年，中资企业甚至将收购的步伐延伸到了每一个英国人的餐桌上。

“就连Weetabix都被中国人买了。”英国主妇珍妮是两个孩子的母亲。这位经常出现在超市里的家庭主妇，当听说陪伴一代代英国人成长的早餐谷物都被中国企业收购的消息时，很是诧异。

根据报道，光明食品和Lion Capital LLP基金双方达成协议，光明食品收购Weetabix公司60%的股份。

与上海光明食品17亿美元收购英国Weetabix 60%的股份一样的大手笔，还包括中资企业在能源、矿产、基础设施、食品等行业的投资。其中引人关注的是海浩博椅业1亿美元收购英国Es公司45%的股份、中投公司12亿美元投资英国泰晤士水务8.68%的股份等。

据最新统计，中国对英国投资59项，居各国对英投资排名第6位，直接创造就业1 400多万人次。截至2011年底，中国对英非金融类直接投资超过23亿美元，其中当年投资超过

11亿美元。

目前如同中国电信一样，不少中国企业已在英国设立研发中心和欧洲总部，并将英国作为开拓欧洲和第三国市场的门户；同时在中资企业来英投资的重点金融业方面，中国五大商业银行"工农中建交"更已经实现了伦敦齐聚。

资料来源：冯迪凡. 第一财经日报，2012年7月27日

思考题：中国企业在外投资不断增长与中国外汇市场有何关联？

本章小结

再好演技的演员，也需要舞台来施展。国际金融市场就是各大金融机构搭建的舞台，专为资金闲余者和资金短缺者提供资金融通的舞台。

国际金融市场包括的类型很多，有国际货币市场、国际资本市场、国际外汇市场等，就如同有电影、电视、戏曲、话剧分类一样。

不同类型的金融市场，它的功能是不同的。国际货币市场是经营1年以内资金存贷的市场，国际资本市场是经营1年以上资金存贷的市场。如果，你想融通资金1年以上，却找到国际资本市场，那必然融不到资金。就像我们如果想看话剧，却走进了电影院一样，只能失望而归。

因此，我们必须搞明白国际金融市场的类型及它们经营的品种、特点、功能等，只有了解清楚了这一切，才能有的放矢。资金的闲余者找到增值、保值的最优渠道，资金的短缺者，花最少的成本筹到所需资金。

课后练习

（一）基础练习

1. 填空题

(1) 国际货币市场是指资金融资期限在________的资金交易场所的总称。

(2) 广义的国际金融市场是指________与________之间，或非居民与非居民之间进行各种金融活动的场所及所形成的金融关系总和。

(3) 银团贷款又称________，往往由十余家甚至数十家银行联合起来提供贷款。

(4) 无形市场(又称柜台市场)是指没有固定场所，外汇买卖双方无须面对面进行交易，而是通过________、________、________等完成外汇交易的市场。

2. 多选题

(1) 短期国际证券市场包括(　　)。

A. 银行承兑汇票　　B. 大额可转让银行定期存单

C. 国库券　　D. 商业承兑汇票

(2) 银行中长期信贷主要包括(　　)。

A. 出口信贷　　B. 项目贷款　　C. 买方信贷　　D. 自由外汇贷款

(3) 欧洲短期信贷市场的特点有(　　)。

A. 期限短　　B. 金额大起点高

C. 条件灵活不需担保　　D. 存贷利差小

(4) 欧洲债券的种类通常可分为(　　)。

A. 固定利率债券　　B. 浮动利率债券

C. 可转换债券　　D. 附认购权证的债券

3. 判断题

(1) 外汇交易的柜台市场是指有固定场所,外汇买卖双方无须面对面进行交易的市场。(　　)

(2) 大额可转让银行定期存单期限短最短期限为1天。(　　)

(3) 外汇经纪人他们在各商业银行之间负责最终撮合一笔笔外汇交易,在外汇市场可有可无。(　　)

(4) 贷款的宽限期是借款人需偿还贷款本金,但不要支付利息的期限。宽限期越长,对借款人越有利。(　　)

4. 名词解释

(1) 大额可转让银行定期存单　　(2) 票据贴现

(3) 国际金融市场　　(4) 外汇经纪人

5. 简答题

(1) 如何理解国际金融市场的含义?它有哪些作用?

(2) 如何理解欧洲货币与欧洲货币市场的含义?欧洲货币市场有哪些主要特点?

第8章

国际融资方式

【学习目的及要求】

通过本章的学习，希望同学们正确理解国际融资的含义、特点及类型；掌握国际贸易、国际票据、国际债券和国际股票等国际常用融资工具的性质、特点及融资方法，以便拓宽融资渠道，提高融资效益，规避融资风险。

【引导案例】

金砖五国同意共同注资500亿美元建立发展银行

金砖五国曾提议建立一个发展银行，目的是为了降低对西方金融系统的依赖。WSJ称，它们已经达成了该银行的资本框架协议。

WSJ援引印度一位高官称，在8月份的第一周，巴西、中国、印度、俄罗斯和南非国家的官员对建立一个总资本500亿美元的发展银行达成了协议，同意平均分配出资份额，这意味着五国将平等地控制该银行。稍早，中国建议把资本规模定于1 000亿美元，并希望获得更大的份额。

之前，在注资500亿美元的问题上，五国也曾产生不同意见。这些不同意见包括五国是平均注资100亿美元，还是以本国经济规模的比例注资。中国的经济规模是南非的20倍，是俄罗斯或印度的4倍。

该印度官员称，其他关键因素还需要进一步讨论，这些因素包括为发达国家留出一些份额的建议等。该官员补充表示，金砖五国正考虑给其他国家留出40%～50%的份额。

WSJ称，发达国家参与该银行将帮助它获得更高的信用评级，也使其在市场上的融资成本更低。金砖五国之间的评级差异巨大。

该印度官员称，金砖五国还没有确定这家银行的未来的坐落地点。他还称，这些问题可能会在10月11—13日进行讨论，届时五国财长将出席在华盛顿召开的世界银行和IMF年会。

建立该银行的提议最初在2012年3月份提出。该银行将为新兴市场国家和发展中国家建设道路、现代港口设施、发电厂和铁路提供融资帮助。五国财长希望在2014年3月份峰会前为建立该银行敲定一个路线图。

路透称,金砖五国的经济总量占全球GDP的1/5,但是它们并没有找到将经济转化为政治影响力的共同基础。

资料来源:财经网,2013年08月29日

思考题:金砖五国建立发展银行其中的贷款是属于哪类的贷款?

融资即融通资金,指资金在持有者之间的流通,以调剂余缺。如果资金的融通发生在本国资金持有者之间,而不涉及其他国家的资金持有者,就是国内融资;如果资金融通涉及其他国家,超越了国境,则是国际融资。

资金短缺国可以在国际金融市场中筹集资金,补充国内资金的不足,引进技术和产品,提高劳动生产率,促进经济发展,资金盈余国的政府、企业或个人也可把资金借给外国,以获取更大的收益。

8.1 国际融资概述

1. 国际融资的含义

国际融资是指一国的企业、个人或政府越出国界,在别的国家通过借款、股票、债券等形式进行资金借贷的交易。

2. 国际融资的特点

国际融资和国内融资比较而言,参与者更复杂、要求更严格、风险更大。国际融资具有以下几个特点。

(1) 国际融资的复杂性

① 国际融资的当事人构成比较复杂。国际融资当事人,大体可归纳为以下四类:

- 居民金融机构;
- 居民非金融机构;
- 非居民金融机构;
- 非居民非金融机构。

资金的供给(贷款人)和需求(筹资人)两方至少有一方其居住地不在本国,也就是其中一方应属非居民的金融机构或非居民的非金融机构。

② 国际融资货币复杂。国际融资所使用的货币,可以是下面几种:

- 筹资人所在国货币;
- 贷款人所在国货币;
- 第三国货币。

但以上的三类货币都必须是可自由兑换货币。国际融资中经常使用的是一些国际通用货币,如美元、日元、英镑、欧元等。近年来,特别提款权(SDR)也用于国际融资。

融资当事人使用何种货币,通常必须根据各种货币汇率的变化和发展趋势,结合融资条

件等因素来加以综合考虑，才能做出决策。

(2) 国际融资的风险性大

国际融资与国内融资相比风险较大。除了国内融资所面临的商业风险、信用风险等外，国际融资还面临国家风险和汇率风险。

国家风险是指由于某一主权国家或某一特定国家的有主权的借款人(如财政部、中央银行或其他政府机构)，或其他借款人，不能或不愿对外国贷款人履行其债务责任的可能性。汇率风险一般泛指在国际经济、贸易和金融活动中，以外汇计价的收付款项、资产与负债业务，因汇率变动而蒙受损失或获得收益的可能性。

(3) 国际融资的被管制性

国际融资通常是两个甚至是几个不同国家的资金持有者之间跨国境的资金转移。国际融资当事人所在国家的政府，从本国政治、经济利益出发，为调节本国的国际收支，调控本国的货币流量，以及审慎管理本国金融机构，会对本国居民的对外从事融资行为进行管制。

3. 国际融资的方式

国际融资的方式越来越多，传统金融工具不断完善，衍生金融工具层出不穷，筹资者可以根据不同的筹资目的和用途，选择不同的融资方式，以获得最高的融资效益。

国际融资的方式纷繁复杂，不同的融资方式操作规程、风险、收益等都有所不同。按融资时间我们将其分为短期国际融资和长期国际融资两个方面。短期国际融资就是在国际货币市场进行的融资。货币市场是指经营期限在一年以内的借贷资本市场。长期国际融资是在国际资本市场上进行的融资。资本市场是指经营期限在1年以上的借贷资金市场。

小贴士

金融小知识

货币市场是急人之所急，在货币市场上，运用的金融工具，大多是政府、银行以及企业发行的短期信用工具。只要有需要，凭借信用就可随时获得你想要的资金。

资本市场是放长线钓大鱼，在资本市场能满足企业和政府的长期的投资或长期的使用资金，它的高收益和高风险并存。

国际融资有多种形式：

- 国际贸易融资；
- 国际债券融资；
- 国际票据融资；
- 国际股权融资；
- 国际金融机构贷款。

本章介绍国际贸易融资、国际票据融资、国际债券融资、国际股权融资等几种主要的国际融资形式。

8.2 国际贸易融资

在对外贸易业务中,资金的短缺直接阻碍对外贸易的发展。所以,我们要学会利用一切可以利用的资金,并且要尽量使融资成本降低。因此,就需要我们了解国际贸易融资形式并学会运用,这对利用外资、发展我国的对外贸易具有一定的现实意义。

对从事对外贸易的进出口商来说,在商品的采购、包装、装运等各个阶段,以及与商品相关的制单、签订合同、申请开立信用证、承兑和议付等各个贸易环节,都可以从不同的渠道获得融资。

8.2.1 短期国际贸易融资

与进出口贸易资金融通有关的对外贸易信贷形式多种多样,按融资的期限可分为短期贸易融资和中长期贸易融资。短期贸易融资期限在1年以下,包括打包放款、进出口押汇、贴现、国际保理业务、预付款、信用证(或商品抵押放款)、透支等。中长期贸易融资期限在1年以上,包括出口信贷、福费廷业务等。

1. 对出口方融资

(1) 进口商对出口商的预付款

进口商在收到货物单据之前,就付出全部或一部分货款,这就是进口商对出口商提供了预付货款。这种融资方式手续简便、费用少,对出口方最有利。通常预付款是定金。

(2) 银行对出口商提供的无抵押贷款

无抵押贷款是指为了支持出口,专门给出口商品的生产商提供的贷款。尤其是在生产厂家取得出口商获得进口商订单的保证之后,银行即可办理无抵押的贷款。

(3) 银行对出口商品抵押贷款

如果出口商所出口的商品不是自行生产的,而是进行采购并积累预定出口商品储备,这时所需融资可以以国内货物作为抵押从银行取得贷款。但是货物畅销与否,银行难以预料,因而在提供贷款时,往往以货物市值的一定百分比贷出,而且随市价下跌而调整。市价下跌但如果已经贷出资金,银行往往要求出口商归还部分贷款,或提供新的抵押品,以保持与所提供贷款的一定比例关系。

(4) 打包放款

打包放款是指在信用证结算方式下,出口商凭所收到的正本信用证作为还款凭据和抵押品向当地银行申请的一种装船前融资,它主要用于对生产或收购商品开支及其他从属费用的资金融通。融资比例通常不超过信用证金额的80%。出口商向银行交单时,银行扣除事先的垫款、利息和费用后,将余额支付给出口商。

此项融资的期限一般不超过信用证的有效期,但有时银行还视情况规定一个最长融资期限,原则上不超过6个月,期限一到,银行无条件收回贷款。银行在发放打包放款时主要考虑以下两个方面:第一,开信用证银行资信好,信用证条款明确,执行无困难;第二,出口企业资信好,出口履约能力强,能按信用证条款及时出口收汇。如果出口方符合上述两种情况,就可以顺利申请贷款,而且贷款金额可高达信用证金额的90%。

(5) 出口押汇

出口押汇即出口方以出口货运单据作抵押,向出口方银行申请融通资金。根据不同的结算方式,出口押汇可分为信用证出口押汇和托收出口押汇。

① 信用证出口押汇。信用证出口押汇是指在信用证结算方式下,出口商发运货物后,将全套单据提交往来银行作为抵押,要求银行提供的在途资金融通。办理押汇银行审核单据后,扣除一定的费用和利息后将余额支付给出口商。然后,押汇行向开证行寄单索汇,开证行付款偿还押汇行事先的垫款。

② 托收出口押汇。托收出口押汇是托收行买入出口商开立的以进口商为付款人的跟单汇票以及随附的商业单据,将货款扣除利息及费用后,将余额付给出口商,并通过国外联行向进口商收款,以归还垫款的一种融资方式。

出口商向银行申请办理托收押汇时应提供一份出口托收押汇申请书,除了申请做出口托收押汇的内容与要求、利率等外,还要保证汇票被拒付时,托收行对出口商有追索权,要保证负责赔偿托收行由此造成的一切损失。

(6) 票据贴现

票据贴现是信用证项下的一种融资方式。如果进出口双方签订以远期信用证方式成交,那么,出口方取得开证行承兑的远期汇票后,可向银行申请贴现以取得贷款,银行扣除贴现利息后将汇票余额付给出口方,一旦开证行到期不能履行付款义务时,付款行有权要求出口方归还贷款。

2. 对进口方融资

(1) 对进口商提供赊账

赊账这种方式对进口方最有利,它一般是建立在出口方对进口方完全信任的基础上,出口方将货物所有权交给进口方后,只要进口方在收到货物后 1～3 个月内付款,这样,进口方就有相当的时间将货物再销售出去以取得资金来归还出口方的货款。

中国出口融资(英国)有限公司(以下简称 CEF),是一直专为中国厂商和西方进口商提供高保障性赊销解决方案的国际企业。它的高保障性赊销解决方案,可以为中国出口商的西方进口商提供最长达 120 天的远期付款条款,争取更多的订单,并同时能在出货后立刻收款 80%。

例如,一家浙江的工厂有一批出口到美国的货物,其船期为 12 月中旬,金额约 30 万美元,进口商要求 60 天赊账期。从船期至到期付款日,如美元贬值,由 1 美元=7.35 元人民币,变化为 1 美元=7.14 元人民币。那么这期间的汇率损失就高达 6 万多元人民币,而幸运的是,他们利用 CEF 的高保障性赊销解决方案,在一出货就收到了 CEF 提供的 80%的货款,大大减少了汇率变动所致的损失。这使得企业在利用高保障性赊销解决方案之后,争取到更多客户订单并规避了因汇率变动而可能造成的远期收汇风险。

(2) 票据信贷

票据信贷是指出口商将装船货物单据直接随汇票寄给进口商,进口商于一定期间内向出口商支付汇票上的金额开出汇票,或是进口商银行依出口商提交的单据承兑汇票给予的贷款。美国出口商对外国进口商提供信贷的期限一般为 90～120 天,也有较长时间的,要依商品性质、进口方资信而定。

(3) 进口押汇

进口押汇是银行在收到信用证或进口代收项下单据时,应进口商要求向其提供的短期资金融通。按基础结算方式划分,可分为信用证下进口押汇和进口托收押汇。

① 信用证下进口押汇。信用证下进口押汇是开证行在收到单据,审单相符后即先行付款,进口商凭信托收据取得单据提货并将货物销售,再偿还银行先行垫付的进口货款本息。银行在开立信用证时要收取保证金。然而对那些已获得开证行授信额度的客户,不仅可以免交或减交保证金,而且银行会进一步给予融通,也就是在银行收到信用证项下的单据时,银行先行为进口商垫付货款对外支付,待它提货销售后,以回收的资金偿还银行的贷款。进口信用证押汇实质上是一种抵押贷款,开证行以信托收据作抵押品,这种业务只有在银行对进口商充分信任时才会使用。

② 进口托收押汇。进口托收押汇是代收银行向进口商提供的短期资金融通,以使它能够在信托项下取得单证,凭此提货、报关、存仓、保险和销售。

(4) 提货担保

在正常情况下,收货人应凭正本提单向船物公司办理提货手续,但有时因航程过短,货比单据先到,如收货人急于提货,可采用提货担保方式。

所谓提货担保是指收货人与银行共同或由银行单独向船物公司出具书面担保,凭此先行放货,保证日后及时补交正本提单,并负责缴付船物公司的各项应收费用及赔偿由此而可能遭受的损失。银行应收货人要求签发担保书之前,必须查明该批货物确属银行所开立信用证项下的货,并确定收货人申报的货值无误。

此外,还要落实收货人对银行的原担保。在一般情况下,银行收取全额保证金,或对有信托收据额度者,在额度内凭信托收据签发提货担保书,由收货人凭此向船物公司提货。待收到单据后,用正本提单换回提货担保,银行的担保责任即告解除。

3. 国际保理业务

国际保理是指出口商以商业信用形式出售商品,在货物装船后立即将发票、汇票和提单等有关单据卖断给承购应收账款的保理组织,收进全部或部分货款,从而取得资金融通的一种业务形式。保理业务是专门为赊销而设计的一种金融服务业务。

小贴士

出口保理商遭进口商及进口保理商拒付时,是否可以向出口商追索?

出口保理商已向出口商提供融资,在遭到进口商及进口保理商拒付时,出口保理商是否可以向出口商追索?是否可以追索要视出口保理商与出口商之间的《出口保理协议》及融资合同的约定来确定。保理业务分为有追索权的保理和无追索权的保理。有追索权的保理在发生了协议约定的情况导致无法收回款项时,出口保理商可按照合同约定向出口商追索。

无追索权的保理业务下，出口保理商只得自己承担资金损失。在欧美等发达国家基本采用无追索权保理，而我国开办保理业务时间不长，保理商为保护自身利益，采用有追索权保理的情况相对多一些。

(1) 保理业务的功能

保理业务的功能主要体现在保理商对出口商提供的各项服务上，具体包括信用销售控制、债款回收、销售账户管理、坏账担保和贸易融资等业务。出口商可以根据自己的实际情况要求保理商提供以上全部或部分业务。

① 信用销售控制。保理商为降低风险，必须对进口商进行全面的调查，包括它的资信状况、清偿能力、经营作风等，以核定相应的信用销售额度。此外，保理商还需要了解进口商所在国的外汇外贸政策、经济形势、政治稳定性等宏观环境因素。

② 债款回收。买方拖欠赊销货款是交易中普遍存在的一个现象，债款的回收对卖方来说是一件非常繁琐的事情。在采用保理业务后，供货商就不再负责债款的回收工作，全部交由保理商负责。保理商一般有经验丰富、熟悉法律条款与司法程序的专人负责催收债款，提高了债款回收的效率，解决了供货商的后顾之忧。

小贴士

进口商到期不付款怎么办？

如果进口商以货物质量存在问题等为由到期不付款，则进口保理商会将拒付原因通知出口保理商，出口保理商再通知出口商，保理商会协调进出口双方解决贸易纠纷。若纠纷确实是由于出口商未按照基础合同执行，则进口保理商可免除付款担保责任。若属于进口商无理拒付，则进口保理商仍需承担付款担保，最迟于发票到期后 90 天向出口保理商付款。如果出口商完全履行了基础合同，而进口商却出现破产等突发事件，无力偿还欠款，则进口保理商必须履行付款担保，向出口保理商付款。

③ 销售账户管理。供货商将应收账款转让给保理商后，有关的账目管理工作也移交给保理商。由于保理商一般都是商业银行或其附属机构，拥有银行在账务管理方面的各种有利条件，因此，完全有能力向客户提供优良的账务管理服务。

④ 贸易融资。当出口商将应收账款转让给保理商后，一般保理商会立即支付不超过应收账款 80%的现款，使出口商迅速收回了大部分货款，减少了资金的积压。

⑤ 坏账担保。在采用保理业务时，保理商根据对进口商资信调查的结果，规定了出口商向每个进口商赊销的额度，在额度内的应收账款称为已核准应收账款，超过额度的应收账款称为未核准应收账款。保理商对已核准应收账款提供百分之百的坏账担保，而对未核准应收账款，保理商则不提供坏账担保。

对于已核准应收账款，如果进口商因财务上无偿付能力或倒闭、破产等原因而导致不能履行付款责任时，保理商将承担风险。因此，只要出口商对每个客户的销售控制在保理商已核定的信用销售额度之内，就能有效地消除来自进口商的信用风险。保理商对已经预付的款项不能要求出口商退款，尚未结清的余额也必须按约定照常支付。但是，出口商必须保证这笔应收账款是正当的、毫无争议的应收账款。

小贴士

国际保理业务包括哪些费用?

① 保理商佣金。

- 出口保理商佣金约为发票金额的0.1%～0.4%。
- 进口保理商佣金约为发票金额的0.4%～1%。不同保理商确定的佣金比例范围有所不同。

② 每单发票的处理费用,约为10美元。

③ 银行费用。

(2) 保付代理业务的组织模式和程序

① 组织模式。国际保理业务中涉及的保理商有出口保理商和进口保理商,分别指位于出口方所在地的保理商和位于进口方所在地的保理商。国际保理业务的组织模式因此分为两种:双保理商模式和单保理商模式。

第一,双保理商模式。

涉及进出口双方保理商的保理业务叫双保理商模式。在此模式下,出口方与出口保理商签订保理协议,将其国外的应收账款转让给出口保理商,由出口保理商与进口保理商签订代理协议,向进口保理商转让有关的应收账款,并委托其直接与进口方联系,由进口保理商提供坏账担保,债款催收和指定销售额度等服务。

小贴士

国际双保理的好处

英国日用纺织品Tex UK公司从中国、土耳其等国进口有关商品。几年前,当该公司首次从我国进口商品时,采用的是信用证结算。随着进口量的增长,他们感到这种结算方式比较烦琐不灵活,而且必须向开证行提供足够的抵押。为确保业务继续增长,该公司希望60天的赊销付款。我国出口商考虑到这种方式下的收汇风险过大没有同意。

之后,该公司转向英国国内保理商Alex Lawrie公司。英国的进口保理商为该公司核定了一定的信用额度,并通过中国银行通知了我国出口商。通过双保理制,进口商得到了赊销的优惠付款条件,而出口商也得到了100%的风险保障以及发票金额80%的贸易融资。目前Tex UK公司已将保理业务推广到了5家中国的供货商以及土耳其的出口商。

公司董事Jeremy Smith先生称,双保理业务为进口商提供了极好的无担保迟期付款条件,使其拥有了额外的银行工具,帮助其扩大了从中国的进口量,而中国的供货商对此也十分高兴。虽然出口商会将保理费用加入到进口货价中,但Jeremy Smith先生认为对进口商而言,从某种角度看也有它的好处。当进口商下定单时,交货价格就已确定,他们不需负担信用证手续费等其他附加费用。而对于出口商十分关心的保理业务中的合同纠纷问题,相对而言，虽然理论上说信用证方式可以保护出口商的利益，但实务中由于很难做到完全的单证一致、单单一致，因此出口商的收汇安全也受到挑战。Jeremy Smith 先生介绍，该公司在与中国供货商合作的五年时间里仅有两笔交易出现一些货物质量方面的争议，但问题都很快得到解决，且结果令双方满意。

第二，单保理商模式。

涉及一方保理商的国际保理业务叫单保理商模式，常用于进出口双方一方没有保理商的国家或地区。其有两种形式：直接进口保理商形式和间接出口保理商形式。

在直接进口保理商形式下，出口方与进口保理商联系，由其指定进口方的信用额度，负责收取应收账款和提供坏账担保服务等，该形式适用于出口方的客户集中于某一个国家或地区的情形，目前在国际贸易中用得不多。在间接出口保理商形式下，出口方与本国的出口保理商联系，并由此获得全部保理业务。

② 国际保理业务的基本程序。

第一，出口商与进口商之间首先要签订货物买卖合同，同时把进口商的情况（包括交易伙伴的名称、地址、货品名称，以往交易记录等内容）告之银行。

第二，出口商通过出口保理商向进口保理商申请进口商信用额度，出口保理商（银行）把进口商的情况也转交给进口保理商。

第三，进口保理商对进口商进行资信调查评估。

第四，进口保理商将调查到的进口商资信转给出口保理商，继而转给出口商。

第五，出口商向进口商发货，并将应收账款转让给进口保理商。

第六，出口保理商可应出口商的要求向其提供融资，金额最高为发票金额的 80%。

第七，在货款到期日，进口保理商向进口商收取货款，并将其转交出口保理商。

第八，出口保理商在扣除融资本息及服务费后，将货款余额付给出口商。

第九，若进口商到期无力付款，进口保理商在应收账款到期日后第 90 天赔付出口商。

8.2.2 中长期国际贸易融资

1. 出口信贷

(1) 出口信贷的含义

第二次世界大战前后，各国之间广泛开展大型成套设备及技术的贸易，其成交额较大，周转期较长，进出口商迫切需要期限较长的信贷支持，由此产生了出口信贷。

出口信贷是指一国为支持和扩大本国大型设备的出口，对本国的出口予以利息补贴并提供信贷担保，鼓励本国银行对本国出口商和国外进口商提供低息贷款或支付贷款需要的一种贸易信贷方式。

(2) 出口信贷的特点

与对外贸易短期信贷相比，对外贸易中长期信贷不仅向进出口商提供了融资，而且是提供信贷国家争夺国际销售市场的一种手段。对外贸易中长期信贷这一性质在其特点中得到了充分的体现，具体有如下特点。

第一,出口信贷所支持的是大型机器设备的出口。

出口信贷一般指定用途,只能用于购买出口国的大型机器设备这些资本货物。因为,资本货物的出口反映了一国国民经济的发展水平,扩大该种商品的出口不仅可以带动本国经济的发展,还能改善外贸出口商品结构,提高出口的经济效益。

第二,出口信贷的贷款利率低于市场利率。

大型机械设备的生产在一国经济中占有重要地位,其产品价值高,交易金额大,这类产品的出口对一国国内生产、就业有着非常重要的影响。因此,为了提高这类产品的出口竞争力,削弱竞争对手,主要发达国家的银行竞相以低于市场的利率对外提供中长期贷款,贷款利率与市场利率的差额由国家给予补贴,这可以说是国家支持本国出口的一种具体表现。

第三,出口信贷的发放通常与信贷保险相结合。

由于出口信贷所支持的商品是大型资本货物,涉及金额大,信贷期限长,而且涉及不同国家的当事人,因此,发放贷款的银行存在很大风险。一般政府专门设立出口信贷保险机构直接作为保险人提供出口信贷保险,或者作为再保险人,对私人保险机构承保的出口风险给予再保险,或者对银行提供的出口信贷提供担保。

第四,国家通常成立专门的机构发放出口信贷。

虽然出口信贷一般由商业银行参与发放,但如果信贷规模较大,商业银行资金不足时,则由国家专门设立的出口信贷机构予以支持。因此,世界上大多数国家都成立了专门的出口信贷机构,专门办理出口信贷和信贷保险业务。如英国曾规定商业银行提供的出口信贷资金超过其存款的18%时,超过部分由英国的出口信贷机构给予支持,从而弥补了商业银行资金的不足,改善了本国的出口信贷条件,提高了本国资本货物在国际市场上的竞争能力。

(3) 出口信贷的主要类型——买方信贷

“二战”前,出口信贷较多地采用向外贷款,向内贷款、票据贴现放款等方式,这些方式在“二战”之后仍采用,但在当代最重要最常见的是买方信贷。除此之外,还有卖方信贷。

① 买方信贷的含义。买方信贷是指在大型机械设备出口中,由出口商所在地银行贷款给外国进口商或进口商银行,以给予融资便利,扩大本国设备出口的出口信贷形式。

其信贷额一般是合同金额的85%,其余的15%是定金。而定金在合同签订时先付10%,第一次交货时再付5%。贷款额按交货进程由出口方银行向出口商支付,亦即出口方银行向进口商或进口商银行提供的贷款。进口商或进口方银行则于订购的设备全部交清的若干时期内,分期偿还出口方银行的贷款及其利息,一般每半年一次,同时支付利息。出口方银行之所以发放这种买方信贷,主要是为了支持成套设备的出口。

② 买方信贷业务的程序。买方信贷分为由出口方银行向进口方或进口方银行提供贷款A、B两类方式。

A类:出口方银行直接向进口商提供贷款,其具体程序如图8-1所示。

第一,进出口双方签订贸易合同,进口方预付相当于货价15%的现汇定金。

第二,进口商与出口方银行签订贷款协议。

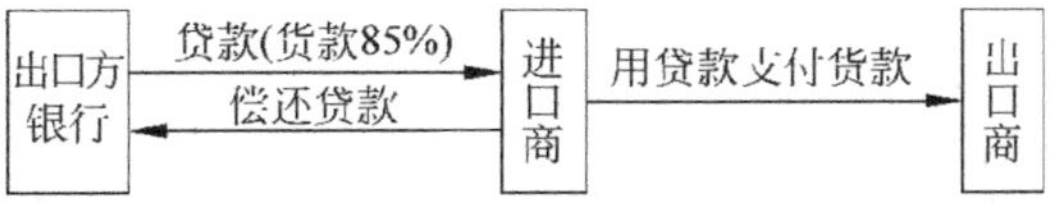

图 8-1 买方信贷业务程序(A)

第三,进口商用其所得贷款,以现汇方式向出口商支付货款。

第四,进口商按贷款协议条件向出口方银行偿还贷款。

B类：出口方银行向进口方银行提供贷款,其具体程序如图 8-2 所示。

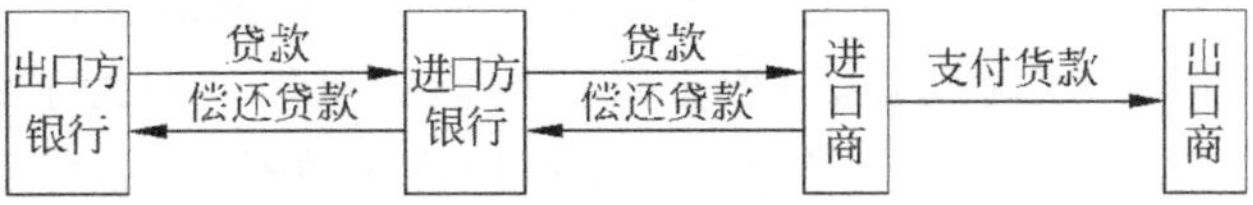

图 8-2 买方信贷业务程序(B)

第一,进出口双方签订贸易合同。

第二,进口方向出口方预付相当于货价 15%的现汇定金。

第三,进口方银行与出口方银行签订买方信贷协议。

第四,进口方银行根据协议将其从出口方银行所得款项贷给进口商。

第五,进口商以现汇方式向出口商支付设备货款。

第六,进口方银行按买方信贷协议分期偿还出口方银行贷款。

第七,进口商按协议向进口方银行偿还贷款。

(4) 出口信贷的主要类型——卖方信贷

① 卖方信贷的含义。卖方信贷是指在大型机械设备出口中,由出口商所在地银行贷款给出口商,以给予融资便利,扩大本国设备出口的出口信贷形式。

银行对出口商提供的是银行信用,出口商对国外买主提供的是商业信用。出口商把货物装船后,凭出口单证去向他的往来银行取得装船后贷款,出口商有了贷款允许进口商延期付款。在这一期间内,出口商要对银行负担装船后信贷的利息。因此,出口商要考虑贷款利息和其他费用负担,对商品报价就要高些。

② 卖方信贷业务的程序。发放卖方信贷的具体程序如图 8-3 所示。

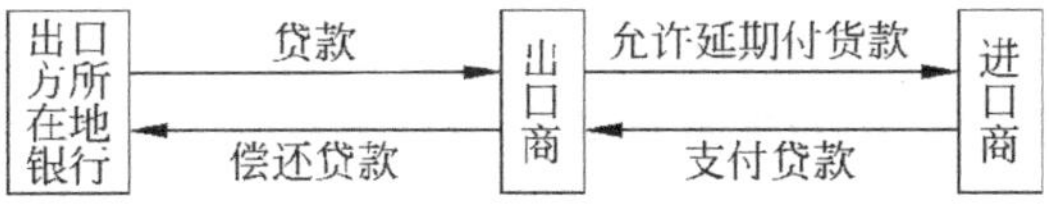

图 8-3 卖方信贷业务程序

第一,进出口商双方签订合同,出口商以延期支付方式向进口商出售大型设备。

第二,出口商依据进出口方的延期支付合同向出口方所在地银行借中长期出口信贷,签订信贷协议,获得优惠贷款融通资金。

第三,进口商随同利息偿付出口商的贷款,出口商再用此款偿还银行贷款本息。

进口商预先支付 10%～15%的定金,在分批交货、验收和保证期满时再支付 10%～15%的货款;其余货款在全部交货后若干年内分期偿还(一般每半年还款一次),并由进口商承担偿还延期付款期间的利息。

2. 福费廷

(1) 福费廷的含义

福费廷是指在延期付款的大型设备中长期贸易中,出口商把经过进口商承兑的,期限在3～12年的远期汇票,无追索权地给予出口商所在地的银行(或大金融公司),提前取得现款的一种融资形式。通常又将其称为包买票据业务。

福费廷市场源于20世纪50年代后期至60年代初期世界经济结构发生变化之际。福费廷(Forfaiting)一词来源于法语,意即将权利放弃给他人的意思。1965年以后,从西欧国家开始推行。近年来尤其在德国、瑞士、东欧国家及发展中国家的设备贸易中得到发展。由于出口成套设备的筹资额大、时间长,一般金融机构难以承担。但为了促进资本设备出口,西欧国家的大银行或其附属银行,专门为出口商承担特殊融资,即福费廷代理融资。它包括四方当事人:出口方、进口方、担保方和福费廷方。

(2) 福费廷业务的基本流程

第一,出口商向包买商提出申请。

出口商如若采用福费廷业务,应在签订贸易合同前向包买商提出申请,得到包买商的报价和选择期。选择期是指从包买商提出报价到出口商做出融资决定之前的那段时间。

第二,出口商与进口商进行贸易洽谈。

出口商向进口商言明将采用福费廷业务,并将融资费用记入成本,向进口商提出报价。如进口商接受报价,双方签订贸易合同,同时,出口商同包买商签订福费廷协议,规定双方的权利与义务。

第三,出口商发运货物并将全套货运单据通过银行寄送进口商。

如果合同规定买方应预付定金,则这部分金额不能续做福费廷业务。出口商发运货物后将全套单据寄交进口商,如果是采用汇票作为债务工具,则出口商签发一系列到期日不同的汇票,一并寄进口商承兑。

第四,进口商将经担保行担保的远期承兑汇票或本票直接寄给出口商。

进口商收到单据后审查合格,即承兑汇票。如果采用本票,则进口商签发以出口商为收款人的到期日不同的一系列本票。在国际福费廷业务中,95%以上的交易都是凭汇票或本票进行的。担保行对汇票或本票进行担保。

第五,出口商将上述票据向办理福费廷业务的银行办理无追索权的票据贴现并取得货款。

包买商要对出口商交来的单据认真审核,审核无误后办理贴现手续。包买商在贴现付款时,须按出口商的指示将款项打到其指定的银行账户上。

第六,包买商将到期票据经担保银行向进口商提示,进口商履行付款的义务。

3. 信用安排限额

在银行日益介入国际贸易业务,促进并组织进出口成交所起的作用日益增长的情况下,20世纪60年代后期一种新型的出口信贷形式——信用安排限额开始在出口信贷业务中推行。信用安排限额的主要特点是出口商所在地的银行为了扩大本国一般消费品或基础工程的出口,给予进口商所在地的银行以中期融资的便利,并与进口商所在地银行配合,组织较小金额的成交。

信用安排限额由以下两种形式。

(1) 一般用途信用限额

一般用途信用限额也称购物篮信用。在这种形式下出口商所在地银行向进口商所在地银行提供一定的贷款限额,以满足对方许多彼此无直接关系的进口商购买该出口国消费品的资金需要。这些消费品是由出口国众多彼此无直接关系的出口商提供的,出口国银行与进口国银行常常相互配合,促成交易。

(2) 项目信用限额

在项目信用限额下,出口国银行向进口国银行提供一定货款限额,以满足进口国的厂商购买出口国的资金需要。这些设备和工程往往由几个出口商共同负责,有时甚至没有一个总的承包商。项目信用限额与一般信用限额的条件与程序相似,不过借款主要用于购买工程设备。

8.3 国际票据融资

国际票据融资是指在国际货币市场上的融资,常用的融资方式有商业票据、短期国库券、大额定期可转让存单、证券贴现等。这些票据的共性是期限短、风险小和流动性强,随时可以出售或转让变现。

8.3.1 商业票据

商业票据是最早的信用工具,发生商品或劳务为背景的债权凭证。它虽起源于商业信用,近年来演变为一种单纯的金融公司用在金融市场上融通筹资的工具,虽名为商业票据,却是已与商品或劳务的买卖没有了联系。

商业信用早于金融市场的产生之前就存在,在没有金融市场时,商业票据没有流通市场,只能由收款人保存,到期才能收款。直到产生了银行,有了金融市场,商业票据的持有者才可以拿商业票据到银行去抵押,到市场去贴现,提前取得资金。

西方一些国家的大公司向银行借款时,通常要受到国家法律的制约及银行的种种限定,比如贷款的数额、期限、用途等都有严格的要求,每一笔贷款还需向银行交付一定比例的存款金额等,这些都增加了借款人筹资难度或成本。

为绕开这些限制,同时,也为减少筹资成本及其他商业性因素,这些大公司就通过银行中介,直接面向金融市场筹集资金,其中方式之一就是发行商业票据。很多大公司附设金融公司,专门从事商业票据的发行,商业票据经市场投资者购买后,资金流入公司供其周转使用,待票据到期,由发行人支付票款。

小贴士

金融小知识

信用在经济中表现为借贷关系,借入者获得资金,扩大了生产经营或实现了马上就想达到的目标,借入者因借入而增加了利益;贷出者,他们因贷出闲余资金而取得了附加于本金之外的利息。

——这是一场双赢游戏。商业票据是完全凭借信用发行的。

1. 商业票据的含义

商业票据是以出票人本身为付款人的本票,由出票人许诺在一定时间、地点付给收款人一定金额的票据。商业票据是没有抵押品的短期票据。

2. 商业票据的特点

① 商业票据期限较短。最短3天,最长不超过270天,一般为30～50天左右。

② 商业票据是单名票据,发行时只需一个人签名。

③ 商业票据是纯粹为短期周转资金而发行的票据。

④ 商业票据是大额票据。

它的票面额度较大且是整数,以10万美元为倍数计算,一般在10万～500万美元之间。

⑤ 商业票据是无担保票据,只靠公司信用担保。由于没有担保,投资者全凭对发行者的信任购买这种票据,所以,发行者一般多为经营稳健、信誉良好的大公司才能发行商业票据。

⑥ 商业票据是以贴现方式发行的票据。多以折价方式发行,没有明确规定票面利率,其市场基本上是一种初级市场,没有二级市场。

3. 商业票据的利率与价格

商业票据均为贴现发行,因而商业票据的利率就是贴现率。商业票据利率主要取决于发行成本、发行人资信等级、有无担保及担保人的资信等级、税收、流动性的程度等。发行成本越高,越需要较高的发行利率予以弥补。如果发行人资信卓著,其发行的票据利率一般低于资信差的公司票据,若再有高等级银行担保,票据利率还可更低一些。一般资信等级越高,其发行利率可越低。因为商业票据的风险性比国库券大,流动性比国库券差,且需纳税,所以商业票据利率高于国库券利率。商业票据利率也与货币市场资金供求关系相联系,当资金供求紧张,一般发行利率要高一些,反之可低一些。

商业票据利率与银行优惠贷款利率也有着重要联系,前者以后者为基础,不可能大幅度、长期偏离,因为发行商业票据与银行短期贷款两种融资方式可以相互代替,因此,两者的利率可以相互调节。

商业票据的价格主要是指发行价格。确定商业票据发行价格的方法如下:

$$\text{发行价格} = \text{面额} - \text{贴现金额}$$

$$\text{贴现金额} = \text{面额} \times \text{贴现率} \times \text{期限} / 360$$

商业票据的风险与发行资信等级相关联,资信等级越高,风险越小,反之,越大。目前,国际上具有广泛影响的评级机构主要有美国的标准普尔公司和穆迪投资服务公司等。为商业票据评定级别主要依据发行人的管理质量、经营能力和风险、资金周转速度、竞争能力、流动性、债务结构、经营前景等。商业票据的等级不同,发行的难易程度及发行利率水平也就不同,因此,发行者都主动向评级公司申请评级。

8.3.2 国库券

1. 国库券的含义

国库券是各国为解决财政的短期不足所发行，由财政部承诺一年内向持票人偿付票面金额的负债的短期证券。此种债券由财政部按拍卖方式折价出售。

国库券是中央政府发行的期限不超过1年的短期证券，是货币市场上重要的融资工具。发行国库券的主要目的在于筹措短期资金，解决财政困难。当中央政府的年度预算在执行过程中发生赤字时，国库券筹资是一种经常性的弥补手段。

在美国，国库券的期限为91天或182天，最小面额为1万美元。

这种国库券不附带利息，以贴现的方式发行，到期按票面金额偿还。投资者的收益就是购买价格与票面金额的差额。

国库券以拍卖方式发行，财政部将证券出示于购买者的面前，由各购买者竞相出价，最后卖给出价最高者。期限为91天和182天的国库券每周一拍卖一次，交割日在周四。国库券发行后，首先流到专门经营国库券的证券商手中，然后再在次级市场中流通。

小贴士

国库券是国债吗？

1877年，英国最早发行国库券。1929年美国第一次发行了该种债券。国库券因风险小，随时可以变现，流动性强，俗称“金边债券”。

国库券和国债都是一国政府发行的债券，收益性不高，但安全性好。严格来说，国库券期限在1年以内，而国债期限在1年以上。

2. 国库券的发行方式

国库券的发行方式，通常实行招标制，即每次发行前，财政部根据近期短期资金的需要量、中央银行实施货币政策调控的需要等因素，确定国库券的发行规模，然后向社会公告。各投标人在规定的发行规模的约束下，分别报出自己拟购买的价格和数量。在众多参与价格投标的投标人当中，出价最高者首先中标，之后按出价顺序，由高到低依次配售，直至售完为止，这就是所谓的“竞争性投标”。也有一些小规模的金融机构，无力或不愿意参与竞争性投标，便按照投标最高价和最低价的平均数购买，这是“非竞争性投标”。

小贴士

中国发行国债的历史

我国历史上第一次发行国债是在1898年发行的“昭信股票”。北洋政府时期，从1912年到1936年共发行国债27种。在抗日前国民党政府时期，从1927年到1936年共发行国债45亿元。抗日战争时期国民党政府共发行国债90亿元。我国新民主主义革命过程中，为了弥补财政收入的不足，各革命根据地人民政权发行过几十种国债。

中华人民共和国成立后，20世纪50年代由国家统一发行的国债共有6次。第一次是

1950年发行的“人民胜利折实公债”,发行的目的是为了平衡财政收支,制止通货膨胀,稳定市场物价。

国库券因期限较短,故其发行价格一般采用贴现价格,即以低于票面金额的价格发行,到期时按票面金额偿还。票面金额与发行价格的差,即是投资者的利息。国库券发行价格的计算公式如下:

发行价格=面值×(1-贴现率×债券期限/360)

3. 国库券的收益

在国库券的流通市场上,市场的参与者有商业银行、中央银行、证券交易商、企业和个人投资者。国库券行市的变动,要受国库券供求关系、市场利率水平等诸多因素的影响。

在美国,证券交易商在进行国库券交易时,通常采用双向式挂牌报价,即在报出一交易单位买入价(是指证券商愿意买入国库券依据的价格),同时,也报出一交易单位的卖出价(是指证券商愿意出售国库券的价格),其差额就是证券商获得的毛利,交易商不再附加佣金。

在英国票据贴现是国库券二级市场上最为活跃的市场主体。持有国库券的机构和个人如需转让,可向贴现所申请贴现。英格兰银行实施公开市场操作,也以贴现所为中介,先向贴现所买进或卖出国库券,然后贴现所再对商业银行进行买卖。

8.3.3 大额可转让定期存单

1. 大额可转让定期存单的含义

大额可转让定期存单是银行发给存款人按一定期限和约定利率计息,到期前可以转让流通的定期存款凭证。它是美国花旗银行1961年创造的,后来成为货币市场的一种重要融资工具。

2. 大额可转让定期存单的特性

① 发行人是资力雄厚的大银行。

② 存单面额大且固定。在美国通常面额为100万美元。

③ 存单不能提前支付但可出售转让。存单不到期不能提前支付,但可在二级市场上出售转让。

④ 存单可获得接近金融市场利率的利息收益。有的国家规定活期存款不仅不支付利息还要支付管理费,定期存款也有上限控制。但存单不受上述规定限制,能对投资者支付接近金融市场利率水平的利息。

大额可转让存单上载有利息率,或叫息票率。美国用欧洲货币方法计算存单的利息,英国用英国方法计算存单的利息。存单的利息率有固定利息率和浮动利息率两种。期限不超过1年的短期存单,到期支付利息;期限超过一年的长期存单,在欧洲货币市场上,每年支付一次利息,在美国国内市场上,每半年支付一次利息。

3. 大额可转让存单和存款的区别

从本质上看大额可转让存单和银行存款都是银行的定期存款,但存单与存款也有不同,如表8-1所示。

表 8-1 大额可转让存单和存款的区别

大额可转让存单	定期存款存款
有记名的但大多数是不记名的	是记名的
可以在金融市场上转让	不能在金融市场上转让流通
金额固定且是大额整数,交易单位为 100 万美元	金额是不固定的可多可少,有整有零
存单不能提前支取	没有到期之前是可以提前支取
期限多为短期,通常 1 年以内	期限多为长期
既有浮动也有固定的利率	利率是固定

存单与商业票据及债券也不同,商业票据及债券不是存款,不需缴纳存款准备金,也不受存款保险法的保护,而存单则需缴纳准备金。存单的发行人是银行,信誉高,商业票据和债券的发行人主要是企业,信誉相对要差些。

4. 大额可转让存单的发行

(1) 存单发行价格的确定

存单发行价格的确定,主要取决于如下几个因素:

- 发行人资信等级;
- 发行时市场利率水平;
- 存单的期限;
- 存单的流动性。

存单的价格一般有两种形式:一是按面额发行,发行价格即票面面值;二是贴现发行,以票面额扣除一定贴现利息而发行,发行价格低于面值。

(2) 发行方式的选择

发行方式主要有直接发行和通过承销商发行。

① 直接发行。直接发行就是发行人直接在银行门市零售或邮寄销售。大银行地理位置好,分支机构多,直接发行存单能节省成本。事实上直接发行时,发行人多与一些大型机构投资者直接面商过,有的发行人还允许投资者指定存单利率。

② 通过承销商发行。通过承销商发行就是发行人委托承销商发行存单,通常是发行人首先公布发行存单的总数、利率、发行日期、到期日、每张存单面值等,然后物色一家或数家首席承销商组成包销经理团。通过承销商发行,发行人需要支付一定的广告费用。

5. 大额可转让存单的转让

存单转让市场是买卖已发行存单的市场,通常由票据经销商组成。在一级市场购买存单的投资者,由于急需资金,在二级市场将存单卖掉,通常由经销商买入,经销商可将这些存单持至到期日,兑取本息,也可以再到二级市场出售,从而形成了连续的市场转让。

存单转让方式主要由存单记名与否决定。不记名存单在市场转让时,交付给新的购买人就可以,不需背书,绝大多数存单是通过这种方式转让的。记名存单转让时需背书,通常在存单背面写上原存单持有者名称和新的存单持有人的名称。

8.4 国际债券融资

债券是筹资者(债务人)向投资者(债权人)出具的承诺在一定时期支付约定利息和到期偿还本金的信用凭证。债券作为一种特定的法律和信用的经济权益关系的代表,债务人根据法律和合同的规定,在取得借款人使用权的同时,对债权人拥有义务,即按规定付息还本。

债权人根据法律和合同,有权要求债务人履行义务,在债务人不履行义务时,债权人有权向法院起诉,要求赔偿所蒙受的损失。债券按地域范畴分类,可分为国内债券和国际债券,它们统称为世界债券市场。

8.4.1 国际债券概述

1. 国际债券的含义

国际债券是指一国政府或金融机构、工商企业、国际金融机构为了筹措资金而在国外市场发行的以某种货币为面值的债券。

2. 国际债券的种类

国际市场上按不同的标准国际债券可分为不同的类型。

(1) 按发行货币的面值的不同分类

按发行货币的面值的不同,国际债券可分为外国债券、欧洲债券。

① 外国债券。外国债券是指国外发行人在所在发行国经东道国相关机构批准,发行的以东道国货币为面值的债券。

外国债券通常在债券发行所在国的国内市场注册,由该市场内的公司负责包销,而且基本上在该市场内出售。

外国债券的主要特点有:发行人属于一个国家,债券的面值货币种类及发行市场则在另一个国家。

② 欧洲债券。欧洲债券是指国外发行人在所在发行国,发行的以第三国货币为面值的债券。其债券发行人属于一个国家,发行地在另一个国家,采用面值货币又是第三个国家的,发行地也可以是几个国家,面值货币也可以是多国的。如 1986 年 6 月由中国银行在法兰克福发行的 2 亿美元浮息票据就属于欧洲债券。

欧洲债券的主要特点有:

第一,不受官方机构管制,发行手续简便,不需要登记注册,除欧洲日元债券外,一般不需要获取评级资格。

第二,发行时间、发行条件(发行价格、利率、手续费等)可随行就市,由当事各方自由决定。

第三,债券由跨国的银团、包销团发行,面向以欧洲为中心的广大地区销售,可以自由选定债券经纪人。

第四,债券为不记名的实物债券保密性好。

第五,投资者购买债券免缴利息所得税,交易成本低可促进流通。

(2) 按照国际债券的不同确定方式分类

按照债券发行利率、债券发行货币、债券可转换性、债券发行主体、债券兑付期限等标准分成很多类。

这里主要介绍以下几种常见类型的国际债券。

① 固定利率债券。固定利率债券是指具有固定利率、固定利息息票和固定到期日的债券。债券代理机构通常按照规定向息票持有人支付利息,并于到期日向债券持有人偿付本金。

固定利率债券是国际债券的传统类型。这种债券可以按面值平价发行,也可以折价发行,并附有年利息票。固定利率债券的期限一般在3~7年之间,个别也有长达10年的。

固定利息债券通常在市场利率相对稳定的条件下发行,当市场利率不断发生较大变化时,将会对债券发行人或债券投资人造成风险,影响债券的发行条件和发行效果。

② 浮动利率债券。浮动利率债券是指利息率可按一定条件浮动变化的债券,也叫浮动利率票据,产生于1970年。它是证券持有者因利率不断变动而怕造成风险想转手的需要而产生的。浮动利率债券多为可转让的无记名债券。

从理论上说,浮动利率证券不会发生负收益的情况,因为一旦市场利率变化,也可以跟着调整利率。但是因为6个月或3个月才调整一次,其次利息率浮动通常定有浮动上下限。浮动利率债券通常为中长期债券,期限多为5年至15年,因此,就市场而言还是有一定的利息损失。

③ 无息债券。无息债券是指以贴现方式发行,不附息票,而在到期日时按面值一次性支付本息的债券。这种债券不支付利息,但以折价方式出售,折价部分比例很大,到期按面值偿还。按照许多国家的法律规定,此类债券可以避免利息所得税。

④ 可转换债券。可转换债券是公司发行的一种与股权相连的债券,其持有人可在规定期限内将债券按既定的转换价格和转换比率转换成公司的普通股股票。如果持有人放弃转换权利,公司必须到期还本付息。可转换债券作为国际债券的一种形式,近年来在国际资本市场上发展非常迅速。

在国际债券市场上,可转换债券主要有两种:一是以瑞士法郎为面值的瑞士可转换债券,它由在瑞士注册的银行担任牵头经理人和组织承销团,出售给以瑞士为基地的国际投资者,并受瑞士法律监管。二是以美元为面值的欧洲可转换债券,它由国际性的大银行等金融机构担任牵头经理人并作全球配售。

可转换债券进行国际融资具有以下特点。

第一,可转换债券兼有债权性和股权性的双重性。

对投资者来说,一方面到期可获得预定的利息和本金;另一方面,当发行债券的公司股票价格上升时,投资者还可将债券转换为股票,分享公司业绩增长和股票增值的利益。

对发行人来说,债券转股前可以低成本筹集资金,债券转股则提供了以高于发行债券时的股价售出股票的可能性。因此,可转换债券是一种混合的金融工具,是企业向境外融资的行之有效的途径。

第二，发行人在债券到期前有赎回债券的权利。

具备下列条件之一的公司才能行使该项权利：

一是公司股票连续若干个交易日(一般为 30 个交易日以上)超过转换价格一定水平时，公司行使赎回权。超过转换价格一般是指债券转股票的价格，是发行债券前公司股票的市场价格加溢价(5%～20%)，这种称为软赎回权。

二是债券到期时没有转换，公司必须赎回。这种称硬赎回权。赎回价格，因赎回条件不同而不同，一般为债券面值的 101%～110%，且每年向下调整一定幅度。

第三，投资者在债券到期前在某一指定日期(发行后 3 年)按一定百分比将债券买回的权利。回售权的规定主要是对投资者长期持有公司债券的一种额外保护，并不是所有的可转换债券都附有回售权条款。有回售权的可转换债券，公司可以较低的利率和较高的溢价水平发售债券。

20 世纪 80 年代以后，国际证券市场还产生了所谓双重选择权的可转换债券，它允许债券持有者将其转换成担保人的普通股，或者在利息支付日，转换成非转换固定收入债券，二者的到期日相同。在货币转换情况下，债券通常能按债券发售时的汇率换成普通股而起到保值的作用。

(3) 按发行的对象分类

按发行的对象，国际债券分为公募债券和私募债券。

① 公募债券。公募债券是指向社会广大公众发行的债券，可在证券交易所上市公开买卖。公募债券的发行必须经过国际上认可的债信评级机构的评级，借款人需将自己的各项情况公之于众。

② 私募债券。私募债券是指私下向限定数量的投资人发行的债券。这种债券发行金额较小，期限较短，不能上市公开买卖，且债券息票率偏高，发行价格偏低，以保障投资者的利益。但私募债券机动灵活，一般无需债信评级机构评级，也不要求发行人将自己的情况公之于众，发行手续较简便。

3. 国际债券融资的特点

国际债券融资作为国际融资的一种重要方式，既可以解决债券发行人国内资金不足的问题，又为发行人提供一种期限、利率等具有多种选择权的融资途径。与其他融资形式相比，国际债券融资具有以下特点。

第一，国际债券发行人和投资者分属不同国家。

国际债券的发行人是在外国的金融市场发行，认购者为他国居民，首次发行的债券额不可太大，因为境外投资者不会投资于一家陌生的公司，如果首次发行额过大，会使债券不能获得足够的认购，造成对发行人声誉的不利影响。

第二，筹集到的资金期限较长。

国际债券通常是中长期债券，发行人可以根据自身对资金的需求情况、信用地位、不同国家的利率水平、发行时的市场条件等因素选择一种国际债券。欧洲货币债券的期限一般为 3～10 年，如欧洲美元债券的期限为 5～8 年，欧洲瑞士法郎债券期限为 5 年。而外国债券的期限更长，如日本武士债券的期限为 10～15 年，美国扬基债券的期限为 5～20 年，瑞士法郎外国债券的期限为10年。

第三，国际债券对发行人的资信要求较高。

国际债券对发行人的信用有较严格的要求，外国债券发行前必须对债券进行评级，符合发行国允许级别的债券发行、上市的明确规定，才能顺利发行国际债券，否则，发行很难成功。

目前，发行欧洲债券，信誉很高的国家政府、金融机构和大公司发行欧洲债券可不进行信用评级。此外，近几年欧洲债券市场上，不少投资者选择了评级较低或没有评级的债券。这主要是国际债券的发行人与国际上一些大机构联系，可以提高发行人在国际市场的知名度，为发行人今后的融资方式的选择和中介机构的选定奠定良好的基础。这并不意味着投资者不再重视发行人及其债券的资信度。

第四，国际发行人可以筹措到各种货币的资金。

世界上大多数国家允许发行以本国货币和一些自由外汇为面值的欧洲债券，国际债券所选择的面值货币范围较大。

8.4.2 国际债券的发行与流通

国际债券融资发行主要包括两方面的内容，即国际债券发行的基本条件、国际债券的发行程序。

1. 国际债券发行的基本条件

发行时制定合理的债券发行条件，是债券发行成功的重要保证。它包括债券票面利率、发行价格、偿还期限、付息方式、偿还方式等。

(1) 国际债券发行额的确定

发行额是发行债券的总值，发行额虽然是事先计划好的，但到时要根据市场情况进行增减，因此经常在承购协议签字前还不能确定发行额。一般说来，债券发行额是发行人根据对资金的需要设定的，并且还要考虑发行市场资金供给、发行者的资信级别、债券的种类等多种因素权衡后而确定。

债券发行人的信用等级越高，发行额可大些，反之，则小些。因为发行者的信用等级在投资者心目中的形象是影响投资者做出投资决策的重要因素。

小贴士

金融小知识

世界上最著名的两家信用评级机构——穆迪投资服务公司和标准普尔公司，分别建立于1909年和1823年，它们不但在美国，而且在国际资本市场上享有较高的权威性。

穆迪投资服务公司信用评级分为10等。

←左 Aaa Aa A Baa Ba B Caa Ca C D 右→

标准普尔公司信用评级分为10等。

←左 AAA AA A BBB BB B CCC CC C D 右→

越往左信用等级越高风险性越小，越往右信用等级越低风险性越大。

(2) 国际债券的票面利率

国际债券的票面利率是指债券票面所载明的发行人应付给投资者的利率,是票面金额与年利的比率。它通常印在债券的票面上,不得更改。票面利率分为固定利率和浮动利率。

票面利率的确定主要受以下因素的影响:

① 银行同期储蓄存款的利率水平。由于债券的风险高于银行储蓄,所以一般债券的利率水平要略高于当时银行同期存款利率,以增加债券对投资者的吸引力。

② 债券期限的长短。期限越长风险越大票面利率越高,反之,就低。

③ 债券的信用级别。债券信用级别越高风险就小债券利率的可稍低,反之,债券信用级别低风险大债券利率要高才可能发行得出去。

(3) 国际债券的发行价格

发行价格是指债券从发行人手中转移到初始投资人手中的价格。影响债券发行价格的主要因素是市场收益率。当债券票面利率和期限已经确定,发行时如果是市场收益率提高,按票面额出售则不利于投资者,债券难以销售;如果市场收益率降低,按票面额出售会使发行者增加成本。因此,一般采用调整发行价格的方式来调节债券的实际收益率,使之与市场变化情况基本上保持一致。

具体来说,债券的发行价格可以由以下的计算公式得出:

发行价格=(票面额+票面利率×票面额×期限)/(1+市场收益率×期限)

债券的发行有以下三种。

① 平价——发行价格等于票面价格。

例如,QQ 债券的票面额为 100 美元,票面利率为 10%,若此时的市场收益率也为 10%,期限为 1 年。其他条件不变,则债券的发行价格为:

$$(100+100\times10\%\times1)/(1+10\%\times1)=100\text{ 美元}$$

即以 100 美元的发行价格发行票面额为 100 美元的债券,此为平价发行。

② 折价——发行价格低于票面价格发行。

若此时的市场收益率为 12%,其他条件不变,则该债券的发行价格为:

$$(100+100\times10\%\times1)/(1+12\%\times1)=98.21\text{ 美元}$$

即以 98.21 美元的价格发行票面额为 100 美元的债券,此为折价发行。

③ 溢价——发行价格高于票面价格。

若发行时的市场收益率为 8%,期限为 1 年。该债券的发行价格为:

$$(100+100\times10\%\times1)/(1+8\%\times1)=101.85\text{ 美元}$$

即以 101.85 美元的价格发行,票面额为 100 美元的债券,该发行称为溢价发行。

采取溢价发行一定是具备两个条件,一是发行人的信用等级较高,二是利率较高。否则,发行会有困难。

(4) 国际债券偿还期限的确定

债券偿还期限通常是指从债券的发行日到还本付息之间的期限。债券一般按期限长短分为:

- 短期债券——期限在 1 年以内债券,如 91 天、182 天和 1 年期的国库券。

- 中期债券——期限在1～5年的债券。
- 长期债券——期限在5年以上的债券。目前国际债券市场上固定利率债券和浮动利率债券一般为5～8年,可转换债券偿还期更长一点。

(5) 国际债券的偿还方式的确定

国际债券的偿还方式是指债券发行者向投资者支付本金收回债券的方式。

一般有三种主要的偿还方式。

① 期满偿还。期满偿还是指债券到期后一次性支付本金和利息的方式。偿还期限长短是发行债券时就已经确定,发行者无须考虑因市场动荡而向投资者提前偿还的问题。在国际债券市场上,期限为1～7年的中短期债券大多数采用这种方式。

② 延期偿还。延期偿还是指投资者有权延长债券的到期日,在债券到期日后继续按原定利率持有债券直至一个或几个指定日期中的一个。这种方式对投资者较为有利,尤其是在市场利率低于债券利率时。

③ 期中偿还。期中偿还是指债券期满之前分次偿还,到期后全部偿还的一种方式,可分为定期偿还、任意偿还和购回注销三种不同的方式。

- 定期偿还——是指债券按照协议经过宽限期之后,每半年或一年偿还一定的金额,直至期满时还清金额的方式。
- 任意偿还——是指当债券的宽限期过后,到期之前,发行者有选择的偿还其债券的全部或一部分,或者在债券到期之前,由债券的持有者确定时间,要求发行者赎回其债券。
- 购回注销——是指债券发行者将已经发行的债券从流通市场上,或从债券持有者手里重新购回,以注销其债务。

2. 国际债券的发行程序

国际债券的发行具有较为复杂的结构,其发行过程的有效组织涉及债券发行人的重大利益,因此,合理地安排国际债券发行的程序具有重要的意义。

(1) 发行前的准备工作

国际债券发行是一个技术性强、涉及面广的过程。对发行人而言,要顺利利用国际债券方式筹集资金,不仅需要邀请多方中介服务机构共同完成,而且要做好一系列的准备工作。发行者需要选择好发行成本、发行市场、发行方式以及发行时机等。

① 发行成本。国际债券发行者除定期向债券持有人支付利息外,尚需负担一定的发行费用。国际债券的发行成本,除了票面利息的支付外,还包括在债券发行过程中所必须指出的发行费用,这些费用很复杂,主要有最初费用和中间费用两种。

最初费用主要包括承购手续费(约占债券发行额的2%～2.5%),偿还承购债券的银行所支付的实际费用、印刷费、上市费用、律师费等。

中间费用主要包括债券管理费,即财务管理人履行合同进行账簿管理等服务所收取的费用和付息手续费。

总的来说,发行费用相对固定不变,债券发行金额越大,单位发行费用就可越低。因此,为了降低平均成本,就必须使债券发行达到一定的规模。

② 发行市场。前面已经介绍过了国际债券市场,发行者在确定发行债券的类型,即外国债券或欧洲债券后,再根据自己的实际情况选择发行市场。

③ 发行方式。各大债券市场的发行方式各有其惯例和规定,比如武士债券市场和扬基债券市场的惯例以及规定就不尽相同,欧洲市场作为一个创新的资本市场,更是不断地推出新的方式。

④ 发行时机。债券的发行价格是在发行市场由债券发行者和承购人根据债券条件商定的。但债券进入流通市场上市交易时,其市场价格则是根据当时市场情况而定。因此,债券的发行价格和市场价格往往会不一致,有时,甚至可能出现较大的差异,而正确掌握发行时机往往是促成债券顺利发行的因素之一。

(2) 信用等级评定

债券的评级对于国际债券的发行意义重大。经过评级的、信用级别高的债券往往比没有经过评级的、信用级别低的债券更能吸引投资者。然而债券的信用评级工作要花费大量的时间和财力,在一定程度上增加发行人的开支负担并延迟发行时间。

所以债券发行人是否进行信用评级将根据发行金额和发行人在国际市场上的地位而定。数额不大的发行可不必进行评级工作,信誉很高的国家政府、金融机构和大公司也可以不进行信用评级。而数额较大或发行新证券,一般要通过专门的评级机构对发行者的偿还能力做出评估,对债券进行信誉评估。

小贴士

金融小知识

目前国际上公认的评级机构有:

美国——穆迪投资服务公司　　美国——标准普尔公司

加拿大——债务级别服务公司　　英国——艾克斯特尔统计服务公司

日本——日本社团债务研究所　　中国——上海远东资信评估公司

中国——大公国际资信评估有限公司

评级机构一般考察发行者下列三个方面的情况:

① 违约的可能性,即发行者按照债券契约规定的条件,准时支付利息和偿还本金的能力或意愿。这里要考察相关的国家风险、发行机构领导层的经营能力、发行者在本国的地位、发行者的产业前景,发行者的经营状况和市场地位、发行者的财务状况等方面的情况。

② 债券发行是否有第三者担保。

③ 破产法或其他法令在发行者破产、重组或其他安排能否保护投资者的权利。

(3) 国际债券的发行程序

各个市场发行国际债券的程序以及当事者策略有所不同。但基本步骤大致如下:

① 发行人确定主干事和干事集团。

② 发行人通过主干事向发行地国家政府表明发行债券的意向,征得该国政府同意。

③ 在主干事帮助下，发行人申请债券评级。

④ 发行人通过主干事，组织承购集团，设立委托机构、登记代理机构和支付代理机构。

⑤ 发行人与以主干事为首的干事集团商讨债券发行的基本条件、主要条款。

⑥ 发行人按一定格式向发行地国家政府正式递交“有价证券申报书”。

⑦ 发行人分别与承购集团代表、受托机构代表、登记代理机构代表和支付代理机构代表签订各种协议。

⑧ 发行人通过承购集团，向广大投资者提交“债券说明书”，介绍和宣传债券。

⑨ 承购集团代表组织承购集团承购债券，各承购人净承购款项付给承购集团代表。

⑩ 承购集团代表将筹集的款项交受托机构代表换取债券随后将债券交给承购人。

⑪ 各承购人将债券出售给广大投资者。

⑫ 登记代理机构受理广大投资者的债券登记。

⑬ 受托机构代表将债券款项拨入发行人账户。

一般来说，发行公募债券基本按上述程序进行，而发行私募债券的程序则简单得多。

小贴士

金融小知识

- 发行人——即借款人，也称债务人。
- 投资人——即购买债券的人，也称债权人。
- 主干事——即发行国际债券的主要组织者，一般由一家知名度高的投资银行或证券公司担任。
- 承购集团——即向广大公众销售债券的中间人。一般由数十家金融机构参加承购集团，如债券销售后有剩余，集团的各承购人有义务在自己承购的额度内买下售不出的债券。
- 销售集团——即向广大公众销售债券的中间人。一般也由数十家金融机构参加销售集团，如债券销售后有剩余，销售集团一般不承担承购的责任。
- 受托机构——即受债券发行人和投资人的委托，经办有关债券发行事宜的金融机构。
- 登记代理机构——即对投资人手上的债券进行登记的机构，一般都由金融机构担任。
- 支付代理机构——即帮助发行人对债券还本付息的金融机构。

8.4.3 国际债券融资风险及收益

1. 国际债券融资风险

国际债券一般期限较长，从债券发行到债券还本过程中的若干年间，汇率和利率的变动是难以预料的，这必然会造成发行时预计的国际债券融资成本与实际的国际债券融资成本之间存在偏差。国际融资不仅要面临国内融资所面临的市场风险、信用风险等，还要面对汇率风险和利率风险。

(1) 汇率风险

汇率风险是指从国际债券发行到期满,由于债券计价货币与本国货币或发行人能够取得的用于偿还国际债券的货币之间的汇率发生变动,而使债券发行人加重偿债负担。

在国际债券融资及融资使用过程中,常因汇率的变动而形成汇率风险。因此在进行国际债券融资时,要正确估计汇率风险,并进行有效的风险防范。

第一,准确地预测汇率走势,从而及时调整债券结构。

预测汇率变化技术性强,操作复杂,常用方法有:一是通过对历史汇率变动的数据分析将来的汇率走势;二是通过分析相关的一些经济变量与汇率之间的关系,来估计汇率变动的趋势;三是通过市场汇价指数来估计将来汇率的变化。

第二,慎重选择债券计价货币。

选择债券计价货币时一般原则是选用软货币,即预期将贬值的货币;也可选择发行双重货币债券,即以某一种货币计价,债券到期时,按预先定好的汇率以另外一种货币偿还本金和利息。比如,许多美国公司利用瑞士法郎较为坚挺、利率水平低的有利条件,多次发行瑞士法郎/美元双重货币债券,以瑞士法郎筹资,用美元按预先确定的美元/瑞士法郎汇率偿还。这种方法大多采用以硬货币筹资以软货币偿还的方法。

第三,采用多种保值工具进行外汇保值。

在发行国际债券的同时利用金融工具套期保值,如外汇期货、期权交易、外汇汇率保险等手段,减少或转移汇率风险。

第四,国际债券的计价货币与出口收益外汇币种相适应。

(2) 利率风险

利率风险是指在债券发行时和债券到期时,由于市场利率的变化,而使得债券发行人的成本和收益发生变动。

债券发行时的市场利率决定融资成本,这有两个方面的含义:

① 如果发行时的市场利率较高,发行债券的利率也就会定得较高,债息支付多,发行的总成本就高。

② 销售阶段若市场利率提高,而预先确定下来的票面利率较低的话,则会影响到债券的销售。如果折价发行可能会增加发行成本,所以,发行国际债券时,要做好对市场利率变化的评估和预测,选择市场利率偏低而又稳定的时候发行债券,可以大大降低成本,而且可以提高融资者的商业信誉。

要避免这种利率风险,需要利用利率互换交易,即浮动利率债务或资产与固定利率债务或资产的交换。互换是国际金融市场上一项新的重要的金融工具创新。

2. 国际债券融资的收益

作为投资者,未来收益的多少是其提供贷款或投资债券考虑的重要因素,否则,国际债券融资就不可能成功。债券发行人在发行国际债券时,必须要考虑债券持有者的收益率。一般而言,收益率受定期利息支付金额、债券面额与债券的实际行市三方面因素的影响。

债券收益率指购进债券持有至卖出所能获得的报酬率，是债券收益与其投入本金的比率，通常用年率表示。债券收益不同于债券利息，债券利息是指债券票面利率与债券面值的乘积。但由于在债券持有期内，债券还可以在债券市场进行买卖，赚取价差。因此，债券收益除利息收入外，还包括买卖盈亏差价。

8.5　国际股权融资

股票是企业筹资的重要工具，它不仅为企业吸收本国资金提供了重要渠道，还为企业吸收外国资金提供了重要途径。

国际股权融资是指在本国或外国资本市场上出售本国企业的股票，以吸引外国投资者来购买。由于股票不可退股，只能转让，因此，国际股权融资筹集的是长期性资本。随着20世纪80年代融资证券化的趋势越来越明显，随着全球经济一体化和金融市场国际化的加深，国际股权融资将在国际融资中发挥更大的作用。

小贴士

是天使还是魔鬼

2004年6月10日，蒙牛乳业登陆香港股市，在香港获得206倍的超额认购率，共募集资金13.74亿港元。蒙牛承销商之一摩根士丹利称："蒙牛首次公开发行创造了2004年第二季度以来，全球发行最高的散户投资者和机构投资者超额认购率。"尽管如此，蒙牛携手境外资本的发展路径也仍是毁誉参半。

摩根、英联和鼎辉三家国际机构分别于2002年10月和2003年10月两次向蒙牛注资。首轮增资，摩根、英联和鼎辉三家国际机构联手向蒙牛的境外母公司注入了2 597万美元(折合人民币约2.1亿元)，同时取得49%的股权；二次增资注入3 523万美元。此举等于三家投资机构承认公司的价值为14亿元人民币，两次市盈率分别为10和7.3倍。对蒙牛来说，出价公道。

正所谓天下没有免费的午餐，只不过对于蒙牛而言，并不是一笔划算的买卖。

第一次注资后，蒙牛管理团队所持有的股票在第一年只享有战略投资人所持股票1/10的收益权，而三家投资机构享有蒙牛90.6%的收益权，只有完成约定的"表现目标"这些股票才能与投资人的股票实现同股同权。二次增资中，三位"天使"的要求却是更加贪婪了。三家投资机构提出了发行可换股债券，其认购的可换股债券除了具有期满前可赎回，可转为普通股的可转债属性，它还可以和普通股一样享受股息。可换股文件锁定了三家战略投资者的投资成本，保证了一旦蒙牛业绩出现下滑时的投资风险。三家国际投资机构还取得了所谓的认股权：在十年内一次或分多批按每股净资产购买开曼群岛(蒙牛上市的主体)股票。此般设计正说明了三家老牌投资者把玩风险的高超技艺。

摩根、英联、鼎辉约4.77亿元港币的投入在本次IPO已经套现3.925亿港元。巨额可转债于蒙牛，上市十二个月(2005年6月)后将使它们持股比例达到31.1%，价值约为19亿港元。与“三大国际投资机构”的丰厚收益相比，蒙牛的创始人牛根生只得到价值不到两亿元的股票，持股比例仅为4.6%，2005年可转债行使后还将进一步下降到3.3%，且五年内不能变现。牛根生还被要求做出五年内不加盟竞争对手的承诺。更严重的是如果蒙牛不能续写业绩增长的神话，摩根最终对牛根生团队失去耐心，完全有能力像新浪罢免王志东那样对待牛根生。

面对如此的苛刻条件，蒙牛一味盲目取悦投资者接受的做法大有“为他人作嫁衣裳”之嫌。诚然，企业在发展的路上离不开资金的支持，可缺钱并不是寻找“天使”的充分条件，还要看企业是否具有谈判中步步为营的王牌。以笔者之见，蒙牛是不是到了“与天使共舞”的火候？如果不到，不如稳中求发展。换言之，如蒙牛具有了与“天使”叫板的王牌，又怎至于让别人牵着鼻子走？

我国本土企业想要得到更大的发展，资金是关键。国际融资方式繁多，选择融资方式需慎之又慎，否则，就会像上述企业一样不知是遇到天使还是恶魔了？

8.5.1 股票概述

1. 股票的含义

股票是指股份有限公司发行的、表示股东按其持有的股份享有权益和承担义务的可转让凭证。它可以作为有价证券进行买卖和抵押，是资本市场的主要金融工具。股票一经认购，持有者不能以任何理由要求退还股本，只能通过股票二级市场转让出售。作为交易对象和抵押品，股票已成为金融市场上主要的、长期的信用工具，但实质上，股票只是代表股份资本所有权的证书，它本身没有任何价值，不是真实的资本，而是独立于实际资本之外的虚拟资本。

2. 股票的特点

股票的具体表现形式是股票证书，具有以下特点。

第一，法定性。

股票是经过国家主管机关核准发行的，具有法定性。

第二，收益性。

投资者凭所持有的股票，有权按公司章程从公司领取股息和分享公司的经营红利，股票持有者还可以利用股票获取差价和保值。

第三，风险性。

认购股票必须承担一定风险，因为股票的盈利要随着股份有限公司的经营状况和盈利水平上下浮动，并且受到股票交易市场的行情影响。如果股份有限公司经营不善，少分盈利或无利可分。如果公司破产，则股票持有者连本金都不保。

第四，参与性。

股东有权出席股东大会，选举公司的董事会，参与公司的经营决策，权利大小取决于其持有的股票份额的多少。

第五，无期限性。

在股份有限公司的存续期间，股票代表着股东的永久性投资，他只有将股票转售给第三者才可能收回本金。对于股份有限公司来说，通过发行股票所筹措到的资金在公司存续期间是一笔稳定的自有资本。

第六，可转让性。

股票是流通性很高的证券，股票可以在股票交易市场上，作为买卖对象或抵押品随时转让。

第七，波动性。

股票的波动性是指股票价格经常与股票票面价值不一致。股票的交易价格受多种因素的影响，其价格可以大起大落，围绕着股票票面价值上下波动。

第八，拆细与合并。

拆细是指将原来的 1 股分为若干股，再按股东的持股比例加以分配。其结果是通过降低单位股票价格，以争取更多的投资者，扩大市场销售量。合并是指将若干股股票合并成较少的几股或 1 股，并发行新股，再按股东的持股比例进行分配。

3. 股票的种类

(1) 按股票所代表的股东权益分类

按股票所代表的股东权益可分为普通股和优先股。

① 普通股。普通股股票是指代表着股东享有平等权利，不加以特别限制，并随着股份有限公司利润的大小而分取相应股息的股票。普通股是公司发行的无特别权利的股票，它是公司资产的基本构成部分，普通股票的股息是不固定的，随着企业的经营状况变动。普通股票可以享有红利分享权、资产分配权、公司管理权、优先认股权。

② 优先股。优先股股票是指优先于普通股股票分取公司收益和剩余资产的股票，一般是在票面上注明“优先股”字样。

优先股是相对普通股而言，体现在利润分配优先、剩余资产分配优先、减免纳税优先。优先股股东不能参与公司的经营决策，没有选举董事的投票权，但对公司章程修改，发行新的优先股和公司的合并等重大事宜有表决权。

(2) 按股票的票面是否记载股东姓名分类

按股票的票面是否记载股东姓名可分为记名股和无记名股。

① 记名股。记名股是将股东姓名记载于股票票面和股东名册的股票。投资者认购记名股票，不仅要在股票票面上记载其姓名，还必须把姓名和住址记入发行该股票的股份有限公司的股东名册。

② 无记名股。无记名股是指股票票面不记载股东姓名的股票。无记名股票与记名股票相比较，其股东权利内容上没有差别，只是股票记载方式不同。

(3) 按股本募集方式划分

按股本募集方式来划分，股票可分为公开股和内部股。

① 公开股。公开股是指公开向社会招股、筹集资金的股票，其股票经批准后可以在证券交易所公开挂牌交易。

② 内部股。内部股是指股份公司经批准后向其内部职工发行的，在规定时间内不能公

开上市交易、只能在内部职工之间转让的股票。

小贴士

我国股票的发行种类

- A股——是指股份有限公司经过特定程序发行的以人民币标明面值，由中国人(境内)买卖的记名普通股票。
- B股——是指在中国境内的股份有限公司经过特定程序发行的，以人民币标明面值，以人民币折合成外汇，专供境外外国人和我国港、澳、台地区投资者进行买卖的股票。
- H股——是指我国企业(公司)在香港联合证券交易所发行上市的港元股票。
- N股——是指我国企业(公司)在美国纽约证券交易所发行上市的美元股票。

8.5.2 股票的价格

1. 股票的面值

股份公司将其资产平均划分为若干股份，每1股份代表的资产额为股票面值。股票面值只是印在股票票面上的金额，股票标明票面价值的目的是为了确定每1股所代表的所有权的份额比例，持有的股票面值总和就代表了股东认购的资本额。

股票的面值仅仅是一个法律价格，它与股票的市价变动没有什么直接关系。许多公司出售股票的价格远远地超过其票面值，也有一些公司的股票以低于面值的价格在二级市场出售。如果一家公司破产了，股票持有人收回其票面价值的可能性极小，破产公司首先必须偿还债务，其财产也可能按实际价值被拍卖，到那时股票尽管有面值，但仍然是一文不值的废纸。

2. 股票的净值

股票的净值，即股票的账面值。它是一个会计价格，是根据公司的财务报表计算出来的。如公司盈利，可把一部分盈利作为股利分给股东，另一部分作为再生产的资金。通过分红，股东得到有形利润，通过扩大再生产，股东持有的股票增值，股票的净值增加。如果公司经营不善，负债增加，股票的净值就会减少。

3. 股票的市值(股票交易价格)

市值也就是股票行市，它随着交易的进行而不断变化。尽管股票标明面值，但市值多半与面值有很大的差别。

(1) 股票市值的特点

第一，事先的不确定性。

股票交易价格总处在不断变动之中，而且这种变动是连续性的、非间断性的。正因为它时时变化，故股票的收益和损失也随之发生变化。

第二，股票交易价格的市场性。

股票交易价格一般不受其发行价格的制约，也不受股份有限公司的直接支配，而是取决于股票市场的供求关系，随股票供求关系的变化而变化。

(2) 股票交易价格的形式

股票交易价格的形式主要有开盘价格、收盘价格、最高价格和最低价格、平均价格。

① 开盘价格。开盘价格是指证券交易所每个营业日开市后第一笔成交的价格。如果开始后一段时间(一般为半小时内)，某种股票没有交易，则以该股票前一个营业日的收盘价作为当日此种股票的开盘价。如果某种股票几日内都无交易做成，通常是用证券交易所的场内中介经纪人和证券商交易员根据客户对该种股票买卖委托的价格趋势定出指导性价格，促其成交，并将这种成交价格作为开盘价格。

② 收盘价格。收盘价格是指证券交易所每个营业日闭市前最后一笔成交的价格。

③ 最高价格和最低价格

最高价格和最低价格分别指证券交易所每个营业日成交的最高价格和最低价格。

④ 平均价格。平均价格是指证券交易所每个营业的成交品最高价格与最低价格的简单平均。

(3) 股票交易价格的形成基础

对于股票认购者来讲，是否投资股票，取决于认购者对股票预期股利收益与当前市场利率的比较。因此股票交易价格的形成主要取决于两个因素：一是预期股利收益，另一个是市场利率。股票价格与预期股利收益成正比，而与市场利率成反比，用公式表示：

股票价格＝预期股利收益/市场利率

4. 股票价格指数

某一种股票的价格指数是在不同的时间点上，该种股票的相对价格，即该种股票在不同的时间点的价格之比。

通常所说的股票价格指数并不是某一种股票的价格指数，而是指某一股市上的全部的或选出的一些有代表性的股票的价格指数。股票价格指数是表明股票行市变动的一种股票价格相对平均数。股票价格指数，可以用来衡量整个股票市场的发展趋势，以此来作出买进或卖出的决策。

小贴士

世界上主要股票价格指数

道·琼斯股票价格指数——它是美国纽约股票交易所公布，有100多年的历史。由道·琼斯公司的创始人查理斯·道于1884年6月3日开始编制并刊登在《每日通讯》上。

标准普尔股票价格综合指数——它是纽约证券交易所公布的，于1923年开始编制股票价格指数，最初选股233种，后来编制两种股票指数：一种是90种股票价格指数，每天计算发表一次；另一种是480种股票价格指数，到1957年选样股票扩大到500种，每周计算和发表一次。

香港恒生股票指数——是香港恒生银行1969年11月24日编制和发表的。这个指数选了33种有代表性的股票为计算对象。恒生指数已成为香港股市变化的尺度。

5. 股票交易市场

股票市场包括股票的发行市场和流通市场,前者也叫"初级市场"或"一级市场",后者叫"次级市场"或"二级市场"。

一级市场一般没有固定场所,属于抽象的市场。它是由发行股票的股份公司、股票承销商及股票的认购者所组成。

二级市场是一级市场的延伸,是对已发行的股票进行交换或转让的场所。二级市场有固定的场所,这个固定的场所就是股票交易所。

股票交易所一般叫证券交易所,它不仅从事股票交易,而且也进行债券交易。证券交易所是个有组织、有固定地点、集中进行证券交易的市场。证券交易所必须按照有关法令经政府批准才能成立。它是买卖金融资产的特殊市场。

8.6 国际信贷

8.6.1 国际信贷概述

1. 国际信贷的含义

信贷是指货币持有者将约定数额的资金按约定的利率暂时借出,借款者在约定期限内,按约定的条件还本付息的信用活动。国际信贷是指一个或几个国家政府、国际金融机构,以及公司企业向其他国家的政府、金融机构,公司企业以及国际机构提供的贷款。它反映了国家之间借贷资本的活动,是国际经济活动的一个重要方面。

正确把握国际信贷的含义,应注意以下两个问题:

第一,信贷的当事人有贷款人(即债权人)和借款人(即债务人)两方,国际信贷的借贷双方不在同一国家。

第二,国际信贷的标的物既可以采用货币资本形态也可以采用商品资本形态。

2. 国际信贷的形式

国际信贷的形式很多,根据不同的情况可有多种形式,归纳起来,主要有以下几种。

(1) 按贷款的期限分类

按贷款的期限分类,国际信贷可分为短期信贷、中期信贷、长期信贷。

① 短期信贷。贷款期限一般为1年。

② 中期信贷。贷款期限多为1～5年。

③ 长期信贷。贷款期限一般在5年以上,有的可以长达数十年。

(2) 按贷款的利率分类

按贷款的利率来分,国际信贷可分为无息贷款、低息贷款、中息贷款和高息贷款。

(3) 按贷款使用货币和优惠情况分类

按贷款使用货币和优惠情况来分，国际信贷可分为硬贷款、软贷款。

① 硬贷款。硬贷款是国家开发银行利用借入资金(包括在国外发行的债券和利用的外资)发放的贷款，包括基本建设贷款和技术改造贷款。硬贷款使用较坚挺的货币，利率也较高。

② 软贷款。软贷款是国家开发银行以其注册资本金和中国财政安排的经营性建设基金及专项建设基金和资金，以长期优惠的方式发放的贷款，包括股本贷款和特别贷款。软贷款条件优惠，一般为无息或低息，还款方式灵活。

(4) 按借款还款的方法分类

按借款还款的方法来分，国际信贷可分为统借统还贷款、统借自还贷款、自借自还贷款。

① 统借统还贷款。统借统还贷款是由政府统一对外借款，这些资金或由国家集中使用，或者投放给地方政府和企业，借款本息由政府负责偿还。

② 统借自还贷款。统借自还贷款是由政府出面统一对外借款，并将款项分配给需款的单位使用，各使用单位负责偿还所用贷款的本息。

③ 自借自还贷款。自借自还贷款是使用单位自己借款，自己偿还贷款本息。

(5) 按贷款的来源和性质分类

按贷款的来源和性质来分，国际信贷可分为政府贷款、国际金融机构贷款、国际银行贷款等。

3. 国际信贷的作用

国际信贷是国际经济合作的一个重要方面，是国际间接投资的一种方式，在国际经济中具有重要的作用。

(1) 促进了国际贸易的发展

第二次世界大战后，全球的贸易额与贸易结构都发生了很大的变化。在各国的出口中，机器设备，特别是大型成套设备所占的比重不断增加，各国争相提供优惠的出口信贷增强本国设备产品国际竞争力，以刺激出口。借款国利用国际信贷引进先进技术和设备，提高本国产品的质量，加强出口商品的竞争力，进一步促进出口贸易的发展。

(2) 为扩大生产建设提供了资金

借款国可以通过国际银行、各国政府、国际金融机构或非金融机构等多种途径，利用世界货币资金市场丰富的资金来源和灵活方便的特点，不受约束地多方面筹措巨额资金，进行大规模的基础设施建设和生产能力扩充。

(3) 有助于缓解发展中国家的资金不足

发展中国家为了加速本国经济发展需要大量资本，引进先进技术和设备，而大多数发展中国家没有足够的外汇储备做后盾。在自己资金缺乏的情况下，就需要引进外资以弥补不足。因此，可以利用各国政府间和国际金融组织的贷款，这些贷款利率比较优惠，贷款期限也比较长，而且有一定的援助性质。这就为一些发展中国家提供了有利的贷款条件。

(4) 国际信贷为发达国家的富余资金提供了出路

发达国家可以利用向发展中国家贷款的机会,实现商品和资本的双重输出,并通过信贷方式达到资金保值增值的目的。

(5) 刺激了跨国公司的发展

第二次世界大战后,跨国公司快速发展,这是生产国际化和资本国际化的必然结果。跨国公司的海外投资除自有资本的转移外,还有大量资本来源于银行国际信贷。有时,跨国公司也根据需要将暂时闲置的资金投入到国际信贷活动中去。跨国公司既是国际信贷的使用者又是提供者。

(6) 国际信贷有利于调节国际收支

国际货币基金组织向其成员国提供资金,通过国际资本的输入输出,有助于改善借款国的国际收支状况和稳定该国的对外汇率,平衡和调节本国的国际收支。

国际信贷虽然对世界各国的经济发展起到了一定的积极作用,但国际信贷要支付利息,而且利率风险大,所以受着债权国财政与货币政策变化的制约和国际金融市场动荡的影响,信贷也会给借款国加重财政负担。

8.6.2 政府贷款

1. 政府贷款的含义

政府贷款也称外国政府贷款或双边政府贷款,是指一国政府利用财政资金向另一国政府提供的贷款。政府贷款是以国家的名义提供与接受,主要使用国家财政预算收入的资金,通过列入国家财政预算支出的资金进行收付,属于国家资本的收入与支出。因此,政府贷款一般是由各国的中央政府经过完备的立法手续加以批准。

2. 政府贷款的种类

政府贷款是具有双边援助性质的优惠性贷款,以两国良好的政治关系为前提,偿还期限一般在20～30年之间,最长可达50年,有5～10年的宽限期,贷款利率一般为2%～3%,甚至是无息贷款。

政府贷款按贷款条件可以分为四类。

① 软贷款。这种贷款或称财政性贷款,是无息的或低息的,而且还款期和宽限期均较长,一般贷放给非营利性的开发项目。

② 混合性贷款。混合性贷款是将政府财政性贷款和一般商业性贷款混合在一起的贷款,其优惠程度低于财政性贷款而远远高于一般的商业贷款。

③ 赠款与出口信贷结合的贷款。

④ 政府财政性贷款与出口信贷相结合的贷款。

由于政府贷款是一种优惠性贷款,按照国际惯例优惠性贷款的赠与成分一般应在25%以上。所谓“赠与成分”是根据贷款的利率、偿还期限和综合贴现率等数据,计算出衡量贷款优惠程度的综合性指标。

3. 政府贷款的特点

政府贷款具有如下特点：

第一，有完备的法定审批程序与签订程序。

第二，贷款条件优惠期限较长。

第三，政府贷款的规模不大。

第四，政府贷款的程序较为复杂。

4. 政府贷款的条件

(1) 贷款期限

政府贷款的期限较长，一般为10年、20年、30年，有的甚至长达50年，属中长期贷款。政府贷款的期限均在贷款协议中加以规定，分为贷款使用期、偿还期和宽限期。

(2) 贷款利率

政府贷款的利率均属低息或无息。

(3) 贷款的费用

政府贷款所收取的各种附加费较少，也有的不收附加费。

(4) 贷款的附加条件

贷款的附加条件主要包括：

① 借款国取得的贷款只限于采购货款国的商品、技术和劳动。

② 取得贷款的国家在该贷款的投资项目上不得采用公开招标的方式。

③ 使用政府贷款时连带使用一定比例贷款国的出口信贷。

8.6.3 国际金融机构贷款

国际金融组织在国际信贷活动中，发挥着日益重要的作用。国际金融组织是指许多国家共同兴办的，为了达到某项共同目的在国际上进行金融活动的机构。按照参与国家的多寡，业务范围的大小，可以区分为全球性的国际金融组织和地区性的国际金融组织。

1. 国际货币基金组织贷款

国际货币基金组织是联合国的一个专门机构，1945年12月27日正式成立，1947年3月1日开始处理业务，同年11月15日成为联合国的专门机构，总部设在美国华盛顿。目前拥有会员国182个，是世界上最大的政府间金融机构。

国际货币基金组织贷款的对象仅限于会员国政府，并且只与会员国政府的财政部、中央银行、外汇平准基金组织或其他类似的财政机构往来。贷款只用于解决国际收支的暂时不平衡，用于贸易与非贸易的经常项目支付。目前，国际货币基金组织办理的贷款有普通贷款、专门贷款、临时贷款等。

(1) 普通贷款

普通贷款是国际货币基金组织最基本的一种贷款。它是为解决会员国一般的机构收支逆差对短期资金的需要而设立的，有储备部分贷款、信用部分贷款两种。

(2) 专门贷款

专门贷款包括中期贷款、出口波动补偿贷款、缓冲库存贷款、补充贷款和扩大贷款、信托基金贷款、结构调整贷款。

(3) 临时贷款

临时贷款包括石油贷款、体制转换贷款。

国际货币基金组织的建立,对稳定资本主义世界的货币汇率,推动一些国家改进或放弃外汇管制,从而为促进国际贸易的扩大起了一定的作用。

2. 世界银行贷款

世界银行即国际复兴开发银行,成立于1945年12月27日,1947年11月成为联合国的专门机构,总行设在美国华盛顿,简称世界银行。它主要向发展中国家提供中长期贷款,利率低于市场利率,项目包括

- 项目贷款;
- 部门贷款;
- 技术援助贷款;
- 结构调整贷款;
- 应急性贷款;
- 联合贷款。

世界银行只对有偿还能力的会员国提供贷款,贷款主要用于世界银行审定批准的特定项目,实行专款专用,并接受世界银行的监督。

3. 国际开发协会贷款

国际开发协会成立于1960年9月,总部设在美国华盛顿,是世界银行集团的一个附属机构,也是联合国的专门机构之一。

它是对发展中国家提供长期优惠贷款的机构,其宗旨是帮助欠发达的成员国促进经济发展,提高生产力,从而提高发展中国家的生活水平。以比通常贷款更为灵活、在国际收支方面负担较轻的条件提供资金,以解决欠发达国家在发展方面的特殊需要。协会的信贷业务由世界银行的人员负责经营管理,但两者在法律上和财务上是独立的,资产、负债是分开的。国际开发协会是世界银行的附属机构,主要为较贫穷的发展中国家提供贷款。

4. 国际金融公司贷款

国际金融公司成立于1956年7月,总部设在美国的华盛顿。截至2002年,共有成员国175个,其成员国必须是世界银行的会员国。

国际金融公司也是世界银行的一个附属机构,主要对世界银行会员国的私人企业提供无须政府担保的贷款,以帮助私人企业的新建、扩建和改建,促进其发展。

5. 国际商业银行信贷

国际商业银行信贷是一国借款人在国际金融市场上向外国贷款银行借入货币资金。国际银行信贷的债务人是世界各国的借款人,包括银行、政府机构、公司企业、国际机构,其债权人则是外国的贷款银行,主要是工业发达国家的大型商业银行。

国际商业银行贷款有的在提供贷款时指定用途,即与商品出口相联系,或与一定的工程项目相联系,有的在提供贷款时并不指定用途,通常称为自由外汇贷款。

小贴士

BCCI 破产事件

鼎鼎大名的恐怖组织头目拉登、美国总统布什家族，甚至英国中央银行——英格兰国家银行与 BCCI 都有着千丝万缕的联系。BCCI 破产事件对国际金融监管制度改进产生了莫大的影响。

国际信贷商业银行(简称为 BCCI)于 1972 年注册于卢森堡。该银行 1991 年资产曾高达 250 亿美元，是一家名副其实的大型跨国银行。

银行创始人是巴基斯坦人阿迦·哈桑·阿贝迪。他 1922 年出生在印度的勒克瑞，从 1959 年到 1972 年在巴基斯坦的银行业国有化之时是巴基斯坦联合银行总裁。

卢森堡则是离岸金融中心，其经济规模较小，但具有发达的金融市场和基础设施，并对外来银行和投资者提供税收优惠。

离岸银行业务大部分金融业务与当地居民并无紧密联系。离岸金融机构则可以免受一系列监管，金融监管对金融机构几乎毫无限制，空壳公司、信箱公司等不具名公司纷纷登陆，犯罪分子可以在这些地方进行匿名存储，设立匿名公司，使犯罪收益难以被发现。

正是这些原因让离岸金融中心几乎成了各国犯罪分子的洗钱天堂。BCCI 之所以在卢森堡注册，正是因为卢森堡宽松的银行监管规则和税制自由。

1975 年，BCCI 在另一个著名的离岸金融中心开曼群岛成立了海外 BCCI，并将总部转移到伦敦，其与英格兰银行所在地近在咫尺，在伦敦的雇员甚至多达 1 000 人。在此后的 15 年内，伦敦的英格兰银行每年给它一张有力的合格证明，从而使 BCCI 具有更高的信用。

BCCI 为哥伦比亚犯罪集团洗钱，金额高达 3 200 万美元，发现后被罚款 1 500 万美元，该银行因此得名“可卡因银行”。

BCCI 还为恐怖组织提供援助。恐怖组织在世界范围内进行恐怖活动需要巨额资金支持，而这些资金的转移就是通过银行洗钱来完成的。BCCI 还曾从事洗钱、财务诈骗、秘密军火交易、资助恐怖主义等犯罪活动。

课堂案例讨论

人民币成第二大贸易融资货币

本报布鲁塞尔电　记者严恒元报道：总部设在比利时的环球银行金融电信协会(SWIFT)日前公布的数据资料显示，人民币在今年 10 月份已经成为全球第二大国际贸易融资货币。

环球银行金融电信协会公布的数据资料表明，今年 10 月份，人民币在全球贸易融资(信用证及托收)中的市场份额已经由 2012 年 1 月的 1.89%提高到 8.66%，市场份额仅次于美元，排列第二。相比之下，欧元在全球贸易融资中的市场份额则由 2012 年 1 月的 7.87%下降到今年 10 月份的 6.64%，市场份额排列第三。今年 10 月份，美元在全球贸易融资中的市场份额为 81.08%，市场份额占据首位。

环球银行金融电信协会的数据显示，越来越多的中国进出口商及其贸易伙伴采用人民币作为信用证和托收的计价货币。环球银行金融电信协会亚太地区支付和贸易市场部负责人法兰克指出，人民币在全球范围显然已经成为贸易融资首选货币之一，特别是在亚洲地区。中国、新加坡、德国和澳大利亚是使用人民币贸易融资最多的国家。

自2009年以来，人民币贸易结算规模迅速扩大。人民币贸易结算额在中国对外贸易总额中所占比例已经由2012年的12%提高到目前的约20%。

环球银行金融电信协会是国际银行同业间的国际合作组织，成立于1973年，目前全球大多数国家的银行已使用SWIFT系统。SWIFT的使用，给银行的结算提供了安全、可靠、快捷、标准化、自动化的通信业务，从而极大地提高了结算速度。

资料来源：经济日报，2013年12月06日

讨论题：实现人民币成第二大贸易融资货币对中国意味着什么？

本章小结

常言道："万事俱备，只欠东风"。这东风一般就是指资金，企业进行贸易需要资金，扩大生产需要资金，政府建设需要资金，可见，资金的重要性。

要想借到东风，借好东风，是有讲究的。

"知己知彼，百战不殆"，国际融资方式纷繁复杂，有国际贸易融资、国际债券融资、国际票据融资、国际股权融资、国际金融机构贷款等，我们务必充分把握不同的融资方式，并学会运用，学会选择最佳的融资渠道和方法。

课后练习

（一）基础练习

1. 填空题

(1) 国际融资是指一国的企业、个人或政府越出国界，在别的国家通过________、________、债券等形式进行资金借贷的交易。

(2) 国际融资与国内融资相比风险较大，除了国内融资所面临的商业风险、信用风险等外，国际融资还面临________和________。

(3) 欧洲债券是指本质区别________在所在发行国，发行的以________为面值的债券。

(4) 股票市场包括股票的发行市场和流通市场，前者也叫"初级市场"或"________"，后者叫"次级市场"或"________"。

(5) 政府贷款也称外国政府贷款或________贷款，是指一国政府利用财政资金向________的贷款。

2. 多选题

(1) 出口信贷的主要类型有(　　)。

A. 买方信贷　　B. 福费廷　　C. 卖方信贷　　D. 信用安排限额

(2) 国际债券按发行货币的面值的不同可分为(　　)。

A. 外国债券　　B. 扬基债券　　C. 欧洲债券　　D. 武士债券

(3) 保理业务的功能有(　　)

A. 债款回收　　B. 信用销售控制　　C. 贸易融资　　D. 销售账户管理

(4) 股票交易价格的形式有(　　)。

A. 开盘价格　　B. 收盘价格

C. 平均价格　　D. 最高价格和最低价格

(5) 国际货币基金组织的专门贷款包括(　　)

A. 出口波动补偿贷款　　B. 缓冲库存贷款

C. 补充贷款和扩大贷款　　D. 信托基金贷款

3. 判断题

(1) 打包放款融资比例通常不超过信用证金额的50%。(　　)

(2) 商业票据均为贴现发行,因而商业票据的利率就是贴现率。(　　)

(3) 在日本金融市场发行的外国债券称为扬基债券,在美国金融市场发行的外国债券称为武士债券。(　　)

(4) 优先股股东有参与公司的经营决策,选举董事的投票权。(　　)

4. 名词解释

(1) 国库券　　(2) 商业票据

(3) 无息债券　　(4) 买方信贷

5. 简答题

(1) 简述国际债券的发行价格的种类及含义。

(2) 分析股票的特点。

(二) 实操练习

(1) 以某家进出口公司为依托,了解其短期贸易融资状况,并写出调查报告。

(2) 选一家上市企业,了解企业发行股票的过程及应做哪些准备工作,并虚拟一家公司上市的过程用文字形式呈现。

第9章

国际金融电子化

【学习目的及要求】

通过本章的学习，希望同学们正确理解金融电子化的基本概念、特征；掌握金融电子化应用的基本设备与技术手段。把握国际结算、外汇交易、银行业务等领域中电子化的主要内容和操作方法。认识金融电子化的意义、影响及其潜在风险和防范其风险的重要性。

【引导案例】

无中生有的比特币

比特币在网络上大受欢迎，自然有其有别于实物货币的独特优势：不会被冻结、无法跟踪、不用纳税、交易成本极低。

“只要让我控制一个国家的货币供应，至于是谁制定法律，我根本不在乎。”罗斯柴尔德银行业帝国的缔造者梅耶·罗斯柴尔德曾如是说，足见货币的发行和流通对于国民经济的利害攸关。而几百年后，一种新的货币诞生了，这个名叫比特币的新货币似乎正要践行梅耶的这句话。

比特币，是一种P2P(点对点)形式的虚拟货币。比特币不依靠特定货币机构发行，它通过特定算法的大量计算产生。比特币经济，使用整个P2P网络中众多节点构成的分布式数据库来确认并记录所有的交易行为。P2P的去中心化特性与算法本身可以确保无法通过大量制造比特币来人为操控币值。基于密码学的设计可以使比特币只能被真实的拥有者转移或支付。这同样确保了货币所有权与流通交易的匿名性。

一起去挖比特币

比特币是在2009年由一个叫中本聪的神秘人物设计出来的。它是世界上第一种，也是至今唯一一种非集中发行的在线货币。发行比特币的机构并非中央银行，而可以是任何人——只要你有一台强大的个人计算机，通过解决极其复杂的数学问题来铸造比特币。为保证比特币的总供应量上涨得不要太快，这些数学问题会自动变得越来越难。这些比特币在网络上，通过加密认证后进行交易。

比特币与其他虚拟货币最大的不同，其总数量是非常有限的，具有极强的稀缺性。该货币系统在前4年内只有不超过1050万个，之后的总数量将被永久限制在2100万个之内。还有一点是，你可以用计算机生产比特币。那么如何获得比特币呢？

首先你的计算机应该安装了最新版的比特币客户端，打开客户端之后它会自动将网络上的全部交易信息数据下载到本地，根据网速的不同这个过程可能要几个小时。此时你的账户余额是0，你可以让你朋友送一些币给你，但更可行的办法有两个：一是去做矿工挖矿，二是去做商人收购。

做矿工就是用自己的计算机生产比特币，在早期的客户端中还有挖矿这一选项，但现在已经取消了，原因很简单，随着参与挖矿的人数越来越多，自己一个人挖矿可能要挖上几年才有50个比特币，所以现在矿工一般都组织成矿工行会，大家一起挖。具体的挖矿方法，大家可以自行去网上搜索。

做商人可以用钱去收购矿工挖掘到的比特币，也可以搞一个网店卖东西收比特币，更可以去交易所炒比特币。现在提供比特币兑换服务的网站很多，几乎已经可以兑换成任何一种货币了。如果你实在不懂如何兑换，也可以找旧有客户端帮忙。那么文中提到的挖掘比特币又该怎么做呢？

要挖掘比特币也相当简单，你可以下载专用的比特币运算工具，然后注册各种合作网站，把注册来的用户名和密码填入计算程序中，再单击运算就正式开始。

完成比特币客户端安装后，你可以直接获得一个比特币地址，当别人需要给你付钱的时候，你只需要把地址贴给别人，就能通过同样的客户端进行付款。在安装好比特币客户端后，它将会给你分配一个私有密钥和一个公开密钥。你需要备份包含私有密钥的钱包数据，才能保证财产不丢失。如果你不幸完全格式化硬盘，那你的比特币将会完全丢失。

比实物货币更方便

比特币是一种网络虚拟货币，跟腾讯公司的Q币类似，你可以使用比特币购买一些虚拟的物品，比如网络游戏当中的衣服、帽子、装备等，只要有人接受，你也可以使用比特币购买现实生活当中的物品。

比特币在网络上大受欢迎，自然有其有别于实物货币的独特优势：不会被冻结、无法跟踪、不用纳税、交易成本极低。于是有人用它网购，有人用它支持自己喜欢的内容，还有人用它来玩扑克。在过去，比特币兑美元的币值曾经上涨了约1 000倍，一些淘宝商店也开始支持比特币兑换实体货币、支付等业务，难免引发犯罪分子对比特币的兴趣。

创造比特币的过程被称做是“开采”，并且它们能拥有价值只因为人们接受它们作为货币。由于有这些奇怪的性能，比特币成了一种大宗商品与法定货币的结合体。但是，狂热的支持者们吹大了比特币的泡沫。在这种货币推出后不久，互联网上就充斥着鼓吹比特币的文章。这些文章声称，比特币可以令财富免于超级通货膨胀的威胁，而且最先吃螃蟹的人会发大财。根据一家知名的比特币在线交易所Mt. Gox整理的数据，一比特币的价格，以美元结算，已经从2010年的几分钱飙升至2011年6月份的30美元。接着，这种货币不可避免地崩盘，降至2011年11月的低点2美元。

但是从那时起过了 9 个月,比特币又原地复活了。现在,比特币的单位价格是 12 美元,交易额也在攀升。尽管比特币兑美元的价格仍然在波动,但是波动率已经没有以前那么大了,这让比特币变得适合于储藏。其流通手段的功能也越来越容易实现。越来越多的在线零售商开始使用这种货币,而且新款智能手机应用程序让比特币变得与现金一样好用。交易所的增加意味着比特币与传统货币之间的互换相对容易了一些。

Bitpay 是一家处理比特币的零售商支付公司。公司老板托尼·加利佩表示,他的客户名单从今年三月份的 100 人左右,增至如今的 1 100 人,客户大多是卖域名和虚拟主机等的电子商务企业。但是,名单上也有诸如芝加哥的出租车司机、芬兰的牙医这样一些私人用户。对此,托尼说:“信用卡并不是为互联网而设计的。”比特币的交易成本比信用卡更低,而且不同于信用卡,比特币交易是不可逆转的。

搅局货币市场?

但是比特币的成功,很大程度上要归因于它在并不可靠的在线市场中所扮演的不光彩角色。虽然将比特币交易追溯到实体人并非不可能,但是这种货币的相对匿名性和易用性令它自然而然地成为了犯罪资金的渠道。

“丝绸之路”是一个类似于 eBay 的毒品交易网站,用一种叫做 Tor 的技术隐藏在网络的角落里。在“丝绸之路”上,比特币是唯一的交易媒介。买家将比特币转入第三方托管账户,比特币被存在这个账户里面,直到收货得到确认。卡耐基梅隆大学的研究人员尼古拉斯·克里斯汀估计,现在“丝绸之路”上的比特币交易量已经高达每月 190 万美元。

这或许解释了为什么用户能忍受比特币的巨大缺陷。网络安全公司 RSA 的顾问理查德·布斯说,比特币往往不是非常安全的。正如有些用户付出了巨大代价后所发现的那样,黑客有时候可以从用户的加密账户中偷取比特币。在 9 月 5 日的一次黑客突袭中,黑客们从美国的大型比特币交易所 BitFloor 偷走了价值 25 万美元的比特币,导致 Bitfloor 被迫关门歇业。但是,尽管这次黑客突袭造成了比特币的暂时性贬值,价格很快又恢复了。事实证明,即使没人为它立法,一种货币仍然能够茁壮成长。

有人抨击比特币容易给洗钱活动创造有利条件,但是比特币的支持者认为,比特币只是比较类似于现金。现金也用于洗钱,但是人们只应该批评犯罪的人,而不应该批评现金本身。不过无论是谁,都承认比特币给政府的监管增加了难度,只是自由主义者认为这是好事,而喜欢政府管制的人则认为不好。

很多投资比特币的人都不确定它到底能保值或维持多久,有的人出于投机心态,希望购入比特币等待将来升值卖出。但是也有很多坚定的货币数量论者认为,比特币建立了一种至今为止最为完美的货币数量控制机制,实现了诺贝尔经济学奖得主弗里德曼的伟大设想,有可能发展成为一种和现行法币体系并行的信用货币,并获得稳定的币值。这或许是引导比特币走向良性循环的不错选择。

资料来源:关照.看世界,2012 年 11 月上

思考题:分析比特币的可行性。

金融电子化是自 20 世纪六七十年代以来一场最大的创新,随着电子技术的发展及其在金融行业的广泛渗透而兴盛起来的。它的出现不但极大地改变了金融业的面貌,扩大了其服务品种,而且改变着人们的经济和社会生活方式。一切社会组织机构及个人,无处不在地感受到金融电子化的存在和享受其提供的便捷服务。

20世纪90年代计算机技术的不断发展结合卫星通信、光缆和数码技术，各行各业都在它们的推动下发生着翻天覆地的变化。金融电子化不断发展完善，发展成为网络金融。金融机构利用Internet网络技术，在Internet上开设银行。银行不仅在实体开展其业务，还充分利用网络平台拓展其业务。网络银行是一种全新的银行客户服务渠道，使得客户可以不受时间、空间的限制，只要能够上网，无论在家里、办公室，还是在旅途中，都能够安全便捷地管理自己的资产和享受银行的服务。

网络时代的到来，给各行各业带来了翻天覆地的变化，给我们的生活带来便捷和享受，同时，也带来了一些负面的影响。它究竟给金融带来了什么？就是我们这一章要讨论的问题。

小贴士

Internet的产生

Internet最初的诞生竟然是出于军事上战略的需要。20世纪60年代中期，美国国防部的一些人士早已认识到通信和计算机在未来战争中的重要地位，认为一旦发生核战争等非常规的恶战，只需几颗炸弹就能摧毁和中断五角大楼与各基地之间的联络。因此，他们提出开发一个没有中枢的计算机网络系统，采用该系统无须任何中枢就可能把五角大楼和各个基地的终端连在一起。1969年，这个被称做ARPANET的网络系统正式投入运营。

现今的Internet就是在ARPANET基础上发展起来的，国际互联网的作用是如此之大，以至于刚一诞生便受到举世瞩目，并被迅速推广。

9.1　金融电子化概述

9.1.1　国际金融电子化的发展历程

世界各国由于经济发展进程的不同，金融电子化发展之路也不一样。一般来说，国际金融电子化的发展经历了以下五个阶段。

第一个阶段，脱机批处理阶段。

人们使用穿孔卡片机、终端机进行会计记账和信息收集汇总工作，然后将处理的数据按时成批地送到计算机中心进行处理，这是银行应用计算机的初级阶段。虽然还不能充分发挥计算机网络的效益，但对减轻劳动强度，提高工作效率，加强信息处理能力起到了很好的作用，并为进一步联网做好技术和物质的准备。

第二个阶段，金融机构间的电子联网。

在脱机批处理的基础上，各家银行建立了本系的联机网络。通常是总行设置主机，各分行营业点设置分机或终端机，通过线路联成局域网或远程网络，以实时方式处理日常的储蓄存款、票据往来、汇兑清算等业务。

金融机构间的电子联网，其标志为1973年美国将以电话、电报手段建立起来的“联储电划系统”改建为电子化的“联储电划系统”，即建立起联邦储备银行间清算服务的电子计算机系统。随着计算机技术在银行间的应用，银行已经在一定程度上将现钞、票据流动而转化为计算机网络中的信息流动。

第三个阶段,金融机构进入国际互联网。

1992 年国际互联网协会成立,建立跨行、跨洲、全球的网络系统。在每家银行联机网络的基础上,世界五大洲上无数家银行的汇款系统、清算系统和信用卡授权系统相互联机成一体。这些系统不但可以处理会计记账、划拨资金、汇兑业务,而且可以提供大量的咨询服务、金融市场综合性信息、金融营销,为用户进行网上金融证券投资提供便利。借助全国乃至全球的金融网络超国界的把各部门、各企业、各行业,甚至家庭都连成一体,推动了经济全球化的进程。

第四阶段,网络虚拟银行的建立。

1995 年 11 月在美国亚特兰大设立第一家网络银行,该银行在 24 小时之内提供银行业服务,包括储蓄、转账、信用卡、证券交易、保险和公司财务管理等业务。同时,以银行自动柜员机(Automatic Teller Machine,简称 ATM)为代表的电子自动服务业务迅速发展,遍及世界各地。通过 ATM 和通信网络,各种信用卡应运而生,银行提供 24 小时"全天候"服务,客户可以自己动手,在街道、码头、商场办理存款和结算业务。

第五阶段,从本世纪开始的在线网络金融服务阶段。

它以个人计算机为管理中心,利用在线网络信息服务。在这个阶段,传统银行业面临着电子银行的直接威胁,"浏览器"已经在消费者和金融产品提供者之间架起一座桥梁。这种威胁还来自于银行外部,微软公司、第一数据公司、ADP 公司和 AT&T 公司都在进军金融业,信用卡公司、银行、软件商和其他信息产业也开始结盟。

小贴士

智能手机带动手机银行交易井喷

智能手机的普及,正在掀起一股移动金融的浪潮,手机银行正取代网上银行,成为各家银行竞争的焦点。手机银行成为各银行发力移动金融,抢占市场的有力武器,手机银行上的业务功能也越来越丰富。统计显示,今年以来,手机银行的交易量出现爆发式增长,多家银行的交易量超过万亿元大关。对普通市民来说,使用手机银行不仅可以获得更多的手续费优惠,甚至还可以买到收益率相对更高的手机银行专属理财产品。

9.1.2 金融电子化的含义与特点

1. 金融电子化的含义

金融电子化是指计算机技术和通信技术在银行及其他金融机构的业务处理和管理领域的应用。

早期的金融电子化主要是把计算机应用于银行传统的存、贷、汇业务处理中,实现会计账务和各项金融业务的电子数据处理,主要功能是提高业务处理的效率,减轻劳动强度,增强服务能力。

20 世纪 70 年代以后,随着计算机技术和通信技术的快速发展及相互结合,金融计算机网络日趋成熟和扩大,以银行为主的金融界推出了许多新的金融业务服务品种。如自动存取款机(ATM)、商业网点电子资金自动转账(EFT-POS)、电话银行、家庭银行以及最新出现的网上银行。它使银行业务的重点从存、贷款转向了提供金融服务和信息服务，从而让银行的收入结构也发生了根本性的变化。

2. 金融电子化的特点

金融电子化是计算机技术、通信技术和金融工程相结合的综合系统，具有一定的独特性。

(1) 金融计算机应用软件兼容性强

银行内各分支机构之间的差异，具体体现在服务范围、客户数量的大小，营业业务多少不一。虽然金融机构众多，由于彼此之间的业务联系紧密，故业务处理方式、会计核算方法和转账结算制度，都遵循较统一的处理模式。因此，金融机构计算机应用软件需要相互兼容。

(2) 金融计算机应用软件开发和使用严格分离

由于银行是与金钱紧密相关的，有关银行的计算机犯罪较多，因此，系统的安全保密工作对金融电子化系统特别重要。以计算机为核心的金融电子化系统，一是要求计算机应用软件采用严密的处理算法，保证账目综合平衡，以确保账务准确无误和银行、客户双方权益都不受损害；二是将应用软件系统的开发与应用严格分离。不仅如此，银行业务处理整个过程需要多人多环节进行双向处理，应用软件系统的开发与应用严格分离是金融电子化持续发展的基础。

(3) 金融计算机应用软件精确可靠性高

银行大多数业务，必须实时处理才能实现其收益性，那么，就要求对应的信息系统应是实时处理系统。这就决定了金融计算机应用软件系统开发技术的复杂性、精确性、可靠性高。

(4) 金融电子化系统必须具备较高的可维护性

金融电子化系统的使用地点和使用人员遍及各金融分支机构，其维护工作量大，维护要求高，而技术维修人员相对集中，因此，金融电子化系统在技术上必须具备较高的可维护性。

(5) 金融电子化系统中使用的硬件设备品种繁多

金融电子化系统中使用的硬件设备品种繁多，且多为专用设备，如ATM、POS、微缩胶片阅读机、电子保安设备、印鉴与签名识别等硬件设备。

金融电子化所涉及的内容十分广泛，凡是在银行、证券、保险及其他金融机构中以提高工作效率为目标，围绕金融业务及管理现代化进程所采用的各种电子设备与计算机信息系统都属于金融电子化系统的范畴，而凡是利用计算机技术和先进电信技术操作的金融业务也都可归入电子化金融业务。从这一意义上来说，金融电子化是一个多层次、多应用形式的系统工程。

9.1.3 金融电子系统

金融电子化就是计算机和现代通信相结合并广泛地应用于金融机构，因此，金融市场必须进行大量的信息获取、传输、处理及资金的划拨。金融电子系统，就是金融业使用的计算机通信网络系统。它是对金融信息进行采集、处理、传输、管理等的综合性网络系统。

从应用功能而言，主要有金融电子支付、金融自动化服务、金融管理信息、金融决策支持等四类子系统。这四类应用系统相互协同、相互关联、彼此沟通,进而就构成了一个完整的金融电子系统。

1. 金融电子支付系统

金融电子支付系统是一国金融电子化系统的主要系统,它包含以下几个系统。

(1) 同城清算网络系统

同城清算网络系统是处理城市范围内的借记与贷记支付、人工或自动分类来进行票据交换的支付系统。

(2) 小额批量电子支付系统

小额批量电子支付系统是同时处理票据可以截留的定期贷记、定期借记、预先授权借记的批处理业务的同城与异地一体化系统。

(3) 大额实时支付系统

大额实时支付系统是从事同城与异地资金逐笔实时处理的支付系统。

(4) 银行授权网络系统

银行卡授权系统则是对 ATM 和 POS 机进行跨行或行内授权,而后进行清算与结算并最终完成支付的系统。

(5) 证券簿记系统

证券簿记系统是从事将证券与证券所有者的信息保留于金融计算机内的系统。

(6) 邮政支付系统

邮政支付系统是从事邮政汇款的异地支付服务的系统。

(7) 国际支付系统

国际支付系统是从事与其他国家进行支付往来的外汇资金支付系统。

金融电子支付系统是为各行各业的金融用户服务,金融用户通过金融支付系统来进行各种金融业务活动,而后在金融业务部门之间,进行以支付系统为基础的跨行业资金转账与结算。

2. 金融自动化服务系统

金融自动化服务系统是一个以计算机技术成果与通信技术成果为核心的自动化网络应用系统,这种系统通常包括 ATM 系统、智能卡系统、销售点终端系统(POS)等。

(1) ATM 系统

ATM 系统是面向客户使用的自动存取款机系统,是目前应用最广的金融服务系统。与过去的传统柜台服务系统不同,是以客户自我服务的自动化存取款装置。自动存取款机系统分别以现金自动提款机、出纳自动收付两用机、自动柜员机等形式出现,有的功能单一,仅能取款或存款,有的则为多功能型,除存、取款外,还有其他一些自动化功能。例如,自动柜员机系统,就是存取功能兼而有之,有的还可以办理转账业务。

(2) 智能卡系统

金融交易中使用银行卡来进行电子支付服务,大量的活动是以银行磁卡为工具的。银行卡是磁性卡,就是在信用卡的背面安装一个带有持卡人有关信息的供 ATM 和 POS 终端识别与阅读的磁条。银行智能卡就是在信用卡上安装一个拇指大小的微型计算机芯片,这个芯片包含了持卡人的各种信息。这种芯片与磁条相比,具有更高的防伪能力,一般不易伪造，因而更加安全。金融交易智能卡系统内必须配置智能卡授权系统，才能有效地完成正常交易并最大限度地杜绝假冒现象。

(3) 销售点终端系统(POS)

销售点终端系统是在商业销售网点和银行销售网点面向用户付款使用的一种自动化服务系统。把它安装在信用卡的特约商户和受理网点中与计算机联成网络，就能实现电子资金自动转账，它具有支持消费、预授权、余额查询和转账等功能，使用起来安全、快捷、可靠，POS 主要有以下几种类型：

① 消费 POS，具有消费、预授权、查询止付名单等功能，主要用于特约商户受理牡丹卡消费。

② 转账 POS，具有财务转账和卡卡转账等功能，主要用于单位财务部门。通过使用这种系统，可以实现无现金电子货币支付活动。

(4) 金融新型代理业务系统

金融新型代理业务系统所代理的业务内容很多，其具体内容因国家情况不同而有所不同。主要有代理客户收付款、代理融通资金、代理客户发行和买卖有价证券与买卖有价证券、代理保管业务、代理组建新公司、代理客户会计事务等。它包括代收代付劳务费、管理费、环保费、水电费、房租费、电话费、交通罚款等。其代保管业务主要是密封保管业务，包括对股票、债券、大额定期存单等有价证券和企业的黄金、白银、珠宝首饰、珍贵文物、契约文件进行保管，这是一种利用银行自身安全设施，向客户收取保管费用的边缘性金融业务。此种代理业务是目前国内各家银行开展的最常见的中间业务。

(5) 电话银行和家庭银行系统

电话银行和家庭银行系统是在把计算机技术成果应用于金融业务过程中，为客户更加方便地投资理财提供便利条件而形成的两类新的自动化服务系统。

电话银行系统是一种人—电话—计算机综合成一体的网络系统。它是通过把计算机技术、通信技术和自然语言输入输出技术等高技术成果融合起来，客户通过电话可以实现人与金融业务系统之间的“对话”，并进而实现自行操作、自我服务、自行处理投资和金融交易。

主要服务功能有：查询存款余额、支付储蓄账户或信用卡账户、委托股票买卖、查询金融信息、修改账户密码、预约登记提现、语言信箱服务、账户之间转账等。

家庭银行系统是电话银行系统面向家庭电子装备实现金融化应用的一种具体形式。在该系统中，客户的家用电子装置——电话、电视、传真机网络连路，是家庭银行金融业务处理系统必要的组成部分。客户通过设在家中的电话、计算机终端、传真机等电子化设备，并通过与金融业务系统网络的连接，实现家庭各项支付活动的银行结算。通过这种系统，客户可以足不出户，办理金融支付的各项必要业务。

3. 管理信息系统

金融管理信息系统是一个由金融界人士、金融计算机和金融业务应用环境统一所构成的人—机—环境系统。它具有从事现代金融管理信息的采集、传输、存储、处理、显示和维护等功能，以提高金融信息的处理与使用效率，同时，对相关的金融活动实施影响、管理和控制。

金融管理信息系统具有强烈的金融业务活动和管理活动的特征。它是专门针对金融管理活动的特点来构建的、依据金融领域组织工作特点组建的现代信息化系统，能够及时、准确地采集、传递必要的金融电子数据和信息；能够提供标准化的和统一格式的金融信息；能够应用必要的分析手段对所传递的金融电子信息进行分析；能够面向层次不同的金融管理机构提供与之相适应的金融信息报告；能够高效率地使用金融管理信息系统。

金融管理信息系统通常分为多个子系统，如金融统计信息分系统、信贷管理分系统、金融计划管理分系统、外汇管理分系统、财务管理分系统、金融监督分系统以及人事教育分系统等。

各项分系统均有其主要的业务活动内容，这些银行信息管理分系统的全面综合，就构成了完整的金融管理信息系统。系统开发技术人员要对各业务部门进行深入的需求调查，形成需求报告。在此基础上，研究各业务部门的业务主线和相互联系，充分利用网络特征，达到原始数据共享和各部门职能的分块管理。

金融管理信息系统所采集的主流信息来自金融领域内部管理，但也有少量信息反映出社会经济的大环境管理状况。金融管理信息既可以在金融领域内部交流传递，也可以按照一定的规程，与经济社会领域进行信息交换。

总的来说，金融管理信息系统综合运用信息技术，以提高内部资金往来运作效率、降低差错为核心，将清算全过程中的数据和资料用电子方式来实现，使资金清算无纸化和直接化。最终打破地域的分离，缩短信息流动时间，降低资金流和信息流等传输处理成本，提高资金的安全性。

4. 金融决策支持系统

金融决策支持系统是一种为各级金融管理部门的领导和管理层次提供辅助决策信息，以协助他们做出正确决定的计算机网络系统。现有的计算机系统基本上是为业务流程自动化层设计的，由此产生大量的业务数据，但这些数据并不是各个业务部门管理人员所需要的决策支持信息，因而造成了“数据丰富，信息贫乏”的现象。金融业务部门的管理人员需要一种强有力的信息工具对这些数据进行分类、合并、归纳、整理以及更深层次的数据分析，最后得到决策支持所需要的信息，这就是专门为他们而设计的决策支持系统。

金融决策支持系统是在20世纪70年代产生出来的计算机应用系统，其作用在于帮助决策人员提高决策水平和决策能力，提高决策质量和决策效果。金融决策支持系统以提高决策有效性为主要目标，面向决策问题求解，支持各级管理人员和决策人员进行决策活动，因此，这一系统是在金融电子化系统中存在的又一个人—计算机—环境合为一体的大系统。

金融业在发展过程中，已逐步实现了绝大多数核心业务的计算机处理，积累了大量的客户数据和经营数据。为了充分利用这些数据来挖掘有价值的信息，需要建立企业级的数据仓库，实现对金融机构所有经营信息和客户信息的有效存储，并针对不同部门的经营分析决策需求进行多层次的数据加工处理，以多种方式呈现真正有价值的信息，以满足金融机构分析决策和客户分析的需要。

一般来说，金融决策支持系统的体系结构应该是由能够满足金融领域管理体系和机构的业务需求的集成系统构成的，它同时又应该能够有效地处理来自金融管理信息系统的信息。在这种前提下，金融决策支持系统应该包括以下三个分系统。

(1) 金融数据仓库管理系统

公认的数据仓库之父 W. H. Immon 将其定义为："数据仓库是支持管理决策过程的、面向主题的、集成的、随时间变化的、持久的数据集合"。一个完整的数据仓库系统应当具备建立、管理和使用等功能。W. H. Immon 认为，数据仓库系统可以分为三个组成部分：

① 数据源。提供源数据。

② 后端加工处理。包括来自数据源数据的接受、析取、汇总、变换、打包和储存等。

③ 前端服务。面向用户的数据需求，完成数据提取和计算分析等功能。

在数据仓库系统所存储的电子数据中，包含大量的金融领域信息。这些信息主要涉及金融政策、商业市场、市场物价、市场竞争情况、商品生产、产品销售、物资流通、商品生产计划和物资流通计划、财政金融业务等。金融数据仓库不像传统的数据库是面向业务层的，它主要是面向高层应用进行决策支持的。数据仓库不仅具有数据的一般加工和汇总的能力，而且具有深度加工和数据挖掘的能力。

(2) 金融模型库系统

金融模型库系统是金融决策支持系统的核心分系统。金融模型系统主要包括国家货币流动模型、国家金融资金运用模型、工业信贷模型、商业信贷模型、长期存款与短期存款预测模型、信贷资金模型、基建财务评估模型、外资投资模型、金融业务量预测模型等。

(3) 金融对话智能接口管理系统

金融对话智能接口管理系统引入人工智能技术成果之后，能真正体现出"智能"对话的特点，也就是在管理和决策人员与金融决策支持系统对话时，手段和方法将更接近于人所使用的手段和方法，其中包括自然语言的输入与输出、对人的自然语言理解等方面。金融对话智能接口管理系统是沟通金融决策支持系统与金融管理和决策机构及人员之间有机联系的主要渠道。管理层机构和人员通过计算机语言和图形图像语言，可以与金融对话智能接口管理系统并通过它与数据库系统和模型库系统取得联系，还可以通过该系统获得必要的信息。

把金融数据仓库系统、金融模型库系统与金融智能对话接口管理系统和各级管理机构有机地结合在一起，就可以构成金融决策支持系统。

9.2　国际支付、结算系统电子化

金融电子化首先要做到支付、结算系统电子化。传统金融业务中，资金的支付与结算的成本高，效率低，从而一方面影响到客户商务活动的顺利运作，另一方面也削弱了金融机构的盈利能力。因此，不仅在国际贸易结算和资金结算领域充分使用了各种电子化技术，而且不同形式的电子货币和网上支付工具也已开始被人们所利用。

9.2.1　电子货币与网上支付

1. 电子货币

(1) 电子货币发展历史

从早期以物易物，贝壳、贵金属的实物货币、代用货币、信用货币、金融卡、信用卡到今日的电子货币，我们发现各种类型货币的发展时间与历程，都是时代的产物，其目的就是便利人们的生活。

电子货币的起源就是为了适应电子商务,网络创业、网络购物创造许许多多网络虚拟商店,电子货币就是为了适应这股网络购物风潮而崛起的。在网络购物中一般最常用的是信用卡,但网络黑客造成的不安全,吓走很多网络消费者,而且信用卡收费成本太高,目前信用卡公司每次交易一般收取 0.25 美元和转账金额 2%~3%。

电子货币就是在这样的背景下蓬勃发展起来的,以商用电子机和各类交易卡为媒介,以电子计算机技术和现代通信技术为手段,以电子脉冲进行资金传输和存储的信用货币。我们可以视同电子货币为现实生活中的钱,它有一种特殊的加密功能,是匿名数字货币,消费者能安全地在网络上消费。消费者只要在计算机前面,透过网络电子货币银行,将钱转到在线商家的户头,所需时间不到五秒钟,转账手续费较低,同行转账还不收手续费。

信用卡和电子货币都是借助计算机和网络来完成相应的交易指令,只是信用卡是基于银行专用网,而电子货币则是基于公用信息网,即国际互联网。虽然同是网络,但网络的大小有着本质的不同,而且信用卡未来的发展趋势,也是在公用信息网上实现流通和支付手段的功能,它最终也要发展成为电子货币。

电子货币技术解决了无形货币的存储、流通、使用等方面的技术问题,具有很大的发展潜力。美国的 Mark Twain 银行是美国第一家提供电子货币业务的银行,早在 1996 年 4 月就获得了一万个电子货币客户。

小贴士

信　用　卡

信用卡具有转账结算、汇兑、储蓄以及消费信贷等多种功能。在西方发达国家每位居民身上携带的数量比中国业务员袋中的名片多。它分为磁卡和 IC 卡两类。

- 磁卡。早期信用卡都是磁质卡,制作简单且成本较低。它通常需要联机系统和通信技术的支持,在脱机使用时,会因授权不及时或无法授权而导致效率低、可靠性差。这种卡片保存数据信息的时间并不长,消费者需要每年更换一次。
- IC 卡。IC 卡是一种具有微处理器和存储器的集成电路卡,分为两类:一种是 IC 智能卡,它具备大容量的数据存储、逻辑处理功能;另一种便是超级智能 IC 卡。除了具有一般 IC 卡的功能外,它还配有键盘、液晶显示器和电源,类似一台微型卡片式计算机。

虽然 IC 卡的成本高于磁卡,但其读卡设备结构简单且相对便宜,卡片上的数据可完整地保持 10 年之久。由于该卡能存储大量的信息,即便在脱机状态下也不影响其正常的交易,通过卡中账户信息的处理,无须联机授权,便能方便、及时、准确地完成交易。它还能防磁、防静电和抗干扰。

(2) 电子货币的含义

电子货币是采用电子技术和通信手段在信用卡市场上流通的以法定货币单位反映商品价值的信用货币。

电子货币是当代最新的货币形式,是以金融电子化网络为基础,以商用电子化机具和各类交易卡为媒介,以电子计算机技术和通信技术为手段,以电子数据(二进制数据)形式存储在银行的计算机系统中,并通过计算机网络系统以电子信息传递形式实现流通和支付功能的货币。

(3) 电子货币的主要形式

电子货币主要形式有智能卡形式的支付卡、数字形式的货币文件。

① 智能卡形式的支付卡。它用于网下的支付即 E-Mondex(电子货币),它的主要用途在于取代日常小额消费的钞票及硬币。E-Mondex 卡除了拥有现金的特性外,同时具有一个比现金更优良的特点,即它能安全地通过电子管道(如电话、因特网等) 来作为人对人、人对商家、人对银行的远距离转移。

② 数字形式的货币文件(如 E-Cash 和 Cyber-Coin)。它用于网上的支付。E-Cash 是由 Digicash 开发的在线交易用的数字货币,是一种数据形式流通的货币。把现金数值转换成为一系列的加密序列数,通过这些序列数来表示现实中各种金额的币值。用户在开展电子现金业务的银行开设账户并在账户内存钱后,就可以在接受电子现金的商店进行购物。

(4) 电子货币的特点

通过网上银行进行的金融电子信息交换,电子货币与纸币等其他货币形式相比,电子货币具有以下特点。

第一,依附性。

以电子计算机技术为依托,进行储存、支付和流通。

第二,通用性。

电子货币的使用和结算不受金额限制、不受对象限制、不受区域限制且使用极为简便,且可广泛应用于生产、交换、分配和消费领域。

第三,多种功能。

融储蓄、信贷和非现金结算等多种功能为一体。

第四,安全性。

电子货币具有使用简便、安全、迅速、可靠的特征。相比较现实世界的犯罪行为,网络黑客的计算机犯罪少了很多,所以信息化的电子货币的存放和使用比实物的纸币等要安全得多。

第五,便捷性。

在网络上交易,无论买卖双方的地理位置相隔多遥远,只要双方谈妥生意,一份 E-mail 附带着买方的电子货币可以在几秒钟内到达卖方的信箱,卖方得到确认后即可将货寄出,整个交易完成。

第六,可控性。

电子货币的使用通常以银行卡(磁卡、智能卡)为媒体,将电子货币的流向和流量控制在一定的范围内,从而保证电子货币正常流通。

第七,节约性。

电子货币一旦确认,便完成其交换过程,无须任何处理,而纸币银行间转移需要保管、运输、销毁。

(5) 电子货币主要职能

电子货币是在传统货币基础上发展起来的,与传统货币在本质、职能及作用等方面存在着许多共同之处。如电子货币与传统货币的本质都是固定充当一般等价物的特殊商品，二者同时具有价值尺度、流通手段、支付手段、储藏手段和世界货币五种职能。它们对商品价值都有反映作用，对商品交换都有媒介作用，对商品流通都有调节作用。电子货币与传统货币相比也有许多不同。

① 转账结算职能。直接消费结算，代替现金转账。

② 储蓄职能。使用电子货币存款和取款。

③ 兑现职能。异地使用货币时，进行货币汇兑。

④ 消费贷款职能。先向银行贷款，提前使用货币。

电子货币通过微机转账系统处理各项业务，不需动用纸币。这样可以减少印刷开支，节约流通费用，节省社会劳动。电子货币凭银行卡使用，不仅简单方便，而且安全可靠，不受银行营业时间的限制，可以为客户提供更多的金融服务，从而提高商品交易的实现规模，促进经济全面发展。

小贴士

我国流行的电子货币主要类型

1. 储值卡型电子货币

发行主体在预收客户资金后，发行等值储值卡，使储值卡成为独立于银行存款之外新的“存款账户”。储值卡在客户消费时以扣减方式支付费用，如普通电话卡、IC电话卡、上网卡、各类消费卡等。

2. 信用卡应用型电子货币

可在发行主体规定的信用额度内贷款消费，之后在规定时间还款，如商业银行发行的贷记卡或准贷记卡。

3. 存款利用型电子货币

用于对银行存款以电子化方式支取现金、转账结算、划拨资金，主要有借记卡、电子支票等。

4. 现金模拟型电子货币

主要有两种：一种是基于Internet网络环境代表货币价值保管在银行微机终端硬盘内的电子现金；另一种是将货币价值保存在IC卡内并可脱离银行支付系统流通的电子钱包。它具备现金的匿名性，可用于个人间支付、并可多次转手等特性。

2. 网上支付工具

近年来，随着Internet的发展，网上金融服务已在世界范围内开展。网络金融服务可满足人们的各种需要，包括网上消费、网上银行、个人理财、网上投资交易等。这些金融服务的特点是通过电子货币和各种网上支付工具进行及时的电子支付与结算。主要的网上支付工具包括电子信用卡、电子支票和电子现金等。

(1) 电子信用卡(电子钱夹)

电子信用卡将信用卡输入电子计算机，通过电子钱包管理器或电子钱夹管理器，可以装入电子钱包或电子钱夹内，成为电子信用卡。电子信用卡可以在各种网络上在线使用，也可以在电子支付中使用或者利用电子信用卡进行在线支付。

电子信用卡的代表是智能卡，智能卡最早是在法国问世的。20 世纪 70 年代中期，法国 Rolnd Moreno 公司采取在一张信用卡大小的塑料卡上安装嵌入式存储器芯片的方法，率先开发成功 IC 存储卡。经过近 20 多年的发展，真正意义上的智能卡，即在塑料卡上安装嵌入式微型控制器芯片的 IC 卡，是由摩托罗拉和 Bull HN 公司共同于 1997 年研制成功的。

电子信用卡支付可在商场、饭店、车站等许多场所消费使用，就是在 Internet 环境下通过安全交易协议进行网络支付，具体方式是用户网上发送信用卡号和密码，加密发送到银行进行支付。银行对用户、商家及付款要求的合法性验证。也可采用刷卡记账、POS 结账、ATM 提取现金等方式进行支付。

小贴士

电子信用卡的使用

今天是母亲节，小廖来到商场鲜花超市想买一束价值 40 元的康乃馨，于是将智能卡插入到花店的计算机中，登录到小廖的发卡银行，输入密码和花店的账号，片刻之后，花店的银行账号上增加了 40 元，而小廖的现金账面上正好减少了这个数。当然，小廖也高兴地拿到了康乃馨。

使用电子钱夹时，通常要将电子钱夹接入银行网络，还要综合应用电子钱夹软件、电子钱夹管理器、电子钱夹记录器和电子钱夹系统等。

(2) 电子支票

电子支票是一种具有纸张支票转移支付的功能，利用数字传递将钱款从一个账户转移到另一个账户的电子付款形式。电子支票是网络银行常用的一种电子支付工具，利用电子支票，可以使支票的支付业务和支付过程电子化。网络银行和大多数银行金融机构，通过建立电子支票支付系统，在各个银行之间发出和接收电子支票，向用户提供电子支付服务。

使用电子支票进行支付，消费者可以通过计算机网络将电子支票发向商家的电子信箱，同时，把电子付款通知单发到银行，银行随即把款项转入商家的银行账户，这一支付过程在数秒内即可实现。电子支票传输系统目前一般是专用网络系统，国际金融机构通过自己的专用网络、设备、软件及一套完整的用户识别、标准报文、数据验证等规范化协议完成数据传输，从而控制其安全性。

用电子支票支付，事务处理费用较低，银行也能为参与电子商务的商户提供标准化的资金信息，故而可能是最有效率的支付手段。

电子支票包含三个实体，即购买方、销售方以及金融机构。当购买方与销售方交易完成后，向销售方支付货款，购买方从金融机构那里获得一个唯一的付款证明(相当于一张支票)，这个电子形式的付款证明表示购买方账户欠金融机构钱，购买方在购买时把这个付款证明交给销售方，销售方再转交给金融机构。

整个事务处理过程就像传统的支票查证过程。当它以电子方式进行时，付款证明是一个由金融机构出示证明的电子流。不同的是，付款证明的传递和传输以及账户的负债和信用几乎是同时进行的。如果购买方和销售方没有使用同一家金融机构，通常将由国家中央银行或国际金融组织协同控制。

(3) 电子现金(电子钱包)

电子现金是以电子化数字形式存在的现金货币。它把现金数值转换成为一系列的加密序列数,通过这些序列数来表示现实中各种金额的币值。用户在开展电子现金业务的银行开设账户,并在账户内存钱后就可以在接受电子现金的商店购物了。

当用户拨号登录互联网网上银行,使用一个口令和个人识别码来验明正身,直接从其账户中下载成包的低额电子"硬币"时,这时候电子现金才起作用。然后,这些电子现金被存放在用户的硬盘当中,直到用户从网上商家进行购买为止。为了保证交易安全,计算机还为每个"硬币"建立随时选择的序号,并把这个号码隐藏在一个加密的信封中,这样就无从知道是谁提取或使用了这些电子现金,对用户的隐私权有很好的保证。

电子钱包是一种具有存储值的智能卡,它可装有银行或来自家庭中电子钱夹的电子现金,并在 POS 机上使用,取代现金和硬币。

① 电子现金支付过程。

第一,用户在 E-Cash 发布银行开立 E-Cash 账号,用现金服务器账号预先存入的现金来购买电子现金证书,这些电子现金就有了价值,并被分成若干成包的"硬币",可以在商业领域中进行流通。

第二,使用计算机电子现金终端软件从 E-Cash 银行取出一定数量的电子现金存在硬盘上,通常少于 100 美元。

第三,用户与同意接收电子现金的厂商洽谈,签订订货合同,使用电子现金支付所购商品的费用。

第四,接收电子现金的厂商与电子现金发放银行之间进行清算,E-Cash 银行将用户购买商品的钱支付给厂商。

② 电子现金的特点。

第一,银行和商家之间设有协议和授权关系。

第二,用户、商家和 E-Cash 银行都需使用 E-Cash 软件。

第三,E-Cash 银行负责用户和商家之间资金的转移。

第四,身份验证是由 E-Cash 本身完成的,E-Cash 银行在发放电子货币时使用了数字签名,这样就要求商家在每次交易,须将电子货币传送给 E-Cash 银行验证用户支持的电子货币是否有效。

第五,匿名性。使用电子现金的过程和结果是保密的。

第六,具有现实现金特点。可以存取、转让,适用于小的交易量。

仅从技术上讲,各个商家都可以发行电子现金,如果不加以控制,电子商务将不可能正常发展,甚至由此带来相当严重的经济金融问题。电子现金的安全使用也是一个重要的问题,包括限于合法人使用、避免重复使用等。

对于无国界的电子商务应用来说,电子现金还在税收、法律、外汇汇率、货币供应和金融危机等方面存在大量的潜在问题。因此有必要制定严格的经济金融管理制度,保证数字货币的正常运作。

除了上述的电子支付手段,还有电子零钱、安全零钱、在线货币、数字货币等。这些支付工具的共同特点都是将现金或货币无纸化、电子化和数字化,利于在网络中传输支付和结算，利于网络银行的使用，利于实现电子支付和在线支付，极大地提高了金融系统的支付服务能力和服务质量。

9.2.2 国际贸易结算电子化

国际结算电子化是指通过电子数据交换系统传递的需有关海上货物运输合同的数据。在电子商贸如火如荼的今天，国际贸易网上行是一种必需、是一种必然。作为国际贸易最重要环节的国际结算无纸化是国际贸易网上行的保证和完善。国际结算是国际商业银行的主要业务之一，因此，作为与国际贸易密切相关的银行国际业务开展，必须有一套功能完备、业务控制严密、操作方便的电子化结算业务处理系统。

电子网络技术的高速发展使国际贸易近两年来迈向了高效、安全、低成本的网上运作，特别是 BOLERO 网的建立。BOLERO 网是一个以互联网为基础，支持国际贸易流程参与各方传输、交换电子单据与数据的网，它的建立带来了一场贸易电子化革命。

BOLERO 的运作以互联网为支持，以一核心信息平台为主而构架，是一个开放、中立、高度安全、合法的电子网络，追求无纸化贸易。使用者签署协议成为成员后，通过互联网交换单据、核查数据，完成贸易过程，并通过权利注册申请，允许在线转让货物所有权。毫无疑问，它为提高国际贸易时间效率、提高安全性与管理水平、降低成本、减少欺诈、消除贸易障碍做出了巨大贡献。

1. 国际结算电子化的运用

国际结算电子化（电子提单）不同于传统提单，它是无纸单证，即按照一定规则组合而成的电子数据。各有关当事人凭密码通过电子数据交换系统进行电子提单相关数据的流转，既解决了因传统提单晚于船舶到达目的港，不便于收货人提取货物的问题，又具有一定的交易安全性。

① 国际结算电子化的法律适用。根据国际结算电子化规则规定，强制调整传统提单的国际公约或国内法同样适用于国际结算电子化。

② 国际结算电子化的书面形式。根据国际结算电子化规则的规定，应当将在计算机存储器中存储的，可以以人类语言在计算机屏幕上显示，或者由计算机打印出来的电子数据视为书面形式。

③ 运输合同的条款和条件。使用国际结算电子化时，只需将特定的运输合同条款和条件转化为电子数据进行传输。

④ 密码。各持有人持有不同的密码，该密码不得转让。各个持有人和承运人应当各自保持密码的安全性。

⑤ 交付货物。承运人应将货物的预期交付地点和日期通知给有关的密码持有人，由密码持有人指定收货人。

⑥ 要求签发书面提单的选择。根据国际结算电子化规则的规定，在交货前的任何时候，密码持有人有权选择向承运人索取书面提单，承运人也有权选择向持有人签发书面提单。

2. 国际结算电子化的优势

电子商务的来临对国际贸易中依托信用证和其他传统纸化基础的金融工具的低效性交

易带来冲击,传统的柜台国际结算方式已不适应现在的国际贸易的发展。虽然纸化国际结算方式在一段时间内特别是在发展中国家将继续保持,但电子化贸易的发展迅猛飞速,签署加入 BOLERO 或其他电子贸易结算网络在今天高度前进的商业社会已成必然。

原有的纸张提单存在着以下问题:手工编制,误差难以完全避免;形式简单,故易仿冒;倒签、预借提单等提单欺诈行为时有发生;流转速度满足不了海运发展的需要,影响了正常的提货结汇等程序。电子提单的出现弥补了这些缺陷,国际结算电子化的优势如下。

第一,安全性较好。

电子提单的收发有自己的规范程序,完全可以通过技术手段防范提单欺诈。

第二,高效性。

采用电子提单可简化交易中重复和烦琐的手续,提高工作效率,提高提单签发的速度。

第三,正确性。

电子提单可避免纸张单证分次、分散造成单证不符的错误,即便发现错误也可以立即由单据的签发方通过 EDI 进行更正,争取时间,减少拒付事件。

第四,交易成本低。

根据国际商会的资料,纸张单据在贸易过程中消耗大量人力物力,其费用为货价的10%,且手续烦琐复杂,若该用计算机操作在费用上可以削减 50%左右。

总的来说,电子提单的安全性、高效率、正确性、低成本等优势,是人工操作的纸张单据所无法比拟的。它通过对贸易程序进行结构性的变革,使国际货物的流通速度有一个飞跃的发展。

但是由于电子提单大大有别于纸张提单,必然需要克服原来纸张单证所遗留下来的各种障碍,同时要解决电子提单所引发的法律上的和技术上的问题。

9.3 国际银行业务电子化

国际间的金融活动主要是通过银行等金融中介机构完成的。因此,银行业务的电子化,就成为整个金融电子化进程中最关键的环节。目前,银行业务电子化的内容不仅包括利用电子技术改造银行传统业务,而且包括充分利用新兴的网络技术发展网络银行,开拓网络金融服务项目。

9.3.1 传统银行业务流程改造

随着计算机、信息技术的发展,银行许多传统上利用手工完成的业务开始采用电子化手段进行操作。实现银行柜台业务电子化使临柜业务中凭证审核、数据输入、前台账务处理、后台账务批处理、会计事后监督处理以及账务信息输出等工作环节的自动化。

实现银行储蓄业务电子化使存取业务、编制科目日结单、轧计现金账与编制业务汇总日报表自动化以此提高临柜人员的工作效率、满足客户的要求,从而进一步提高银行的服务质量与业务规模。

实现银行对公会计、外汇会计电子化使账务处理、资金转移、传票制作、报文处理、账户查询、外汇牌价查询等方面的自动化。

传统的金融电子化着重于用信息技术模拟现行手工处理流程来处理银行交易和输出格式化的信息，而忽视了银行内部业务活动和流程的改造，使信息技术很难发挥其在降低经营成本、提高管理效率和质量、吸引客户等方面的应有作用。

20 世纪 90 年代初开始，美国商业银行开始进行“业务再造”，如原来美国银行的住房抵押贷款业务整个过程需要 17 天，以至于此项业务量下降。改造后的处理过程，首先是贷款人在其计算机上填写贷款申请书，由计算机自动检查输入内容的正确性与完整性。然后，申请人通过拨号联网方式与银行的地区业务中心连通，并将申请表输入银行的计算机系统。审批过程改为由各部门专家组成一个小组核准。批准后，转交给另一个专家组核准，并同时完成保险、公证等服务。在业务过程重新设计中，银行将原来一级级审批方式改为协同并行工作方式，将每笔业务平均所需耗费的时间从原来的 17 天减少为 2 天。

在西方发达国家，许多公司开发新信息系统的目的不仅是为了业务自动化，更重要的是将效率低的组织业务流程的重新设计。用信息技术手段更新业务流程，创造更多利润。这是对我国几十年的金融电子化改造为何效率低下的深刻的启示。

信息技术发展到今天，系统开发中的技术已不是第一位的，关键是业务过程的改造。

9.3.2　网络时代的金融

Internet 的迅猛发展，使金融业引来了一个真正创新时代。正是在以信息网络技术为核心的高科技的推动下，银行业正经历一个从自动提款机、无人银行、电话银行到网络银行不断变化的过程，不断发展的信息技术正使金融界掀起一股网络银行的热潮。

网络银行又称网上银行、在线银行、虚拟银行，是一种全新的银行服务手段和全新的企业组织，是银行或其他机构利用互联网手段提供的各种在线银行服务的一种银行运作方式或银行网站。简单地说，就是银行通过互联网提供的自助金融服务，把银行的传统柜台延伸到了 Internet 上。这是一种全新的银行客户服务渠道，使得客户可以不受时间、空间的限制，只要能够上网，无论在家里、办公室，还是在旅途中，都能够安全便捷地管理自己的资产和享受银行的服务，是 Internet 上的虚拟银行柜台。

1. 网络时代金融活动的基本特征

网络时代的金融活动只需坐在家中就能完成所需完成的交易。网络在金融业务中的应用可以提高金融机构的竞争能力，总起来说其主要特征有以下几点。

(1) 高效性与低成本

网络技术的应用使得金融信息和业务处理的方式更加先进，缩短了市场信息的获取和反馈时间，系统化和自动化程度大大提高，从而具有很高的效率。任何企业都是以盈利为目的的，银行也不例外。网络时代的金融电子化，能充分利用先进的现代化技术与设备，提高金融活动的效率。

小贴士

美国证券业三种成功转型模式

随着互联网技术的迅速普及，美国证券公司逐步演变成三种发展模式，即美林模式、嘉信理财模式和 E * Trade 模式。后来,各种模式的客户范围慢慢开始向高中低各细分市场渗入,业务产品也由单纯的经纪业务向资产管理等方向拓展。

1. 美林模式

美林模式作为全球最著名的证券公司之一,借助互联网一方面利用其强大的金融顾问队伍和研究力量紧紧抓住高端客户,为客户提供一站式的金融服务,其中 TGA 系统整合了研究部门的研究成果,为一线上万位金融顾问提供了专业的支持;另一方面则推出了 Merrill Lynch Direct,将几乎所有的业务都与互联网连接了起来,客户群体覆盖了高端和低端多个细分市场。

2. 嘉信理财模式

嘉信理财意识到互联网技术与金融产业融合所蕴藏的巨大价值,率先推出了网上交易系统,进一步降低了交易成本,但由于低价策略(低成本)竞争十分激烈,嘉信理财开始转向针对中产阶级提供低廉的佣金费率和一定的信息咨询服务,资产管理和研究咨询等增值服务开始逐步发力,目前嘉信理财的资产管理费收入已经超过 40%。嘉信理财是借助互联网技术迅速崛起的证券公司典型代表,其经纪业务曾一度超过美国最大的证券经纪商——美林证券。

3. E * Trade 模式

E * Trade 是一家基于互联网发展起来的纯网络折扣经纪商,为对价格比较敏感的客户提供深度折扣服务,并提供多种优惠套餐。E * Trade 节省了物理营业厅的成本和研究咨询的成本,因而可以最大限度地降低产品价格,同时借助金融证券业垂直门户等方式进行网络推广,E * Trade 的市场份额迅速扩大,在 1994 年,E * trade 的营业收入仅为 1 000 多万美元,到了 2000 年,营业收入猛增至近 16 亿美元,年复合增长率高达 129%。

网络技术与金融业务相结合大大降低了融资成本。与传统银行相比网络银行拥有独特的优势,第一,建立一家传统银行分支机构约需 200 万美元左右,而开办一家网络银行仅需 100 万美元。据统计,网络银行的综合成本占其收入的 15%~20%,而传统银行要高达 60%。第二,一家传统银行机构年维持费用就需 40 万~50 万美元,而网络银行的维持成本只有少量的人员工资支出,没有房屋租金、装修、照明、水电、保安等维护分支机构所必需的大量杂费。第三,网络银行的运营成本比已有的其他银行服务手段完成每笔交易所花的费用都低,在因特网上进行一笔结算的成本不到 13 美分,电话银行需 54 美分,而在传统的银行机构要超过 1 美元。

小贴士

网络银行改变了生活

王女士半年前办理了工商银行的牡丹借记卡,每月 25 日还款前,王女士都要到银行网点打印对账单。银行方面建议王女士可以开通网络银行,直接登录工商银行的网站就可以查阅自己的账单。网银的快捷让王女士告别了排队的生活,现在她不仅在网银上查账,还利用网银进行网上支付、证券交易、缴纳水电费等各类费用等,生活一下子改变了很多。

(2) 虚拟性和信息化

网络时代的金融机构重要的特征就是没有建筑物,没有地址只有网址,营业厅就是首页画面,所有交易都通过因特网以电子货币进行,网络技术的引进虚拟化了金融的实务运作。网络银行能快捷地提供投资信息与咨询及一揽子高附加值的综合理财金融服务,其通过互联网可更广泛地收集分析最新金融资讯,并通过相关软件分析客户的消费习惯、投资偏好,并以最快捷的方式传递给用户,从而使银行与用户能相互全面了解对方的信用及资产状况。网络技术的引进还虚拟化了金融的实务运作。

(3) 直接性

网络使得客户与金融机构的相互作用更为直接,双方活动没有时间和地域的限制。另外,网络为资本的国际流动创造了条件,使储蓄和投资资金的划拨变得更快捷有效。给资金短缺国的融资带来了便利,扩大了融资渠道,给资金闲置国的投资创造更大的机会。

(4) 电子化

国际金融体系由世界各地的无数计算机连接,所有的金融交易都可通过网络完成,电子货币形成计算机空间是全球性经济的一种表现形态。

(5) 风险性

电子货币和数字市场的特殊性使中央政府对经济和经济活动参与者难以控制,它们还会使国家市场和民族国家相互渗透,边界不清。由于电子货币发行主体有中央银行也有民间组织,它的多元化使得对参与网络交易具备潜在的风险,诸如在电子货币发行者破产、系统失灵或智能卡遗失客户的权益损失。另外,在网络经济中,高科技的手段使犯罪活动变得更加隐蔽,使得化解金融风险的难度更大。

与传统金融相比,网络金融面临的风险在本质上没有区别。但采用网络技术的网络金融运行造成了金融风险的放大效应。如在网络金融环境下,由于金融活动的运行更加虚拟化,这种电子信号所代表的货币量可以大大超过实际所存在的货币量。

2. 网络银行的业务

网络银行是通过电子通道,提供零售与小额产品和服务的银行,这些产品主要包括:存贷、账户管理、金融顾问、电子账务支付以及其他一些诸如电子货币等电子支付的产品和服务。客户只要拥有账号和密码便能在世界各地与 Internet 联网,进入网络银行处理个人交易。在网络银行中,客户除了能办理储蓄、转账等简单业务和信用卡、证券交易、保险、付款申请、跟踪收支等复杂业务以外,还可以查询各种银行信息及根据实时数据进行现金分析和财务状况分析。

网络银行从概念上讲有两种发展模式:一种是完全依赖于 Internet 发展起来的全新电子银行,这类银行几乎所有的银行业务交易都依靠互联网进行。1995 年 10 月,美国 3 家金融机构联手创建了世界第一家网络银行,即安全第一网络银行(SFNB),它通过国际互联网向世界客户提供金融服务。

网络银行的另一种发展模式是传统银行运用 Internet,开展传统的银行业务交易处理服务,发展家庭银行、企业银行等业务交易服务。在美国银行资产占据前 50 位的银行,目前已允许客户访问其网址,查看自己的账户信息,提供网上存钱转账业务。

这些业务一直处于动态发展的过程之中,大致可将网络银行业务具体划分为三大类。

(1) 基础网络银行业务

它包括信息服务、客户交流服务和银行交易服务等。银行零售业务电子化形成的金融服务品种,如ATM和POS系统,它们的发展使银行零售业务摆脱了时空限制。银行批发业务电子化提高了银行业服务的规模经济效应。银行批发业务主要是为企业提供服务,如贷款业务、证券业务、外汇业务、决策支持业务和信息咨询业务等,如现金管理系统为客户提供有关账户信息、付款决策支持。

在中国,中资银行所开办的网络银行业务大多以前两种为主,对于个人和企业的网络银行业务,以风险较少的中间业务(尤其是结算业务)为主。如时时提供利率牌价、外汇牌价;进行金融信息咨询;办理话费托收、税务托收、水费托收。用户通过网络银行在家里就可以办理,减少了管理费。但现在的业务几乎包罗万象。

从2013年银行中期业绩看,16家上市银行的电子银行业务都有较大幅度的增长,电子银行的交易替代率普遍超过70%。其中,招商银行替代率位居行业第一,电子银行替代率为91.85%,工行、农行、中行、交行、兴行、浦发银行的电子银行替代率也都在70%以上。

而从披露电子银行业务收入的3家银行看,其增幅都远超其他传统业务。据半年报显示,中信银行网络银行中间业务收入同比增长56.17%,农行、建行在上半年已完成去年全年电子银行业务收入的60%。

(2) 新型网络银行业务

它主要包括电子支票、B2B电子商务、B2C网上支付、B2G网上业务、发行电子货币和电子支票,以及账户整合服务等。网上支付系统服务构成电子商务的核心服务项目,目前主要基于SETSSL协议来运行,在操作交易前,客户需要在PC机中安装银行提供的电子钱包,再通过计算机网络前往CA(Certificate Authority,CA中心)网站进行安全认证,申请CA证书,以此作为交易身份凭证。客户完成这些准备工作后,便可享受网络银行提供的网上支付系统服务。

这些业务是银行充分利用互联网的特点和优势设计与开发出来的,充分发挥了网络银行作为支付中介的职能。

小贴士

网络银行发展历史

近年来,既节约人工成本又节约时间的网络银行业务在世界各地已形成一个巨大的市场。但由于国情和风俗习惯不同,同时,安全问题也成为其继续发展的绊脚石。

受追捧——德国:上百家纯粹网络银行

在德国,大部分传统银行建立了网上交易平台,还出现了上百家纯粹的网络银行。数据显示,德国网络银行业务目前已占到银行全部业务的25%以上。

Entrium是德国最早成立的网络银行之一,在2000年时该行仅有370名员工,服务客户量却达到77万,人均资产达1 000万美元,管理成本大大低于传统银行。

而德国最大的网络银行国际集团旗下的ING-DiBa没有分支机构,完全依靠网络和电话开拓市场、提供服务。2006年该银行资产总额达到649亿欧元,在德国的客户数超过500万。

美国：网银业务方兴未艾

在人工成本高昂的美国，大力发展网络银行业务，是许多银行扩大业务、压缩成本的必然选择；而对顾客来讲，插上网络翅膀的银行业务也意味着更方便、更简单，而且往往更便宜。

目前美国各商业银行定期储蓄的年利率一般不到4%，顾客如果选择在网上开户并使用E-saving业务，则可享受更高的利率，为4.5%。

在国际跨行汇款上，在柜台办理每笔汇款手续费大致在40美元；但如果选择通过网络自行汇款，手续费一般为30美元。

另外，按照相关规定，花旗银行对1 500美元以下的小额存款账户每月要收取一定手续费，但假如该账户每个月有两次网络支付的活动，手续费可以免掉。

受冷遇——法国：保守国人坚持用支票

法国网上银行或提供网上业务的银行众多，但真正利用网上银行进行交易的法国人不多。在法国，用户只是利用网上银行向自己的账户经理咨询业务，或者查看银行对账单等。

与英国、意大利和西班牙等欧洲邻国相比，法国网上银行业务发展比较落后。许多法国家庭习惯使用原来的Minitel电子付款系统，而支票的使用在法国仍然很普遍。

法国网上银行发展缓慢还有一个重要原因，就是银行柜台业务压力不大。在法国银行的用户都有一个账户经理，在办理业务前用户可通过电话或电子邮件与账户经理充分沟通。有些业务用户通过电话直接向账户经理发出指令即可。

(3) 附属网络银行业务

它主要包括验证身份、帮助小企业进入电子商务、出售软件产品、整合ATM网络与互联网，以及企业用户网站等。这些信息技术产品原来是作为生产技术要素在银行内部利用的，但是，银行发现除了以这些信息技术产品为要素投入“生产”有关银行业务以外，还可将它们变成商品，直接向市场出售以获取更多的利润。各国监管当局大多要求网络银行不能单独脱离金融服务而向客户专门提供这些服务。

目前，国际商业银行日益重视金融工程。金融工程是向特定客户提供特定的服务方案，包括尖端金融产品的设计、证券承销安排、资金的吸收与分流、投资组合策略等。银行招聘一批精通金融、证券、法律和税务的专家，将各方面的知识与经验结合起来为客户提供综合服务。

网络银行其业务的性质大多为中间业务，突破了时间和空间的制约。但是，中间业务大多不在银行的资产负债表中反映出来，网络银行的风险评估较为困难。

小贴士

手机银行支付业务越来越多

打开手机上各银行的手机银行APP应用不难发现，随着技术上不断更新，手机银行平台上的业务也越来越丰富。

为了吸引客户使用手机银行，目前几乎所有的银行都为手机银行渠道办理转账汇款提供费率上的优惠，有的银行甚至施行免费政策。除转账汇款外，手机银行可以进行办理网点排号、预约取款、跨行账户管理、信用卡跨行自动还款、无卡取现等功能。

据民生银行统计,在该行手机银行交易中,转账汇款占比达40%以上,跨行资金归集交易量占比超20%,手机银行上的专属理财的交易占比愈18%。

目前,该行手机银行持续提供一周、两周等周期开放型和35天、2个月、3个月、半年等封闭型理财产品,与同期同类型柜台理财产品的收益相比更高。

因其随时随地、停电断网不断手机等特性,手机银行缴费也日益成为客户关注的“新宠”。

光大手机电子银行部有关人士称,该行创新推出“瑶瑶缴费”APP,除能够进行手机话费充值外,还提供包括水费、电费、燃气费、供暖费等300余项服务。

9.3.3 网络银行存在的风险

买基金、缴纳各种费用、汇款……我们往往会将这些业务与银行营业大厅排起的长队等待数小时联系在一起。网络银行的“3A”服务——任何时间(Anytime)、任何地方(Anywhere)和任何方式(Anyway),促成了网络银行的飞速发展。据了解,近年网络银行的用户数量正在逐年增长,但仍有超过一半的非网银用户不愿尝试,主要是担心网络银行的安全性。网络银行在充分享受现代网络技术的便捷时,也面临着网络技术带来的一系列的新的风险。

1. 身份认证风险

网上银行系统中存放的信息是有关客户的机密信息,对访问者的身份认证是有较高要求的。如果用户身份的认证采用用户名和口令字的方式,将存在严重的身份认证风险。

随着计算机性能的不断提高,从理论上说没有解不开的账号和口令,只是时间问题。更严重的是网络犯罪分子大量编制恶性木马,植入网络银行客户终端,盗窃网络银行用户的身份认证信息(用户名和口令字),冒充网银客户进入网银系统作案,造成客户资金与信息损失。

其中最常用的两种方法:一是把口令解密和通过监视信道窃取口令;二是系统易被监视。当用户使用远程登录终端模拟协议(TELNET)或文件传输协议(FTP)连接他在远程主机上的账户时,他在Internet上传输的口令是没有加密的。以这种形式引发的风险占网络银行总风险的80%以上。

小贴士

网络银行的风险

李女士在某银行开通了网上银行,想利用网银进行网上支付、证券交易、缴纳水电费等各类费用等,因此,存入人民币18万元。出差回来后,发现18万元不翼而飞。该行相关负责人还提醒广大用户,在任何情况下,银行不会向用户查询密码。在任何情况下都不要将密码告诉他人(包括银行员工),不要轻信任何套取网上银行用户名(登录卡号)和密码的行为,不法分子可能通过电子邮件、信函、电话、手机短信等方式向您索要银行卡号、用户名和密码。

中行采取的是动态口令牌以应付黑客攻击、假网站诈骗、木马病毒等常见的风险，保障个人账户的安全。

2. 业务风险

业务风险是指网络银行业务的不当决策、决策的执行错误或对行业变化缺乏风险应对机制给银行收益或资本带来的当前影响和未来影响，业务风险是银行开展网络银行业务时面临的最重大的风险之一。银行的业务产品设置不科学，盈利性差或银行经营不善，都会直接导致客户的经济损失。

目前，国内商业银行对网络银行缺乏充分的认识和分析调查，没有针对网络银行的特征开发业务产品，相互模仿，业务类同缺乏创新，客户权利保障不力等，存在着明显的业务风险。

3. 技术风险

网络银行是建立在计算机网络与信息技术基础上的，其技术风险是指基于网络信息技术对银行收益或资本所造成的影响，具体包括以下两种。

(1) 系统安全风险

系统安全风险主要是由计算机网络技术大量运用于金融业而它们自身仍缺乏足够的完备性所导致的。一是系统不完善不法分子非授权就能访问，非法进入网络系统进行违法操作进行犯罪，使客户受到重大损失，也给银行的资金和信誉带来双重损失；二是不法分子通过检测到网络连线上的电磁波或是查出载波频率，对其进行监听，使系统存储的信息外泄或植入病毒，干扰合法用户的正常使用；三是网络是虚拟的，但它也有物化的部分，如设备和线路水灾、火灾，如硬盘、光盘和磁带若被盗、损伤存储于这些设施中的电子数据就会遭受损失。

(2) 技术选择风险

网络银行金融业务的开展必须选择一种成熟的技术平台与科学的技术解决方案来支持，银行选择哪一个技术平台、选择与哪一家公司合作，采用哪一种网络金融解决方案，一旦选择错误都将给金融机构和用户带来风险。

4. 支付风险

网络银行改变了传统的以图章为支付指令的结算手段，采用数字签名方式对支付指令的有效性进行确认。由于网络的“虚拟性”，数字签名的可靠性完全取决于银行安全控制系统的严密与否。网络银行的支付风险主要表现为：一是客户利用开户行网络银行的自助注册功能，其网银账户被盗用，造成资金损失；二是账户信息在网络上泄露或被盗取后不法分子利用虚假的身份证明，冒名注册网络银行，将客户的资金盗走；三是网络银行的个人账户被直接盗用于网上购物消费。

5. 数据风险

网络银行完全依赖互联网上的数据传输，如果银行内部对数据管理不当或外部人员非法进入系统，篡改或删除有关信息，以及网络盗窃犯通过植入木马等手段窃取客户密码、账号等资料，数据传输过程中就可能造成中断、篡改、盗窃等数据风险。

小贴士

16 万元消失储户、银行均称无错

日前，上海市民蔡先生发现，其建行上海分行的2个账户上共计16万余元不翼而飞。经调查，蔡先生的款项被人通过网上银行，分数次转入云南的一个账户。蔡先生表示，自己并未向他人泄漏网上银行密码，也从来不使用公众场所计算机登录网银。而且，在与银行交涉中，蔡先生被告知此类事件以前也发生过，并说网银用户应选用USBKEY或动态口令等更有效地安全措施。蔡先生纳闷：为何银行之前从未向他做过这样的安全警示呢？而建行方面表示，那段时间该行网银系统没有出现问题，可能是客户计算机被病毒或黑客攻击所致。

6. 操作风险

由于员工业务操作中违规违纪以及信息管理系统由于自身或人为因素导致的风险。如由财务制度上的疏漏、系统故障、外部事件、操作失误、越权交易或欺诈等原因引起的风险。

7. 法律风险

法律风险是指没有任何法律条款，或者运用不明确的现有法律指导和监控超前的网络银行业务操作所造成的风险。网络银行属于新兴事物，大多数国家政府尚未有配套的法律法规与之相适应，造成了银行在开展业务时无法可依，且银行难以采取主动措施，将犯罪活动消灭于萌芽之中。

综上所述，网络银行不仅存在传统金融的信用风险、商业风险等，同时，又出现了一些新的风险。我们研究网络银行风险的目的是防范风险，化解风险，保护网络银行客户的利益，保障网络银行顺利运行。

9.3.4 我国互联网金融的模式

目前我国互联网金融的模式可分为互联网支付、互联网小额贷款、互联网销售金融产品、个人对个人(P2P)网贷、和众筹融资五类。

1. 互联网支付

互联网支付是通过互联网线上支付渠道完成的从用户到商户的资金清算行为，近年来发展迅猛。支付宝等平台通过构建第三方支付账户，解决了跨行跨地支付和信用保证问题。

随着移动通信设备的渗透率超过正规金融机构的网点或自助设备，以及移动通信、互联网和金融的结合，全球移动支付交易总金额2011年为1 059亿美元，预计5年内将以年均42%的速度增长，2016年将达到6 169亿美元。

在肯尼亚，手机支付系统M-Pesa的汇款业务已超过其国内所有金融机构的总和，且已延伸到存贷款等基本金融服务，特别需要关注的是，其并不是由商业银行运营的。

而中国第三方支付的发展速度也同样惊人。据互联网研究机构艾瑞咨询统计，2012年中国第三方支付市场整体交易规模达12.9万亿元，同比增长54.2%，其中第三方移动支付市场交易规模达1 511.4亿元。

小贴士

手机银行支付业务越来越多

从民生银行获悉，2012年7月11日，该行正式推出手机银行，短短1年多时间，该行手机银行快速发展。到今年12月5日，该行手机银行客户数突破500万户，到今年12月14日，该行手机银行交易额突破1万亿元，户均笔数超10笔，户均金额愈19万元。光大银行提供的数据显示，截至11月末，该行手机银行用户突破1 000万，是年初客户总量的3.7倍，为去年同期12倍，仅手机支付的交易金额便突破2 500亿元。

截至2013年6月30日，招行手机银行累计交易金额达4 208.00亿元，同比增长228.49%。手机支付累计交易金额为127.19亿元，同比增长248.85%。其中，手机银行及手机支付累计交易笔数及交易金额均已超过2012年全年水平。该行预计今年手机银行全年的交易金额也将突破1万亿元大关。

2. 互联网小额贷款

互联网小额贷款是根据电商平台交易和社交网络用户数据形成网络信用评级体系，从而发放信用贷款的行为。阿里金融等企业借助集团平台交易信息或其他外部数据建立量化模型，并据此向中小企业发放贷款。

3. 互联网销售金融产品

互联网销售金融产品通过数据整合，智能化地向用户推荐金融产品和理财规划。余额宝和百度理财近期大热，其中余额宝上线5个月后即突破1 000亿元人民币的规模，对应的天弘增利宝基金也成为我国规模最大的基金。

我国以数米网为代表的理财网站仅能称之为金融产品超市，离个性化的数据分析和推荐相差甚远。从长远看，理财规划网站将原本只能人工面对面进行的理财咨询服务变成了依靠自动模型为用户提供的个性化服务，大幅降低理财规划门槛，具有较大的发展潜力。

4. P2P网贷

P2P网贷的出现使个人对个人的借贷范围从亲朋好友拓展到全社会有需求的个人。目前我国P2P网贷主要有四种运营模式，即纯线上无担保模式、债权转让模式、担保模式和平台模式。

以人人贷为例其实质是一种“自金融”的借贷模式。由于正规金融机构长期以来始终未能有效解决中小企业融资难的问题，而互联网的用户聚合和高速传播的特点大幅降低了信息不对称和交易成本，从而促使资金供需双方都是个人的投融资模式成为可能。

截至2012年10月，2007年成立的美国最大的P2P信贷公司Lending Club公司完成了8.3万次交易，涉及金额近10亿美元。而紧随其后的是，美国首家P2P信贷公司Prosper也完成了超过6.4万次的互联网金融交易，涉及金额4.2亿美元，并且每年的增长超出100%，利息的浮动空间大致为5.6%～35.8%，违约率为1.5%～10%。

我国P2P信贷公司的诞生和发展几乎与世界同步，2007年8月中国第一家P2P信贷公司——拍拍贷成立。截至2012年12月底,全国P2P信贷公司总共超过300家,行业交易总量高达200多亿元,其中排名靠前的15家P2P类网站交易额占到整个行业的45%左右,接近70亿元交易额。除拍拍贷以外,国内宜信、人人贷等小额网络贷款平台都是提供此类服务的代表性平台。

5. 众筹融资

众筹融资是基于创意项目向网络投资人募集资金的金融模式。但众筹模式在我国受到可能涉及非法集资的法律约束。众筹网站如"点名时间"等企业已逐渐演化为创意产品宣传推广的平台。

所谓众筹,就是集中大家的资金、能力和渠道,为小企业或个人进行某项活动等提供必要的资金援助,是最近两年国外最热门的创业方向之一。以Kickstarter为例,虽然它不是最早以众筹概念出现的网站,但却是最先做成的一家,曾被时代周刊评为最佳发明和最佳网站,进而成为"众筹"模式的代名词。2012年4月,美国通过JOBS法案允许小企业通过众筹融资获得股权资本,这使得众筹融资替代部分传统证券业务成为可能。

我国51资金项目网,虽然它不是最早以众筹概念出现的网站,但却是最先以信息匹配为特征搭建成功的一个平台。截至目前,该网站已为1 200余家中小企业融资成功,融资总额高达30亿元。

目前全球互联网金融呈现三大发展趋势:一是以第三方支付、移动支付替代传统支付业务;二是以人人贷替代传统存贷款业务;三是以众筹融资替代传统证券业务。面对互联网金融的崛起,中国银行业面临传统模式的变革。

9.3.5 我国网络银行的风险管理

近年来,既节约人工成本又节约时间的网络银行业务在世界各地日益普及,并开始形成一个巨大的市场。同时,安全问题也成为其继续发展的绊脚石。

网络银行想持续发展,一方面要为人们提供更好的金融服务,更重要的是要消除网络银行带来的不安全因素,具体措施如下。

1. 从银行制度体系防范网络银行风险对策

(1) 建立科学完善的网络银行风险管理体系

从网络银行自身特点出发,分析与研究,完善组织机构和管理制度,制订一整套自上而下的风险管理组织机构和管理规章制度。严格建立"三道防线":第一道防线——网络银行各项业务操作全过程必须严格遵守的规章制度和操作规程;第二道防线——业务管理部门针对各项业务制定相关管理、专业检查和辅导以及事后监督制度;第三道防线——针对业务管理部门的工作随时进行稽核、内审监督和纪检、监察部门的检查监督。

(2) 建立分级授权内控制度

建立分级授权内控制度主要包含以下三方面内容。

① 业务审计。审核检查与监督要贯穿商业银行网络银行业务操作与管理的各个环节,既要有非现场的事后集中检查与监督,又要有现场实时在线检测与监督,它是有效防范操作

风险和道德风险的必然要求。

② 转账限制。对账户性质、资金流动等内容加以限制。例如，只能活期账户互转，或同一客户的账户间转账。

③ 交易额限制。不同品种的单笔交易额，应对当日累计交易额等进行限制。

(3) 建立实施有效的网络银行信用评估体系

建立有效的网络银行信用评估系统和信用监测体系，从借款人以前的信用记录，借款人或法定代表的"5C"(品德 Character，能力 Capacity，资本 Capital，抵押物品 Collateral，经济状况 Condition)因素及财务状态分析，通过数据模型实施风险量化指标度管理。一旦出现风险，考虑如何快速处置抵(质) 押品，避免因对方违约而造成的信用风险。

2. 从网络银行角度防范网络银行风险对策

(1) 注重利用先进成熟的计算机网络技术手段

充分利用当前先进、成熟的技术手段，完善软、硬件设备提高关键设备的安全防御能力。进一步搞好网络银行系统的基础建设，灵活使用现代网络技术。一是加强防火墙技术，更好地保护银行自身网络安全；二是增强防病毒技术，不断更新杀毒软件版本及病毒，及时发现并消灭病毒；三是提高防木马技术，切断木马的植入路径，定期进行木马扫描与清理，阻断木马信息向外发送；四是完善密钥加密技术，对网上传输的信息进行多层次加密，确保信息的私密性，未经授权者都无法了解任何信息内容。

(2) 建立并使用入侵检测系统(IDS)定期对网络银行系统进行安全漏洞的侦查扫描

将 IDS 置于防火墙或网关后，像网络窥探器一样捕获所有内传或外传的数据包。IDS 对数据包起到监视作用，但并不延误其传送速度。对于侦查系统存在的安全漏洞，可采取安全代理设计，在银行 Web 交易服务器前端部署安全代理服务器，在各银行网络银行用户端部署安全代理客户端。

3. 从网银客户角度防范网络银行风险对策

网络银行用户作为网络银行终端的管理者与使用者，在网络银行的安全机制中有着不可替代的作用，是网络银行安全的最终环节。网络银行终端系统最容易受到非法攻击，据国内网络银行风险案例分析，大部分网络银行风险源于终端系统。相当一部分网络银行用户在技术上对终端系统不熟悉，不懂终端系统的日常维护技术，给非法分子可乘之机。应当采取的防范措施如下。

(1) 有效防范木马与病毒对终端系统的攻击

首先，在安装网络银行终端系统的个人计算机上安装与运行防病毒软件，并经常更新软件版本与病毒库。其次，在安装网络银行终端系统的个人计算机上安装软件防火墙，有效地监控 PC 机与 Internet 之间的活动。用户使用网络银行系统时，木马截获用户名、账号、口令等信息，使不法分子顺利作案。要安装木马清除软件，定期更新木马库，扫描与清除木马。

(2) 使用 IC 卡和 USB 卡物理介质的证书认证方式

通过证书验证客户身份，确保其真实性，防止其他人员非法使用。证书具有不可复制性，仅由客户自己保管和使用。使用证书后，即便有假网站、病毒感染、黑客入侵或不慎泄露银行卡等资料，只要物理证书不丢失，仍然能确保资金安全。

(3) 认清网络银行网址避免进入"假网银"

不法分子往往利用与网络银行相似的网址、相同的网页,制造虚假网站,骗取银行客户的银行卡号和密码。所以在登录网络银行办理业务时,定要认清银行的合法网址,并正确输入。

而近来出现的假银行网站、病毒肆虐、黑客猖獗、网络诈骗等事件不断影响着广大网银用户的信心,有些人甚至认为使用网上银行会很容易泄露个人资料,时刻存在被盗用的风险,这成为各家银行推广网上银行时碰到的大障碍。

互联网金融的崛起已是不争的事实,目前亟须做的是如何引导其健康、有序的发展,因此,对互联网金融有针对性地立法、监管已迫在眉睫。互联网金融暴露出的问题引起了监管层的关注。

我国互联网金融信息平台乱象丛生,暗藏风险。P2P 网贷和众筹融资均是以互联网为平台,撮合资金出借方和需求方的方式。但由于我国社会信用体系有待完善,互联网金融信息平台自行建立的信用模型很难被投资者认可,因此各家平台或多或少地融合了担保模式和债权转让模式,这使得平台自身被卷入交易之中。同时,互联网金融信息平台较高的收益率受到大量民间资金追捧,部分平台用庞氏骗局式资金池吸纳资金,造成了我国互联网金融信息平台的乱象。

目前,我国监管机构对 P2P 网贷的监管尚处于调研期,而对众筹融资的监管方案尚未出台。根据美国监管机构暂停 P2P 网贷公司 Prosper 贷款业务的经验来看,我国监管机构可能会在平台倒闭事件集中爆发之前介入,并采取发放业务许可的方式进行监管。长远看,随着社会信用体系的建成,规范后的 P2P 网贷风险降低后,会被更多的人接受,会更受个人消费贷款和小微企业贷款的青睐。

课堂案例讨论

虚拟货币长大了

互联网对传统社会的颠覆从未停止,在其完成对信息流、商流、物流、资金流的初步改造之后,或将以虚假货币的形式打破现有货币体系。

4 月 18 日,在中国极客张沈鹏创办的比特币交易平台上,比特币对人民币的平均交易价为 576 元。当天,该平台完成了 100 个比特币的交易量。仅仅过去一周,4 月 25 日上午,比特币对人民币的平均交易价已达到 906 元。据 42BTC 网站统计:在过去的 32 个月,比特币价值已经翻了 1 000 倍。

比特币是一种典型的虚拟货币形式。由神秘人物中本聪于 2009 年发明而来。依据其技术原理。该币种可安全地在互联网各平台通用,并可实现交易兑换。

5 年来,比特币的应用,由此前小范围的极客圈,走向公众视野。4 月 21 日,壹基金合作发展部总监霍庆川在其微博上,公布了芦山地震比特币捐赠地址,并称:"这可是中国第一个接受比特币捐赠的 NGO。"据霍庆川 4 月 23 日凌晨发布的微博显示,壹基金已收到 117 个比特币。

与此同时,不同互联网企业在其平台内推行的虚拟货币,如 Q 币、Facebook Credits、亚马逊虚拟货币及边锋币等各类游戏币,其交易量和使用范围正随着企业平台的扩大而不断被推高和扩大。公开数据显示,2011 年美国虚拟货币交易额已经达到 20 亿美元。

多位互联网人士认为,当下在电子商务、移动互联网蓬勃发展之际,虚拟世界和实体经济的界限正在模糊,两者的融合将不可避免。在可预见的未来,虚拟货币究竟将呈现怎样的发展路径?

互联网技术产物

比特币生于互联网,并具有互联网开放、无中心的属性。其实质上是中本聪根据密码学原理设计出的一套算法(或称程序),各网络用户节点可通过下载并运算该套程序来获得比特币,这就像一个游戏程序设定了关卡,过关即获得比特币奖励。

该程序采用互联网点对点(P2P)技术,因此,网上所有用户同时参与运算(业内称之为“挖矿”),你要想获得比特币,就要拥有比其他用户都要强的运算能力。一旦获得运算结果,程序将在整个 P2P 网络进行确认,确认成功后,即可拥有一定数量的比特币奖励。

根据程序设定,参与人数越多,比特币产生的速度将会越慢,大约到 2140 年整个系统将产生 2 100 万个比特币,达到预设的上限。

采用互联网通用的 P2P 技术,决定着比特币不由任何中央银行或政府机构所主导,完全由个体“挖矿”者产生。拥趸者们认为,比特币这种“去中心化”的设计,将保证任何机构都不能操纵比特币的货币总量,且由于其货币量为有限的定值,不会产生通货膨胀。而特定的加密方式及 P2P 的全网确认方式,使得比特币不可能通过数字粘贴等方式进行重复使用。

据张沈鹏介绍,中国已有 2～3 家比特币交易平台,其中 BTCCHINA 交易平台占中国全部交易量的 95%以上。全球最大的交易平台则为美国的 Mt. Gox,该网站承担了全世界 80%的交易量。目前,全球约有 50 家比特币交易平台。

美国网站如 WordPress、Mega、Reddit 已接受比特币,少数互联网公司用比特币给员工发放薪金。最为引人瞩目的新近应用是,BitPay 比特币支付公司,已经将其服务与亚马逊云端计算平台整合,这意味着大型电子商务公司首次愿意接受比特币支付。在中国北京,已有极个别洗浴场所和咖啡店接受比特币支付。虚拟货币,正成长为一支不可忽视的力量。

特有的货币属性

奥地利经济学家哈耶克在其最后一部经济学著作《货币的非国家化》中,阐述了国家垄断货币发行体制的种种弊端。

他认为,只要主权国家掌握了货币发行权,就倾向于通过超发货币来弥补财政赤字,这将人为引起价格信号的扭曲,从而导致资源错配,并引发以经济危机为代表的商业周期。2008 年全球金融危机之后,各国央行的竞争性量化宽松政策又在现实世界重演着这种逻辑。在哈耶克看来,解决问题的办法是允许私人机构发行货币,并通过市场竞争的手段来保证其币值的稳定。

比特币的拥趸者奉行的正是这个理论,互联网内其他虚拟货币的出现亦为这种理想的实现提供了可能。“去中心化”的货币有助于其摆脱国家垄断货币发行体制的梦魇。但业内人士则认为哈耶克的想法过于理想化。理由是比特币产出的线性关系,也就是花一定时间就会产出多少币。这种供应量从供给角度来讲,并不能适应需求,因此比特币肯定倾向于紧缺,自然造成投机行为。

事实上,比特币的价格确实很不稳定,极易受到突发事件的影响。比特币交易平台的事故、国际经济局势的动荡,都会给其价格带来巨大波动。2011 年 6 月,美国最大的交易网站

Mt. Cox 就曾发生比特币被盗事件，受此影响，比特币对美元的价格竟一度从 30 多美元跌至了 0.1 美元。而最近塞浦路斯的局势动荡，助推了比特币的快速上升。2013 年 4 月 22 日，在比特币交易平台 Mt. Gox 上，1 比特币兑美元的价格为 128.20 美元。

这种剧烈价格波动本身就阻碍了其成为商品价格尺度的一般等价物。同时比特币趋向于紧缩的性质，使得其不能满足社会物质财富的增加对于货币供应量的需求。正因如此，许多比特币研究者更倾向于把比特币看做是虚拟黄金而非货币。但问题随之而来，如果比特币未来出现贬值，则会被现实的投资者们所抛弃。

更需引起重视的是，主权国家不会放弃垄断货币发行权和由此所带来的"铸币税"。如果虚拟货币用途单一，只在封闭的平台里使用，也就无法在更广泛范围内发挥"交易中介"属性。

而互联网研究人士姜奇平指出，虚拟货币只要坚持信息属性而不要来冒充工业社会的货币，就有很多积极的意义。因为出于信息服务的需要，势必要出现一种通行于信息社会的新的货币形式或手段。

可以预期的是，虚拟货币将在给定的约束条件下继续生长。与之前所有的技术创新类似，这种发展将与公权力和垄断的体制展开持续的拉锯，而所有这些背后的动因则是用户的需求和时代的变迁。

这种大趋势已经不可逆转。欧洲央行认为，互联网和虚拟社区用户的增加、电子商务特别是虚拟电子物品交易的发展、匿名性、较低的交易费用、直接快捷的清算和结算交易，均将推动虚拟货币未来的发展。

在互联网大潮之下，比特币或某种形式的虚拟货币，对整个金融行业将产生深远的影响。

资料来源：由曦，康怡. 财经，2013 年第 13 期

讨论题：谈谈比特币的交易特点。

本章小结

当我们为存储一点钱，交付一些费用，必须等上数小时，耽误半天甚至 1 天工夫时，只能感叹机会成本太高。

当我们在几秒钟内，看到自己所需的现金从 ATM 中流出，当我们在家边做着饭，边在网上支付需交的款项、购买到喜欢的物品时，是多么的惬意！

我想随着各种科学技术的不断提高，网络的安全性越来越有保证，这种惬意会深入到社会的各个角落，会深入到我们生活的每个细节里。

课后练习

（一）基础练习

1. 填空题

（1）________和________都是借助计算机和网络来完成相应的交易指令。

（2）电子现金是以________存在的现金货币。

（3）网络银行存在的身份认证风险中最常用的两种方法：一是把口令解和________；

二是系统________。

(4) 电话银行系统是一种________—________—________综合成一体的网络系统。

2. 多选题

(1) 电子货币主要职能是(　　)。

A. 转账结算职能　　B. 储蓄职能

C. 兑现职能　　D. 消费贷款职能

(2) 国际结算电子化的优势有(　　)。

A. 安全性较好　　B. 正确性高

C. 交易成本低　　D. 高效性

(3) 网上支付工具主要包括(　　)。

A. 电子信用卡系统　　B. 电子支票系统

C. 电子票据系统　　D. 电子现金系统

(4) 大致可将网络银行业务具体划分为三大类:(　　)。

A. 基础网络银行业务　　B. 传统网络银行业务

C. 附属网络银行业务　　D. 新型网络银行业务

3. 判断题

(1) 金融计算机应用软件不要求兼容性强。(　　)

(2) 金融计算机应用软件开发和使用应严格分离。(　　)

(3) 电子钱包是一种具有存储值的智能卡,它可装有银行或来自家庭中电子钱夹的电子现金,并在POS机上使用,取代现金和硬币。(　　)

(4) 网络时代的金融机构重要的特征就是没有建筑物,没有地址只有网址。(　　)

4. 名词解释

(1) ATM　　(2) POS

(3) 网络银行　　(4) 电子货币

5. 简答题

(1) 简述国际金融电子化的发展历程。

(2) 简述网络时代的金融活动的基本特征。

(3) 分析电子现金的特点。

(4) 简述网络银行主要服务项目有哪些。

(二) 实操练习

(1) 调查本市各家银行所开展的网上业务的种类,并写出调查报告。

(2) 了解本市银行使用ATM和POS的情况并分析它们的优缺点。

第10章

国际收支

【学习目的及要求】

通过本章的学习，希望同学们正确理解国际收支的含义；了解国际收支平衡表的主要内容及其记账原理；识别国际收支状况及国际收支不平衡的影响因素；掌握国际收支不平衡的调节方法。

【引导案例】

钱多也头疼

世上真有“钱多得花不完”这等事？不是忽悠你，真有。而且这事就发生在你我的身边。这“花不完”的钱，不是别的，正是我们的外汇储备。

记得头几年，有位领导在一个公开场合回答记者提问时曾说：“我最高兴的事，就是我们的外汇储备超过了3 000亿美元！”对那时候的中国来说，3 000亿美元，可不是说着玩的，那绝对是一个令全体国人扬眉吐气的天文数字啊！

曾几何时，外汇这个东西对于我们中国来说是何其珍贵！说外汇是我们国家最重要的战略储备资源，相信也不为过。这种说法，今天依然有效。只不过现在的问题是，“储备过多”越来越成为一个令我们头疼的问题。中国的外汇储备，时至今日已经超过3万亿美元，比位列第二的日本多了一倍多。

但是，实话实说，这些钱不好用。说得极端点儿，这些钱根本就没有多少能用的地方。

还在中国的外汇储备刚刚超过1万亿美元的时候，有个美国的研究机构就得出了一个结论：即便把全世界一年产的黄金全都卖给中国，也只能消耗中国不到5%的外汇储备。

那咱把这些美元都花了，多买一点儿黄金之类的值钱东西不就行了？比如说咱也跟当年的日本一样，买几家好莱坞的大公司，或者满世界狂敛油田、矿山之类的“硬资源”，不就能让这些钱派上用场了？

但是，此话说来容易，做来难。首先。人家让不让你买是个问题。前两年，有个中国非常有名的大石油公司想买美国的一个二流小石油公司，结果人家直接回绝：“没戏！”还有一家中国顶尖的金属公司想拿下澳大利亚的某个矿山，结果人家也回复：“没门儿！”理由很简单，你想买，人家却不愿意卖给你。外国佬其实比咱想象得要胆小得多，他们就怕到时候降不住咱。

其次，即便人家让你买，市场容量与市场反应也是个大问题。世界上哪有市场能一下子容纳好几万亿美元带来的冲击？如果你把这些钱任意使用，市场价格还不得大乱套？到最后你还是落不着个好。最后，也是最可恶的一点，由于西方国家和咱中国的意识形态有区别，人家信不过咱，处处防着咱，制定了一大堆歧视性政策，限制咱使钱的地方。

比如说，美国对与咱中国之间的巨额贸易逆差那么头痛，天天要挟咱升值货币、打开国门，可却死抱着自己那点儿高科技产品不放，打死也不卖给咱。咱从美国能买的东西，一直以来只能是民用飞机和大豆。

不仅如此，美国还端起了老大的架子，威胁自己的西方小兄弟们谁也不准卖给中国包括武器在内的许多高科技产品，违令者“军法处置”！

正因为如此，中国外汇储备的绝大部分投资都给了美国，买了人家的国债。尽管我们不情愿，但是没办法。谁让人家的国债是世界上唯一能让咱敞开了买的东西。

所以，美国就可以拼命地印，咱就只能拼命地买。中国的钱就这样源源不断地流进了美国人的腰包，变成了他们的财政预算。

说得直白点儿，美国的公务员发工资、工人减税，甚至是军费开支这些事，都少不了我们中国人的钱。没有咱中国人的钱，估计美国人的日子早没法儿过了。

但如今这年头，欠债的比债主更牛，中美之间这点儿事，主动权还是在美国人手里。因为人家可以随便印，你却不能随便不买。所以到头来还得是咱低下头来，央告着人家：“兄弟，尽量少印点儿，哥们儿这儿快撑不住了。”那咱何必这么低三下四，把这些钱拿来用于国内建设，或者干脆给老百姓多发点儿不就完了？

这样说是不懂经济。因为这些外汇来到咱这儿后，都按照汇率兑成了人民币，而这些人民币已然进入了我们的经济循环体系，在银行和市场上漂着。所以你要真这样做就等于一份钱用了两回，印票子搞经济，纯粹找死！

如果你想动外汇储备，就得冲销掉相应金额的人民币，“背着抱着一样重”。就是说，外汇储备还得用在“外边”，这玩意儿“家里头”不太好使。可是，这“外边”也不好混，起码到目前为止，除了美国人的国债，咱还真没有什么能扎扎实实使钱的地方。

虽说咱现在有个“中投公司”，手里攥着2 000来亿美金，是一家代表国家玩外汇投资的专业公司，但这家公司拥有的投资基金也仅仅是3万亿外汇储备的一个小零头而已。

就是说，这点儿钱其实也只是探探路子的试验品。是拿来练手用的，中国的外汇储备可不能放开了手脚玩，否则弄不好会出大事的。万一给弄赔了，那可不是闹着玩的。因为你这些外汇都是按照一定汇率水平折算的等额人民币换回来的，是市面上流通着的等额人民币的价值基础与保证，所以如果让你给折腾赔了，市面上漂着的大量等额人民币就会立马成为断了线的风筝。这会导致货币急剧贬值，并引发恶性通胀，给经济带来极为严重的后果。而且，外汇储备增加，国家又实行的是固定汇率制，这就意味着流动性将变得无法控制。因为要维持固定汇率，人家给你多少美元，你就必须要按照这个汇率放出去等量人民币。外汇储备越多，你放出去的人民币也就越多。

更要命的是，这种流动性的释放，还属于典型的被动释放。就是说，即便你想通过调整金融政策，比如说升息来吸收过剩的流动性也没用。因为只要外汇一涌进来，你照样还得忙不迭地向市场上狂撒人民币，任你再怎么升息都没辙。

所以，说来说去，这钱太多了也是个大麻烦。再夸张点儿说，时至今日，中国的巨额外汇储备不但不能再为经济发展提供新的动力，相反倒成了我们的一个巨大的包袱。尽管听了这话，可能有许多国家会跳着脚地骂街，抱怨咱"得了便宜还要卖乖"。但个中滋味，还是"谁难受谁知道"。

资料来源：南勇. 草民经济学，湖南文艺出版社

思考题：结合此案例分析中国对美国长期以来国际收支顺差的原因。

国际收支逆差或顺差不仅会给一国经济带来影响，同时，还会阻碍一国与他国的政治交往。因此，国际收支失衡的调节就显得尤为重要，在此章节会有详尽的阐述。

国际金融环境与每个参与世界经济活动的国家宏观经济运行有着紧密的联系。在国际经济关系中，国与国之间贸易、经济、政治、文化和科技等方面的往来，通常会引起相互间的债权债务关系以及国际货币收支关系。一国的国际收支是否平衡，无论对其国内经济的运转与发展，还是对其货币汇率与对外经济政策都有重要影响，具体体现在国际贸易与国际间的资金往来上。

国际收支是国际经济领域的一个重要课题，它常被作为国际金融研究的起点。因此，正确理解和掌握什么是国际收支，它的内容与构成，衡量一国国际收支状况的标准以及为谋求国际收支平衡所采取的政策措施等，对学习和掌握国际金融知识有着重要的意义。

10.1 国际收支与国际收支平衡表

10.1.1 国际收支概述

随着世界经济的不断发展，国际收支内涵也不断丰富。17 世纪初的很长一段时期内，国际收支只是被简单地解释为一国的贸易收支。随着国际经济交易内容的不断扩大，国际收支又被用来指一国的外汇收支。它包括了所有涉及外汇收支的国际经济交易，如国际贸易、国际资本借贷以及单方面国际资金转移等。

目前我们这里确定的国际收支含义，将衡量内容扩展到所有的国际经济交易，包括无偿援助、补偿贸易等不涉及外汇收支的国际经济交易，因而它能够全面、如实地反映一国国际经济交易的内容，为目前世界各国所普遍采用。

1. 国际收支的含义

国际收支是在一定时期内一国居民与非居民之间所发生的全部经济交易的货币价值的系统记录。

小贴士

小　知　识

- 居民——是个广义的概念，它包括个人、企业及政府机构等所有自然人和法人。
- 自然人——指所有公民。

- 法人——具有一定的组织机构和独立的财产,并以自己的名义进行经济活动享受权利和承担义务的组织。

2. 国际收支应注意三点

国际收支含义的内涵非常丰富,我们应从以下三方面加以理解和把握。

第一,国际收支是一个流量概念。

国际收支是以统计表的形式呈现出一国(地区)在一年、一个季度或一个月的对外货币收支的综合状况过程的记录,是流量概念。

当国际间发生了债权债务关系,就需要在一定时期内进行清算,一国对其他各国的国际结算所引起的货币收支,就构成了该国的国际收支。

国际借贷是指一个国家或地区在一定日期对外资产和对外负债的汇总记录,它反映的是某一时点上一国居民对外债权债务的综合情况,属存量概念。我们容易将它与国际收支相混淆。

第二,国际收支反映的内容是经济交易。

经济交易是指经济价值从一个经济实体向另一个经济实体的转移。它可分为如下五种类型:

- 金融资产与商品劳务之间的交换(如以外汇购买商品或劳务);
- 商品与商品及商品与劳务之间的交换(以货易货交易);
- 金融资产之间的交换(如以美元购买美国国债);
- 无偿的商品劳务转移(跨国捐赠实物);
- 无偿的金融资产转移(跨国转移金融资产)。

小贴士

中国对外援助超 2 500 亿元

据新华社电 国务院新闻办公室(下简称国新办)2011 年 4 月 21 日发表《中国的对外援助》白皮书,全面介绍了中国的对外援助政策、资金、方式、分布、管理以及援外国际合作。这是国新办首次就中国的对外援助发表白皮书。

截至 2009 年底,中国累计对外提供援助金额达 2 562.9 亿元人民币,其中无偿援助 1 062 亿元,无息贷款 765.4 亿元,优惠贷款 735.5 亿元。

中国对外援助主要有 8 种方式:成套项目、一般物资、技术合作、人力资源开发合作、援外医疗队、紧急人道主义援助、援外志愿者和债务减免。

第三,经济交易须是该国居民与非居民之间发生的。

国际收支所依据的不是交易双方的国籍,而是依据一方是该国居民。居民(或非居民)以居住地为标准,包括个人、企业、政府、非盈利团体四类。

个人居民——凡是在一国保有住所满一年及一年以上的自然人,无论其国籍,都是该国的居民。它包括:

- 外国公民,但在本国从事生产、消费满一年及一年以上的属于该国居民。
- 移民属于其工作所在国的居民。

- 逗留时间在一年以上的留学生、旅游者也属所在国的居民。
- 官方外交使节、驻外军事人员及国际性的组织(联合国、国际货币基金组织、世界银行等)的人员，无论他们居住时间多长，都认定为居住所在国的非居民。

企业居民是指在该国成立注册、从事生产经营活动的企业。它包括国内企业及外资、合资、合作企业等。国内企业设在国外的分支机构是本国的非居民，居住所在国的居民。

10.1.2 国际收支平衡表

1. 国际收支平衡表的含义

国际收支平衡表是一国对其一定时期(一年、一季度、一月)内的国际经济交易，根据交易的特性和经济分析的需要，分类设置特定科目和账户，并按照复式记账的原理进行系统记录，经过调整，最终达到账面的收支平衡的统计表。

国际收支平衡表能够反映出一个国家(地区)国际收支状况。世界上大多数国家和地区都编制了自己的国际收支平衡表。国际货币基金组织成立后，规定了国际收支平衡表的统一格式，并将各个会员国的国际收支平衡表编制年鉴出版。

小贴士

你能看懂国际收支平衡表吗?

国际收支平衡表是按照一定的编制原则和模式，将一国一定时期的国际收支用报表的形式进行统计和记录。

打个形象的比喻，一个家庭每个月都有人领取工资，也要花钱买柴米油盐，还要供小孩上学读书，这些都关系到资金的进进出出，这样某家庭以月为单位记录下资金的流入量和流出量。每个月的资金流动状况就好比一国的国际收支，而该家庭的记录统计表就相当于国际收支平衡表。只不过国际收支平衡表要求最后账面的收支平衡。

2. 国际收支平衡表的特点

国际收支平衡表是一种特殊的账户，通过对它的分析可以了解一国国际经济交往的概况。国际收支平衡表具有以下特点。

① 按照复式簿记会计原理记账，有借必有贷，借贷必相等。任何一笔交易都同时记在贷方"+"和借方"-"，数额相等，方向相反。

中国海尔出口价值800万美元的商品到美国，获得美元收入，因此，在中国的国际收支平衡表中商品输出项下应记入贷方800万美元。海尔公司得到的货款被美国银行作为一项短期资本流动，所以应在短期资本流动项目下的借方记入800万美元。

如表10-1所示，中国海尔出口价值800万美元的商品到美国这笔业务，须分别在借和贷两方面体现，账目才平衡。

表10-1 国际收支平衡表

	贷(+)	借(-)
商品出口	800万美元	
短期资本流动		800万美元

② 贷方交易记做正号“+”,借方交易记做负号“—”。凡是引起本国从国外获得外汇收入的交易,引起本国外汇供给的交易记入贷方“+”；凡是引起本国对国外有外汇支出的交易,引起本国外汇需求的交易记入借方“—”。

③ 所有国际收支项目都分为资金来源项目和资金运用项目。

④ 国际收支平衡表的最终差额恒等于零,但是各个账户的差额不一定为零。因此,分析一国国际收支状况并不是分析它的总差额,而是分析各个不同账户的差额。

3. 国际收支平衡表的主要项目

国际收支的项目由于各国经济交易的不同而有所差异,但以下的四大项目各国基本相同。

(1) 经常项目(又称经常账户或往来账户)

经常项目是指对实际资源在国际间的流动行为进行记录的账户,是一国国际收支平衡表中最基本、最重要的项目,除了不包括金融项目的交易,它几乎反映了居民与非居民之间经常发生的国际经济交易的所有内容。经常项目账户包括货物、服务、收益和经常转移四个明细项目。

① 货物。该账户记录实物商品的进出口贸易。货物包括一般商品、用于加工的货物、货物修理、各种运输工具在港口购买的货物,以及非货币性黄金。

出口记贷方“+”表示,进口记借方“—”表示。国际货币基金组织规定进出口都按离岸价(FOB)记价。

② 劳务(服务)。劳务的输出输入,也叫无形贸易。它主要包括运输、旅游、通信、建筑、保险、金融、电子计算机和信息等方面的服务,专利有权(专利、版权、商标、制作方法、经销权等)的使用费和特许费。

劳务输出记贷方“+”,劳务输入记借方“—”。

③ 收益。收益指生产要素(包括劳动力和资本)在国家间流动引起的报酬收支,主要记录以下两大类交易。

- 职工报酬。本国季节工人和边境工人受雇在国外工作(一年以内)所得报酬以及在外国使领馆、国际组织驻本国机构工作的工人等的工资和其他福利等,记贷方“+”。

本国雇佣外国季节工人和边境工人工作(一年以内)所得报酬以及本国驻外使领馆工作的工人应得报酬等记借方“—”。

- 投资收入。投资收入是居民和非居民之间有关的投资收益,最常见的是股权收入(股息)和债权收益(利息)。应注意的是购买股票或债券的资本损益不能记在收入账户而要记在资本与金融账户。

居民购买和持有的国外资产而获得的利润、股利、利息等收益,记贷方“+”。

非居民购买和持有的本国资产而获得的利润、股利、利息等收益,记借方“—”。

④ 经常转移(无偿转移或单方转移)。经常转移是指单方的、不对等的收入和支出,如年金、汇款、赠与。经常转移一般分为以下两类。

- 政府无偿转移。如战争赔偿、政府间的经济援助、军事援助和捐款。

小贴士

补 充 资 料

2008年5月12日中国四川汶川发生特大地震后，国际社会纷纷伸出援助之手。中国外交部发言人秦刚15日下午就抗震救灾相关问题答记者问时表示，据有关部门的不完全统计，到15日为止，中国收到的国际援助已超过上亿美元，另外有价值上千万美元的物资。

像这类来至国外的捐款属于政府无偿转移，应记在经常项目下的经常转移栏中。

- 私人无偿转移。如侨汇、捐赠、继承、赡养费、资助性汇款、退休金等。

小贴士

补 充 资 料

2008年5月12日中国四川汶川发生特大地震后，旅居国外的华人及长期在国外工作的中国籍球星、影星，通过各种渠道始终积极关注灾区的相关情况。

获悉受灾情况后，他们分别从国外向中国红十字会捐款，支援中国四川汶川的重建。

这类来至国外的捐款属于私人无偿转移，应记在经常项目下的经常转移栏中。

外国向本国的无偿转移，记贷方“+”。本国向外国的无偿转移，记借方“-”。

(2) 资本和金融项目

资本和金融项目是指对资产所有权在国际间流动行为进行记录的账户。

① 资本账户。资本账户反映资产在居民与非居民之间的转移。资产从居民向非居民转移，会增加居民对非居民的债权，或减少居民对非居民的债务；资产从非居民向居民转移，则会增加居民对非居民的债务，或减少居民对非居民的债权。因此，这个账户表明本国在两个时点之间的时期内资产与负债的增减变化。

资本账户包括资本转移和非生产、非金融资产的收买和出售。

- 资本转移。资本转移包括三种所有权的转移：一是固定资产所有权转移；二是与固定资产收买有联系的或以其为条件的资产转移；三是债权人不索取任何回报而取消的债务。

小贴士

债务减免，免穷国债务255亿

《中国的对外援助》指出，为进一步减轻经济困难国家的债务负担，中国政府先后6次宣布免除与中国有外交关系的重债穷国和最不发达国家对华到期无息贷款债务。

截至2009年底，中国与非洲、亚洲、拉丁美洲、加勒比和大洋洲50个国家签署免债议定书，免除到期债务380笔，金额达255.8亿元人民币。

- 非生产非金融资产的收买和出售。非金融资产的收买和出售是指各种不是由生产创造出来的有形资产（如土地、自然资源）和无形资产（如专利、商标、版权、经销权等）的买卖。

债权或资产的净减少，负债的净增加，记入贷方"＋"；资产的净增加，负债的净减少，记为借方"－"。

② 金融账户。金融账户反映的是居民和非居民之间投资与借贷的增减变化。按照投资类型和功能可以分为：

- 直接投资。其主要特征是投资者对另一经济体的企业拥有经营管理权，投资者和企业之间存在长期的合作关系。直接投资规定对国外企业持股的比例最低为10%。
- 证券投资，也称间接投资，它是居民和非居民之间投资于股票、债券、大额存单、商业票据以及其他衍生金融工具，是跨国的股本证券和债务证券的投资。
- 其他投资。这是一个剩余项目，包括其他几个账户未包括的金融交易。

居民对非居民的投资和提供的信贷的净增加记入借方"－"，而相反则记入贷方"＋"。

经常项目、资产和金融项目是自发性交易的账户。当自发性交易的借贷不能平衡时，就需要通过下面的人为的平衡账户加以调节。

（3）官方储备资产项目

这是政府的调节账户，当自发性交易的借贷不能平衡时，就需要通过增加或减少政府储备资产的方式加以调节。

自主性交易项目是外汇收入记贷方，外汇支出记借方。而官方储备项目为平衡账户，因此，官方储备资产增加，记借方"－"，而官方储备资产减少，记贷方"＋"。

（4）错误与遗漏项目

由于从事国际交往的行为主体成千上万，不同账户的统计资料来源不一，统计数字可能出现重复计算和漏算。记录时间不同以及一些人为因素（如虚报出口骗取出口退税）等原因，出现统计资料不完整。这些都会造成结账时出现净的借方或贷方余额，因此，就需要设立一个账户来抵消统计上的误差。如果经常账户、资本和金融账户、储备项目的贷方出现余额，就在净错误与遗漏项下的借方记入与贷方余额相等的数字。如果这几个账户的借方出现余额，则在错误与遗漏项下的贷方记入与借方余额相等的数字。

尽管错误与遗漏的统计数据可以使账面平衡，但它是人为的平衡，它无法反映国际收支平衡表的准确指标。对于数额大、持续时间长的差额，会妨碍对国际收支统计值的分析或解释，减弱其可信度，因此值得引起重视。

国际收支状况集中反映一个国家或地区在一定时期内的经济实力和对外经济活动状况，并与其国内经济密切联系。国际收支的好坏，直接影响到一国国际经济地位的高低。研究国际收支状况，对于正确制定对外经济贸易政策和货币政策，保持国际收支的均衡发展具有重要意义。

10.2 国际收支状况

一国的国际收支是否平衡,不仅对其国内经济的运转与发展,而且对其货币汇率与对外经济政策都有重要影响,从而也影响着国际贸易与国际间的资金往来。因此,一国的国际收支保持平衡是非常重要的。

一国的国际收支平衡是通过其国际收支平衡表来体现,国际收支平衡表包括基本四项。经常项目和长期资本项目属于自主性交易,自主性交易又称事前交易,是经济实体或个人出自某种经济动机和目的,独自进行的交易。自主性交易具有自发性,其交易的结果是很难平衡的,不是借方大于贷方,就是贷方大于借方。这样就使外汇市场出现供求不平衡和汇率的波动,并且给经济带来了一系列影响。

官方储备项目和错误与遗漏项目则属于调节性交易,调节性交易也称为事后交易,是在自主性交易收支不平衡之后进行的弥补性交易。货币当局用调节性交易来弥补自主性交易不平衡所造成的外汇供求缺口。

从严格意义说,一国国际收支的自主性交易所产生的借方金额和贷方金额相等或基本相等,就表明该国的国际收支平衡或基本平衡;如果自主性交易所产生的借方金额与贷方金额不相等,就表明该国的国际收支不平衡或失衡。

10.2.1 国际收支平衡的含义

国际收支平衡是指自主性交易的差额为零。否则政府要通过补偿性交易使其平衡一国国际收支状况。自主性交易的差额,可能有以下三种情况:第一,国际收支逆差,通俗地说是出口额小于进口额;第二,国际收支顺差,通俗地说是出口额大于进口额;第三,国际收支平衡,通俗地说是出口额等于进口额。

国际收支不平衡是绝对的、长期的,平衡是相对的、暂时的。只要国际收支借方与贷方的差额在一定范围内,就可视为国际收支基本平衡。从理论上说,国际收支逆差和国际收支顺差都属于有差额,但只有当一国国际收支连续三年出现逆差或顺差,才认为该国国际收支失衡。

10.2.2 国际收支不平衡的原因

国际收支不平衡产生的原因多种多样,主要有以下几个方面的原因。

1. 周期性不平衡

这里的周期不是指一年的四季,而是指一国的经济发展周期。每个国家的经济发展都存在一定的周期循环,由经济周期变化而造成的国际收支不平衡称为周期性不平衡。

当一国的经济处在繁荣和扩张阶段时,具体表现出政府投资加大,修路建桥,国内就业机会增加国民收入提高,社会总需求旺盛。如果国内无法满足消费需求的情况下,进口就会增加,因此,国际收支可能出现逆差。相反,当一国经济处于衰退和萧条期时,社会总需求下降,进口需求也相应下降,国际收支可能出现顺差。

另外,国际收支不平衡还可以来自其他国家的经济周期变化。当发达国家经济处在衰退阶段时，从发展中国家的商品进口将会减少，因而会使发展中国家的出口减少，国际收支可能出现逆差。

2. 结构性不平衡

一国的经济结构如不能适应世界市场需求的变化，该国的贸易收支和国际收支就将可能产生不平衡，这就是结构性不平衡。经济结构的失衡可分为产品供求失衡和生产要素价格结构失衡。例如，中国具有比较优势的纺织品国际市场的需求下降，我国的纺织品出口就会减少；或者一国的进口商品国际市场价格上涨，用于进口的外汇支出将增加。这都会导致国际收支出现逆差。

同样一国生产要素价格(如劳动力报酬)的上涨，会引起出口产品价格的提高，削弱在国际市场中的竞争力，使出口减少，因此，也有可能导致国际收支失衡。

另外，国际经济结构的变化也会引起世界性的国际收支不平衡。例如，发达国家向发展中国家转移劳动密集型产品的生产，使国际贸易关系由传统的垂直贸易变为横向贸易，从而改变了贸易国原有的国际收支状况。

3. 货币性不平衡

在一定的汇率水平下，一国的价格水平、成本、利率等货币性因素的变动所造成的国际收支失衡称为货币性不平衡。如果一国货币发行量过多，引起通货膨胀，物价与商品成本增加，出口商品价格高于其他国家，竞争力下降，出口减少；而进口商品的价格相对降低，刺激进口，从而可能使其国际收支发生逆差。反之，通货紧缩时，物价与商品成本低于其他国家，出口商品价格相对降低，竞争力增强，出口增加，其国际收支可能呈现顺差。另外，货币供给增加，本国利率也会下降，造成资本流出增加、流入减少，使国际收支出现逆差。

4. 偶发性不平衡

政局动荡、自然灾害和气候变化等偶发因素，也会导致贸易收支的不平衡和巨额资本的国际移动，从而使一国的国际收支不平衡，称偶发性不平衡。

一次性的国内外突发事件常常使一国的出口收入下降及进口支出的增加。如欧洲口蹄疫，英国疯牛病的发生，还有亚洲禽流感的流行，都会造成某地区或某国家出口的减少。

除上述引起国际收支不平衡的几个基本因素外，外汇投机和不稳定的国际资本流动也是引起一国国际收支不平衡的重要原因。投机商为追逐高利和避免经济风险而经常在各国际金融中心调出调入的短期资本。在浮动汇率下，汇率的变化给资本流动带来巨大的风险和套利的机会，常常造成国际收支不平衡。

一般来说，经济结构性因素和经济增长率变化所引起的国际收支不平衡，具有长期性和持久性，而被称为持久性不平衡。其他因素所引起的国际收支不平衡仅具有临时性，而被称为暂时性不平衡。

10.2.3 国际收支不平衡的影响

1. 国际收支逆差的影响

(1) 使本国经济增长受阻碍

一国的国际收支出现逆差，意味着外汇收入减少，本国的外汇储备必然下降，因而影响本国经济发展所需的生产资料的进口。另外,如果一国国际收支逆差是贸易收支逆差所致,出口企业规模缩小,从而导致失业的增加和国民收入下降,进而影响本国经济的增长。

如果国际收支逆差是由经常项目的逆差所引起的,那么必然导致与出口有关的部门就业机会的减少,导致一国经济下滑。如果国际收支的逆差是由资本项目逆差所引起的,那么意味着大量资本外流,国内资金供应紧张,推动利率水平的上升,导致失业增加,经济下滑。

(2) 不利于对外经济交往

持续逆差的国家,外汇供给的减少,外汇汇率的上升,本币汇率下降,过度的本币贬值会影响到一国的国际地位。

(3) 损害一国的国际信誉

长期的国际收支逆差,使一国的偿还能力降低。如果逆差严重,则会使本币汇率急剧下跌。该国货币当局如果要维护本币的地位,就要对外汇市场进行干预,即抛售外汇和买进本国货币。这不仅会消耗外汇储备,甚至还会造成外汇储备枯竭,从而严重削弱其对外支付能力。

小贴士

为什么美国国际收支连年逆差却不影响其强国地位?

美国贸易连年逆差,全赖资本项目来弥补。美国在国外大量占用了他国资源,美国的贸易逆差在20世纪90年代急剧上升,一个重要原因是国内投资需求的增加刺激了生产设备进口的上升。仅2006年一年,美国国内投资总额接近1.4万亿美元,而储蓄额大约只有1.1万亿美元。

因此,他们指出,美国投资和储蓄之间的差额主要依靠它强大的经济实力吸引大量外资来补足。这些年来由于美国经济一直保持健康发展,许多外国公司纷纷抢购美国股票、债券和房地产,从而使得大笔资金流入美国。美国用这些资金进口资本货物以及投入高科技领域,从而提高了生产力。从眼前来说,美国的贸易逆差对经济发展产生了一定阻碍。但从长远来说,贸易逆差对美国经济来说是利大于弊。

2. 国际收支顺差的影响

一国的国际收支出现顺差,虽然可以增加其外汇储备,加强其对外支付能力,但是如果出现长期或巨额的盈余时,也会产生不利的影响。

(1) 可能使本币持续升值

国际收支顺差会使外汇的供给增加,外汇汇率下降,本币升值,因而不利于商品出口,最终加重国内的失业。

(2) 导致一国的通货膨胀

持续顺差会增加外汇供给,致使外汇汇率的下跌。货币当局不得不大量地抛售本币购进外汇,本国货币投放市场太多,可能物价上升,引发通货膨胀。

(3) 不利于一国对外经济的发展

一国的国际收支发生顺差,意味着他国国际收支发生逆差,因此,会加剧国际之间摩擦。

例如，近几年我国对美国“双顺差”，因此，中国每年都会派贸易团带着上百亿美元的进口订单到美国，目的是希望减少两国的贸易摩擦。

(4) 不利于国内经济的发展

国际收支顺差主要由出口过多所造成的，那么国内可供使用的资源就会相应减少，因此不利于本国经济的发展。

一国的国际收支不平衡持续时间越长，逆差或顺差越大，它的不利影响也越大。尽管国际收支逆差和顺差都会产生种种不利影响，相对而言逆差所产生的影响更为显著。因为它会造成国内经济的萎缩、失业的大量增加和外汇储备的枯竭，因此，各国都更注重对逆差采取调节措施。对顺差的调节虽然不如对逆差紧迫，但从长期来看不论顺差还是逆差都需要进行调节。

10.3 国际收支调节

国际收支问题是一国开放经济条件下面临的主要问题。现在经济全球化，只要参与国际经济活动，就会有国际收支失衡（顺差或逆差）的可能，国际收支失衡不仅会影响其对外经济往来的正常进行，还会对内部经济均衡造成冲击和影响。

由于国际收支不平衡不能完全依赖经济体系的自动调节来恢复。因此，各国货币当局一般会主动采取适当的政策和措施来平衡国际收支。这样不仅能够及时采取措施避免出现外部过度失衡的状况，而且有利于国际收支均衡目标的实现。

10.3.1 外汇缓冲政策

外汇缓冲政策是指运用官方储备的变动或向外短期借款，来消除国际收支的短期性失衡。外汇缓冲政策一般的做法是建立外汇平准基金，该基金保持一定数量的外汇储备和本国货币。

当一国国际收支逆差时，外汇供给不足，中央银行动用本国外汇储备，在外汇市场上用外币购买本币，使外汇供给加大，目的是消除国际收支不平衡所形成的外汇供求缺口。反之，当一国国际收支顺差时，外汇供给过大，中央银行在外汇市场上用本币购买外币，使外汇供给减少，目的可消除国际收支不平衡所形成的超额的外汇供求。

外汇缓冲政策的优势：

- 简便易行；
- 收效迅速；
- 不会给金融市场造成波动；
- 不影响本国对外贸易和投资的正常进行。

外汇缓冲政策的不足：

- 它需要充足的外汇储备；
- 它不适合于调节长期巨额的国际收支逆差。

如果完全依靠外汇缓冲政策，将可能使该国外汇储备枯竭。如果该国向国外借款来填补外汇储备的不足，又会大量增加外债，反而加剧国际收支的逆差。当面临长期的巨额国际收支逆差时，一国政府通常将采取其他调整政策。但是在调整期间，货币当局也会适当运用外汇缓冲政策作为辅助手段,缓解调整政策所带来的经济冲击。

10.3.2 财政和货币政策

1. 财政政策

一国政府根据国际收支逆差或顺差采取不同的财政政策。当一国出现国际收支逆差或顺差,要有针对性地采取不同的财政政策。

一国政府在平衡国际收支失衡时,不仅要考虑国际收支状况,同时还需考虑国内的经济情况。否则,国际收支得以改善,却造成国内经济的混乱而得不偿失。如图 10-1 所示,一国国际收支逆差时,应采取紧缩性财政政策,这样可抑制公共和私人支出及社会总需求,使进口减少,国际收支趋于平衡,使进口减少,国际收支趋于平衡。

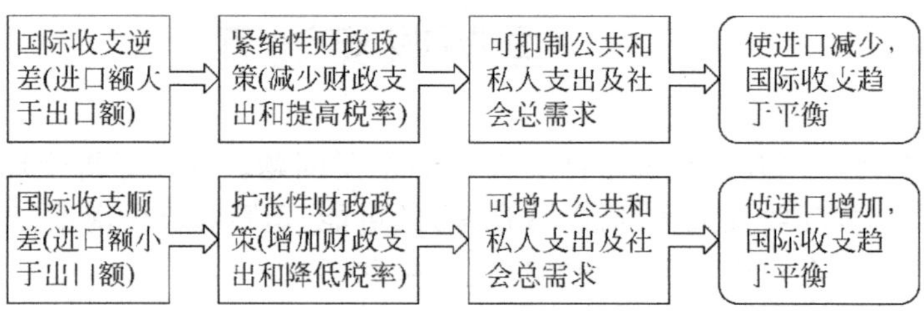

图 10-1 国际收支失衡的财政政策调节方法

一国国际收支顺差应采取扩张性财政政策,可增大公共和私人支出及社会总需求,使进口增加,国际收支趋于平衡。但此时国内经济出现通货膨胀,这时扩张性的财政政策会因货币供给加大从而加剧通货膨胀。因此,务必对国内外经济加以综合考虑。

2. 货币政策(也称金融政策)

货币政策是西方国家普遍、频繁采用的间接调节国际收支的政策措施。调节国际收支的货币政策,主要是调整再贴现率和调整存款准备金率的政策。

(1) 调整再贴现率

贴现政策是中央银行通过改变其对商业银行等金融机构持有的未到期票据进行再贴现时所取利息计算的比率,即再贴现率,来影响金融市场利息率的政策。

如图 10-2 所示,当一国国际收支逆差时,该中央银行通过提高再贴现率,从而使市场利率提高,达到的目的有二。第一,市场利率的提高可以使国外资本流入的增加,缓解国际收支逆差外汇供给的不足。第二,市场利率的提高,企业贷款利率的提高,意味着企业成本的增加,可能会导致企业投资和规模的缩小,进而失业率增加,国民收入减少,社会总需求缩减,进口减少。

当一国国际收支顺差时,该中央银行通过降低再贴现率,从而使市场利率降低,达到的目的有二:第一,市场利率的降低可以使国外资本流入的减少,缓解国际收支顺差外汇供给的过大。第二,市场利率的降低,企业贷款利率的降低,意味着企业成本的下降,可能会导致企业投资和规模的扩大,进而就业率上升,国民收入增加,社会总需求加大,进口增加。

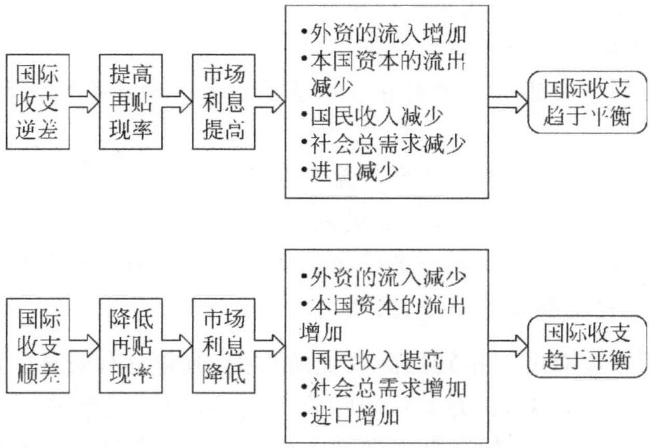

图 10-2 国际收支失衡的金融政策调节方法

小贴士

“纸”可以换现金——票据的贴现和再贴现

票据是“未来”的货币。如果持票人需要现金怎么办？有什么方法可以把未来货币的票据转换成现金？有的，这种方法就是票据贴现。

票据贴现就是指持票人在票据未到期之前按照票据的票面价值，贴付一定利息后将票据转让给商业银行从而获得现金的过程。

银行不是无偿提供服务，作为报酬，持票人在将票据向银行贴现现金时必须支付给银行一笔利息。

例如，企业向银行贴现面值 100 万元的票据，银行扣除掉自己应得的利息 5%，换给企业 95 万元的现金。

票据的再贴现与转贴现是持有票据的商业银行把未到期的票据转让给中央银行或转让给其他商业银行以获取现金的行为。由于银行手中票据是已为企业贴现过一次的票据，故而再向中央银行或其他银行贴现称为再贴现或转贴现。

(2) 调整存款准备金比率的政策

存款准备金是商业银行等金融机构每吸纳一笔存款要依法按一定比率，向中央银行缴存的款项，为的是保证存户提现和中央银行控制货币量的流量。当一国国际收支逆差时，提高调整存款准备金比率可以缩减商业银行等金融机构的贷款资金规模，因此货币的流量减少，社会总需求下降，从而进口减少，国际收支逆差缓解。反之，当一国国际收支顺差时，降低存款准备金比率。

小贴士

存款准备金——为谁而“准备”

存款准备金，是金融机构为保证客户提取存款和资金清算需要而准备的资金。

金融机构只要经营存款业务就必须提留存款准备金。也就是说,银行只要吸收到一定量的存款,就必须从中拿出一部分转存中央银行。

金融机构按规定向中央银行缴纳的存款准备金占其存款总额的比例就是法定存款准备金率。

比如,中央银行规定法定存款准备金率为5%,就是指金融机构吸收1 000万元存款,就要向中央银行缴纳50万元的准备金,用于发放贷款的资金只剩下950万元。

如果中央银行提高准备金率,则金融机构就要增加向中央银行缴纳的准备金,减少贷款的发放,社会货币总量也就会相应下降,反之则上升。

采取财政和货币政策有助于扭转国际收支的失衡,但它也有明显的局限性,因为它往往同国内经济目标发生冲突。例如,为消除国际收支逆差,而实行紧缩性的财政金融政策,会导致经济增长放慢甚至出现负增长,使失业率上升;当为消除国际收支顺差,而实行扩张性财政金融政策时,又会加快物价上涨导致通货膨胀。因此,通过调整财政和货币政策,实现国际收支的平衡,会使一国的财政和货币政策处于两难境地。

10.3.3 汇率政策

汇率政策是指一国通过调整汇率来实现国际收支平衡的政策。在固定汇率制度下,当国际收支出现严重逆差时,实行货币法定贬值。本币贬值,以外币表示的本国出口商品价格降低,提高了本国出口商品的竞争力,增加出口。同时,以本币表示的进口商品价格升高,进口减少,从而改善国际收支。当国际收支出现巨额顺差时,则在他国压力下实行货币法定升值,以减少和消除国际收支顺差。

汇率的调整在国际上是受到一定限制的。IMF认为,只有在各会员国国际收支失衡时才允许调整汇率。其判断的标准是,假定汇率保持不变,要维持平衡就必须实施紧缩的财政政策,从而造成国内失业加剧,国内经济失衡;如果要实现充分就业,就要实施扩张性财政政策,从而进一步使国际收支恶化。这时当国内均衡和国际均衡发生矛盾时,IMF才允许会员国调整其汇率。

10.3.4 直接管制

直接管制是指政府通过发布行政命令,对国际经济交易进行行政干预,以使国际收支达到平衡。直接管制包括财政管制、金融管制和贸易管制。

金融管制是从外汇方面限制国际经济交易,如对出口结汇、进口换汇进行外汇管制。

财政管制包括关税与出口信贷、出口补贴等“奖出限入”的政策,如对出口免关税、进口收取高额关税等。

贸易管制是直接对进出口进行限制,如实行进口配额、进口许可证贸易保护措施。如我国为保护本国汽车工业的发展,曾一度对外国汽车实行过进口配额制、进口许可证制。

直接管制通常能起到迅速改善国际收支的效果,能按照本国的不同需要,对进口出口贸易和资本流动区别对待。但是,它并不能真正解决国际收支平衡问题,只是将显性国际收支逆差变为隐性国际收支逆差;一旦取消管制,国际收支逆差仍会重新出现。此外,管制容易造成贸易伙伴国的报复,而且是非市场化的措施,会扭曲价格体系,发达国家一般很少使用。

综上所述,当一国国际收支不平衡时,必须针对形成的原因采取相应的政策措施。如果国际收支不平衡是由季节性变化等暂时性原因形成的，可运用外汇缓冲政策；如果国际收支不平衡是由国内通货膨胀加重而形成的货币性不平衡，可运用货币贬值的汇率政策；如果国际收支不平衡是由国内总需求大于总供给而形成的收入性不平衡，可运用财政货币政策，实行紧缩性政策措施；如果国际收支不平衡由经济结构性原因引起，可进行经济结构调整并采取直接管制措施。

10.4 我国国际收支状况

10.4.1 我国国际收支的历史发展情况

1. 20世纪80年代以前的国际收支

1949年新中国成立后，经济长期处于封闭状态。20世纪50年代期间，国内经济建设急需资金曾向苏联借债，60年代节衣缩食提前还贷，这是国际资本第一次流向国内。70年代中期以前，国家继续进行基础性工业建设，短期内引进化肥、石化等建设设备，曾出现贸易逆差38亿美元，经过调整进出口和动用黄金、外汇储备等措施，顺利地解决了此问题。

70年代后期，国际收支发生了一些变化。从1978年底开始百废待兴，经济建设高速发展，短期内集中引进了石油、冶金等设备，于是在1979年和1980年两年内贸易逆差又达近33亿美元，后从国际货币基金组织借款国际收支逆差得到缓解。

1949—1979年，我国国际收支的宏观管理，采取的是外汇收支计划的形式。由于在对外经济贸易方面坚持“以出定进、量收为支、外汇平衡、略有节余”的方针，若遇逆差就及时调整，外汇管理的宗旨就是外汇收支平衡而略有节余。因此，从新中国成立以来，除少数年份外，外汇收支状况基本良好，其间发生过几次进出口贸易逆差，但通过调整后已顺利地得到了解决。

2. 20世纪80年代后的中国国际收支

20世纪80年代是中国经济的飞速发展时期，国内生产总值的年均增长在15%以上，中国的国际收支总量在持续扩大。

1982—1984年，由于世界经济从萧条开始复苏，有了一个良好的外贸环境。同时，国内从1981年又开始实行人民币汇率的“贸易内部结算价”，起到了鼓励出口收汇的积极作用。此外，结合行政手段进行外汇及外贸管制，我国国际收支经常项目出现顺差。

1985—1986年，一是对外汇管理失控；二是1984年四季度开始，国家宏观信贷失控，社会总需求扩大，消费膨胀，因此，进口扩大；三是人民币汇率持续下跌，各部门各企业突击使用外汇留成，竞相扩大进口。尽管非贸易收支出现较大顺差，国际收支经常项目的巨额逆差也不足以抵补。

1987—1989年，由于我国产品在国际市场上竞争能力不强和国际市场经营环境不利，加之，我国国内通货膨胀。这三年我国的贸易收支持续性的巨额逆差，使国际收支处于不利地位。

实际上，1984—1988年，我国按现价计算的国内生产总值虽年均增长19.4%，但同一时期全社会固定资产投资却年均增长25.8 %，巨大的投资需求，带动了进口的持续增长。

3. 20世纪90年代以来的中国国际收支

20世纪90年代后,我国全面推行改革开放政策,大量吸引外资。1989年以后经济经过政府的三年调整使国民经济有序、稳定运行。1992年中共"十四大"宣布建立社会主义市场经济体制。1994年税收、金融、外贸、外汇管理体制改革,使其更加适应市场化。1997年,中国资本和金融管理得当和丰富的外汇储备,成功地抵御了亚洲金融风暴。2001年中国又加入了世界贸易组织。中国目前是除了美国以外吸引外资的第二大国,中国的国际收支的逆差趋于平衡。

4. 2001年至2012我国国际收支的主要发展情况

2001年以来,我国逐渐摆脱亚洲金融危机的影响,对外部门发展表现强劲,国际收支连年顺差且不断扩大。2001年我国国际收支经常项目顺差174.05亿美元,资本和金融项目实现顺差347.75亿美元,远远高于上年19.22亿美元的顺差规模。外国来华直接投资迅速上升,金融机构自身资产运作结构变化和我国境外企业资金调回,是我国资本和金融项目呈现大量顺差的主要原因。我国国际收支保持经常项目、资本和金融项目双顺差。2001年新增外汇储备466亿美元。

2002年,我国国际收支经常项目顺差354亿美元,比2001年增长104%;资本和金融项目顺差323亿美元,比2001年下降7%;年末外汇储备2 864亿美元,比2001年末增加742亿美元。持续较大顺差形成的国际收支不平衡已成为当前我国经济运行一个突出特点。

2003年,虽然国内有突如其来的非典疫情和严重的旱涝灾害,国外有复杂多变的国际局势等多种不利因素的冲击,中国整体经济形势仍是1997年亚洲金融危机以来最好的一年。2003年前9个月已增975亿美元,三季度经济增长高达8.5%,经济增长1个百分点,进口将增长2.35个百分点。因此,在强劲的国内需求推动下,一两年时间我国进口增长保持在较高水平,根据对世贸组织的承诺,我国继续减少关税和非关税限制,下放外贸经营权,进一步扩大进口。

2004年我国呈现较大规模的资本净流入。2005年以后,由于经常项目出现少量逆差,我国国际收支持续顺差问题得以缓解。

2006年,我国经济平稳快速增长,对外开放迈上新的台阶,人民币汇率形成机制改革稳步推进,汇率弹性提高。国际收支延续"双顺差"的格局,经常项目顺差2 499亿美元,资本和金融项目顺差100亿美元。2006年末,我国外汇储备余额为10 663亿美元,比上年末增加2 475亿美元。

2007年我国国际收支经常项目、资本和金融项目呈现"双顺差",国际储备较快增长。2007年国际收支经常项目顺差3 718亿美元。其中,按照国际收支统计口径计算,货物项目顺差3 154亿美元,服务项目逆差79亿美元,收益项目顺差257亿美元,经常转移顺差387亿美元。

2007年资本和金融项目顺差735亿美元。其中,直接投资净流入1 214亿美元,证券投资净流入187亿美元,其他投资净流出697亿美元。

我国国际储备资产继续增长。2007年末,外汇储备资产较上年末增加了4 619亿美元,达到15 282亿美元。

2008 年我国国际收支经常项目、资本和金融项目呈“双顺差”，国际储备继续增长。2008 年我国国际收支经常项目顺差 4 261 亿美元，同比增长 15%。资本和金融项目顺差 190 亿美元，同比下降 74%。外汇储备资产较上年末增加了 4178 亿美元，达到 19 460 亿美元。

2009 年我国国际收支经常项目、资本和金融项目呈现“双顺差”现象。我国国际收支经常项目顺差 2 971 亿美元，较上年下降 32%。资本和金融项目顺差 1 448 亿美元，较上年上升 6.64 倍。国际储备资产因交易而增加 3 984 亿美元。

2010 年我国国际收支经常项目，资本和金融项目呈现双顺差，储备资产持续增长。由于欧美等国的债务危机影响，我国资本和金融项目略有震荡。资本和金融项目顺差 2 260 亿美元，比上年增长 25%，外债规模略有上升，外汇贷款增加。新增国际储备资产 417 亿美元，较 2009 年新增额扩大 18%。

2010 年，全球经济总体呈现复苏态势，但在欧洲主权债务危机影响下，国际金融市场出现较大波动。我国继续加强和改善宏观调控，保持经济平稳增长。

2011 年，我国国际收支保持顺差格局。我国国际收支经常项目顺差 2 011 亿美元，资本和金融项目（含净误差与遗漏）顺差 1 867 亿美元；国际储备资产增加 3 878 亿美元。我国经济结构调整有所加快，内需逐渐成为拉动经济增长的主要动力，贸易平衡状况有所改善。

2012 年全年，我国国际收支经常项目顺差 1 931 亿美元，资本和金融项目逆差 168 亿美元，国际储备资产增加 966 亿美元。

10.4.2 目前我国国际收支不平衡的解决措施

近年来，我国国际收支连续保持经常项目、资本项目双顺差，外汇储备持续较快增长，国际收支不平衡的矛盾较为突出。外债尤其是短期外债增长较快。2007 年 3 月 2 日，国家外汇管理局发布了《关于 2007 年度金融机构短期外债管理有关问题的通知》（以下简称《通知》），对 2007 年金融机构的短期对外借款管理政策进行调整，以维护国家经济金融安全、促进国际收支基本平衡。这次政策调整的主要内容包括：

第一，调整金融机构短期外债指标核定范围。将期限在 90 天以上的已承兑未付款远期信用证，境外机构存款、在同一法人银行外汇账户余额之和在等值 50 万美元以上的境外个人存款，期限在 1 年以下（含 1 年）的境外借款、境外同业拆借、境外联行和附属机构往来（负债方）以及各种结算方式下的海外代付等对外短期债务纳入短期外债余额指标管理。

第二，调整减少 2007 年度金融机构短期外债余额指标，明确指标调整的要求及步骤，鼓励金融机构通过国内货币市场拆借、掉期等方式增加外汇资金来源。

第三，规范对外资银行分行转制为法人机构后，其短期外债指标的核定和管理、外汇业务批发分行短期外债指标的使用与管理，以及外资银行因合并、分立等原因需要对短期外债指标进行跨地区调整等问题。

2007 年 6 月末，全国所有金融机构剔除 90 天以下远期信用证和 50 万美元以下非居民个人外汇存款后的短期外债总余额为 345.97 亿美元，控制在第一阶段全国短期外债余额总指标（425.86 亿美元）之内，达到了预期政策目标。

加之汇率政策、税收政策、信贷政策、外汇管理政策的配合,我国的国际收支不平衡会得到较大的改善,并促进国民经济的良性循环和健康发展,有利于合理的人民币汇率水平的实现与稳定,使我国外汇储备水平处于最佳状态。

"十二五"规划纲要明确提出,国际收支趋向基本平衡是"十二五"时期经济社会发展的主要目标之一。下一阶段外汇管理工作将按照国家统一部署,积极配合实施稳健的货币政策,加快转变外汇管理理念和方式,深化外汇管理重点领域改革,积极防范跨境资金流动风险,促进国际收支基本平衡。

课堂案例讨论

2011 年美国与中国旅游贸易顺差逾 24 亿美元

据美国侨报网 6 月 5 日消息,美国商务部国际旅游观光办公室日前发布报告显示,2011 年美国旅游收益大幅增长,与此同时,美国对中国旅游贸易顺差继续扩大,达到 24.43 亿美元。

数据显示,2011 年美国人在境外旅游支出超过 1 102 亿美元。这使 2011 年美国旅行旅游方面出现 428 亿美元的贸易顺差,同比增长 35%,创下美国旅行旅游贸易史上最高的差额数据。

此外,数据还显示,美国对中国旅游贸易顺差继续扩大,2011 年,中国人赴美消费支出共计 57.43 亿美元,同比增长 15%。而美国旅游者在中国境内消费支出共计 33.11 亿美元,同比增长 7%。2011 年,美国与中国在旅行旅游方面的贸易顺差额为 24.32 亿美元。

根据过去 10 年的数据统计,美国与中国在旅行旅游方面的贸易差额逐渐扩大。2002 年至 2007 年间,美国对中国的旅行旅游贸易一直处于逆差状态。自 2008 年起,美国对中国的旅行旅游贸易态势出现转变,贸易顺差额逐步扩大,由 2008 年 6.17 亿美元的顺差额扩大至 2011 年 24.32 亿美元的顺差。

资料来源:周旭.环球网,2012 年 6 月 6 日

讨论题:1. 旅游属于国际收支的哪个大类?

2. 分析中国对美旅游贸易逆差的原因。

本章小结

国际收支就如同一个家庭的收支,只不过国际收支仅指一国的外汇收支。国际收支平衡表就如同一个家庭的收支记账本一样,外汇收入记在"贷"方,外汇支出记在"借"方。国际收支与家庭收支记载方式最大的不同是,家庭记账是如实记载,允许有差额。而国际收支记载必须平衡,它分为四个大项目:经常项目、资本项目、官方储备项目和错误与遗漏,前两项是自主性交易项目。记载时如果收支出现差额,最后都须经过后面官方储备项目和错误与遗漏两个平衡项目人为的平衡,不能有差额。

我们学习国际收支主要是了解一个国家的收支来源和支出状况,如果国际收支出现逆差或顺差,都是一国国际收支不平衡的表现,这种不平衡会对一国的经济产生何种影响,及怎样能够消除这种影响。

课后练习

（一）基础练习

1. 填空题

(1) 国际收支是在一定时期内一国________与________之间所发生的全部的货币价值的系统记录。

(2) 国际收支平衡表是一国对其一定时期内的国际经济交易，根据交易的特性和经济分析的需要，分类设置特定科目和账户，并按照________的原理进行系统记录，经过调整，最终达到账面的________的统计表。

(3) 在一定的汇率水平下，一国的________、________、利率等货币性因素的变动所造成的国际收支失衡称作货币性不平衡。

2. 多选题

(1) 国际收支不平衡的调节方法有(　　)。

A. 外汇缓冲政策　　B. 直接管制
C. 财政和货币政策　　D. 汇率政策

(2) 国际收支平衡表的经常项目主要包括(　　)。

A. 货物　　B. 劳务(服务)
C. 收益　　D. 直接投资

(3) 直接管制是指政府通过发布行政命令，对国际经济交易进行行政干预，以使国际收支达到平衡。直接管制包括(　　)。

A. 财政管制　　B. 金融管制
C. 贸易管制　　D. 劳务管制

3. 判断题

(1) 官方储备资产项目和错误与遗漏项目属于自主性交易项目。(　　)

(2) 引起本国外汇供给的交易记入借方“－”；凡是引起本国对国外有外汇支出的交易，引起本国外汇需求的交易记入贷方“＋”。(　　)

(3) 国际收支是一个流量概念。(　　)

4. 名词解释

(1) 贴现政策　　(2) 企业居民　　(3) 外汇缓冲政策

5. 简答题

(1) 简述国际收支不平衡的原因。

(2) 国际收支不平衡的影响具体表现在哪几个方面？

（二）实操练习

多方面采集资料，结合本章所学的知识，撰写一篇约800字题为《中国对美国连续出现的国际收支顺差的原因及改善对策》的论文。

第11章

国际储备

【学习目的及要求】

通过本章的学习，希望同学们了解国际储备的含义、构成和作用；认识到国际储备管理的重要性；掌握国际储备水平、结构的管理原则及方法。

【引导案例】

3万亿美元外汇储备屏障　谁有力量做空中国？

在中国经济高速成长的道路上，从来都不缺乏唱空的声音，不过这一次似乎有所不同，随着越来越多的国际空头大师加入唱空的阵营，并且公开宣称要做空中国，中国似乎从万众瞩目的明星，开始变成一个前途未卜的国家。

詹姆斯·查诺斯，世界最大空头对冲基金尼克斯联合基金公司的总裁，曾经准确预见到美国安然公司的破产，并且通过做空"安然"而闻名于世。这一次，中国的房地产市场成了他眼中的"安然"，在他看来，中国的房地产泡沫比迪拜严重 1 000 倍以上，中国经济将在一次惊人的房地产泡沫破灭中崩溃。查诺斯表示，他已经募集了 2 000 万美元的离岸基金，对赌中国房地产泡沫破裂。乔治·索罗斯，全球最知名的做空大师，1992 年成功狙击英镑一战成名；1997 年攻击东南亚国家，被马哈蒂尔斥为"亚洲金融危机的纵火犯"。去年底，索罗斯在香港地区设立了他的首个亚洲办公室，据称主要目的也是做空中国。在这些标志性空头人物的带动下，大量国际热钱也都伺机而动，等待做空中国的机会出现。

做空，这个词从金融学上来理解，可以分为两个层次：一是主动攻击型，比如索罗斯在 1992 年攻击英镑，以及 1997 年攻击东南亚货币，导致这些国家的汇率大跌；二是投机取巧型，如果投资者预期某一股票或者其他资产将来价格下跌，可以通过提前卖空或者其他类似方式来获益。

如果从主动攻击型来看，纵观历史上曾经被国际资本击溃过的国家，不难发现这些国家都具有明显的三个特征：一是宏观基本面开始恶化，二是外汇储备不足，三是某些领域比如股市、楼市等出现资产泡沫，或者本币被高估。

从20世纪90年代初索罗斯攻击英镑的过程看，当时的英国刚刚加入欧洲汇率机制(ERM)，德国马克是当时欧洲汇率机制的核心，是欧洲汇率之锚。机制内的成员国货币和德国马克挂钩，货币政策也向德国看齐。英国加入欧洲汇率机制时，英镑对德国马克的比例维持在2.95。

事后看，这样的汇率水平对于英镑而言显然是高估了。当时的英国经济并不强大，1992年爆发的西欧金融危机让很多国家都陷入衰退，英国将自己的货币和德国马克捆绑在一起，实际上已经丧失了独立的货币政策，尤其是当本国经济衰退需要降息刺激时，英格兰银行无法自行其是，必须等待德国降息。但是德国并没有降息的打算，当时的德国虽然是欧洲最强经济体，但是“两德”刚刚统一不久，需要为前东德的重建投入大量资金，一旦降息，就有可能诱发严重的通货膨胀。在这样的背景下，对于英国而言，唯一的出路就是退出欧洲汇率机制，然后对英镑贬值。

索罗斯很清楚地看到了英国的困局，于是调集大量资金做空英镑，尽管英国政府多次公开宣称英镑不会退出欧洲汇率机制，也不会贬值，但是以索罗斯为首的对冲基金并没有放松对英镑的攻击。在英镑保卫战中，英国政府不到300亿美元的外汇储备很快就全部耗尽，不得不在1992年9月15日宣布退出欧洲汇率机制，英镑最终大幅贬值，索罗斯在此一役中赚取了20亿美元。

如果说英国的失败主要是因为在一个不恰当的时候做了一个不恰当的决定，错误地加入了欧洲汇率机制，从而给国际资本以可乘之机，几年后的泰国则几乎包含了金融危机爆发的所有元素——经济减速、出口锐减、楼市泡沫、股市泡沫、本币高估、汇率政策错误等，这样的经济体自然无法逃脱索罗斯的猎杀。

英镑和泰铢，20世纪90年代的两大狙击战，成为国际炒家攻击经济实体的最经典案例。如果将眼前的中国和当时的英国、泰国相比，不难发现基本上没有可比性。从经济总量来看，中国是全球第二大经济体，去年的GDP超过6万亿美元，无论是1992年的英国还是1997年的泰国，其经济实力和中国都不在一个量级上。从外汇储备来看，当年的英国和泰国的外汇储备均只在300亿美元上下，在捍卫本国货币的保卫战中，很快就被国际对冲基金耗尽，最终不得不放弃干预，任由本币大幅贬值。而中国的外汇储备为3万亿美元，如果将全球所有对冲基金放在一起，其规模也只有2万亿美元。更为重要的一点是，从本币是否高估来看，当时的英镑盯住德国马克，泰铢盯住美元，两个国家的货币都被高估，而在今天，几乎全世界都在呼吁人民币升值，这样的背景下，人民币显然不存在高估的问题。

近期国际上做空中国的呼声之所以格外引人关注，主要原因还是据称索罗斯加入了做空中国的阵营。由于这位空头大师曾经成功导演了对英镑和泰铢的攻击，所以当传言索罗斯要做空中国，也就引发了不一样的震撼。

首先且不论索罗斯做空中国的传言是否属实，就索罗斯本人而言，虽然是当之无愧的空头大师，但其能量也被人们大大神话。人们大多记住了他对英国和泰国的成功狙击，但却忘记了他在俄罗斯和中国香港等地的惨败。1998年，俄罗斯金融危机导致卢布贬值和主权债务违约，埋葬了著名的长期资本管理公司，索罗斯同样在这场危机中损失了数十亿美元，只不过其轰动效应被当时的长期资本管理公司所掩盖。在随后的美国网络股泡沫破灭中，索罗斯再次遭受重创，不得不在2 000年关闭了旗下的量子基金。

1998年,索罗斯为首的国际对冲基金攻击中国香港地区,最终也以惨败收场,这次战役充分说明了国际炒家也并非无所不能。1998年8月,亚洲金融危机爆发已有一年时间,大多数亚洲经济体在遭受金融危机冲击后,本币大幅贬值,但是中国香港是个例外,仍然牢牢维持7.8港元兑1美元的联系汇率。在周边国家货币大幅贬值之后,这使得港币看上去太贵,人们预期港币将会贬值,以维持香港地区的国际竞争力。一批国际对冲基金精心策划了一场对香港的攻击,在股市和汇市上对香港进行双杀。具体而言,就是国际炒家首先在香港股市卖空,借入股票然后卖出,获得港币后再大量兑换成美元,加上在债券市场借来的港币,国际炒家对港币大做空头。这样做的意义在于,如果香港允许港币贬值,国际炒家在港币上的空头头寸将会因此获益;如果香港维持港币汇率,很有可能通过加息来维护本币,但这样势必会对股市形成打压,股市将会因此大幅下跌,国际炒家在股市上的空头头寸将从中获益。

但香港并没有如国际炒家所愿,选择加息来维护港币,反而是主动出手予以反击。当时的香港外汇储备接近1 000亿美元,高居全球第三。香港金管局利用这批外汇储备进入香港股市,大量购买恒生指数中的33种成分股,恒生指数很快止跌回升,让这些在香港股市上大做空头的国际炒家损失惨重。作为世界上自由经济指数最高的经济体,香港特区政府干预股市的做法一度在国际社会引发巨大争议,自由学派的旗帜性人物米尔顿·弗里德曼说香港政府简直是疯了。但事后看,香港干预经济的成本远小于任由经济动荡的成本。

一个经济实体遭受国际资本的攻击,一般而言都是集中在股市和汇市两个领域。而对于中国经济而言,这两个领域遭受攻击的可能性甚微。首先,中国拥有3万亿美元的外汇储备,足以应付任何对冲基金的攻击;其次,中国的资本市场相对封闭,能够做空的金融工具也很少;最后,中国的人民币和股市的估值都不高,甚至可以说较低,往下大幅做空的空间很小。所以,对于今天国际市场公开宣称要做空中国的炒家,不太可能有谁能够真正对中国经济发起主动攻击,更多的只是押注中国经济即将衰退。那么,中国经济真的即将由盛转衰吗?

毋庸讳言,今天的中国经济的确面临重重考验。不过,观察中国经济是否会由盛转衰,最核心的因素是看中国未来是否会面临严重的需求不足。如果需求萎缩,中国经济将会面临较大的麻烦,只要需求强劲,其他的问题都不足以阻扰中国经济的成长。

从外需来看,今年一季度,中国经济在外需贡献为负的情况下,依然取得了9.7%的增长。一季度贸易呈现逆差,一方面是因为国外发达经济体依然没有从经济危机中彻底复苏,对于中国经济的拉动作用还没有恢复到危机前的水平,另一方面,也是因为中国从海外的进口额越来越大,并且超过了同期的出口额,进而导致贸易逆差出现。从国外需求看,虽然国外发达经济体很难在短时间内恢复到全盛时期的水平,但至少已经开始走出低谷,所以中国经济海外需求趋好的概率大大高于恶化的概率。从中国的内需来看,无论是投资还是消费,都还有很大的潜力,广阔的中西部欠发达地区的崛起、13亿居民收入提高之后消费能力的日渐增强等,都是中国经济的强劲引擎。

如果具体到中国经济眼前的考验,劳动力成本上升、通货膨胀居高不下、房地产市场价格持续上涨……这些问题虽然的确构成了中国经济的困扰,但显然并非不治之症。劳动力成本上升,对于中国经济的出口竞争力自然是不小的打击,但也可以视为倒逼中国经济转型的契机。今年一季度,中国经济在贸易逆差的背景下取得9.7%的增长,充分显示了中国内需的潜力。劳动力成本上升虽然侵蚀了出口型企业的竞争力，但从积极角度看，劳动力成本提高也意味着居民收入提高，这将有利于刺激人们的消费能力，对于改善中国经济消费不足的顽疾大有裨益。

从通货膨胀来看，目前10%左右的经济增速对应5%左右的物价指数，其实并不算过于严重的通货膨胀，毕竟高增长低通胀的黄金时代已经一去不复返。今年4月的CPI虽然仍然保持在5.3%的相对高位，但下半年将有望回落，全年物价指数呈现前高后低的走势，与去年前低后高形成截然反差。首先是央行持续紧缩的货币政策将在下半年显示出累加效应，高达21%的存款准备金率，以及广义货币M2在4月份创15.3%的两年新低，都显示央行的努力已经大大回收了流动性。国际大宗商品价格在近期大幅回落，以及人民币的稳步升值，都将大大减轻输入性通胀的压力。从物价翘尾因素来看，去年下半年的物价指数远高于上半年，对于今年下半年的物价翘尾贡献因素将会减弱，也有助于今年下半年的CPI回落。如果从更长远的眼光来看，只要中国的粮食生产不出现减产，货币供应不再像前几年充裕，中国的通货膨胀就不会失控。

除了通货膨胀，中国出现严重资产泡沫破灭的可能性也并不大。中国过去几年的房地产价格虽然出现了过快上涨，部分城市的确出现了泡沫化的迹象，但是过去一年的涨幅已经明显放缓。从去年4月份开始，这场史上最严厉的房地产调控已经历时一年多，至今仍然未有丝毫的放松迹象。虽然房价没有出现明显下降，但已经遏制了快速上升的势头，避免了房地产泡沫的进一步恶化，也使得中国的房地产不至于成为国际炒家的攻击对象。房地产调控对于中国经济增速的影响自然不可避免，但是一方面通过保障房的建设来予以对冲，一方面也促使中国经济培养更多新的增长点，可以早日摆脱对房地产的高度依赖。除了房地产存在一定泡沫之外，中国的股市大体健康，估值水平并不高，除了创业板之外，整体上难言泡沫。

世界上没有完美的经济体，每个国家都会有各种各样的问题和矛盾，中国也不例外，但这并不意味着中国是一个可以被国际炒家做空的对象。今天国际炒家的喧哗，更多只是一种心理战术。1998年国际对冲基金攻击香港地区时，市场上也曾经散布各种谣言，比如人民币将大幅贬值、港币将脱离美元挂钩、香港银行将陷入挤兑潮等，国际炒家们通过各种传言制造市场恐慌情绪，以便从混乱中渔利，但最后这些谣言也都不攻自破，国际炒家也纷纷败走香港。今天，关于中国经济即将崩溃的种种言论，其实也不过是又一次老调重弹而已。

资料来源：谢九.三联生活周刊，2011年05月18日

讨论题：1. 为何说中国3万亿美元的外汇储备是无法做空人民币的坚强后盾？

2. 做空英镑与英国外汇储备少有关系吗？

一国的国际收支不平衡是绝对的，而平衡则是相对的。如果是国际收支顺差，将会增大该国的外汇储备，同时，带来一些国与国之间的贸易甚至政治摩擦；如果是国际收支逆差，该国外汇不足就要以外汇资金来弥补。这些外汇资金，一是本国所持有的黄金、外汇储备，二是来自向国外的借款。一国能向国外借款的规模与条件，一般取决于本国的国际储备规模。因此，各国都必须保有一定规模的国际储备。本章将就这一问题进行专门讨论。

11.1 国际储备概述

11.1.1 国际储备的含义和特征

1. 国际储备的含义

国际储备是指各国货币当局占有的那些在国际收支出现逆差时,可以直接地或通过同其他资产有保障的兑换性来支持该国汇率的所有资产。与国际储备常常容易混淆的是国际清偿能力。国际清偿能力是广义上的国际储备,一国的国际清偿能力,除包括该国货币当局持有的各种形式的国际储备之外,还包括该国在国外筹借资金的能力,即向外国政府或中央银行、国际金融组织和商业银行借款的能力。我们通常所说的国际储备是狭义上的国际储备,它仅是一国具有的、现实的对外清偿能力。而国际清偿能力则是该国具有的、现实的对外清偿能力和可能有的清偿能力的总和。

2. 国际储备的特征

国际储备的主要特征体现在它作为干预资产的效能上。因此,能够作为国际储备的资产必须具有以下三个特点。

(1) 官方持有性

作为国际储备的资产必须是该国货币当局(中央银行或财政部)集中掌握的。非官方金融机构、企业和私人持有的资产均不算国际储备资产。所以,国际储备又被称为官方储备。

(2) 充分的流动性

用做国际储备的资产必须能随时动用或变为现金,如存放在国外银行的活期可兑换外币存款、有价证券(如美国国库券)等。这样,当一国出现国际收支逆差时,就可迅速动用这些资产予以弥补,或干预外汇市场来维持汇率的稳定。

(3) 广泛接受性

作为国际储备的资产,必须是在外汇市场上或在政府间清算国际收支差额时能为世界各国普遍认同和接受,否则就不能作为国际支付手段用于弥补国际收支逆差。

当然,国际储备资产还有一些其他的特点,但上述三个是其最基本的特点。

11.1.2 国际储备的构成

随着历史的发展,国际储备资产的构成也不断地适应其发展。第二次世界大战前,黄金和可兑换成黄金的外汇构成了各国的储备资产。战后,国际货币基金组织(IMF)又先后为会员国提供了两类资产,用以补充各会员国的储备资产。目前,国际货币基金组织会员国的国际储备资产包括四种类型:黄金储备、外汇储备、在IMF的储备头寸和特别提款权。

1. 黄金储备

黄金储备是指一国货币当局持有的货币性黄金。货币性黄金即一国货币当局作为金融资产持有的黄金,且纯度非常高(99.5%以上)。除货币当局外,其他经济实体所拥有的黄金一般视为非货币黄金,即非货币黄金不能算为黄金储备。

小贴士

韩国普通民众"献金爱国运动"

亚洲金融风暴之后，韩国普通民众的表现令人印象深刻。金融危机使韩国的外汇储备迅速枯竭，为了换外汇还外债，一场声势浩大的全民"献金爱国运动"在韩国全国范围内展开。据报载，在银行柜台前，妇女们排着队把自己家的戒指、项链和首饰从锦袋中倒出来，男人和军人们也把珍藏的金龟等纪念品交给收购人员。报纸报道，最小的献金者是个两岁的小孩，他拿来的是长辈送给他的金项圈。这些金制品，都是寄托着私人情感的最宝贵珍藏，但是在特殊关头，他们自愿无偿捐献，即使是出售也只能先领到一张收据，一个月后才能拿到现金。在韩元持续大幅度贬值的时刻，甘愿以黄金换韩元，韩国百姓以家为国的态度可见一斑。韩国银行界对收集到的黄金的数量感到惊讶，据说，韩国公众的献金活动已影响到了国际金价。

但是，并不是一国货币当局所持有的全部黄金都可充当国际储备资产，因为某些国家往往规定以黄金作为国内货币发行的准备。因此，充当国际储备资产的黄金储备只是货币当局持有的全部黄金储备中扣除充当国内货币发行准备后的剩余部分。

长期以来，黄金一直是一种重要的储备资产形式。但近几十年来，世界黄金储备的实物量变动很小，一直徘徊在10亿盎司左右。1950年为9.56亿盎司，1965年为11.94亿盎司。1987年为9.44亿盎司。

黄金之所以成为国际储备构成中的重要组成部分，但一直以来各国的黄金储备量基本保持不变，是因为它具有其他任何形式储备资产所不具备的特点：

第一，黄金本身是价值实体，是一种最可靠的保值手段。长期以来一直被人们认为是一种最后的支付手段，它的贵金属特性使它易被人们所接受。

第二，黄金储备完全属于一国的主权所拥有的国家财富，可自动控制，不受任何国家权力的支配和干预。

第三，黄金储备与外汇储备比较，流动性较差，一般国际支付时需将黄金变为外汇后再支付。

第四，黄金储备不能升值，它没有利息。

在国际局势动荡特别是有战争爆发的危险或战争爆发中，黄金储备是一国国际储备中最坚实的部分。所以，目前，世界上并没有一个国家完全放弃和废除黄金储备。

2. 外汇储备

外汇储备是指一国货币当局持有的对外流动性资产，其形式主要为国外银行存款(包括能索取这些存款的外币票据和凭证)与外国政府债券。

作为储备货币，必须具备以下三个条件：

第一，这种货币在国际货币体系中占有重要地位，必须为各国普遍接受，能随时转换成其他国家的购买力，或偿付国际债务。

第二，这种货币必须能自由兑换成其他货币(或黄金)。

第三，其内在价值相对比较稳定。

在第一次世界大战前,英镑是最主要的储备货币。在20世纪30年代,美元崛起,与英镑共享主要储备货币的地位。第二次世界大战后,美元由于是唯一在一定条件下可兑换为黄金的货币,处于"等同"黄金的地位,而成为各国外汇储备中最主要的储备货币。自70年代初期以来,由于美元不断爆发危机,美元停止兑换黄金,并不断贬值,加之日本、原联邦德国等经济上的崛起,马克和日元也跻身于储备货币之列,从而形成储备货币多元化的局面。1999年1月1日,欧元问世,各国纷纷看好欧元。欧元将与美元、日元在国际外汇储备中形成三足鼎立的态势。

然而,在今后一个相当长时期内,美元作为主要储备货币的地位是不会丧失的,仍将处于多样化储备体系的中心,其根本原因在于美国的经济实力。

外汇储备在一国国际储备中所占比例最大,一般在国际储备总额的90%以上。

3. 在IMF的储备头寸(亦称普通提款权)

在IMF的储备头寸是指会员国在IMF的普通资金账户中可自由提取和使用的资产。会员国的IMF的储备头寸包括三部分。

第一,向IMF认缴份额中25%的黄金或可兑换货币部分。

按照IMF的规定,会员国可自由提用这部分资金,无须特殊批准,因此,它可以作为会员国的国际储备资产。

第二,IMF为满足会员国借款需要而使用的本国货币。

按照IMF的规定,会员国认缴份额的75%可用本币缴纳。IMF向其他会员国提供某种货币的贷款,会产生该货币发行国对IMF的债权。会员国对IMF的债权,该会员国可无条件地提取并用于支付国际收支逆差。

第三,IMF向该会员国借款的净额,也构成为该会员国对IMF的债权。

普通提款权在IMF会员国国际储备资产总额中所占比重较小。到1994年年底,会员国的普通提款权总额为317.26亿特别提款权,仅占会员国国际储备资产总额的3.8%左右。

到2003年年底,会员国的普通提款权总额为665.08亿特别提款权,仅占会员国国际储备资产总额的3.1%左右。

4. 特别提款权

特别提款权(SDRs)是IMF为弥补会员国国际储备的不足,在1969年9月正式决定创造的一种储备资产形式。它是IMF根据份额无偿分配给会员国的,可用来归还IMF贷款和会员国政府之间偿付国际收支赤字的一种账面资产。由于它是会员国原有的普通提款权以外的提款权利,故称特别提款权。这种无形货币与其他储备资产形式相比,有着明显的区别,具体表现在:

第一,它是一种凭信用发行的资产,其本身不具有内在价值,是IMF人为创造的、纯粹账面上的资产。

第二,它只能在IMF及会员国政府之间使用,可同黄金、外汇一起作为国际储备,并可用于会员国向其他会员国换取可兑换货币,支付国际收支差额,偿还IMF的贷款,但任何企业和个人不得持有和运用,不能直接用于贸易与非贸易支付。

第三,它既不像黄金储备和外汇储备那样是通过贸易和非贸易往来取得的,也不像普通提款权那样以所缴纳的份额为基础，而是由IMF根据会员国所缴份额的多少向会员国政府无偿分配的。

特别提款权刚创立时其价值是用黄金来表示的，即1个特别提款权含金量为0.888 671克，与贬值前美元等值，1个特别提款权等于1美元。

实行浮动汇率制后，IMF决定自1974年1月1日起，特别提款权定值与黄金脱钩，改用一揽子16种货币作为定值标准。但由于这种定值方法在技术上比较复杂，国际货币基金组织决定，从1980年9月18日起改用5种货币定值，即美元、西德马克、日元、法国法郎和英镑，它们的计算权数每五年进行一次调整。欧元诞生后，国际货币基金组织对特别提款权的定值币种和比重新做出了相应的调整。在2001年2月，美元在SDRs中的比重调整为45%，欧元比重为29%，日元比重为15%，英镑的比重为11%。

特别提款权其目的是要创设一种人造的储备资产作为弥补国际收支逆差的手段，以补充国际储备之不足。成员国根据其在IMF中的份额分配到的SDRs是无附带条件的使用流动资金的权利。这就是说，只要一国发生国际收支逆差，并要求通过动用其掌握的SDRs来弥补这一逆差，IMF就有义务指定另一成员国接受SDRs，或者由它自己动用其库中持有的现金来换回这些SDRs。

各成员国在享有SDRs提款便利的同时，必须承担两项义务：第一，通过分配获得的SDRs要支付利息。第二，在IMF需要时，按其指定接收SDRs，并兑给相应的货币。SDRs作为各国弥补国际收支逆差的手段其作用是相当有限的。目前SDRs占所有国家的国际储备总量的比重还不到5%。

11.1.3 国际储备的作用

国际储备是体现一个国家经济实力的重要标志之一，各国保持国际储备可能有各种各样的目的，但就国际储备的基本作用来讲，其主要作用表现在以下几个方面。

1. 维持国际支付能力，弥补国际收支逆差

当一国因偶然性或季节性因素出现暂时性国际收支困难时，可以动用国际储备予以弥补，而无须采用压缩进口等紧缩国内经济的措施，从而使国内经济免受外部影响。

当一个国家的国际收支发生结构性失衡而需要进行紧急的或长期的调整时，动用国际储备进行弥补不能从根本上解决问题，但国际储备可作为缓冲库，减轻采取紧急的调整措施对国内经济造成的冲击，同时为政府赢得一定的时间，有步骤地进行国际收支的调整。

2. 干预外汇市场，维持本国货币稳定

一国持有储备的多少表明了一国干预外汇市场和维持汇率稳定的实力。市场经济国家通常都利用国际储备建立“外汇平准基金”制度，通过它来对外汇市场进行干预。当外汇市场上本国货币的汇率波动剧烈时，就会利用国际储备进行干预，使本国货币的汇率稳定在与国内经济政策相适应的水平上。

如一国货币贬值太快，货币当局就可通过“平准基金”进入外汇市场，抛售外汇，平抑汇价；当一国货币遭受国际资本冲击、面临升值压力时，货币当局则通过“平准基金”收购外汇，减少外汇的供给，使外汇汇率下降。当然国际储备的这种作用的发挥要以充分发达的外汇市场和本国货币的自由兑换为先决条件。

3. 作为偿还外债的保证

国际储备不仅可将其外汇储备通过兑换或直接用于偿还对外债务,还可作为向外借款的信用保证。国际储备是一国金融实力的标志,无论是国际金融机构、国际银团,还是政府,在对外贷款时,首先考虑的是借款国的偿债能力。由于国际储备是借款国到期还本付息的基础和保证,国际上都将一国国际储备状况作为评估目家风险的重要指标。而一国能支配的储备资产的数量便是其基本保证。因此,国际储备充裕可以增强一国的资信,吸引国外资金流入,以促进本国经济的发展。

11.1.4 国际储备的来源

1. 国际收支顺差

国际收支盈余是国际储备最主要和最直接的来源,主要是经常项目和资本项目的顺差。经常项目盈余是比资本项目盈余更为可靠和稳定的国际储备来源,经常项目盈余表明一国的对外贸易处于优势地位,通过持续巨额的经常项目盈余可以迅速增加一国的国际储备。资本项目的盈余也可以增加国际储备,但长期资本项目顺差如没有新资本流入会因投资收益的汇出或还本付息而造成不稳定,短期资本项目顺差因其流动性强就更加不稳定。因此,经常项目顺差是增加一国国际储备的主要途径。

2. 政府和中央银行干预外汇市场买入的外汇

一国货币当局干预外汇市场可以改变该国国际储备存量。当一国货币过度升值时,该国货币当局为避免汇率波动对国内经济及对外贸易带来不利影响,会进入外汇市场抛本币购外汇,由此收进的外汇便可以用于补充一国的国际储备。

例如,近年来面对日元的不断升值,日本货币当局在外汇市场上大量抛售日元、收购美元,一方面稳定了日元与美元间汇率,同时又增加了日本的国际储备。当一国货币面临下浮压力时,为维持汇率的稳定,该国货币当局也可以在外汇市场上抛外汇购本币,抛售的外汇就等于一国国际储备的减少。

3. 政府和中央银行向外的借款

一国政府或中央银行向国外借款,如从国际金融机构或他国政府取得贷款,以及中央银行间的互惠信贷等均可补充其外汇储备。随着各国资本市场的对外开放,各国中央银行互换货币安排的增加,以及国际金融市场的迅速发展,各国通过国际借贷融通国际收支逆差和官方储备不足的状况有了很大提高,这就使各国国际储备的供应有了很大的弹性。反之,当一国政府向国外提供贷款(储备货币贷款)时,就减少了该国的国际储备。

4. 中央银行收购黄金

官方黄金存量的增加主要有两条渠道:一是从国内收购并由中央银行库藏的黄金;二是在国际黄金市场上收购的黄金(用外汇购买的不算,只有用本币购买的才算)。对于大多数国家来说,由于其货币不被国际间普遍接受,所以在国际黄金市场收购黄金仅仅改变了其国际储备的构成,而国际储备的总量并未有太大的改变。

5. 在IMF的储备头寸和特别提款权的分配

储备头寸的增加和特别提款权的分配都是IMF成员国国际储备的另一种来源。但是，由于其数量极有限，分配结构又不合理，加之各国一般无法主动增加其持有额，所以，这两个部分的变化对一国国际储备供给的影响有限。

6. 储备资产的收益

储备资产的收益包括两个部分：一部分是储备外汇存款利息，作为储备资产的国外债券、国库券等的收益；另一部分是由于汇率的变动所造成的一国外汇储备折成特别提款权或美元的溢价，也包括由于金价的上涨所造成的黄金储备数量不变的情况下黄金储备价值的增加。

小贴士

中国应当停止购买美国国债

投资大师吉姆·罗杰斯日前在香港表示，中国应当停止购买美国国债，同时应该把超过1万亿美元外汇储备的一部分用于购买棉花、小麦和原油等战略性资源，以备不时之需。"如果我是中国(决策者)的话，我就会把钱花在一些生产性的或更有战略意义的东西上，比如小麦，后者可能会在遇到困难或发生危机时用得着。"罗杰斯在香港接受采访时说，"我肯定会停止买入美国国债。"

11.2　国际储备的管理

11.2.1　国际储备管理的含义

国际储备管理是指一国政府及货币当局根据一定时期内本国的国际收支状况和经济发展的要求，对国际储备的规模、结构及储备资产的运用等进行计划、调整、控制，以实现储备资产规模适度化、结构最优化、使用高效化的整个过程。

一国国际储备的管理包括两个方面：一是国际储备规模的管理，对国际储备规模的选择与调整；二是国际储备结构的管理，对国际储备运营的管理，主要是其结构的确定和调整。

11.2.2　国际储备规模的管理

1. 国际储备规模的管理的含义

国际储备的规模管理是指对国际储备规模进行确定和调整，以保持足够的、适量的国际储备水平。

随着国际经济往来和国际贸易的不断扩大，各国对国际储备的需求也在不断增长。一个国家究竟应该持有多少国际储备，这对该国的对外贸易、国内的经济发展都有重大的影响。如果一个国家的国际储备规模过低，不能满足其对外贸易及其他对外经济往来的需要，而且该国又不能及时地从国外获取所需数额的资金，势必会影响其贸易和对外经济交往。

过多的国际储备虽然具有较强的平衡国际收支的能力和抑制外汇市场波动的能力，但是过多的国际储备是一种资源浪费，且还要付出持有外汇的机会成本。

小贴士

机会成本

机会成本又称择一成本，是指在经济决策过程中，因选取某一方案而放弃另一方案所付出的代价或丧失的潜在利益。如一个导弹科学家，他去卖茶鸡蛋每小时赚10元钱，而他从事导弹研究每小时创造的价值可能成千上万，我们就可理解为导弹科学家去卖茶鸡蛋的机会成本太高。

这里的付出持有外汇的机会成本，是指这些外汇如果不作为外汇储备，它们可能发挥更大的效能。

因此，一个国家的国际储备不能太少，也不能过多，最好的办法是把国际储备维持在一个合理的水平上，这一合理的国际储备水平被称为国际储备的适度规模。

2. 国际储备的规模适度的考虑因素

一般来说，一国的国际储备规模取决于该国的经济发展水平。目前，国际上一般认为应保持3～4个月的进口额作为该国的储备额。在确定适量国际储备时还应考虑以下几个因素。

(1) 国际收支状况

一国储备需求与其国际收支出现逆差的规模和概率呈正比。一国国际收支出现逆差的数额越大，概率越高，表明其国际收支状况越不稳定，就越需要更多的国际储备来弥补国际收支逆差；反之，对国际储备的需求就会减少。

(2) 对外贸易状况

一个对贸易依赖程度较高的国家，需要的国际储备较多；反之，较少。一个出口商品缺乏竞争力的国家，需要的国际储备较多；反之，则较少。

(3) 国际融资能力

如果一国具有较高的债信等级，能迅速方便地获得外国政府和国际金融机构贷款，且该贷款的来源稳定，或者该国在国际金融市场上的筹资能力很强，该国的国际储备规模可小；反之，若一国的国际资信较差，国际融资能力低，那么，该国的国际储备规模就需较大。

(4) 经济调整的强度与速度

一国实施经济调整来解决长期性的国际收支逆差，会引致国内经济的震荡。经济调整的强度越高速度越快，经济震荡就越剧烈。在进行经济调整时运用国际储备，则可以降低经济调整的强度与速度，从而能减轻经济震荡。要使经济调整引起的震荡小，就需要较多的国际储备；反之，则需要的国际储备较少。

(5) 汇率制度和汇率政策的选择

储备需求与汇率制度也存在着密切的关系。如果一国实行固定汇率制度和稳定汇率的政策，为干预外汇市场平抑汇率，对国际储备需要的数量就较大。反之，如果一国实行浮动汇率制度，则对国际储备需要的数量就较小。

(6) 货币的国际地位

如果一国货币是国际储备货币，那么，该国就可以用本国货币来进行国际支付，即对外开出本币支票来弥补国际收支逆差，而不需要较多的国际储备。一国货币如果处于非储备货币地位，那么，该国就须保持较大的国际储备量。

(7) 外汇管制和贸易管制程度

当一国发生国际收支逆差时，既不靠外汇资金来融通，也不靠实施经济调整来扭转，而是通过直接管制来扩大外汇收入和限制外汇支出，从而实现国际收支的平衡。这些管制越严格，需要的储备就越少；管制越松，需要的储备就越多。

11.2.3　国际储备结构的管理

一国储备资产除了水平上适度外，还须结构上合理。各类储备资产的结构如何安排，即各种资产之间如何做到最佳构成。外汇储备中不同的币种结构如何确定，如何进行恰当的资产组合和资金调度以分散和避免风险，这些构成了国际储备结构管理的主要内容。

1. 国际储备结构管理的基本原则

拥有一个合理的储备结构，就须遵循统筹兼顾各种储备资产的安全性、流动性与盈利性的基本原则。

(1) 安全性原则

安全性是指储备资产有效、可靠和价值稳定。因此要求各国在选择储备资产的存放国家和银行、币种及其汇率走势、信用工具时，要预先做好充分的风险评估。选择将其外汇储备资产放到外汇管制较为宽松的国家、资信卓著的银行，选择价值相对稳定的币种和较为安全的信用工具。

小贴士

美元贬值坑了多国外汇储备　中国每月损失4艘航母？

美元贬值的速度近期如脱缰野马。2008年4月10日，美元兑人民币汇率中间价报6.992 0，首次突破7元关口。按照“汇改”之初的汇率计算，人民币兑美元已累计升值15.5%。中国是全球官方外汇储备最高的国家，据国际货币基金组织的统计，在全球已知的各国官方外汇储备中，有约65%是美元。中国虽未公布官方的外汇储备比例，但应远高于全球平均值。有分析认为，如假定中国外储90%是美元，过去一个月即蒸发357亿美元，这相当于中国一个月损失了4艘航空母舰。

截止到2012年底中国的外汇储备增至到约3万亿美元，人民币兑美元升值到6.110 4。所以巨额的外汇储备成了烫手的山芋。

(2) 流动性原则

流动性是指储备资产要具有较高的变现能力，一旦发生对外支付和干预市场的需要时，它能随时变现灵活调拨。由于各种外汇储备资产的流动性不同，各国在安排外汇储备资产时，应根据本国对外经济具体情况，作短、中、长不同期限的投资。做到既能使储备资产增值，又能确保国际储备的灵活使用和调拨。

(3) 盈利性原则

盈利性是指尽可能地使储备资产的收益最大化。由于不同种类的储备货币的收益率高低不同,在选择金融工具时,既要考虑利率水平,又要重视汇价风险。必须对储备资产的投放进行精心安排,使外汇储备存放于国外银行部分和投资于国外证券部分之间保持适当的比例,实现资产投放的最佳组合,以获得最佳效益。

需要说明的是,国际储备结构管理的三原则相互矛盾。储备资产的安全性与流动性越高,其盈利性往往越低;而盈利性较高的资产往往风险较大,流动性较差。鉴于国际储备资产的特殊职能,国际储备结构管理应始终把安全性和流动性放在首位,而把盈利性放在次要,也就是说要在安全性与流动性得到充分保证的前提下,求得足够高的盈利性。

一国货币当局如何根据国际金融市场和国内经济发展状况,实现储备资产安全性、流动性与盈利性的均衡和协调,是一门精深的管理科学。

2. 国际储备结构管理的内容

(1) 储备资产的比例搭配

国际储备由黄金储备、外汇储备、国际货币基金组织成员国在基金组织的储备头寸和特别提款权四个部分构成。这四个部分的比例安排,应充分考虑各自的流动性、安全性和盈利性来决定它们各自在国际储备总额中所占的比重。

同时,不同的国家在不同时期由于其不同的经济发展目标,对国际储备流动性、安全性和盈利性这三个方面的要求都不同。因此,除了在总额和规模上必须对国际储备加以管理和控制外,还必须针对不同储备资产各自的安全性、流动性和盈利性,调整四种不同形式的储备资产的数量组合,按一定比例搭配,实现结构上的最优化,使其发挥最大的效能。

① 黄金储备的结构管理。在当代,黄金由于不能直接用于国际支付,且金价波动较大,而使其流动性和安全性较低。此外,持有黄金既不能生息又需较高仓储费,因而盈利性也较低。故此,许多国家对黄金储备采取了保守的数量控制政策。多数国家安排黄金的比例不超过国际储备总量的5%。世界黄金储备最新排行榜如表11-1所示。

表11-1 世界黄金储备最新排行榜

排 名	国家/地区/机构	吨 数	占外汇储蓄比例
1	美国	8 133.5	73.3%
2	德国	3 391.3	69.7%
3	国际货币基金组织	2 814.0	暂无数据
4	意大利	2 451.8	68.3%
5	法国	2 435.4	67.9%
6	中国	1 054.1	1.3%
7	瑞士	1 040.1	8.9%
8	俄罗斯	996.1	8.6%
9	日本	765.2	2.7%
10	荷兰	612.5	56.1%
11	印度	557.7	8.6%
12	欧洲中央银行	502.1	30.1%

续表

排　　名	国家/地区/机构	吨　　数	占外汇储蓄比例
13	土耳其	445.3	15.5%
14	中国台湾	423.6	4.7%
15	葡萄牙	382.5	87.0%
16	委内瑞拉	365.8	69.0%
17	沙特阿拉伯	322.9	2.1%
18	英国	310.3	13.5%
19	黎巴嫩	286.8	24.9%

世界黄金储备排名中，美国居首，中国排第六，中国的存储量不及美国存储量的1/7。

② 外汇储备的结构管理。对外汇储备结构管理主要是储备货币的币种选择，即确定各种不同储备货币的比例关系。各国在确定不同货币的比例时应遵循以下原则：

第一，储备币种结构应尽可能地与一国国际贸易结构和国际债务结构相匹配。这可以使该国在一定程度上避免兑换风险，节约交易成本，保证储备使用的效率。如果一国的主要贸易伙伴是欧洲国家，那么，储备币种应以欧元为主。

第二，储备币种应与干预外汇市场所需要的货币保持一致。外汇储备的一个重要职能就是干预外汇市场，维持汇率的稳定，因此，一国所持有的储备币种的选择应与干预外汇市场所需的外汇相一致。如果一国钉住的货币是美元，那么，储备币种应以美元为主。

第三，应考虑各种不同货币的盈利性。由于各种货币的汇率、利率和通货膨胀率等存在着差异，导致不同币种的收益率不同，所以外汇币种的选择在充分考虑安全性和流动性的前提下，还应考虑各种货币的盈利性。

一般来说，选择汇率走势较强的"硬货币"作为储备货币比较安全，但其利率通常较低，"软货币"作为储备货币可获得较高的利率，但汇率风险较大。因此，在选择不同的储备货币时，要综合考虑这三个方面，以确定最优的搭配比例。

由于特别提款权和在基金组织的储备头寸的多少都取决于各成员国向基金组织缴纳的份额，其数量受基金组织的控制，不能随意变更。所以，国际储备结构管理的重点是外汇储备和黄金储备。

(2) 储备资产的投资组合

由于国际储备的主要作用是弥补国际收支逆差，因而在流动性和盈利性中，各国货币当局更重视流动性。按变现能力划分，储备资产可分为三部分：

一级储备——现金或准现金，包括在国外银行的活期存款、外币商业票据和外国短期政府债券。这类储备收益最低，但流动性最高。

二级储备——投资收益高于一级储备而变现能力也强的资产，如1～5年期的中期外国政府债券。为了应付如自然灾害等难以预期的偶然性变动，还必须持有一定数量的流动性较高而且容易上市的二级储备，以备紧急之用。

三级储备——盈利性高于二级储备，但流动性低于二级储备的长期投资工具，如外国政府长期债券。投资期限越长，收益越高，但风险越大，流动性越差。一国货币当局可根据对外债务的结构持有一定数量的三级储备，提高持有外汇储备资产的盈利性。

中央银行一般在一级储备和二级储备的规模确定后，才考虑将其余部分进行长期性投资。许多国家一般只考虑将储备资产投资于有国家风险小的政府债券。

11.2.4 当前国际储备体系的新特点

近年来,随着美元的不断贬值,美元在国际储备货币中呈逐渐下降的趋势,欧元的份额则日见增长,成为许多国家首选的替代储备货币,但美元仍保持在储备货币中的主导地位。从 IMF 公布的 58 个工业国、发展中国家和欧洲央行的统计数据中可以发现,全球国际储备呈现出下述五个新的特点。

1. 国际储备体系货币出现了多元化的发展态势

20 世纪 70 年代初开始,以美元为中心的国际货币体系崩溃。美国经济衰落,美元在国际储备体系中的地位不断下降,德国、日本经济实力上升,日元和德国马克的地位不断提高,一度形成了以美元为主、日元、德国马克及英镑并行的国际储备货币格局。随着 1999 年欧元的启动,以及当时日本经济的持续疲弱不振,欧元地位上升,20 世纪 90 年代末期外汇储备货币的竞争主要表现为美元和欧元的竞争。

2. 发展中国家欧元储备增加

欧元的出现无疑将直接冲击美元作为国际储备货币的主导地位。但是应该看到,美元在国际金融体系中的统治地位是在过去半个多世纪中逐步形成和稳定下来的,欧元要挑战美元的主导地位尚需要一个过程。从 1999 年欧元运行的实际情况及其对美元的替代情况看,当前美元在与欧元的角逐中依然占据优势地位。

截至 2000 年 12 月,发展中国家持有 19%的欧元储备,而 6 年后,持有的欧元储备占 30%,相比之下,工业国持有欧元的份额从 2000 年 12 月的 17%增长到 2006 年 12 月的 21%,增长不大。工业国持有的美元储备份额变化也不大,维持在 72%~73%。发展中国家持有的美元储备份额由 2000 年 12 月的 70%降到 2006 年 12 月的 60%,但与持有 30%的欧元份额相比,美元仍在国际储备货币中处于主导地位。

欧元资产在全球外汇储备中的构成比例继续增长,从 2007 年二季度末的 25.5%增加到去年三季度末的 26.4%,同比增幅达到 2%。过去一年欧元对美元上涨 10.5%,尤其是在 2007 年 8 月次级债危机爆发后,欧元对美元升值的脚步更为加快。

欧盟委员会 2007 年 12 月针对欧元区经济表示,欧元在国际社会中的角色,将取决于各国央行投资组合多元化的进程和欧元区金融市场发展的步伐。英国加入欧元区后,"将把欧元区的地位提升到一个全球金融中心"。

但由于欧债危机冲击欧元储备货币地位,欧元储备增长放缓。2012 年,发展中国家持有的欧元外汇储备资产为 6 770 亿欧元,共抛售 448 亿欧元,减持欧元资产 6.2%。欧元仅占发展中国家外汇储备的 24%,为 2002 年以来最低。

2012 年,尽管发达国家中央银行持有的欧元外汇储备增长了 15.8%,全球欧元外汇储备也增长了 4.4%,但这一增幅低于美元外汇储备的增长幅度。当年,各国央行持有的美元外汇储备增长了 7%,其中发达国家美元外汇储备增长 3.9%,发展中国家增持幅度达到 11.1%。从各国央行持有的各币种外汇储备总额来看,持有美元外汇储备的总额为 3 764 亿美元,而欧元外汇储备总额为 1 455 亿欧元。

3. 储备资产证券化趋势明显

欧元区外的工业国的储备管理者在证券上投资更多，为追求更高的回报，这些工业国把大部分的储备资产投资在证券上，如美国国库券，使得储备资产中证券的份额上升。2000年12月为65%，2006年12月升至约75%。这些国家的银行存款和黄金的份额略微下降。发展中国家约68%的储备资产投资在证券，约24%投资于银行存款，2%投资于黄金。它显示出，当追求高回报时，这些国家储备管理者一直关注储备资产的流动性。2006年12月，证券占58个报告经济体储备资产市场价值的66%，银行存款占19%，黄金占10%，其他储备资产占4%，IMF储备头寸和特别提款权占1%。

据《今日日本》2012年4月17日报道，美国财政部16日公布的数据显示，2月份外国持有美国国债总额突破历史最高纪录，达到5.1万亿美元(约合32万亿元人民币)，而中国依然是美国的最大债主。

2月份外国持有美国国债总额已经连续7个月增长，比1月份增长了0.8%。中国持有美国国债1.18万亿美元(约合7.4万亿元人民币)，这是中国持有美国国债数额连续第2个月增长。日本是美国国债第二大买家，持有美国国债1.1万亿美元(约合6.9万亿元人民币)。

巴西持有2 255亿美元(约合1.42万亿元人民币)美国国债，为美国的第三大债权国。原第三大债权国英国持有的美国国债数额则下降到1 030亿美元(约合6 486亿元人民币)。

美国国债被视为最安全的投资，随着欧洲债务问题日益严峻，对美国国债的需求与日俱增。

4. 储备资产多样化

发展中国家储备资产构成的转移证实其他储备资产份额在上升，由2000年12月约为2%达到2006年12月的约6%。其他储备资产中不包括证券、银行存款和黄金，而是指如亚洲债券基金、石油基金和其他特殊目的基金。

尽管美元仍是主要的全球货币，但是其长久以来的主导地位正在弱化。当前全球央行已开始减少美元和欧元的配置，同时增加购买黄金、日元等传统资产以及人民币、澳元等新兴的另类资产。

全球央行的官方储备总量已经从2000年的2万亿美元增长到2012年的超过12万亿美元。除了将美元和欧元资产放在主导位置外，央行也致力于其他货币资产的再平衡。过去12年间的数据显示，美元和欧元资产所占比例从78%降至74%。同时，黄金等“其他”货币资产所占比例按绝对价值计算已增加到2008年的三倍。由此可见，当前在央行储备中美元和欧元的地位已发生了巨大转变，世界黄金协会称，假设该种趋势延续下去，未来美元和欧元配置或降至65%，而黄金将在其余35%的资产中发挥突出作用。

黄金作为中央银行储备资产已有悠久的历史，因而被认为是一种传统资产。2012年全年世界各国央行购金量比2011年增加17%，达到534.6吨，创下1964年以来的最高纪录。同时，央行连续8个季度成为黄金净买家。

5. 储备管理的更加复杂

经济体报告的数据显示，在管理其外汇储备时，中央银行增加使用金融衍生产品、回购协议和资金池安排。按照报告给IMF的流动性数据披露,中央银行使用金融衍生工具、回购协议、黄金互换、证券借出、无本金交割远期和其他金融工具,进一步揭示了储备管理的复杂性增加,以及国际储备与债务管理之间存在的联系。增加使用复杂的金融工具,也提高了对高风险资产的投资,要付出更大的努力管理风险,并实行更积极的储备管理。

全球国际储备呈现的几个新特点对我国成立的外汇投资公司,在储备货币的选择、储备资产的配置、复杂金融工具的运用、投资风险与回报之间的权衡等方面,有一定的借鉴意义。

11.3 我国的国际储备管理

1979年改革开放以前,由于我国对外经济交往的规模有限,而且外汇资金实行统收统支,国际储备问题一直不为人们所注意。1979年后,我国对外贸易和利用外资的数额出现了前所未有的增长,对外经济交往在国民经济中的作用和地位不断提高。同时,金融外汇体制改革也给国际储备及其管理带来了诸多的新问题,国际储备问题日显重要。

11.3.1 我国国际储备资产结构现状

自1980年4月17日我国恢复了在IMF的合法席位以后,我国的国际储备也由黄金储备、外汇储备、在IMF的储备头寸和特别提款权这四个部分构成,但由于我国在IMF中所占的份额较低,特别提款权和储备头寸的数额十分有限,只有约20亿美元,此后,有增有减仅占我国国际储备总额的极小比例。

加入WTO后,我国经济与世界经济更加紧密地融合在一起,对外贸易额和国际资本的流动都有大幅增加。

一国的国际储备由黄金储备、外汇储备、在基金组织的储备头寸和特别提款权四个部分构成。在我国的四类国际储备资产中,我国在国际货币基金组织的普通提款权和特别提款权所占份额很小,增长极其缓慢。长期以来,我国黄金储备一直变化不大,约占国际储备的1.3%,远低于世界其他国家30%~50%的水平,随着我国外汇储备的快速增长与世界经济的发展,普通提款权、特别提款权和黄金储备占储备总额的比例越来越小,外汇储备成为我国国际储备资产的最主要的形式。

目前,外汇储备约占总国际储备额的98%左右,而且使用频率最高,增长速度最快,地位最为重要。对一国经济发挥着调节国际收支、保证对外支付能力;干预外汇市场、稳定本国货币汇率;增强综合国力和抵御风险的能力及对外提高一国政府的信誉保障度等重大作用。但是,我国国际储备中四个组成部分各自所占的比重是很不平衡的。

1. 我国黄金储备一直稳定但储备量太小

1981年以后,我国的黄金储备一直维持在1 267万盎司的水平上。2002年12月央行公布的数据显示,中国持有的黄金储备为1 929万盎司,即600吨。这一数字自2002年12月以来一直没有变化。

世界黄金协会的最新数据显示,截至2013年12月,美国黄金储备为8 133.5吨,高居榜首,紧随其后的是德国和国际货币基金组织,分别为3 391.3吨和2 814吨,中国以

1 054.1 吨排名第六位。

值得关注的是，目前中国央行黄金储备数据依然停留在 2009 年初的 1054 吨，4 年半时间里没有发生变化。

长期以来实行稳定的黄金储备政策。我国黄金储备的来源主要是依据国家黄金库存的增长状况以及对外经济贸易发展的需要逐步调整的。多方数字显示美国的外汇储备虽然不抵中国的 1/10，但其黄金相当于中国的 1 315 倍。从黄金在外汇储备中的比例看，中国仅 1.3%的数字与其他国家，特别是西方发达国家 50%～60%的平均水平就显得很低了。这也与近年来中国快速发展的经济总量及外贸规模不相适应。

有关专家称，以中国目前的经济规模及外贸规模在全球的排名情况，中国应将黄金储备数量由目前的 600 吨增加到 2 500 吨，将黄金占外汇储备的比例由目前的 1.3%提至 3%至 5%，并将这一比例数字相对保持下去，即实行黄金储备管理的法制化。

小贴士

产生中国贫金现象的主要原因

考古发现，和世界其他民族一样，黄金在中国历史上也是财富的象征和货币流通工具。实际上，在汉代以前中国社会商品流通领域中黄金流通总量也并不缺乏，这可以从汉代以前的墓葬考古中发现了大量的黄金饰物以及历史文献中明确的记载等得到印证。据有关历史文献记载，皇帝对有功的大臣、战将等往往动辄就赏赐几百斤的黄金。但在汉朝以后中国社会中的黄金总量就突然减少了。

从汉代以后，中国朝代更替频繁，农民起义层出不穷，各种战争绵延不断，而当时的黄金事实上是掌握在中国社会的王公贵族和地主阶层手里，这些王公贵族和地主阶层恰恰是各种战争与农民革命的掠夺对象。为了保存这些财富，这些王公贵族和地主阶层必然要藏匿类似黄金这样的高价值财富。社会动荡过程中这些王公贵族和地主阶层中的很大一部分被革命浪潮所消灭，这些被藏匿的黄金财富就成了无主的、消失了的财富。由于从汉朝以来，各种战争、革命频繁爆发延续了几百年时间，大量的诸如黄金这样的高价值财富就被埋在了华夏大地的各个角落中，一人藏匿百人难寻，大量黄金成为了中国历史上消失了的财富。

人民币国际化对于中国央行来说，持有更多的黄金储备是大势所趋。央行需要持有充足的流动性较强的外汇储备，以便在特殊时刻需要干预外汇市场、满足中国企业海外投资的需要和国内居民日常的结汇需要。中国央行需要多少黄金储备才能满足人民币国际化的需求呢？按照国际通行计算法：

中国 GDP/世界各国 GDP 之和＝中国央行黄金储备/世界各国官方黄金储备之和

比如，中国持有的黄金储量达到世界第二的水平，即超过德国的 3 381 吨，黄金储备至少应到 4 000 吨水平。按照这一水平要求，中国推行人民币国际化，则中国政府需要再购买 3 000 吨左右的黄金。

2. 外汇储备增长迅猛其结构却不平衡

我国外汇储备的飙升主要归因于持续的经常项目顺差与资本项目顺差。自 1994 年至今,中国连续18年出现了经常项目和资本项目"双顺差"。尤其是自2005年7月人民币汇改以来,由于中国政府选择了"小幅、稳健、可控"的升值策略,吸引了大量国际短期资本流入中国套利,这加速了我国外汇储备的累积。截至2012年9月末,国家外汇储备余额达3.29万亿美元。

(1) 外汇储备的来源结构不平衡

目前外汇储备已成为我国国际储备的绝对主体。长期以来,我国的外汇储备由两部分组成国家外汇库存。

① 中国银行外汇结存,但从1992年开始,我国的外汇储备不计中国银行外汇结存这部分,从而使我国的外汇储备构成发生了变化。

② 外汇储备的来源,即外汇储备的供给。近年来,我国外汇储备增长迅猛,2012年第四季度,我国经常项目顺差451亿美元,其中,按照国际收支统计口径计算,货物贸易顺差1 058亿美元,服务贸易逆差198亿美元,收益逆差405亿美元,经常转移逆差4亿美元。资本和金融项目顺差200亿美元,其中,直接投资净流入626亿美元,证券投资净流入228亿美元,其他投资净流出664亿美元。国际储备资产增加341亿美元,2012年全年,我国国际收支经常项目顺差1 931亿美元,资本和金融项目逆差168亿美元,国际储备资产增加966亿美元。

(2) 外汇储备的储备币种不平衡

在不断增长的外汇储备中,美元储备所占的比例是最大的,大约是70%左右。1997年我国外汇储备的币种结构分别是美元占59%、日元占12%、马克与欧洲货币单位分别占16%和12%。1999年1月欧元成功启动后,各国对欧元的前景看好。我国将德国马克、法国法郎转换为欧元,使我国有了一定的欧元储备,币种构成是美元占55%、日元占27%、欧元占6%。自欧元诞生后,国际储备的货币格局正在发生变化。尽管如此,外汇储备中,美元所占比例仍然较高。

中国外汇储备的结构没有对外明确公布过,目前属于国家金融机密。据估计,美元资产占70%左右,日元约为10%,欧元和英镑约为20%,依据来自于国际清算银行的报告、路透社报道以及中国外贸收支中各币种的比例。

美元资产在中国外汇储备中所占比例过高,美元资产在外汇储备中约占70%,其他的主要国际储备货币的比重较低。另外,虽然我国最近几年增加黄金储备,截至2012年6月,我国的黄金储备达3 389万盎司,但黄金储备在整个储备资产中占比仍不到2%。而发达国家黄金在外汇储备中的占比普遍高达40%～60%,欧元区国家黄金在外汇储备中占比达到了60.8%。储备中90%左右用于购买传统上低风险、低收益、高流动性的国债和机构债。

中国美元资产比重之大。一是其货币价值较其他货币不易受到国际资本流动的干扰,利于保值;二是美元是历史形成的国际支付手段、交易中介、价值储藏手段;三是国际贸易中2/3以美元结算;四是国际金融市场上的批发交易绝大多数以美元交易,各国央行的金融操作也主要采用美元;五是各大国的外汇储备主要是美元资产,国际银团贷款和国际债券市场的绝大多数交易都是美元或美元债券。

(3) 外汇储备的成本与收益不平衡

2013年9月末,国家外汇储备余额为3.29万亿美元。高额的外汇储备,其成本与收益存在着严重的不匹配现象，这种成本与收益的不匹配主要来自两个方面：一方面我国自改革开放以来，为吸引外资，鼓励出口，各种各样不计成本的优惠政策层出不穷，使我国资本项目和经常项目下的外汇流入成本与收益明显不平衡，尤其使我国的资源得到严重的流出。另一方面由于缺乏高回报、大规模的投资渠道。我国在外汇储备的运用上只能依赖于美国国债等少数投资工具，投资渠道单一，受益率较低，机会成本较大。

外汇储备的作用主要在于稳定汇率，庞大的外汇储备，表明国家已经摆脱了外汇缺口的制约。外汇储备的不断增加，还有利于国家和企业维持良好的信贷评级，增强国内外人士对人民币的信心，有助于维护金融稳定，预防金融风险，以及降低国内企业的融资成本等。

但是，巨大的外汇储备也对经济发展造成了一定的不利影响。首先是国家牺牲了自己国民消费和投资的机会而向外国主要是美国提供低息融资，充当别人的现金流。其次就是持续快速增长的巨额外汇储备，也反映出国际收支失衡的现象，要扭转巨额的顺差，中央银行要不断增加货币供应，制约了货币政策的操作空间，加剧了经济结构失衡。而且中国外汇储备的增长主要来自外贸顺差，中国成为世界第一外汇储备大国，更容易进一步加剧和激化与西方某些国家的贸易摩擦。

小贴士

我们能够随时抛售美国国债券吗?

答案是否定的。众所周知国债券是有期限的(10 年，20 年不等)，只有债券到期后才能到美国银行去兑现，我们的 1.18 万亿美元的美国国债券大多是只有几年，只能到债券市场上去交易抛售，但这么大的金额谁来接盘就是一个大问题，在中国今年初抛出 40 亿美元的美国国债券时，曾在美国政界引起关切，但格林斯潘说了一句话：“不必担忧中国大量美国国债券，没有人会去接中国的盘”。所以中国的 1.81 亿美元的美国国债券现在是卖不出去的，基本上是只有等到到期后去美国银行兑现，如果届时人民币再升值 10%，这 1.81 万亿美元的美国国债券等于贬值了 20%，而美国国债券的利息只有 6%。

3. 在 IMF 的储备头寸和特别提款权所占比重较小

在 IMF 的储备头寸和特别提款权所占比重较小的原因，主要是外汇储备在我国的国际储备中占有特别大的比重，1995 年 6 月所占国际储备总额的 96.5%，到 2003 年时已达 98.56%，黄金占 1.3%，这样一来在 IMF 的储备头寸和特别提款权空间已非常小。

加之目前我国经济实力不够强大，向 IMF 缴纳的份额也不多，从而决定了我国持有的在 IMF 的储备头寸与分配的特别提款权数量不大。这两项资产在我国国际储备总额中所占比重，1995 年 6 月仅为 2.4%。2001 年 2 月 5 日，IMF 通过决议，将中国份额增至 63.692 亿美元特别提款权，占总份额的 3%，在所有 183 个成员国中排名第 8 位。但由于外汇储备在增长，因此所占比重依然没有提高。2010 年在基金组织的储备头寸增加 7 亿美元。2012 年特别提款权及在基金组织的储备头寸又减少 8 亿美元。

随着我国外汇储备的快速增长与世界经济的发展，普通提款权、特别提款权和黄金储备占储备总额的比例越来越小，外汇储备成为我国国际储备资产的最主要的形式。

4. 国际储备的作用日益全面化

长期以来,我国国际储备的作用只限于弥补国际收支逆差和作为偿还外债的保证,而没有起到作为干预资产的作用。从 1994 年 1 月 1 日起,我国实行以市场供求为基础的、单一的、有管理的浮动汇率制度,中国人民银行开始通过向外汇市场吞吐外汇,来保持人民币汇率的基本稳定,使我国的国际储备也具有了充作干预资产的作用。

11.3.2 对我国国际储备的管理

我国国际储备的管理,主要是外汇储备的管理。从国际收支情况看,经常项目中货物、商品贸易的持续顺差与金融项目中直接投资的持续净流入,是构成我国国际储备增加的根本原因。两者相对而言,直接投资的影响更大。

1. 对国际储备水平的管理

一国持有外汇国际储备会有经济效益的损失,这种损失和代价会随国际储备水平的升高而增大。从这点看,我国国际储备水平不应过高。但是,我国国际储备水平也不应过低,否则国际储备将难以满足需要。因此,我国外汇储备水平应维持在适度的水平上。

适度的外汇储备水平,实际是个“区间”概念。它的下限,按照国际通用的标准,应不低于相当 3 个月进口的储备量。只有这样,才能满足弥补国际收支逆差、稳定人民币汇率和充作偿付外债保证的需要。上限实际是“保险储备量”,应稍高于相当 3 个月进口需要的储备量。

2. 增加黄金储备保障金融安全

在我国人民币升值压力不断增大的情况下,我们应该适时增加黄金储备的份额,来应对外汇储备的缩水和减轻人民币升值的压力。另外,由于黄金储备有其自身的金属特性,在经济开放的条件下,黄金作为国际储备的一部分,具有在开放条件下作为国际支付手段和信用危机时偿付外债并保证一国信用的主要功能,所以更应该提高黄金储备量。

3. 完善相关政策实现国际收支平衡

近几年,我国国际储备的增加大多是由双顺差所引起的,我国应该及时转变外贸政策,加大鼓励进口的力度,限制资源性产品的出口,努力实现国际收支平衡,有效地保护我国的资源,走内涵增长型道路。

4. 投资多样化提高收益

我国外汇储备占国际储备总额中的绝大部分资产,应设法获得尽可能大的收益。必须加强外汇储备经营管理,积极探索和拓展外汇储备使用渠道和方式,这就对我们外汇投资公司提出了更高的要求。必须提高对国际储备的管理水平,有效调整其结构,增加管理手段,提高管理人员素质,进而增强管理能力,提高收益,变机会成本为机会收益。原则是以安全性和流动性为主,兼顾盈利性。为此,要合理安排外汇储备资产投资的短期、中期和长期结构。

课堂案例讨论

那些黄金储备的秘密

近日，德国央行正式宣布运回其在美国寄存的部分黄金和在法国巴黎储存的全部黄金的消息引起了市场的强烈关注。这也凸显了在主权债务危机的大背景之下，作为最后支付手段的黄金的独特"魅力"仍在不断升温。

美国：最大的黄金仓库

根据世界黄金协会(WGC)以及国际货币基金组织(IMF)下属国际金融统计局(IFS)于2013年1月最新的全球官方黄金储备排行，美国央行的黄金储备共计8 133.5吨，占其外汇储备总额的76.3%，在所有国家中位居第一。世界黄金协会数据显示，美国的黄金储备自1980年以来基本没有变化。

目前，美元依然是当之无愧的国际货币，而黄金是一国货币的信用支撑。如今，美元不仅有美国经济地位作为保障，还有着美联储8 000吨以上的黄金储备作为支撑。为了保持美元国际货币的地位，美国不会轻易减持手中储备的黄金。

资料显示，全球黄金涌入美国的高潮开始于第二次世界大战之后，这令美联储所拥有的实物黄金量占据世界黄金储备的一半以上，从而成就了美元在国际上独一无二的地位。

美国有两大黄金仓库，一处是在纽约曼哈顿地下24米深岩层中的纽约储备银行金库，这里存放着IMF、各国央行和商业银行的黄金。另一处则是美国战略腹地的肯塔基州的诺克斯堡军营，这里是美联储的黄金主要存放地。

目前，纽约金库内存着80多个国家的中央银行和国际组织的金块，据估计占世界各国官方黄金储备总量的30%左右，并分别堆放在120多个储藏室里。各个储藏室内的黄金属于哪个国家被严格保密，纽约联邦储备银行里数千名工作人员中只有很少几个人知道它们的主人是谁。

因此，十分有趣的是，在纽约储备银行金库，如果把黄金从2 135房间搬到4 177房间，没人知道2 135房间代表了哪个国家，也没人知道4 177房间代表了哪个国家，但是一个交易就这样完成了。

德国：召唤黄金"回家"

德国目前共持有黄金储备3 391.3吨，为世界第二大黄金储备国。

资料显示，德国的黄金储备存放于4个不同的地方。其中，31%储存在法兰克福的德国联邦银行，45%储存在纽约联邦储备银行，13%储存在伦敦的英格兰银行，11%储存在巴黎的法国央行。德国将大部分的黄金储存在外国，最初是因为冷战时期联邦德国为防范入侵采取的避险措施。

德国联邦审计署曾经批评政府从不检验这些黄金是否安然无恙，而且缺乏有效管理，要求在今后3年内先从纽约调回150吨黄金进行检验。而在美联储方面一再拒绝德国查看黄金储备的要求后，越来越多的德国人担忧德国存放在海外的黄金可能已被"偷梁换柱"。

1月16日，迫于压力的德国联邦银行表示，它们将逐步从纽约调回300吨黄金储备，并把在巴黎的374吨黄金全部转到国内储存。德国的这一举动引发了一系列的蝴蝶效应,因为除了德国之外还有很多国家都将黄金储备放在了美国,而荷兰则可能是下一个召唤“黄金回家”的国家。

英国:减持败笔

作为全球主要货币之一的英镑发行国——英国,目前仅以310.3吨的黄金储备在全球排在第17位。毫无疑问,英国是当今世界所有国家中黄金储备量波动最大的国家之一,因为在1954年时,英国央行还曾拥有高达2 255吨的黄金,但在多次减持黄金之后,英国的黄金储备仅占外汇储备的16.2%。

英国最近一次大规模减持黄金储备是1999年,英国财政部出售了一半以上的黄金储备,用于投资外国债券。

当年该国这一举动震惊了全球,此后黄金价格开始飙升,从当时的每盎司不到300美元到2011年9月时涨至每盎司1 920.3美元的历史最高水平,而英国央行的这一举动如今看来也成为了最大的败笔。

英国央行地下金库位于英国伦敦老城区。该金库是一个私密、巨大的地窖,仅“撬动”该金库笨重大门的钥匙就有近1米长,而且,仅将其插入锁芯是无法开启大门的,想进入该金库还必须对着门口的麦克风报出一串密码,门才自动开启。

法国:“我们很安全”

目前,法国拥有2 435.4吨黄金储备,排在美国、德国和意大利之后,位列全球第四大黄金储备国。

与德国2/3以上的黄金存储他国不同,法国100%的黄金储备都在本国国内。这些黄金被存储在位于巴黎一区的法兰西银行内。在这座建筑的地下8层,有一个面积为1.1万平方米的大厅,相当于一个半足球场那么大。

法兰西银行发言人指出,这里是世界保护黄金最安全的地方。目前,包括国际货币基金组织在内的许多国家的黄金也存放于此。

日本:藏金于民

日本央行对黄金的兴趣则相对较小。目前,日本的黄金储备为765.2吨,虽然数量不算小,在所有国家中位居第8位,但是相对于其庞大的外汇储备而言,这一部分黄金仅占其储备的3.3%。

资料显示,日本实际黄金存量远远超过其官方的储金量,这与日本国内已经进行了15年的全民藏金计划有关。

从1994年,日本就开始推行藏金于民的计划,由金融机构推出适合投资者的黄金产品,如黄金零存整取、黄金积存计划等。这使得规定投资者可以在固定的期限内存入资金,或是银行每月从储户的账户上划款购买固定金额的黄金。产品到期时,客户累积的黄金可以兑现或者以金砖、金币或金首饰的形式交付。

由于购买黄金作为养老和遗产继承不用缴纳遗产税,所以广受日本民众追捧。这项计划的有效实施使得日本官方无须再增加储备黄金。

资料来源:张愎.第一财经日报,2013年1月20日

讨论题:为何各国都要进行黄金储备,但数量有限?

本章小结

一国的外汇等资产收入大于支出，就意味着国家的外汇有了结余，国家将这种结余储备起来，我们把它称之为国际储备或官方储备。家庭有了结余就会想方设法使这种结余增值、保值，如存定期、买国债、基金、股票等，一般家庭资产储备是从其安全性和随时可以变现及收益考虑的。

国家的储备也跟家庭储备一样，也需要外汇资产增值、保值。也就是说需要对国际储备进行管理，国际储备一般由黄金储备、外汇储备及国际货币基金组织的普通提款权和特别提款权组成，并设定其所占的比例。外汇储备在国际储备中占到90%的比重。储备资产以怎样形式投资才能符合其安全性、流动性和盈利性的原则，这属于国际储备的结构科学化管理范畴。

家庭储备并不是越多越好，不能勒紧腰带一味地储备起来，必须要保证家庭生活质量的前提下进行储备。国家储备也和家庭储备一样，一国的国际储备也并不是越多越好，一般只要能满足该国一个季度的进口需要就可以了，多余的钱应该用来改善老百姓的生活，如建立社会保障机制，完善公共设施等。但外汇回流国内市场，本国市场的本币也要等量投放，因此，需要慎重。因此国际储备的规模适度化的管理也尤为重要。

课后练习

（一）基础练习

1. 填空题

（1）作为国际储备的资产必须是该国货币当局(中央银行或财政部)集中掌握的。非官方金融机构、企业和私人持有的资产均不算国际储备资产。所以，国际储备又被称________。

（2）国际储备结构管理的基本原则，须遵循统筹兼顾各种储备资产的________、________与________的基本原则。

（3）三级储备________高于二级储备，但________低于二级储备的长期投资工具。

2. 多选题

（1）国际储备必须具有以下主要特征（　　）。

A. 官方持有性　　B. 充分的流动性

C. 广泛接受性　　D. 良好的收益性

（2）国际货币基金组织会员国的国际储备资产包括以下哪几种（　　）。

A. 黄金储备　　B. 外汇储备

C. 在IMF的储备头寸　　D. 特别提款权

（3）黄金储备具有其他任何形式储备资产所不具备的特点是（　　）。

A. 黄金是最可靠的保值手段　　B. 黄金储备有利息

C. 黄金储备流动性较差　　D. 黄金储备不受任何国家权力的干预

3. 判断题

（1）目前我国的国际储备也可以说是外汇储备。（　　）

(2) 国际储备的规模适度，目前国际上一般认为应保持半年的进口额作为该国的储备额。 ( )

(3) 一个对贸易依赖程度较高的国家，需要的国际储备较少。 ( )

4. 名词解释

(1) 一级储备　　(2) 国际储备管理

(3) 外汇储备　　(4) 特别提款权

5. 简答题

(1) 请分析国际储备的主要作用。

(2) 简述我国国际储备资产结构现状。

(二) 实操练习

参考相关资料撰写 1 000 字题为《我国外汇储备规模增长过大的利与弊》的论文，并组织课堂讨论。

参 考 文 献

[1] 耿明英等. 国际金融：理论与实务[M]. 北京：北京大学出版,2012.

[2] 刘园. 国际金融学[M]. 北京：机械工业出版社,2012.

[3] 刘瑛,陈娟. 国际金融. 第 2 版[M]. 大连：东北财经大学出版社,2012.

[4] 肖刚. 国际金融热点精述[M]. 北京：中信出版社,2013.

[5] [美]科普兰. 刘思跃,叶永刚译. 汇率与国际金融原书版. 5 版[M]. 北京：机械工业出版社,2011.

[6] 陈雨露. 国际金融. 4 版[M]. 上海：复旦大学出版社,2011.

[7] 姜波克. 国际金融[M]. 北京：机械工业出版社,2012.

[8] 周浩明,龚治国. 国际金融学[M]. 北京：电子工业出版社,2012.

[9] 王晋. 国际金融理论与实务[M]. 北京：中国财富出版社,2013.

[10] 宋鸿兵. 货币战争[M]. 北京：机械工业出版社,2011.

[11] [美]威廉. 西尔伯著. 綦相,刘丽娜译. 保罗. 沃尔克和他改变的金融世界[M]. 上海：上海财经大学出版社,2013.

[12] 于研. 国际金融[M]. 上海：上海财经大学出版社,2011.

[13] 王倩. 国际金融学[M]. 北京：清华大学出版社,2012.

[14] 刘铁敏,张锦宏. 国际金融[M]. 北京：清华大学出版社,2013.

[15] 缪玉林,朱旭. 国际金融理论与实务[M]. 北京：机械工业出版社,2012.

[16] 邓立立. 国际金融学[M]. 北京：清华大学出版社,2011.

[17] [法]艾弗雷. 克拉克著. 刘爽等译. 国际金融. 2 版[M]. 北京：北京大学出版社,2007.

[18] 马晓青. 国际金融实用教程[M]. 上海：复旦大学出版社,2007.

[19] 鲁细根著. 外汇交易实验教程[M]. 北京：中国金融出版社,2006.

[20] 詹向阳. 走进金融之门系列 1-9 册[M]. 北京：中国金融出版社,2004.

[21] 陈军. 金融八日通[M]. 北京：企业管理出版社,2001.

[22] 许晓峰等. 现代金融实用知识问答[M]. 北京：中华工商联合出版社,2000.

[23] 田文锦. 国际金融实务[M]. 北京：机械工业出版社,2006.

[24] 韩文高. 世纪末金融风暴[M]. 北京：经济日报出版社,2001.

[25] 黄广明等. 汇市投资胜算[M]. 北京：中国经济出版社,2002.

[26] [加]约翰. C. 赫尔著. 张陶伟译. 期货期权入门[M]. 北京：中国人民大学出版社,2007.

[27] 裴平. 国际金融学[M]. 南京：南京大学出版社,2001.

[28] 韩民春等. 国际金融[M]. 北京：中国人民大学出版社,2005.

[29] 刘园等. 外汇交易与管理[M]. 北京：首都经济贸易大学出版社,2007.

[30] [美]理查德. E. 凯弗斯著. 吴素平等译. 世界贸易与国际收支[M]. 北京：中国人民大学出版社,2005.

[31] 邸岚. 国际金融教程[M]. 北京：科学出版社,2004.

参考文献